중국의 탄생

중국의 탄생

량치차오의 국민국가 건설 분투기

정지호 지음

경희대학교 출판문화원

| 일러두기 |

1. 이 책에서 언급되는 중국의 지명 및 서명은 우리말 한자음으로 표기한다. 인명은 1912년 중화민국(中華民國) 수립을 기점으로 그 전에 사망한 사람은 우리말 한자음으로 표기하고 그 이후에 사망한 사람은 국립국어원 중국어 표기법에 따라 중국 현대음으로 표기한다.
2. 인용문에서 괄호 안의 설명은 특별한 표기를 하지 않는 한 원저자에 의한 것이다.
3. 각 장 마지막 부분에 논문이 수록된 지면의 출처를 밝힌다.

'천하'에서 '국민국가'로

오늘날 중국이라는 명칭을 떠올릴 때, 우리는 광대한 영토, 막대한 인구, 다양한 민족으로 구성된 국가라는 이미지를 가장 먼저 떠올리게 된다. 그러나 이러한 중국은 본원적으로 존재해 온 것이 아니라, 오랜 역사적 과정을 통해 구축된 역사적 산물이다. 다시 말해, '천하'와 '중심'이라는 관념의 세계로 존재하던 중국이 19세기 말 열강의 침략이라는 역사적 충격 속에서 자신을 하나의 국민국가로 인식하게 되었으며, 이를 통해 전례 없던 영토적 윤곽과 집단적 정체성을 형성하게 된 것이다.

전근대 중국의 세계관은 고도로 발달한 문명을 자랑하는 '중국(華)'을 중심으로 하고, 그 주변에는 아직 문명이 미치지 못한 '오랑캐(夷)'가 존재한다는 일원적 세계관에 기반하고 있었다. 이러한 화이(華夷) 사상에 입각한 지배 질서는 서구 근대의 국민국가처럼 명확한 국경을 설정하고 균질적인 통치를 실행하는 방식이 아니었다. 대신, 황제의 덕이 미치는 범위에 따라 중앙과 지방의 위계를 형성했으며, 표면적으로는 전 세계를 포괄하는 구조를 취하고 있었다. 이는 이른바 '천하일통(天下一統)'이라는 관념으로 나타난다.

이러한 전통적 질서는 아편전쟁 이후 서구 열강의 침략을 받으면서 서서히 붕괴되기 시작하였다. 서구 열강 중심의 국제질서에 편입됨에 따라 중국은 더 이상 세계의 중심이 아니라 여러 나라 중 하나로 인식되었으며, 이와 함께 세계는 각기 다른 문화를 가진 국가들이 경쟁하는 다원적 공간이라는 새로운 관념이 대두되었다. 이러한 인식의 변화는 특히 청일전쟁에서의 패배를 계기로 더욱 두드러졌다. 두 차례의 아편전쟁과 청불전쟁의 패배 이후 중국 사회는 서구 과학과 기술의 우월성을 인정하며 이를 수용하려는 움직임이 확산되었다. 그럼에도 불구하고 중화문명의 우월성에 대한 자부심은 여전히 유지되어 '중체서용(中體西用)'이라는 관념이 지배적이었다. 그러나 일본과의 전쟁 패배는 이 같은 전통적 인식에 결정적 타격을 가하였다.

이와 같은 변화 속에서, 중국은 영국이나 프랑스와 같은 하나의 국민국가로 자신을 어떻게 정의할 것인가라는 과제에 직면하였다. 이 과정에서, '중국'이라는 명칭 역시 기존의 '중심'이라는 관념을 넘어 새로운 의미를 부여받았다. 본서의 주인공인 량치차오(梁啓超, 1873~1929)는 과거 중국에는 각 왕조를 초월하는 통합적인 국명이 없었다는 점을 지적하며, 전체 역사를 포괄하는 국명으로서 '중국'을 사용할 것을 제안하였다. 이는 단순한 관념적 중심으로서의 중국을 국민국가의 국명으로 전환하고자 한 것으로, 근대 중국의 내셔널리즘이 전통적 화이질서와 단절하면서도 이를 계승하는 이중적 특성을 가진다는 점을 보여준다. 이는 전통의 발명이자, 근대적 재구성의 한 사례라 할 수 있다.

량치차오는 중국의 구체적 국토 개념을 정립하기 위해 행정구역상 중심부와 주변부를 구분하였다. 중심부는 18개 성으로 구성된 전통적 중국 지역이고, 주변부는 만주, 몽골, 티베트, 신강 등 청조의 외정(外征) 결과 확장된 지역이다. 이러한 지역은 근대국가의 영토처럼 명확히 구분된 경계를 가지지 않았으며, 통치 또한 균질적이지 않았다. 그러나 량치차오는 이들 지역을 일체적 국토로 파악하여 전통적 판도를 근대적 영토 개념으로 전환하였다.

이에 본서는 중국이라는 국민국가를 건설하기 위해 량치차오가 기울인 다양한 노력과 이러한 노력이 역사적으로 미친 영향을 체계적으로 고찰한다. 량치차오는 한국의 근대화에도 지대한 영향을 미친 인물로 평가받으며 학술적으로 매우 중요한 위치를 차지하고 있음에도 불구하고, 그의 활동과 사상을 심층적으로 다룬 전문적 연구는 아직 미진한 상황이다. 본서는 한국 학계에서 량치차오의 학문과 사상을 본격적으로 조명하는 전문 연구서로 자리매김하고자 한다는 점에서 의의를 가진다.

중국 근대화의 기수로 일컬어지는 량치차오의 호는 임공(任公), 자는 탁여(卓如)이다. 1873년 광동성(廣東省) 신회현(新會縣)에서 태어났다. 광동성은 중국에서 가장 먼저 서양문물이 유입된 곳으로, 태평천국운동의 홍수전(洪秀全), 무술변법운동의 캉유웨이(康有爲), 중국 혁명의 아버지 쑨원(孫文) 등 근대 중국의 저명한 인물들을 배출한 곳이기도 하다. 신회현은 마카오의 서쪽에 위치하며, 남송의 마지막 황제와 신하들이 비극적인 죽음을 맞이한 애산(崖山)으로도 잘 알려져 있다.

량치차오는 어려서 수재(手才)인 조부에게 글을 배웠는데, 신동의 면모를 보이며 학문이 일취월장하였다고 한다. 12세에 과거시험의 전 단계인 동시(童試)에 합격해 생원(生員)이 되었으며, 17세에는 향시(鄕試)에 합격해 거인(擧人)이 되었다. 그는 귀향 도중 상해에서 서계여(徐繼畬, 1795~1873)의 『영환지략(瀛寰地略)』을 입수해 탐독하였다. 『영환지략』은 서계여가 세계지도를 수집하고 이를 기초로 하여 저술한 세계 문명 지리서이다. 이 책을 통해 량치차오는 중국은 세계의 일부에 지나지 않으며, 중국 외에도 뛰어난 문명을 지닌 국가들이 많다는 사실을 인식하게 되었다.

새로운 세계에 대한 지식을 갈망하던 량치차오는 캉유웨이(康有爲, 1858~1927)를 만나면서 인생의 전환기를 맞이한다. 당시 캉유웨이는 1879년 홍콩에서 서양의 자본주의 사상과 개량주의 사조를 접한 후 서양 학문의 연구에 몰두하고 있었다. 그는 서양의 정치제도와 자연과학을 소개한 책을 대량으로 읽은 후, 서양의 자본주의 제도가 중국의 낡은 봉건 제도보다 우수하다는 것을 인식하고, 서양 자본주의 국가를 모델로 중국을 개혁할 것을 주장하였다. 량치차오는 캉유웨이의 가르침을 받들어 중국 개혁의 방향성을 모색하였다.

마침내 량치차오는 캉유웨이와 함께 무술변법운동을 전개하는 한편, 상해에서 『시무보(時務報)』를 창간하여 서양의 신사상에 대한 글을 다수 발표하였다. 『시무보』는 당초 4천 부 정도의 판매를 예상했으나 창간 몇 개월 만에 1만 부 이상이 발행되는 성과를 거두었다. 량치차오는 이를 두고 "중국에 신문이 등장한 이래 처음 있는 일로 온 나라가 미친 듯이 샘물을 마시는 것과 같았다"라고 술회하였다. 이 같은 『시무보』의 성공은 량치차오를 전국적으로 유명하게 만들었으며, 그의 명성은 스승인 캉유웨이를 능가할 정도가 되었다.

량치차오는 1898년 캉유웨이와 함께 무술변법운동을 추진하였으나 서태후 등 보수파의 쿠데타로 실패하였다(이 운동은 100일 만에 끝나 '100일 유신'이라고도 부른다). 그는 형장의 이슬로 사라진 담사동(譚嗣同, 1865~1898)을 뒤로한 채 일본으로 망명길에 올랐다. 이후 량치차오는 일본에서 13년간 망명 생활을 이어가며 『청의보(淸議報)』와 『신민총보(新民叢報)』를 간행하며 저술과 계몽 활동에 매진하였다. 이 시기 그는 메이지 유신의 성공에서 깊은 감명을 받아 서양 학문과 사상, 정치 제도를 대대적으로 수용하였고, 이를 바탕으로 중국의 부국강병을 위한 애국사상, 신민사상, 교육사상 등을 주창하였다.

량치차오는 신해혁명 이후 귀국해 위안스카이(袁世凱, 1859~1916) 정권하에서 법무장관 그리고 돤치루이(段祺瑞, 1865~1936) 내각하에서 재무장관을 역임하며 정치 일선에 뛰어들었다. 그러나 그동안 중국의 부강을 위해 내뿜어 낸 수많은 언설과는 달리 정치가로서의 활동은 뚜렷한 성과를 내지 못하였다.

정계에서 물러난 이후 량치차오는 학문 연구에 집중하였다. 특히 제1차 세계대전 이후 구미(歐美)를 여행하며 전쟁의 참혹함을 목격한 그는 중국의 전통문물과 학술에 관심을 돌리게 되었다. 그는 『청대학술개론(淸代學術槪論)』을 포함하여 다수의 전통 학술 관련 저술을 남겼으며, 도서관 설립과 도서 분류법 확립 등 문화 방면에서도 활발히 활동하였다.

량치차오에 대한 평가는 시대적 변화에 따라 다양하지만, 대체로 캉유웨이와 더불어 입헌군주제를 지향한 보황파, 보수 개량주의자 등의 비판적 평가를 받았다. 그러나 최근에는 입헌파와 혁명파라는 이분법적 도식을 넘어, 아편전쟁 이후 근대 국민국가 형성의 과정에서 량치차오의 역할을 재평가하려는 움직임이 주목받고 있다. 2003년 천진(天津)에서 개최된 량치차오 국제학술대회에는 130여 명의 학자와 량치차오의 후손 20여 명이 참가하여 활발한 논의를 진행하였다. 이는 량치차오에 대한 중국 내외의 관심이 점차 높아지고 있음을 보여주는 사례라 할 수 있다.

량치차오의 사상은 매우 과감하고 혁신적이었다. 그가 지향한 새로운 세계는 당시 중국인들이 한 번도 경험해 보지 못한 미지의 영역에 속한 것이었다. 더 나아가 그의 사상은 구한말 조선의 민족주의 형성에도 큰 영향을 미쳐, 『이태리 건국 삼걸전』(신채호 역) 등 다수의 저작이 번역 출간되었다.

본서는 다음과 같은 내용으로 구성되었다.

1장에서는 「량치차오의 근대적 역사 서술과 국민국가」를 다룬다. 량치차오는 청말·민초 격동의 시대적 흐름 속에서 근대 중국의 국민국가 건설을 목표로 정치, 법률, 경제, 사학, 철학, 문학, 교육 등 인문·사회과학 전 분야에 걸쳐 자신의 주장을 전개했으며, 이를 실현하기 위해 일생을 바쳤다고 해도 과언이 아니다. 그러나 그의 역사관에 대해서는 다른 분야에 비해 연구 성과가 상대적으로 부족한 편이다. 특히 기존 연구는 사학사적인 측면에서 접근하고 있기 때문에 량치차오의 역사 서술의 저변에 깔려 있는 논조의 의미에 대해서는 충분히 검토되고 있는 것 같지 않다. 사실 량치차오는 저널리스트로서 타고난 재능을 발휘하여 계몽적인 입장에서 수많은 문장을 발표하였지만, 각각 문장의 저변에는 근대 국민국가 건설이라는 정치적 실천의 맥락에서 작성되었다는 점을 유념할 필요가 있다. 이에 본 장에서는 량치차오의 계몽적 역사 서술에 대한 분석을 통해 그가 지향했던 근대 국민국가의 성격 및 의미를 재조명하고자 한다.

2장에서는 「량치차오의 경제개혁안과 국민국가」에 대해 다룬다. 량치차오는 1902년에 발표한 글에서 20세기의 시대를 경제의 경쟁시대로 규정하였다. 그는 이러한 시대적 인식을 바탕으로 중국의 구망을 위해 경제 개혁의 중요성을 강조하며 다양한 개혁안을 제시하였다. 량치차오는 국민 경제를 구축하기 위해 매우 다방면에서 개혁 방안을 주창하였는데, 그의 경제개혁안은 단순히 분리된 개별적 정책의 나열이 아니라, 국민국가 건설이라는 거대한 목표 아래 유기적으로 연결된 전체적 전략의 일부였다. 이러한 점에서 량치차오의 경제적 비전은 근대 국민국가 형성을 위한 체계적 노력의 일환으로 이해될 수 있다. 비록 그의 제안이 당시 혼란스러운 정국 속에서 효율적으로 실행되거나 성공적으로 추진되었다고 보기는 어렵지만, 량치차오가 제시한 경제개혁안은 이후 중국의 경제 재건에 중요한 자양분이 되었다는 점에서 그 의의를 평가할 수 있다. 그의 주장은 단기적 효과를 넘어서 장기적으로 중국 근대화와 경제 체제 구축에 중요한 사상적 토대를 제공한 것이다. 이에 본 장에서는 근대 중국의 국민국가 건설이라는 과제를 중심으로, 량치차오가 경제 방면에서 구체적으로 주장한 내용과 그 역사적 의미를 당대의 시대적 맥락 속에서 분석하고자 한다. 이를 통해 그의 경제개혁안이 중국의 국민국가 형성 과정에서 차지했던 역할과 의미를 정합적으로 조명할 것이다.

3장에서는 「량치차오의 재정개혁안과 국민국가」에 대해 논의한다. 아편전쟁을 전후로 한 내우외환으로 인해 청조는 심각한 국가 재정 위기에 직면하게 되었다. 특히, 청일전쟁과 의화단 사건은 이러한 위기를 더욱 악화시키며, 경상지출을 수십 배 초과하는 막대한 배상금과 전쟁 관련 외채의 누적을 초래하였다. 이러한 재정적 난맥상은 당시 청조 체제의 지속 가능성을 위협하는 핵심적 문제로 부각되었으며, 이에 대한 대책 마련이 절실히 요구되었다. 이 같은 청조 재정 문제에 대해 누구보다도 깊이 관심을 가졌던 인물이 바로 량치차오이다. 그는 의화단의 난 이후 청조 국가 재정의 위기를 타개하기 위해 다양한 방면의 재정개혁안을 제시하였다. 량치차오의 재정개혁안은 세제개혁, 공채 발행, 화폐제도 개혁, 은행 설립, 재무행정의 효율화 등 광범위한 분야에 걸쳐 있었다. 이러한 제안들은 단순히 당면한 재정 문제를 해결하기 위한 응급 처방이 아니라, 근대적 국민국가 건설이라는 거대한 목표하에 체계적으로 기획된 것이었다. 본 장에서는 량치차오의 재정개혁안을 세제 문제와 재무행정 개혁에 초점을 맞추어 심층적으로 검토한다. 그의 개혁안이 당시 청조의 재정적 실상을 얼마나 정확히 반영하고 있었는지, 또한 그것이 근대 국민국가 건설이라는 시대적 과제 속에서 어떠한 역할을 했는지를 분석한다. 이를 통해 량치차오의 재정개혁안이 단순한 재정 구조 조정의 차원을 넘어, 근대 국민국가 형성 과정에서 어떠한 역사적 위치를 차지하고 있었는지 재조명하고자 한다. 이러한 분석은 량치차오의 재정개혁안이 당대 중국 사회와 국가 체제의 근대화를 위한 필수적 기반이었음을 밝히는 데 기여할 것이다.

4장에서는 「량치차오의 '제국(帝國)'론과 '대청제국(大淸帝國)'의 국체」를 다룬다. 일반적으로 우리는 중국의 역대 왕조를 '중화제국'으로 칭하지만, 19세기 이전까지 중국의 역대 왕조가 스스로를 '제국'이라 호칭한 사례는 없다. 청조 역시 스스로를 '천조(天朝)' 또는 '중국'이라 칭하였으며, 아편전쟁 이후 구미 열강과 조약을 체결할 때에는 주로 '대청국(大淸國)'이라는 명칭을 사용하였다. 청조가 스스로를 '대청제국(大淸帝國)'이라 칭하게 된 것은 광서 신정기(光緖新政期)의 입헌정체로 국체를 재편하는 과정에서 비롯되었다. 이에 본 장에서는 청말에 등장한 대청제국이 체제 질서를 구축하는 과정에서 어떠한 제국적 담론이 형성되었는지를 고찰한다. 또한, 대청제국이 구체적으로 지향했던 체제 질서와 그 특성을 분석함으로써, 대청제국 체제가 내포한 근대적 의미를 규명하고자 한다. 이를 위해 특히 대청제국의 성립 과정에서 량치차오가 기여한 '제국'론에 주목한다. 그는 중국 역사상 최초로 제국이라는 개념을 수용하고 이를 정치적으로 정착시키는 데 중요한 역할을 하였다. 량치차오의 제국론은 단순히 제국이라는 명칭의 도입을 넘어, 대청제국의 체제 질서를 재구성하고 새로운 국가적 정체성을 형성하는 데 기여하였다. 그는 전통적인 화이질서(華夷秩序)를 근대적 국민국가 질서로 재편하고자 하였으며, 이를 통해 대청제국의 국민 창출과 국민 통합의 원리를 구상하였다. 본 장에서는 이러한 제국론을 바탕으로 대청제국의 국체 형성 기반과 구조를 분석하고, 국민 창출 및 통합 과정에서 량치차오가 기여한 담론적·정치적 성과를 검토한다. 나아가 그의 제국론이 현대 중국의 '제국성'을 이해하는 데 중요한 단서를 제공할 수 있음을 논의한다. 량치차오의 제국론은 대청제국 체제가 근대적 국민국가로 전환하는 데 필수적인 역할을 했을 뿐만 아니라, 중국의 근대적 정체성과 관련한 오늘날의 논의에도 여전히 시사점을 제공한다고 평가할 수 있다.

5장에서는 「량치차오의 연방제론과 신중국 건설」을 다룬다. 량치차오는 청말·민초를 대표하는 정론가로서 그의 정치사상은 여러 방면에서 많은 연구가 진행되어 왔으나, 연방제론에 대해서는 상대적으로 많은 주목을 받지 못했다. 입헌제도에 기반한 개혁운동을 통해 강력한 민족국가와 국민국가를 건설하려 했던 량치차오에게 지방분권을 강조하는 연방제는 그의 주요 정치적 입장과 연결성이 약해 보이는 것은 사실이다.

그러나 연방제를 지지했든 비판했든, 량치차오가 당시 정론가 중에서 누구보다도 연방제에 대해 깊은 관심을 보였다는 점은 부정할 수 없다. 본 장에서는 량치차오의 연방제론을 시기별로 체계적으로 분류하고, 그의 연방제론의 내면을 심도 있게 분석하고자 한다. 특히, 그의 연방제론을 단순히 찬성과 반대라는 이분법적 관점에서 논의하기보다는, 전통적 제국 질서가 해체되어 가는 상황 속에서 이를 근대적 국민국가의 틀로 재편하려는 시도로서 이해하고자 한다. 그의 연방제론은 단순히 정치 체제의 문제를 넘어, 당시 중국의 전통적 질서를 국민국가적 질서로 전환하려는 과도기적 담론으로 해석될 수 있다. 량치차오는 국가를 하나의 유기체로 간주하는 국가 유기체설을 수용하면서도, 연방제에 대한 비판적 태도를 유지하였다. 본 장에서는 이러한 국가 유기체설이 그의 연방제론에 어떻게 영향을 미쳤는지, 연방제에 대한 그의 입장이 어떤 방식으로 근대 국민국가 건설 과정에서 변형되고 활용되었는지를 논의할 것이다. 또한 이를 기반으로, 량치차오가 구상한 '신중국'의 이상과 현실의 괴리를 조명하고, 그가 제안한 연방제론이 국민 통합과 국가 건설 과정에서 가지는 의미를 재평가하고자 한다.

6장에서는 「량치차오의 '국성(國性)'론과 중화민족의 신질서 모색」을 다룬다. 신해혁명은 왕조 체제에서 근대적 공화국가로의 획기적인 전환을 가져온 역사적 사건이었다. 그러나 불안정한 가운데에서도 중국의 일통(一統)을 유지해 온 청조가 붕괴된 후 등장한 중화민국 체제는 안정된 국가적 기반을 확립하는 데 실패하였다. 중화민국은 민주적 통일국가로서의 국가권력과 국민적 일체성을 확립해야 하는 과제를 직면하였으나, 이러한 과제의 수행에 실패함으로써 정치적 혼란과 국민적 아노미(anomie) 상태를 초래하였다. 량치차오의 정치사상은 대체로 근대 국민국가 건설과 밀접하게 연관되어 논의되었지만, 그중에서도 '국성(國性)'론은 단순한 국가주의를 넘어선 세계주의적 지향을 담고 있다는 점에서 흥미롭다. 그의 국성론은 공자의 사상을 재해석하여 정치적 혼란 속에서 새로운 국가 질서를 모색하려는 시도와 연계되어 있다. 이는 단순히 민국 초기의 불안정한 정국을 수습하려는 방안에 그치지 않고, 새로운 국가 건설을 위한 사상적 기반을 마련하고 국민적 혼란을 통합하려는 포괄적 담론으로 발전하였다. 본 장에서는 민국 초기 량치차오가 제기한 국성론의 내용과 이를 통해 추구하고자 했던 목표를 분석한다. 특히, 그는 공자를 국성의 상징으로 삼아 이를 재해석함으로써 근대적 국민국가 건설과 중화민족의 통합을 동시에 추구하였다. 이러한 공자의 재해석은 단순히 전통의 계승을 의미하는 것이 아니라, 새로운 시대적 요구에 부응하는 정치적·문화적 담론으로 전환된 것이었다. 량치차오가 국성을 통해 모색한 '중화민족'의 신질서는, 민족의 통합과 국가의 재건을 위한 혁신적 접근이었다. 본 장에서는 이러한 신질서의 구체적인 내용과 의미를 고찰하며, 나아가 량치차오의 사상이 현대 중국의 정체성과 국가적 비전에 제공하는 함의를 논의한다.

7장에서는 「청말 국적법 제정과 국민의 경계」를 다룬다. 한 국가의 '국민'이 되는 요건은 법률로 규정되며, 그중에서도 핵심이 되는 법률이 바로 국적법이다. 중국에서 최초로 국적법이 공포·시행된 것은 선통 원년(1909년)의 일로, 이 법은 개인이 자국의 구성원으로 인정받기 위한 조건, 국적의 취득과 상실 및 그 절차를 명확히 규정한 법률이었다. 이러한 점에서 국적법은 근대 국민국가의 구성원으로서 국민의 경계를 최초로 명확히 설정한 근대적 법률로 평가될 수 있다. 청조가 국적법을 제정하게 된 직접적 배경으로 동남아시아, 특히 네덜란드의 속지였던 자바 지역 화교 사회의 요청이 큰 영향을 미쳤다는 점이 주목된다. 기존의 논의는 동남아 화교의 요청을 애국주의라는 틀 안에 고정시키며, 현대 중국의 내셔널리즘적 입장을 대변하려는 경향이 있다. 이 같은 접근은 내셔널리즘의 전제를 강화하기 위해 사실들을 끼워 맞추려는 시도로 비판될 여지가 있다. 동남아 화교를 비롯한 중국 상인단체가 청조 정부에 국적법 제정을 요청한 이유에 대해서는, 보다 구체적인 역사적 사실과 자료를 바탕으로 심층적인 논의가 필요하다. 이에 본 장에서는 청말 국적법이 제정되는 배경과 과정, 국적법의 내용 및 그 역사적 의의를 체계적으로 검토한다. 이를 통해 입헌파와 혁명파와 함께 국민국가 건설의 중요한 축을 담당했던 청조 중앙권력이 지향했던 국민국가의 실상을 구체적으로 파악하는 데 기여하고자 한다. 이러한 분석은 국민국가로의 전환 과정에서 국적법이 어떤 역할을 했는지에 대한 이해를 심화시키는 데 유익한 단서를 제공할 것이다.

8장에서는 「청말 개적 화인(改籍華人)의 귀속과 국민의 경계」를 다룬다. 청조가 국적법을 제정하기 이전부터 중국 국내외에서는 국적을 이탈하여 타국(주로 서구 열강 및 일본)의 국적을 취득하는 이른바 개적 현상이 사회적 문제로 부각되었다. 개적은 국적 변경을 의미하며, 오늘날의 귀화와 유사한 개념으로 볼 수 있으나, 청말의 개적 현상은 법적으로 명확히 규정된 절차를 거친 합법적 국적 변경은 아니었다. 개적한 중국인은 외국 국적을 보유하면서도 중국 내에서 거주하며 일반 중국인과 동일하게 활동하였고, 그로 인해 종종 중국의 관민과 분쟁을 일으켰다. 특히, 이들은 영사재판권과 자구반세(子口半稅) 특권을 악용하여 중국의 법률 체계를 기만하였으며, 이러한 개적 화인은 중국 국권을 침해하는 존재로까지 인식되었다. 이에 본 장에서는 개적 화인의 실태와 이를 둘러싼 당대 여론의 동향을 고찰하며, 개적 화인과 관련된 분쟁과 그 처리 과정을 통해 청조 지방 관료와 외국 영사관 간의 갈등과 해결 방식을 분석한다. 이러한 분석을 통해 청말 개적 화인 문제가 단순한 국적 변경의 문제가 아니라, 청조가 근대 국민국가로 전환하는 과정에서 국민 경계 확립이라는 중대한 과제와 맞물려 있었음을 밝히고자 한다.

9장에서는「민국 시기 동북지역 조선인의 법적 지위」를 고찰한다. 본 장은 민국 시기 중국 동북지역에 거주한 조선계 이민자와 그 자손들의 법적 지위 변동 과정을 중심으로, 그 다원성과 중층성을 강조하며 이를 형성한 역사적 요인들을 분석하고자 한다. 국적은 일반적으로 혈통주의와 출생지주의에 의해 결정되며, 이는 국가마다 다르게 적용되고, 동일한 국가 내에서도 특정 상황에 따라 달라질 수 있다. 특히, 이민이나 난민이 국경을 넘어 이주한 경우, 국적 문제는 혈통주의와 출생지주의의 경계에서 무국적 또는 이중국적 문제를 야기하게 된다. 중국 동북지역으로 이주한 조선인의 경우, 중국으로 귀화하여 중국 국민의 자격을 취득할 수 있는 법적 가능성이 존재했지만, 일본은 외지(식민지)의 '제국신민'에 대해 국적을 이탈할 수 없도록 규정하는 이중적 법체계를 적용하였다. 그 결과, 조선인들은 중국과 일본의 서로 다른 이해관계 속에서 이중국적을 가지게 되었고, 이로 인해 법적 지위가 모호해지는 문제에 직면하였다. 동북지역 조선인의 법적 지위 문제는 주로 중국 정부의 시각에서 다루어졌으나, 이 문제를 보다 정확히 이해하기 위해서는 중국과 일본 정부의 입장뿐만 아니라, 조선인들 스스로가 자신의 법적 지위를 어떻게 인식하고 대응했는지를 중층적으로 살펴볼 필요가 있다. 이에 본 장에서는 이러한 다양한 관점을 통합하여, 조선인의 법적 지위 문제가 단순히 국가 간의 법적 충돌이나 외교적 이해관계에 국한된 것이 아니라, 조선인 개인과 집단의 주체적인 경험과 선택 속에서 어떻게 형성되고 변동되었는지를 분석한다. 이러한 접근은 민국 시기 동북지역 조선인의 법적 지위 문제를 다각도로 조명하고, 이를 통해 당시 동아시아 국제질서 속에서 민족과 국가의 경계가 어떻게 작동했는지를 이해하는 데 기여할 것이다.

본서는 필자가 근대 국민국가 건설을 위해 분투했던 량치차오와 국적법에 관해 발표했던 기존의 논문들을 수정·보완하여 하나의 체계적인 연구 성과로 엮은 결과물이다. 각 논문은 처음부터 량치차오를 다룬 전문 서적을 염두에 두고 작성된 것은 아니었다. 그러나 연구를 진행하며 량치차오가 근대 중국과 동아시아 국제 질서 속에서 국민국가 건설 문제에 대해 제기한 사상적 통찰의 중요성이 점차 부각됨에 따라, 이를 보다 심층적으로 탐구하고 정리할 필요성을 느끼게 되었다. 이 과정에서 개별 논문은 여러 동료 연구자들의 비판적 논의와 따뜻한 조언을 통해 새로운 관점을 더하며 보완될 수 있었다. 동료 학자들의 이러한 지지와 격려는 본서를 체계적이고 일관된 하나의 연구 성과로 엮어내는 데 중요한 동력이 되었다. 이 자리를 빌려 연구 과정에서 아낌없는 비평과 조언을 보내준 모든 분들께 깊은 감사의 뜻을 전하며, 이 책이 량치차오 연구 및 중국 근대사에 대한 이해를 넓히는 데 조금이나마 기여할 수 있기를 바란다.

고황산 연구실에서

정지호

차례

★ ★ ★

3장. 량치차오의 재정개혁안과 국민국가

★ ★ ★

4장. 량치차오의 '제국(帝國)'론과 '대청제국(大淸帝國)'의 국체

★ ★ ★

5장. 량치차오의 연방제론과 신중국 건설

★ ★ ★

6장. 량치차오의 '국성(國性)'론과 중화민족의 신질서 모색

★ ★ ★

7장. 청말 국적법 제정과 국민의 경계

★ ★ ★

8장. 청말 개적 화인(改籍華人)의 귀속과 국민의 경계

★ ★ ★

9장. 민국 시기 동북지역 조선인의 법적 지위

1장

량치차오의 근대적 역사 서술과 국민국가

머리말

량치차오는 「신중국 미래기(新中國未來記)」라는 소설에서 1962년 정월 1일, 남경(南京)에서 중국의 전 인민이 유신(維新) 50년 대축전을 성대하게 개최하는 모습을 묘사한다. 이 소설에서 당시 남경은 국제 평화 회의의 개최지로, 영국과 일본의 황제와 황후, 러시아 대통령과 영부인, 필리핀 대통령과 영부인, 헝가리 대통령과 영부인 등 세계 각국의 고위 인사들이 참석하고 있었다. 한편, 상해(上海)에서는 축전에 맞추어서 대규모 박람회가 열리고 있었다. 이 박람회는 단순한 전시회가 아니라 수천 명이 넘는 세계 각국의 학자들과 수만 명의 학생들이 모여 학문과 종교에 관해 토론하는 연합 학술대회라는 데 그 특징이 있다. 그중에서도 주목되는 것은 박람회장의 중앙에 중국 경사대학교(京師大學校) 문학과 내의 사학부(史學部)가 강단을 설치해서 30여 명의 박사들이 중국 정치사, 철학사, 종교사, 경제사, 풍속사, 문학사 등 다양한 분야에서 중국 역사의 특질에 대해 강연을 펼친 것이다. 이들 강연의 목적은 "중국 인민의 애국심을 고취하는 동시에 외국인들에게는 황제(黃帝)의 자손이 변천하고 발달해 온 과정을 알리는 것이다"[1]라고 명시한다. 비록 「신중국 미래기」는 소설 속 이야기일 뿐이지만, 이를 통해 량치차오가 역사학을 얼마나 중시했는지, 나아가 역사학에 어떠한 기대를 품고 있었는지를 엿볼 수 있다. 이는 역사학이 단순히 과거를 서술하는 학문을 넘어, 국민적 정체성을 고양하고 국제 사회에서 중국의 위치를 재정립하는 데 중요한 역할을 해야 한다는 그의 관점을 보여준다.

량치차오는 청말·민초의 격동하는 시대적 흐름 속에서 근대 중국의 '국민국가' 건설을 목표로 정치, 법률, 경제, 사학, 철학, 문학, 교육 등 인문·사회과학 전 분야에 걸쳐 자신의 주장을 전개했으며, 이를 실현하기 위해 일생을 바쳤다고 해도 과언이 아니다. 그의 주장은 '경제혁명(經濟革命)', '사학혁명(史學革命)', '시계혁명(詩界革命)', '소설계혁명(小說界革命)'이라고 일컬어지듯이 당시로서는 매우 과감하고 혁신적인 것이었다. 량치차오가 지향했던 새로운 세계는 당시 모든 중국인들은 일찍이 경험해 보지 못한 미지의 영역에 속하는 것으로,[2] 그의 사상과 주장은 근대 국민국가 건설이라는 시대적 과제를 해결하고자 한 적극적인 실천의 표현이자, 중국 사회의 근본적 변화를 추동하려는 혁신적 시도라 할 수 있다.

그동안 중국에서 량치차오에 대한 연구는 시대상의 변화에 따라 다양한 논의가 진행되었는데, 량치차오는 주로 캉유웨이(康有爲)와 더불어 입헌군주제를 지향한 보황파(保皇派), 보수적 개량주의자로 평가되며 비판적인 시각에서 논의되는 경우가 많았다.[3] 그러나 최근에는 입헌파와 혁명파라고 하는 이분법적인 도식에서 벗어나 아편전쟁에서 현재에 이르는 중국의 정치사를 근대 국민국가 형성 과정으로 새롭게 이해하려는 관점이 주목받고 있다. 이러한 접근은 중국에서 처음으로 국민국가 건설을 주창한

1 梁啓超, 「新中國未來記」, 『飮冰室專集』(이하 『專集』)89, 2~4쪽(『飮冰室合集』, 中華書局, 2003 소수, 이하 동일).

2 狹間直樹, 「'新民說'略論」, 狹間直樹編, 『梁啓超—西洋近代思想と明治日本』, みすず書房, 1999, 80쪽.

3 량치차오 연구의 시대적 변화상에 대해서는 朴宣泠, 「梁啓超를 통해 본 중국 사회 문화의 이해」, 『中國近現代史研究』20, 2003 참조.

인물로서 량치차오의 국가관을 재조명하려는 시도로 이어지고 있다.[4] 이는 량치차오를 단순히 보수적 개량주의자로 국한시키지 않고, 근대 중국의 국민국가 건설 과정에서 그의 사상이 가지는 의미와 기여를 새롭게 평가하려는 학문적 경향을 반영한다. 이에 따라 그에 대한 관심도 매우 높아지고 있는데, 2003년 10월 천진(天津)에서 개최된 량치차오에 대한 국제학술대회에 중국 내외에서 130여 명의 학자 및 량치차오의 후손 20여 명이 참가하여 5일간에 걸쳐 활발한 논의를 전개한 것은 근래 중국에서 그에 대한 관심이 어느 정도 지대한가를 단적으로 보여주는 좋은 사례라고 할 것이다.[5]

그러나 량치차오의 역사관에 대한 연구는 다른 분야에 비해 상대적으로 부족한 실정이며,[6] 주로 사학사(史學史)적인 관점에서 접근하고 있어 량치차오의 역사 서술에 내재된 논조와 그 의미를 충분히 검토하지 못한 한계가 있다. 사실 량치차오는 저널리스트로서의 타고난 재능을 발휘하며 계몽적 입장에서 다수의 글을 발표하였지만, 그의 글 저변에는 근대 국민국가 건설이라고 하는 정치적 실천의 의도가 깔려 있음을 간과해서는 안 된다. 이러한 점에서 량치차오의 역사관은 국민국가의 형성을 위한 적극적이고 실천적인 도구로 기능했다고 볼 수 있다. 이에 본 장은 량치차오의 계몽적 역사 서술을 분석하여 그가 지향했던 근대 국민국가의 성격과 의미를 재조명하고자 한다. 이러한 시도는 단순히 그의 역사관을 이해하는 데 그치지 않고, 근대 중국의 국민국가 형성과 관련한 사상적 기반을 탐구하는 데 의의를 두고 있다.

4 白永瑞, 「梁啓超의 근대성 인식과 동아시아」, 『아시아문화』14, 133~134쪽.

5 이 학술대회의 결과물은 李喜所主編, 『梁啓超與近代中國社會文化』, 天津古籍出版社, 2005로 출간되었다. 이 책에는 총 52편의 논문이 실려 있어, 학술대회의 규모가 어느 정도였는가를 잘 알 수 있다. 각 논문의 개략적인 소개로는 候杰·林緒武, 「梁啓超與近代中國社會文化國際學術研討會綜述」, 『中國近代史』6, 2004; 朴宣泠, 앞의 글 참조.

6 량치차오의 역사관에 대한 연구 성과에 관해서는 都相範, 『梁啓超의 史論에 關한 硏究』, 忠南大學校大學院 博士學位論文, 1992 참조.

★ ★ ★

중국의 창출과 국민 양성

전통적으로 중국의 대외 관계는 고도의 문명을 자랑하는 '중화(中華)'와 이를 추앙하는 '이적(夷狄)' 간의 조공(朝貢) 관계를 통해 체제 질서를 형성해 온 것으로 알려져 있다. 청나라의 경우, 강희제(康熙帝), 옹정제(雍正帝), 건륭제(乾隆帝) 시기에 걸친 지속적인 대외 확장을 통해 광대한 영역을 지배하게 되었지만, 그 지배 구조란 서구 근대의 국민국가 모델에서 보이는 것처럼 명확한 국경을 설정하고 그 내부를 균질적으로 관리하는 형태와는 달랐다. 즉, 청조의 지배구조는 명확한 국경의식을 결여한 채 중앙과 지방의 구조 외에 몽골(蒙古), 티베트(西藏), 신강(新疆) 지역에는 번(藩, 일종의 자치구)을 설치하고, 기타 소수민족의 거주지에는 토사(土司)를 통해 간접적으로 통치하였다. 나아가 조선, 류큐(琉球), 샴(暹羅, 태국의 옛 국명) 등 조공국에 이르기까지 주변으로 느슨하게 확산된 체제를 유지하였다. 흥미롭게도 조공 체계에는 영국도 포함되어 있어 청조의 영향력은 표면적으로 전 세계에 미쳐 있었던 것이다. 따라서 청조의 경우 국내와 국외를 구분하는 명확한 경계선은 존재하지 않았으며, 대신 우수한 문명을 지닌 중화와 아직 문명의 혜택을 받지 못한 오랑캐를 구별하는 체계가 자리 잡고 있었다. 이 화이(華夷)의 구별조차 고정된 경계선이 없이 시대적 상황에 따라 개방성과 배타성을 동시에 내포하는 유동적 개념으로 작동하였다.[7]

화이관을 바탕으로 하는 중국 지식인들의 일원적 세계관은 19세기 이후 서구 열강의 침략에 직면하면서 서서히 변화하기 시작한다. 즉 '중국'은 더 이상 세계의 중심에 위치한 절대적 존재가 아니라 다수 국가 중 하나에 불과하며, 세계는 서로 다른 문화를 가진 각국이 서로 경합하는 다원적 공간으로 이해되기 시작한 것이다. 이로 인해 중국이 자국과 타국과의 경계를 인식하게 됨에 따라 새롭게 부각된 당면과제는 '서구

7 청조의 지배구조에 대해서는 岸本美緒, 「清朝とユーラシア」, 歴史學硏究會編, 『講座世界史2 近代世界への道—變容と摩擦』, 東京大學出版會, 1995, 청조와 주변 제국과의 관계에 대해서는 濱下武志, 『近代中國の國際的契機—朝貢貿易システムと近代アジア』, 東京大學出版會, 1992 참조.

열강의 침략에 대응해서 중국을 어떻게 수호할 것인가?' 하는 문제였다. 이는 단순한 생존의 문제를 넘어, 새로운 국제 질서 속에서 자국의 정체성과 주권을 재구성하는 중요한 도전으로 작용하였다.

량치차오는 청말 중국의 근대 사회사조 형성에 선구적 역할을 한 인물로 평가된다. 그는 당시 중국이 직면한 대내외적 위기상황을 깊이 인식하며, 「중국인종의 장래를 논한다」라는 글에서 다음과 같이 말하고 있다.

> 서구 열강에 의한 중국 분할 논의가 제기된 지 이미 수년이 지났으나, 지금까지도 그 소리는 날로 높아져 가고 있다. 서구인들은 중국인을 단지 튀르키예, 인도, 나아가 아프리카와 동일한 시각으로 바라보고 있다. 특히 영국과 러시아의 협상이 이루어진 이후 사태는 더욱 긴박해졌으며, 이탈리아, 오스트리아, 벨기에, 덴마크, 포르투갈 등도 중국을 호시탐탐 노리고 있다. 중국의 운명이 이미 눈앞에 다가왔음에도 불구하고 우리 중국 내부에는 여전히 완고한 태도로 현실을 자각하지 못한 채 꿈에서 깨어나지 못하는 이들이 적지 않다. 이들은 상황의 심각성을 인식하지 못하고 있어 논할 가치조차 없을 지경이다. 반면, 어렴풋이 현실을 인지한 일부는 그저 두려움 속에서 "중국은 반드시 망한다, 반드시 망한다"라고 우려를 표하는 데 그치고 있다.[8]

서구 열강에 의해 중국이 튀르키예나 인도, 아프리카와 마찬가지로 과분(瓜分), 즉 분할될 수 있다는 위기감이 고조되고 있지만, 이를 자각하지 못하는 당시 중국의 현실에 대해 량치차오는 깊은 우려를 표명하고 있다. 이러한 위기 상황에 대응하기 위해 량치차오는 우선 국명으로서 '중국'이라는 용어에 새로운 의미를 부여할 것을 주창하였다. 그는 이를 통해 국가적 정체성을 형성하고 중국인의 의식을 일깨우고자 한 것이다. 량치차오는 중국의 역사와 그 명칭에 대한 재해석의 필요성을 강조하며 다음과 같이 언급하고 있다.

8 梁啓超, 「論中國人種之將來」, 『飮冰室文集』(이하 『文集』)3, 48쪽(『飮冰室合集』, 中華書局, 2003 소수, 이하 동일).

내가 가장 부끄럽게 생각하는 것은 우리나라에 명확한 국명이 없다는 사실이다. 우리가 일상적으로 사용하는 제하(諸夏), 한인(漢人), 당인(唐人) 등의 명칭은 모두 특정 왕조의 이름에 지나지 않으며, 외국인이 부르는 진단(眞檀), 지나(支那)는 우리가 스스로 명명한 것이 아니다. 우리 역사를 하, 한, 당 등과 같은 왕조명으로 부르는 것은 국민을 존중한다는 취지에 어긋나며, 진단, 지나 등과 같이 외국에서 부르는 명칭을 사용하는 것은 이름은 주인을 따라야 한다는 이치를 저버리는 것이다. 또한 중국이나 중화라는 명칭은 확실히 자존자대(自尊自大)의 의미를 내포해 외국의 비판을 받을 우려가 있다. 그럼에도 불구하고 한 성(姓)이나 한 왕조의 연대로써 우리 국민을 더럽힐 수는 없으며, 외국인이 임의로 정한 이름으로 우리 국민을 혼란스럽게 하는 것은 결코 용납될 수 없다. 위의 세 가지 모두 중용을 상실한 표현이라 할 수 있지만, 부득이하게 나는 우리의 습관에 따라서 '중국사(中國史)'라고 부르고자 한다. 비록 약간 교만하게 들릴 수 있지만, 민족이 스스로의 국가를 존중하는 것은 세계적으로 통용되는 이치이다. 나아가 우리 동포가 명칭과 그 실질적 의미를 통찰하는 것은 민족정신을 일깨우는 중요한 계기가 될 것이다.[9]

량치차오는 전통적으로 사용되던 한, 당, 송 등은 단지 개별 왕조의 명칭에 불과하며, 이러한 왕조 교체를 초월하는 국명이 부재하다는 점을 깊이 개탄하면서 중국 전체의 역사를 포괄할 수 있는 국명으로서 중국을 사용할 것을 제안하였다. 이와 같은 량치차오의 제안은 중국이라는 국명이 각 왕조를 초월하여 전체 역사를 아우르는 개념으로 자리 잡는 계기가 되었으며, 이는 더 이상 특정 왕조나 시대를 상징하는 이름이 아닌, 국가를 대표하는 고유명사로 정착하는 데 기여하였다. 이로써 과거 막연한 관념으로 존재했던 중국은 영국, 프랑스 등 서구 열강과 동등한 하나의 독립된 국가로서 실체를 명확히 드러내게 되었다.[10]

9 梁啓超,「中國史敍論」, 제3절 中國史之命名,『文集』6, 3쪽.

10 부언하자면, 량치차오가 외국인에 의해 명명된 것이기 때문에 부적절하다고 본 '지나'라는 명칭은 청말 일본에 유학한 학생들 사이에서 빈번하게 사용되었다. 나아가 쑹자오런(宋敎仁), 쑨원(孫文) 등 개혁적 지식인들 또한 이

량치차오는 중국이 실체적 개념으로서 각 왕조를 초월하는 하나의 통합체라는 점을 강조하며, 이를 뒷받침하는 근거로 "중국은 본래 하나의 통일된 국가로서, 인종, 언어, 문학, 교의, 풍속이 모두 하나로 통일되어 있다"[11]라고 언급하면서 중국의 일체성을 강조하고 있다.

그렇다면, 량치차오가 생각하는 중국은 어떤 지역을 포괄하는 것일까? 그는 중국사가 포함하는 지역을 크게 행정구역상 18개 성(省)으로 구성된 중심부와 만주, 몽골, 티베트, 신강 등 주변부로 구분하고 있다.[12] 이미 언급한 바와 같이, 이들 지역은 청조 강희제에서 건륭제 시기에 걸친 지속적인 대외 확장의 결과 형성된 영역에 불과하다. 이는 근대 국민국가의 영토와 같이 명확한 경계선으로 구분된 것은 아니었으며, 각 지역에 대한 통치 방식 또한 균질적으로 이루어지지 않았다. 특히 중심부를 제외한 주변 지역에서는 황제가 직접 임명한 관리에 의한 통치가 이루어지지 않았는데, 황제의 지배 질서를 문란시키지 않는 한 그 지역의 실정에 맞는 방식으로 자율적으로 다스리도록 방임하는 '인지제의(因地制宜)' 방식을 취했던 것이다. 량치차오가 이들 제 지역을 중국이라는 일체성을 가진 국토로 파악[13]하고자 한 시도는, 전통적 판도(版圖) 개념을 근대적 영토(領土) 개념으로 전환하려는 의도에서 비롯되었다고 할 수 있다. 그는 여러 글을 통해 중국의 지리적 문제를 논의하며, 중국의 역사적 일체성을 주장하고자 했다. 이는 전통적 개념을 근대적으로 재구성하려는 그의 눈물겨운 노력의 일환이라고 볼 수 있다. 결국 량치차오의 사상 속에서 자국과 타국 간 경계를 명확히 구분하는 새로

용어를 사용한 기록이 있다. 이들은 모두 일본에서 유학하거나 망명한 경험을 공유하며, 새로운 국가 건설을 모색하는 과정에서 왕조 명칭을 초월한 국명으로서 지나를 채택한 공통점을 지닌다. 다만, 지나는 당토(唐土)와 더불어 명말청초 시기 일본의 국학자들에게 사용되었는데, 이는 자국(일본)의 우월성을 강조하고 중국을 멸시하는 의미를 내포한 표현이었다. 따라서 일본인들이 이 용어를 사용할 경우, 이는 중국에 대한 모욕적 의미를 담은 표현으로 간주되었으며, 량치차오가 이 명칭의 사용을 기피한 이유도 바로 여기에 있다. 이 용어는 신해혁명 이후 등장한 중화민국에서는 사용되지 않았다. 요시자와 세이치로(정지호 옮김), 『애국주의의 형성』, 논형, 2006, 18~19쪽.

11 梁啓超, 「中國地理大勢論」, 『文集』10, 77쪽.

12 梁啓超, 위의 책, 78쪽; 梁啓超, 「中國史敍論」, 제4절 地勢, 『文集』6, 4~5쪽.

13 중국의 일체성을 둘러싼 담론에 대해서는 요시자와 세이치로, 앞의 책, 제3장 참조.

운 중국상이 탄생하게 되었다. 이러한 의식의 전환은 청일전쟁의 패배 이후 열강에 의해 영토 분할이라는 대외적 위기 속에서 형성된 것이라는 점에서 주목할 만하다.

한편, 당면한 대외적 위기를 극복하기 위해 량치차오는 중국의 국민 양성을 중요한 과제로 제시하였다. 량치차오는 「중국적약소원론(中國積弱溯源論)」에서 중국의 미약함의 원인을 이상(理想), 풍속(風俗), 정술(政術)의 세 측면에서 분석한다. 특히 '풍속에 기인하는 적약'에서 량치차오는 중국인의 내면에 자리 잡은 노예근성을 극복해야 한다고 주장하였다. 그는 인간 상호 간의 존중을 통해 기존의 전통적인 사회적 차별을 부정하고, 국가를 책임질 수 있는 평등한 국민을 양성할 필요성을 강조하였다. 이러한 주장 속에서 량치차오는 전통적인 중국인의 상태를 다음과 같이 묘사하고 있다.

> 하나의 사다리에는 각 단마다 사람들이 몰려 있는데, 그 숫자는 수천 수백에 이르러 헤아리기 어려울 정도이다. 사람들은 자신보다 상단에 위치한 이들에게는 머리를 조아리며 예를 갖추는 반면, 하단에 있는 사람들에게는 발로 차고 짓밟는 행태를 보인다.[14]

이 비유는 과거제를 통해 신분 상승의 기회가 열려 있어 누구나 사다리의 정점에 도달하려고 노력하지만, 동시에 올라간 자와 그렇지 못한 자 사이에 첨예한 신분 차별이 존재함을 보여준다. 이에 따라 상위 계층의 인물들에게 잘 보이려고 하는 노예근성이 중국인의 내면에 자리 잡게 되었다는 것이다. 량치차오는 이러한 노예근성이 단순히 내부의 계층적 억압을 넘어 외부의 지배로까지 이어질 수 있다고 보았다. 그는 "관리의 압제를 받는 데에 안주하는 백성은 필연적으로 이민족—여기서 서구 열강을 지칭한다—의 압제에도 안주할 것"이라고 경고하며, 이를 극복하기 위해 "누구도 남을 능멸하지 않고, 또한 누구도 남에게 능멸당하지 않는"[15] 서구와 같은 사회를 지향해야 한다고 주장하였다.

14 梁啓超, 「中國積弱溯源論」, 제2절 積弱之源於風俗者, 『文集』5, 19~20쪽.

15 梁啓超, 위의 책, 19~20쪽.

량치차오는 노예근성과 더불어 중국의 미약함을 논하는 글에서, 서구와 일본에는 '상무정신(尙武精神)'이 존재하는 반면, 중국은 문(文)을 숭상하는 전통에 젖어 있어 유약함에서 벗어나지 못하고 있다고 지적하였다. 그는 이러한 문제를 해결하기 위해서는 '상무정신'을 고양하지 않으면 '민권'이나 '국권'을 확립할 수 없다고 주장하였다. 이에 따라 량치차오는 '일본혼(日本魂)'을 본보기로 삼아 이를 모방하고, 궁극적으로 '중국혼(中國魂)'을 일깨워야 한다고 역설하였다.[16] 그는 이를 통해 중국이 내면적 유약함을 극복하고 강건한 민족정신을 확립할 것을 제안하였다.

[사진 1] 량치차오, 1898년경

그렇다면 량치차오가 생각하는 '국민'이란 무엇인가? 그는 1897년에 저술한 「근세 국민경쟁의 대세 및 중국의 전도를 논함」에서, 중국인은 국민의 존재를 인식하지 못하고 있다고 전제한 뒤 다음과 같이 언급하고 있다. "국이란 민이 모여서 성립하는 것이며", "한 나라의 민을 바탕으로 일국의 일을 다스리고 일국의 법을 제정하며, 일국의 이익을 도모하고 일국의 우환을 막아내야 한다. 민이 멸시를 당하지 않아야 비로소 그 나라가 망하지 않을 수 있다. 이것이 이른바 국민이다."[17] 량치차오는 또한 "국민의 힘은 모든 힘 중에서 가장 강력하고 견고하다"[18]라고 강조하며 국민 양성을 국가 발전의 핵심 과제로 제시하였다. 그는 이러한 주장을 통해 국민의 존재와 역할이 국가의 존립과 번영의 근간임을 역설한 것이다.

즉, 전통적인 차별의식을 배제하고, 서로가 동등하며 독립적이고 자주적인 국민을

16 狹間直樹, 「『新民說』略論」, 앞의 책, 82쪽.

17 梁啓超, 「論近世國民競爭之大勢及中國之前途」, 제1절 國民與國家之異, 『文集』4, 56쪽.

18 梁啓超, 위의 글, 제5절 中國之前途, 위의 책, 59쪽.

양성하고 이를 바탕으로 국가가 성립해야 한다는 것이다. 여기에서 국민의 개념은 '군(群)'과 '사회'의 개념과 밀접하게 연결된다. 량치차오는 「중국적약소원론」에서 자신을 사랑하고(愛己) 자신을 이롭게 하는(利己) 행위는 "성인이 금한 바가 아니다"라고 하면서도, 인간은 홀로 살아갈 수 없기 때문에 군(群)을 형성해야 한다고 강조한다. 그는 사람과 사람이 관계를 맺을 때 자신을 내(內)로 하고 타인을 외(外)로 여기는 것을 '일신의 아(一身之我)'라 정의하며, 군과 군이 관계를 맺을 때 자기 군을 내로 하고 타군을 외로 하는 것을 '일군의 아(一群之我)'라고 설명한다. 그리고 군과 군이 경쟁에서 승패는 군의 결합력에 의해 결정되는데, 결합력을 강화하기 위해서는 "일군의 구성원이 자신의 몸을 낮추고 군을 따르며, 소아(小我)를 버리고 대아(大我)를 지키며, 타인을 사랑하고 타인을 이롭게 하는 의(義)가 매우 중요하다"라고 주장한다. 그러나 현실적으로 중국인은 군의 개념에 대해 매우 무지하며, 사람들의 마음속에는 '일신의 아'만 존재한다고 지적한다. 그는 다음과 같이 비판한다.

> 4억의 인구가 4억 개의 나라를 이루고 있으며, 이 나라가 망해도 자신에게 손해가 없다면 방관하며, 나라가 망해가는 것을 내버려 두고 전혀 개의치 않는다. 심지어 이 나라가 망하는 것이 자신에게 유익하다면, 오히려 적극적으로 나라가 망하는 것을 돕는 데에도 전혀 부끄러움을 느끼지 않는다.[19]

량치차오는 이러한 현실을 개탄하며, 중국의 망국적 위기를 극복하기 위해서는 국민이 대단결해야 한다고 강하게 호소하였다. 일신의 이익을 좇아 대아, 즉 '군', '사회' 나아가 '국가'를 도외시하는 현실적 상황을 개탄하면서 중국의 망국적 위기를 벗어나기 위해서는 '국민'이 대단결할 것을 호소하였다.[20]

19 梁啓超, 「中國積弱溯源論」, 제2절 積弱之源於風俗者, 『文集』5, 22~23쪽.

20 "사억 인이 사억 인의 나라를 형성"하고 있다는 량치차오의 현실 인식은 그와 대립 관계에 있던 혁명파의 거두 쑨원이 중국인의 국가에 대한 관념은 "사억 인이 한 알의 흩어진 모래알(一片散砂)"과 같다는 주장과 유사하다는 점에서 흥미롭다. 孫文, 「三民主義 民族主義 第5講」, 『孫中山選集』下, 人民出版社, 1956, 593~594쪽.

량치차오는 새로운 중국을 건설하기 위해 왜 국민의 양성을 절대적인 전제로 삼았는가? 이는 국민의 바탕 위에 국가가 성립해야 한다는 그의 사상에서 비롯된다. 국민의 지지를 바탕으로 정권의 정당성을 확립해야 한다는 그의 주장은 달리 말하면, 국가는 국민의 의사를 근거로 해서 통치를 수행해야 한다는 논리와 상통한다.

그러나 국민의 지지에 의해 정권의 정당성을 부여해야 한다는 량치차오의 논리는 전통적으로 천명(天命)을 정당성의 근거로 삼았던 중국의 왕조 지배 질서를 근본적으로 위협하는 것이었다. 주지하듯이 중국의 전통적 통치 형태는 덕치정치를 이상으로 삼고 있었다. 덕치정치는 하늘이 유덕자(有德者)에게 천명을 내리면 그 유덕자인 황제가 지상의 세계를 덕으로 다스린다는 것이다. 따라서 천명이 아닌 국민의 지지를 정권의 정당성의 근거로 삼아야 한다는 량치차오의 주장은 청조 정부의 정체성을 근본적으로 흔들 수 있는 위험한 사상으로 간주되었다. 청조 지배 체제 내에서 새로운 중국을 모색하고자 했던 캉유웨이, 량치차오를 중심으로 한 무술변법운동[21]은 처음에는 광서제(光緖帝)의 신임을 받았으나, 얼마 지나지 않아 서태후(西太后)를 중심으로 한 수구 세력의 쿠데타에 의해 '백일유신'으로 끝나고 말았다. '백일유신' 이후 곧바로 내려진 상유에는 다음과 같은 언급이 있다. "듣건대, 이 난당(亂黨, 캉유웨이 일파)은 은밀히 보국회(保國會)를 조직하여 중국을 보전하겠다고 말하면서 대청(大淸)을 보전하지 않겠다고 하였다. 그 반역의 죄상은 실로 참을 수 없을 정도로 격분할 만하다.(聞亥亂黨私立保國會, 言保中國不保大淸. 其悖逆情形, 實堪髮指)"[22]

[사진 2] 캉유웨이, 1905년

21 무술변법운동에 대해서는 閔斗基, 「戊戌變法期에 있어서의 '改革'과 '革命'」, 『中國近代 改革運動의 研究—康有爲中心의 1898년 改革運動』, 일조각, 1985 참조.

22 朱壽朋纂修, 『光緖朝東華錄』7, 光緖二四年八月乙未, 大東書局, 발행년 불명, 4187쪽.

이와 같이 수구 세력은 쿠데타를 정당화하면서 중국이라는 개념 자체를 자신들의 지배 체제, 즉 청조를 위협하는 요소로 간주하였다. 청조의 자강을 목표로 등장한 중국이라는 개념이 오히려 청조 내부에서 위구(危懼)와 반발을 불러일으켰다는 점은 역사의 아이러니라 하지 않을 수 없다.[23]

★ ★ ★

단선적 역사발전론을 통한 중국사의 재구성

량치차오는 중국의 전통적 역사학이 개별왕조를 중심으로 서술됨으로써 "다만 군주가 있을 뿐 국민은 안중에 넣지 않았다"[24]라고 비판하며 근대 중국의 미래를 짊어질 역사적 주체로서 국민을 내세우고 있다. 그는 1902년에 발표한 글에서 유럽에서 민족주의가 발달하고 문명이 날로 진보할 수 있었던 배경에는 역사학의 공헌이 절반을 차지한다고 평가하였다. 반면, 중국은 전통적으로 역사학이 융성했음에도 불구하고 유럽에서와 같은 기능을 수행하지 못했다고 지적하였다. 량치차오는 이 문제의 원인으로 다음 네 가지를 제시한다.

> 첫째, 조정이 있음은 알았으나 국가가 있음은 알지 못했다.(知有朝廷而不知有國家)
>
> 둘째, 개인이 있음은 알았으나 집단이 있음은 알지 못했다.(知有個人而不知有群體)
>
> 셋째, 과거 유적이 있음은 알았으나 현재 업무가 있음은 알지 못했다.(知有陳跡而不知有今務)
>
> 넷째, 사실이 있음은 알았으나 이상이 있음은 알지 못했다.(知有事實而不知有理想)[25]

23 茂木敏夫,「中華世界の構造變動と改革論」, 毛里和子編,『現代中國の構造變動』, 東京大學出版會, 71쪽.

24 梁啓超,「中國史敍論」, 제8절 時代之區分,『文集』6, 11쪽.

25 梁啓超,「新史學」, 제1절 中國之舊史,『文集』9, 1쪽.

즉, 역사학이란 민족주의를 발달시키고 문명을 진보시키는 데 필수적인 학문으로서, 단지 왕조 중심적, 개인 중심적, 과거 지향적, 사실 나열적인 방식에 머물러 있던 전통적 역사학은 진정한 의미에서 역사학이라고 할 수 없다는 것이다. 량치차오는 "중국에는 역사학이 없으니, 만일 역사학이 있다면 국민이 어떻게 단결하지 않을 것이며, 집단적 통치가 어떻게 진화하지 않을 수 있겠는가?"[26]라고 단언한다. 이는 량치차오가 구상한 신사학의 존재 의미와 목적을 단적으로 보여주는 표현이라 할 수 있다.

량치차오는 개별왕조를 초월해서 중국의 전체 역사를 포괄하는 개념으로서 '중국'과 '중국사'를 창출함으로써 단선적이고 진보적인 역사관을 주장하였다.[27] 그는 다음과 같이 언급한다. "중국은 예로부터 제하(諸夏) 혹은 화하(華夏)라고 일컬어졌다. '하'라는 명칭은 하우(夏禹)시대에서 비롯되었다. 중국 민족이 정연히 하나의 사회를 이루고, 하나의 국가를 성립한 것은 실로 대우(大禹)로부터 시작되었다" 또한 그는 "황제(黃帝)는 우리 4억 동포의 시조이다"[28]라고 주장하며 전설 속 인물인 황제를 실존적 인물로 부각시킴으로써, 중국 민족의 정체성과 일체성을 강조하였다. 여기서 '중국 민족'은 인류 역사가 시작된 이래로 하나의 통일된 사회와 국가를 형성해 왔다는 서사를 통해 민족적 정체성을 부각하려는 것이다. 이와 같은 서술은 신화가 역사로 둔갑하는 과정을 단적으로 보여준다. 전설적 요소를 포함한 중국사의 재구성은 민족적 정체성을 부각시키고 근대적 국민국가의 토대를 마련하려는 량치차오의 전략적 역사관을 잘 드러낸다.

그렇다면 량치차오는 종래의 개별적 왕조사를 '중국사'라는 단선적 구도 속에서 어떻게 재구성하였는가? 그는 서양 역사의 시대구분법에 따라 '중국사'를 고대[량치차오의 용어로는 상세(上世)], 중세, 근대(량치차오의 용어로는 근세)라는 세 시기로 구분하였다.

고대는 황제로부터 진(秦)의 통일까지를 포괄하며, 이 시기는 '중국의 중국'으로서

26 梁啓超, 위의 책, 1쪽.

27 프라센지트 두아라(문명기, 손승희 옮김), 『민족으로부터 역사를 구출하기—근대 중국의 새로운 해석』, 삼인, 2004(原題: *Rescuing History from the Nation—Questioning Narratives of Modern China*), 65쪽.

28 梁啓超, 「中國史敍論」, 제7절 有史以前之時代, 『文集』6, 9쪽.

이른바 중국 민족이 스스로 경쟁하면서 발전한 단결의 시대로 보고 있다.

중세는 진의 통일에서 청나라 건륭제 말기까지로, 이 시기는 '아시아의 중국'으로서, 이른바 중국 민족이 아시아 각 민족과 상호 교섭하며 중앙집권적인 군주 전제 정체를 발전시켜 나간 시대로 보고 있다. 그는 이 시기 동안 한족이 중앙아시아의 유목 민족들에게 압도되기도 했지만, 정신적 측면에서는 항상 우위를 점하였다고 주장한다. 또한 이 시대 말기에 이르러서는 아시아의 각 종족이 하나로 통합되는 추세를 보이며, 외부의 종족에 대항하면서 하나의 거대한 종족을 형성했다고 보았다.

근대는 건륭제 말기에서 현재까지를 아우르며, '세계 속의 중국'으로 불린다. 이 시기는 중국 민족을 포함한 아시아 민족 전체가 서양과 경쟁하며 군주전제정체가 소멸하고 서구와 같은 국민입헌정체가 점차 흥기하는 변혁의 시대로 해석된다.[29]

여기에서 우리는 두 가지의 사실에 주목할 필요가 있다. 첫째, 량치차오는 이미 고대시대부터 진정한 의미에서의 중국이 존재했다는 것을 밝히고 있다. 이는 태초부터 중국이 존재해 왔다는 점을 내세움으로써 국민국가로서 새롭게 탄생한 중국이 결코 외래적 산물이 아니라 본원적이고 순수한 것이라는 의미를 내포하고 있다. 둘째로 이 중국은 '중국의 중국'에서 '아시아의 중국' 그리고 '세계의 중국'으로 변화하고 발전해 왔으며, 이 과정에서 한족을 중심으로 하는 하나의 거대한 종족을 형성해 왔다는 점이다. 량치차오는 중국 역사학의 범주를 민족적 주체의 구축에 두고 있으며, 주목할 만한 사실은 중국 역사의 주체로 한족만을 내세우는 것이 아니라 비한족을 포함한 '대민족주의(大民族主義)'를 내세우고 있다는 점이다.[30] 이는 근대적 민족국가의 틀 속에서 중국의 다민족적 정체성을 포괄하고 통합하려는 그의 역사적 비전을 보여주는 것이다.

량치차오는 중국인의 범주를 한족을 중심으로 묘족, 티베트, 몽골, 만주, 흉노 등 다양한 소수민족을 포함하는 개념으로 확장하여 사용하였다. 이러한 그의 대민족주의는 청말 멸만흥한의 기치를 내세우며 한족만의 중국을 주장한 혁명파의 입장과 명확

29 梁啓超, 「中國史敍論」, 제8절 時代之區分, 『文集』6, 11~12쪽.

30 두아라, 앞의 책, 67~68쪽.

히 구분된다. 청말 혁명파의 대표적 논객 중 한 명인 추용(鄒容)은 저서 『혁명군(革命軍)』(1903년 간행)에서 다음과 같이 주장하였다. "중국은 중국인의 중국이라는 것을 알아야 한다. 중국의 한 치의 땅도 우리 시조인 황제(黃帝)의 유산으로, 자자손손 끊임없이 이 땅에서 태어나 성장하며 생활해 온 우리가 공동으로 지켜야 한다" 그는 이어 "이인종(異人種, 만주족)이 우리 중국에 손을 대어 우리 황하 민족의 모든 권리를 침범하였으니, 우리 동포는 생명을 아끼지 말고 저들을 구축해 우리의 권리를 회복해야 한다"라고 역설하며 만주족의 지배를 배척하고자 하였다. 또한, 쑨원, 황싱(黃興)과 함께 '혁명삼존(革命三尊)'으로 불렸던 장빙린(章炳麟) 역시 1906년 일본 유학생 간담회에서 행한 연설에서 다음과 같이 주장하였다. "중국은 한족이 개척한 것으로, 만주족이 한족 고유의 국토를 훔쳤기 때문에 한족은 이를 배척해야 한다"[31] 중국 역사의 주체를 한족으로 제한하고, 만주족을 배척하는 입장을 명확히 한 것이다.

[사진 3] 장빙린, 1910년 전후 추정

부언하자면, 이러한 배만운동(排滿運動)은 단순히 만주족 지배를 거부하는 데 그치지 않고, 열강의 중국 침략에 반대하는 반제국주의적 의미도 내포하고 있다. 그러나 량치차오는 제국주의 자체를 부정하지 않았다는 점에서 혁명파와 차이를 보인다. 그럼에도 불구하고 역사의 주체로 민족(종족)을 내세우고 있다는 점에서 양측은 상통한다고 볼 수 있다. 량치차오를 '사학혁명'의 기수라고 부르는 것은 바로 이러한 점에 기인한다.[32] 그는 대민족주의를 통해 중국의 다민족적 정체성을 통합하고, 역사학을 민족적 정

31 西順藏編, 『原典中國近代思想史』3, 「演說錄」, 17~18쪽, 岩波書店, 1977; 小野川秀美, 「章炳麟の民族思想」, 『東洋史研究』13-1·2(同氏, 『清末政治思想研究』, みすず書房, 1969에 「章炳麟の排滿思想」으로 수록).

32 두아라, 앞의 책, 66~67쪽; 요시자와 세이치로, 앞의 책, 104쪽.

체성과 국가 건설의 도구로 활용함으로써 근대적 역사 서술의 방향을 제시한 것이다.

량치차오는「중국사서론(中國史敍論)」이후 곧이어 발표한「요순시대로 본 중국 중앙 군권의 기원에 대한 고찰(堯舜爲中國中央君權濫觴考)」[33]에서 중국의 역사를 다음 네 시기로 나누고 있다.

첫째, 황제 이전을 야만 자유 시대(野蠻自由時代)로, 둘째, 황제에서 진시황제까지를 귀족 정치 시대(貴族政治時代)로, 셋째, 진시황제에서 청나라의 건륭제까지를 군주 권력 극대화 시대(君權極盛時代)로, 넷째, 건륭제에서 현재까지를 문명 자유 시대(文明自由時代)로 구분하였다. 이와 같은 시기 구분에서 특이한 점은 중국의 역사를 황제 이전까지 끌어올린 점이다. 또한, 량치차오는 중국사의 흐름을 야만에서 문명으로의 단선적 변화 발전 과정으로 파악하며,[34] 이 과정에 진화론적인 관점을 적용한다.[35]

한편, 량치차오는「국가사상변천이동론(國家思想變遷異同論)」[36]에서 서구 국가사상의 변천을 기준으로 해서 시대를 가장주의 시대(家長主義時代), 추장주의 시대(酋長主義時代), 제국주의 시대(帝國主義時代, 과거), 민족주의 시대(民族主義時代), 민족제국주의 시대(民族帝國主義時代, 현재), 만국대동주의 시대(萬國大同主義時代, 미래)로 구분하였다. 그는 현재 서구는 민족주의에서 민족제국주의로 이행하는 시기에 해당하며, 반면 아시아는 제국주의에서 민족주의로 이행하는 시대에 있다고 보았다. 따라서 중국 역시 군권 중심의 제국주의 시대에서 국가와 인민을 중심으로 하는 민족주의 시대로 이행하는 과정을 겪고 있다고 분석하였다. 량치차오는 이러한 민족주의야말로 "세계에서 가장 광명정대하고 공평한 주의이다"[37]라고 인식하며, 이를 통해 중국이 새로운 시대를 열어

33 梁啓超,『文集』6, 26쪽.

34 근대 일본 문명개화의 선구자인 후쿠자와 유키치(福澤諭吉)는 1875년『문명론의 개략』을 저술해 인간사회의 역사를 야만→반개(半開)→문명의 발전단계로 파악한 바 있다. 량치차오는 후쿠자와를 "서학의 선구자이며 또한 당대의 태두(泰斗)"로 높게 평가하고 있는데, 량치차오의 문명론은 이러한 후쿠자와의 사상적 틀에 영향을 받았을 것으로 추측된다.

35 小野川秀美, 앞의 책, 374~375쪽.

36 梁啓超,『文集』6, 18쪽.

37 梁啓超, 위의 책, 20쪽.

갈 수 있을 것이라고 주장하였다.

량치차오의 시대 인식은 기본적으로 서구의 시대구분법을 수용하여 중국에 적용하는 방식에서 출발하였다. 그러나 이러한 시대구분법은 1922년에 발표한 「중학 국사 교본 개조안 및 목록(中學國史教本改造案並目錄)」[38]에서 커다란 변화를 보인다. 량치차오는 서양에서 역사를 고대, 중세, 근대로 구분하는 삼분법이 다소 무리가 있으며, 이를 중국사에 그대로 적용하는 것은 상당히 문제가 있다고 인식하였다. 이에 따라 그는 중국사의 시대구분을 신화기(神話期), 역사여명기(歷史黎明期), 춘추전국(春秋戰國), 진한삼국(秦漢三國), 양진남북조(兩晉南北朝), 수당오대(隨唐五代), 송요금원(宋遼金元), 명청(明淸) 등 7개 시기로 크게 분류한다. 이와 같은 구분은 기존의 서양 삼분법에서 탈피하여, 중국적 시각을 도입한 시대구분법이라는 점에서 중요한 의의를 가진다.[39]

그러나 시대구분법의 여하에 관계없이 량치차오는 왕조별 단대사(斷代史)에서 탈피하여 중국사라고 하는 단선적이고 진보적인 역사관을 도입함으로써, 국민국가로서 중국의 성립 기반을 마련하고자 했다는 점은 변함이 없다고 하겠다. 이러한 인식을 바탕으로 량치차오는 중국통사의 집필을 계획하였던 것으로 보인다. 그는 「국사연구육편(國史研究六篇)」 부록으로 첨부된 「원의 중국통사 목록(原擬中國通史目錄)」[40]에서 중국통사를 정치부, 문화부, 사회 및 생계부(경제부)로 나누고, 정치부에서는 조대(朝代), 민족, 지리, 계급, 정치 조직, 권력 운용, 법률, 재정, 군정, 번속, 국제 관계, 공론(淸議) 및 정당 등을 다루고, 문화부에서는 언어와 문자, 종교, 학술과 사상, 문학, 미술, 음악과 극곡, 도서와 기록, 교육 등을 다루며, 사회 및 생계부에서는 가족, 계급, 향촌과 도시, 예속(禮俗), 성곽과 궁실, 토지 제도, 농업, 물산, 공업, 상업, 화폐, 교통 등 광범위한 주제를 다루고자 했다.[41]

38 梁啓超, 『文集』38, 26~28쪽.

39 黃鍾東, 「梁啓超硏究」, 『社會文化硏究』2, 大邱大學校社會科學硏究所, 1983, 76~77쪽. 그 배경에는 제1차 세계대전 이후 서양 문명이 드러낸 문제점을 인식하고, 이를 중국 문명의 가치를 통해 보완하고자 했던 그의 사상의 변화가 자리하고 있다고 할 수 있다.

40 梁啓超, 『專集』49, 15~18쪽.

41 李潤和, 「梁啓超와 申采浩史學의 比較試論」, 『歷史敎育論集』17, 141~142쪽.

유감스럽게도 량치차오는 중국통사를 집필하지 못하고 생을 마감하였기 때문에 각각의 주제에 대한 구체적인 내용은 확인할 수 없다. 그러나 이 목록에 이어서 부록으로 첨부된 「중국문화사 목차 초안(原擬中國文化史目錄)」[42]을 함께 참조하면 그가 구성한 중국사의 내용 및 의도를 간접적으로나마 엿볼 수 있다. 예를 들어 정치부의 경우, 그는 조대(朝代)에서는 신화시대에서 시작해서 주(周), 춘추(春秋), 전국(戰國), 진(秦), 양한(兩漢), 남북조(南北朝), 수당(隨唐), 오대(五代), 송(宋), 원(元), 명(明), 청(淸), 민국(民國)에 이르는 왕조를 시대별로 구분하고, 각 왕조의 정치적 상황과 문화적 관계를 서술하고자 했다. 이는 개별적 왕조사를 초월하여 전체 역사적 흐름을 통시적으로 파악하려는 그의 의도를 반영한 것으로 볼 수 있다.[43] 또한, 량치차오가 민족과 지리를 우선으로 배치한 점도 주목할 만하다. 이는 역사의 주체로서 민족의 중요성을 강조하고, 근대국가로서 중국 영토가 일체라는 관념을 암시적으로 선전하려는 의도가 담겼다고 할 수 있다.

한편, 개별 왕조사를 초월하여 전체 역사를 포괄하는 개념으로서 중국사를 재구성하는 데 있어 중요하게 부각된 것이 바로 '기년(紀年)' 문제이다. 전통적으로 중국에서는 황제(皇帝)의 연호를 사용해서 연대를 기록하였는데, 이에 대해 량치차오는 다음과 같이 비판하였다. "2000년 동안 316개의 연호가 사용되었는데, 그중 하나를 들어서 학자들에게 질문해 보면 아무리 박식한 사람이라도 능히 대답할 수 없을 것이다. 이에 연호를 암기하는 것이 사학자들에게 하나의 중요한 학문 분야가 되었다."[44] 량치차오는 이와 같이 연호의 번잡함을 지적한 후 서양에서는 예수 탄생을 기원으로 삼아 일관된 기년법을 사용하여 매우 간편하게 연대를 표시하고 있다. 반면, 중국을 포함한 아시아의 조선과 일본은 '1제(帝) 1호(號)'의 기년법을 사용하고 있다고 비판하며, 이러한

42 梁啓超, 『專集』49, 19쪽.

43 章炳麟도 1902년에 『中國通史』를 저술하였는데, 장빙린은 『史記』의 기전체 양식을 본떠 서술하였다는 점에서 량치차오의 서술방식과 구분된다. 요시자와 세이치로, 앞의 책, 105~107쪽.

44 梁啓超, 「新史學」6 論紀年, 『文集』9, 31쪽.

비체계적인 기년법은 마땅히 폐지되어야 한다고 주장하였다.[45] 량치차오의 이와 같은 주장은 단순히 기년법의 개선을 넘어서, 중국 역사를 체계적이고 통합적으로 정리하고자 하는 그의 역사학적 비전을 반영한 것으로 볼 수 있다.

그런데 1제 1호의 기년법을 폐지해야 한다는 주장은 량치차오뿐만 아니라 청말 개명적인 지식인들 사이에서도 널리 공유된 문제였다. 이에 따라 새로운 기년법으로 여러 방안이 제안되었으며, 그중에서도 가장 널리 호응을 받은 것이 '황제기년설(黃帝紀年說)'이다. 황제기년설은 전설상의 중국 민족 시조로 여겨지는 황제의 탄생을 기점으로 하여 연대를 계산하는 방식으로, 이는 중국 고유의 전통과 정체성을 강조하면서도 통일된 기년법을 통해 중국의 체계성을 강화하려는 시도였다.

[사진 4] 류스페이, 1910년 전후 추정

황제기년설을 명확히 주장한 사람은 류스페이(劉師培)이다. 그는 만주족을 배격하고 혁명을 선전하기 위해 저술한 『황제혼(黃帝魂)』의 권두에 실린 「황제기년설」에서 다음과 같이 언급하였다.

> 민족이란 국민이 고유하게 지니고 있는 성질이며, 무릇 민족은 기원을 찾아야만 한다. 우리 4억 한종(漢種)의 시조는 누구인가? 황제 헌원씨(軒轅氏)이다. 이 황제야말로 문명을 창조한 최초의 인물이자, 4천 년의 역사를 창시한 교화자이다. 따라서 황제의 사업을 계승하고자 하는 사람은 황제의 탄생을 기년의 처음으로 삼아야 할 것이다.

45 梁啓超, 위의 책, 31쪽.

류스페이는 글의 마지막에 "황제 탄생 4614년 윤5월 17일"로 날짜를 표시하며 자신의 주장을 실질적으로 적용하였다.[46] 류스페이에 의해 '황제기년설'이 제창된 이후 혁명파 내부에서 황제를 기점으로 연대를 표시하는 방식이 유행하게 되었다. 그러나 황제가 전설상의 인물에 불과하다는 점에서 그의 시점을 언제로 설정할 것인가에 대해서는 논자들 간의 의견이 분분하였다. 이는 황제기년설의 한계로 지적되기도 한다.

량치차오는 황제기년설에 대해 다음과 같이 평가하였다. "황제는 우리 국민의 시조로서, 황제를 기원으로 삼는 것은 국민의 동포의식을 환기시키고 단결력을 증강하는 데 하나의 좋은 방법이 될 것이다." 그러나 그는 동시에 "황제 이후 하, 은을 거쳐 춘추 초기에 이르기까지의 역사적 사실이 애매모호하기 때문에 확실한 연대를 확정지을 수 없다"[47]라고 비판하였다.

이러한 문제의식에서 량치차오는 중국에서도 마땅히 일관된 기년법을 도입해야 한다고 주장하며, 공자기년(孔子紀年)을 제안하였다. 그는 이를 제안하는 이유에 대해 다음과 같이 설명하였다. "공자는 우리나라(중국)의 지성(至聖)으로, 이를 기원으로 삼으면 사람들로 하여금 교주를 존중하고 숭배하는 마음을 불러일으키며, 애국 사상 또한 자연스럽게 생겨날 것이다."[48] 량치차오가 공자기년을 주장한 데에는 공자를 교주로 하는 공교(孔教)를 국교로 삼으려는 캉유웨이의 정치적 이념이 영향을 미친 것으로 보인다.[49] 그러나 이러한 맥락을 떠나, 량치차오의 주장에서 주목할 점은 새로운 기년법을 통해 개별 왕조를 초월한 단선적 구도 속에서 중국사를 재구성하고자 했다는 것이다.

46 요시자와 세이치로, 앞의 책, 109~110쪽에서 재인용.

47 梁啓超, 「中國史敍論」, 제6절 紀年, 『文集』6, 7~8쪽.

48 梁啓超, 「新史學」, 제6절 論紀年, 『文集』9, 32쪽.

49 요시자와 세이치로, 앞의 책, 108~109쪽.

★ ★ ★

국민국가 건설을 위한 역사의 역할

량치차오는 역사가 국가사상을 고취하고 현실적인 당면 과제를 인식하며, 나아가 이상사회를 위한 실천적 학문으로 자리 잡아야 한다고 주장하였다. 그러나 그는 중국의 전통사학이 이러한 역할을 수행하지 못함으로써 변화하는 시대에 효과적으로 대응하지 못했다고 지적하였다. 그는 서구의 역사학은 국민이 역사를 통해서 민족적으로 단결하고 대외적으로 발전하는 데 원동력을 제공하였으나 중국의 전통사학은 군주 중심의 개인적·가족적 서술에 머물렀으며, 이로 인해 현실 문제를 해결하는 데 전혀 기여하지 못했다고 비판하였다. 이에 량치차오는 전통적 왕조 중심의 역사관을 탈피하고, 중화주의적 중국 중심에서 벗어나 일국사적 역사 서술을 지향하였다. 이러한 점에서 그는 근대사학의 기초를 열었다고 평가할 수 있다. 이에 본 절에서는 량치차오가 현실적 위기 상황을 타개하고 부강한 국민국가 건설을 위해 역사에 부여한 역할과 그의 사학적 비전에 대해 살펴보고자 한다.

이미 언급한 바와 같이, 전통적으로 중국에는 화이관을 바탕으로 한 일원론적 세계질서가 존재하고 있었다. 그러나 청말, 열강의 침략으로 인해 이러한 전통적인 세계질서관은 위기에 직면하였고, 이를 극복하기 위해 중국의 지식인층은 새로운 국민국가를 건설해야 한다는 당면 과제에 직면하게 되었다. 일반적으로 국민국가는 국민을 대표하는 주권국가로서, 그 역할과 권한이 뚜렷한 영토적 경계를 가진 국가 형태로 확장된 것이다. 이는 영토의 구석구석까지 중앙권력이 미치는 정치 체제를 지향하며, 근대적 국가의 이상으로 이해되고 있다.

량치차오는 열강의 침략에서 벗어나 강력한 국민국가 건설을 열망하였으나, 청말 중국의 현실은 이에 크게 미치지 못하였다. 그는 이러한 중국의 상황을 다음과 같이 묘사하였다.

> 중국은 세계에서 우물쭈물하여 앞으로 나아가지 못하는 나라이다. 오늘날의 사상은

수천 년 전의 사상과 다름없으며, 오늘날의 풍속은 수천 년 전의 풍속과 다르지 않다. 오늘날의 문자는 수천 년 전의 문자 그대로이고, 오늘날의 기물(器物)은 수천 년 전의 기물 그대로이다. 그렇다면, 중국에서 진화의 흔적은 거의 단절된 것인가? 그러나 단 하나 진화한 것이 있다. 바로 전제정치이다. 중국의 전제정치가 정교하고 완벽하게 진화한 점에서는 세계 어느 나라도 중국을 따라오지 못할 것이다.

중국은 모든 분야에서 발전하지 못했음에도 불구하고, 유독 전제정치만은 발전하였다. 이를 통해 국민의 수준을 짐작할 수 있을 것이다. 비록 이를 진화라고 부르지 않을 수 없으나, 이 진화를 인정하고 그 원인을 탐구하며, 나아가 다른 분야도 이와 경쟁하여 발전할 수 있는 방안을 모색하는 것이야말로 역사가의 책임이다.[50]

량치차오에 의하면, 진화를 "하나의 목적을 향해서 나아가는 것"으로 정의하며, 세계 만물은 진화의 법칙을 벗어날 수가 없다고 보았다. 그러나 그는 현실적으로 중국이 사상을 비롯한 모든 면에서 진화의 흔적을 찾아보기 어렵다는 점을 개탄하였다. 량치차오는 중국에서 유일하게 진화한 분야로 전제정치를 지적하며, 이는 세계적으로 유례를 찾기 어려울 정도로 발전했다고 평가하였다. 이에 따라 그는 역사가에게 전제정치가 진화한 원인을 파악하고, 이를 기반으로 다른 분야에서도 진화할 수 있는 방법을 모색해야 한다는 책임을 부여하였다.

이러한 진화론적 입장은 량치차오가 '사학혁명'의 기치 아래 제출한 「신사학」에서 보다 구체적으로 전개된다. 그는 새로운 사학의 틀을 통해 중국의 진화를 촉진하여 근대국가로서의 중국 건설을 희망한 것이다.

량치차오는 역사가 다루어야 할 대상에 대해 단계적으로 설명하면서 우선 역사란 "진화의 현상을 서술하는 것"이며, 다음으로 "인군(人群, 인류)의 진화 현상을 서술하는 것"이며, 마지막으로 "인군의 진화 현상을 서술해서 그 공리(公理)와 공례(公例)를 추

50 梁啓超, 「中國專制政治進化史論」, 『文集』9, 59~60쪽.

구하는 것"[51]이라고 정의하였다. 그는 진화가 단순히 일직선으로 나아가는 것이 아니라 나선형을 그리며 진보한다고 파악하였다. 그는 무술변법운동을 일으키기 직전인 1897년에 저술한 「군정과 민정의 교체 원리에 대한 논고(論軍政民政相嬗之理)」[52]에서 캉유웨이의 유교적 진보관을 수용하며, 『춘추(春秋)』에 제시된 공양삼세설(公羊三世說)을 바탕으로 다음과 같이 인류 사회를 구분하였다.

제1세는 거란세(據亂世)이다. 여러 군주가 다스리는 시대로, 추장의 시대와 봉건 및 세경(世卿)의 시대로 구분된다.

제2세는 승평세(昇平世)이다. 일인 군주가 다스리는 시대로, 군주의 시대와 군민공주(君民共主)의 시대로 구분된다.

제3세는 태평세(太平世)이다. 민(民)이 다스리는 시대로, 총통이 있는 시대와 총통이 없는 시대로 구분된다.

량치차오는 초기에는 인류 사회가 자유의 실현을 향해 일직선적으로 진화한다고 보았다. 그러나 무술변법운동의 실패를 경험하면서 역사는 단순히 직선적으로 진보하는 것이 아니라, 진보와 퇴보를 반복하며 나아간다는 나선형적 진보사관으로 전환하게 된 것으로 보인다. 이에 그는 맹자의 '일치일란'에 대해 역사의 진상을 오해한 결과라고 비판하였다. 즉, 맹자가 역사를 순환형으로 파악한 것은, 실제로 나선형으로 진보하는 역사의 본질을 잘못 해석한 데서 비롯된 것이라고 주장하였다.

량치차오는 1923년에 저술한 「문화사의 몇 가지 중요 문제에 대한 연구(研究文化史的幾個重要問題)」[53]에서도 "역사는 진보하는 것인가?"라고 자문한 뒤, "나는 역사가 진화하는 것임을 추호의 의심도 없이 믿어왔다"라고 밝히고 있다. 그는 맹자의 "천하가 존재한 지 오래되었으니, 한 번 다스려지면 한 번 어지러워진다(天下之生久矣, 一治一亂)"라는 전통사관을 대표하는 구절에 대해 강한 거부감을 표명하며, "이 구절은 내가 가장 싫어하는 구절이다. 이는 내가 믿는 진화주의와는 결코 양립할 수 없다"라고 하여, 자신

51 梁啓超, 「新史學」, 史學地界說, 『文集』9, 7~11쪽.

52 梁啓超, 『文集』3, 7쪽.

53 梁啓超, 『文集』40, 5~7쪽.

의 진화론적 역사관에 대한 확신을 다시 한 번 확인하였다.

량치차오는 역사가 다루는 진화란 인류와 관련된 일을 다루는 것이어야 하며, 인류와 무관한 특이한 언행이나 사건은 아무리 흥미롭더라도 역사 서술의 대상으로 삼아서는 안 된다고 주장하였다.[54] 또한 훌륭한 역사가가 되기 위해 다음과 같은 조건을 제시하였다.

> 반드시 인류 전체의 진화 현상을 연구하여 그 공리(公理)와 공례(公例)를 탐구해야 한다. 여기에서 이른바 역사철학이 등장한다. 역사와 역사철학은 비록 학문 분야는 다르지만, 철학적 이상이 없다면 결코 훌륭한 역사가가 될 수 없다는 것은 명확하다.[55]

그는 이를 위해 인류 전체를 아우르는 세계사를 시야에 넣어야 하며, 역사학과 지리학, 지질학, 인류학 등 다른 학문과의 관계에 주의를 기울여야 한다고 강조하였다. 량치차오는 사학에서 공리와 공례를 탐구하는 것은 단순히 이론적 체제를 정비하기 위한 것이 아니라, 이를 실용적으로 활용하고 후세에 유익하게 남기기 위한 것이라고 보았다. 그는 오늘날 우리가 문명의 혜택을 누리고 있는 것은 과거 사람들이 획득한 문명을 이어받았기 때문이라며, 현대인에게 주어진 의무는 이 문명을 계속 성장시켜 후세에 물려주는 것이라고 주장하였다. 이러한 맥락에서 량치차오는 "역사란 과거의 진화를 통해 미래의 진화를 인도하는 것"[56]이라고 정의를 내렸다. 이는 역사에 대한 그의 실용적이고 미래지향적인 관점을 잘 보여주는 것이다.

이와 같이 량치차오는 진화를 역사의 중심 개념으로 내세우며, 진화를 연구하고 그 공리와 공례를 추구하는 것을 역사가의 중대한 책무로 규정하였다. 그는 중국의 진화가 뒤처진 원인 중 하나로 진화의 공리와 공례를 탐구하는 참된 역사가의 부재를 지적하였다. 량치차오는 이러한 문제의식을 바탕으로 자신에게도 역사가로서의 책임을 부

54 小野川秀美, 앞의 책, 374쪽.

55 梁啓超,「新史學」, 史學之界說,『文集』9, 10쪽.

56 梁啓超, 위의 책, 11쪽.

여하며, 다음과 같은 다짐으로 자신의 논지를 마무리하고 있다. "나는 동포와 국민과 함께 아무리 험난한 길일지라도 이를 개척해 나갈 것이다."[57] 량치차오의 이와 같은 다짐은 그의 사학적 열정과 함께 중국 사회를 진화와 발전의 길로 이끌고자 하는 실천적 의지를 잘 보여준다.

량치차오는 진화론적 역사발전론을 바탕으로 중국사의 단선적 진보 역사관을 개발하였으며, 이를 토대로 근대 국민국가의 주체로서 민족(民族)을 중요한 역사적 개념으로 부각시켰다. 그러나 여기에서 본질적으로 제기되는 문제는 "누가 민족의 주체를 구성하는가"라는 질문이다. 이 질문은 단순히 민족의 정체성과 범위를 규정하는 것을 넘어, 근대 국민국가 형성의 근본적 기초를 논의하는 데 핵심적인 쟁점으로 작용한다.

량치차오는 민족에 대해 다음과 같이 정의하고 있다. "민족이란 지역, 혈통, 면모, 언어, 문자, 종교, 풍속, 생계 등을 공유하며, 자연스럽게 자신과 타족 간의 경계를 형성하면서 조성된 하나의 특별한 집단이다." 그는 이러한 정의에서 특히 언어, 문자, 풍속을 가장 중요한 요소로 강조하였다.[58]

량치차오는 이를 바탕으로, 당시 중국의 민족 담론을 소민족주의와 대민족주의로 구분하고, 소민족주의를 "국내의 다른 종족에 대해 한족을 중심으로 논의하는 것"으로 정의하고, 대민족주의는 "국내의 한족을 비롯한 다른 종족을 통합하여 논의하는 것"[59]으로 정의하였다. 이리하여 중국이 구망의 위기를 극복하기 위해서는 서구 열강과 마찬가지로 민족제국주의로 나아가야 하며, 그를 위해서는 한(漢), 만(滿), 몽(蒙), 회(回), 묘(苗), 장(藏) 등 여러 종족을 통합하여 하나의 일대민족(一大民族)을 형성해야 한다고 역설하였다.

량치차오는 대민족주의의 입장에서, '멸만흥한'을 기치로 내걸고 만주 정권의 타도를 외쳤던 혁명파의 소민족주의를 편협한 '민족복구주의(民族復仇主義)'로 비판하며 다음과 같이 주장하였다.

57 梁啓超, 위의 책, 11쪽.

58 梁啓超, 「政治學大家伯倫知理之學說」, 『文集』13, 71~72쪽.

59 梁啓超, 위의 책, 75~76쪽.

> 만주를 배척하여 한족의 실력을 강화할 수 있는가? 아니다. 만주를 포용해야만 한족의 실력을 강화할 수 있다.
> 만주를 배척하여 열강의 침략을 저지할 수 있는가? 아니다. 만주를 통합해야만 열강의 침략을 저지할 수 있다.
> 만주를 배척하여 국가의 기초를 다질 수 있는가? 아니다. 만주를 이롭게 해야만 국가의 기초를 다질 수 있다.[60]

그러나 량치차오의 '대민족주의'는 한족을 비롯한 기타 종족이 동등한 입장에서 하나로 통합된다는 것을 의미하지는 않는다. 그는 국내의 여러 종족 중에서 오직 한족만이 국민의 자격을 지니고 있다고 보았으며, 따라서 어디까지나 한족이 중심이 되어 대민족을 조직해야 한다고 주장하였다.[61] 이는 다른 종족을 노골적으로 배척하지는 않으나, 궁극적으로 한족으로의 흡수와 동화를 지향한다는 점에서 혁명파의 소민족주의와의 논리적 경계가 뚜렷하지만은 않다고 볼 수 있다.[62]

한편, 량치차오는 「신사학(新史學)」의 '역사와 인종의 관계'[63]라는 글에서 인종을 '역사적 인종'과 '비역사적 인종'으로 구분하여 설명하고 있다. 그는 역사적 인종을 "자신

60 梁啓超, 위의 책, 76쪽.

61 梁啓超, 위의 책, 76쪽.

62 신해혁명에 의해 1912년 성립한 '중화민국'은 만주를 한족의 세계에서 몰아낸 것이 아니라 청조의 영역을 그대로 계승하게 되었다. 이에 쑨원은 1912년 1월 중화민국 임시대총통 취임연설문에서 "국가의 근본은 인민에 있다. 한·만·몽·회·장의 제 지역을 하나로 합하여 일국을 이루고 한·만·몽·회·장의 제 종족을 합해서 한 사람과 같이 한다. 이것을 민족의 통일이라고 한다"(孫文, 「臨時大總統就任宣言」, 『孫中山全集』2, 中華書局, 1982, 430쪽)라고 하여 이른바 '오족공화론'을 제기하였다. 이는 량치차오가 편협한 '민족복구주의(民族復仇主義)'라고 비판한 이른바 종족적 보복주의에서 벗어나 제 민족의 통합을 주창한 것이다. 그런데 1920년대에 이르러 쑨원은 지금까지 자신이 주창한 '오족공화론'은 근본적으로 잘못되었다고 입장을 바꾸었다. 그 이유로 오족의 인구는 한족이 절대적으로 다수를 차지하고 있으며, 또한 현실적으로 만주는 일본, 몽골은 러시아, 티베트는 영국의 세력권하에 들어가 있는데, 모두 자립할 능력을 지니지 못하고 한족에 의지할 수밖에 없기 때문이라는 것이다(外務省調査部編, 『孫文全集』中, 「三民主義ノ具體的辦法」, 東京, 1967, 425~426쪽). 이러한 현실 인식하에서 쑨원은 한·만·몽·회·장을 한족에게 동화시켜 하나의 '대민족주의' 국가를 형성할 것을 주장하였다. 쑨원이 주장한 '대민족주의'는 량치차오가 이미 주장한 것과 내용 면에서 아무런 차이가 없다는 것을 쉽게 알 수 있을 것이다(茂木敏夫, 「中華世界の構造變動と改革論」, 毛里和子編, 『現代中國の構造變動』, 東京大學出版會, 2001, 72쪽).

63 梁啓超, 『文集』9, 11~12쪽.

의 종족이 팽창하여 다른 종족을 침략하고 세계무대를 장악할 수 있는 종족"으로 정의하였다. 반면, 비역사적 인종은 "다른 종족의 침략에 저항할 수단을 가지지 못하여 역사의 무대에서 사라지게 되는 종족"이라고 주장하였다. 량치차오는 세상에 많은 종류의 인종이 있지만, 역사적 인종은 단지 백인종(특히 아리안)과 황인종(특히 중국인)에 불과하다고 하면서, 역사적 인종으로서의 중국인(량치차오는 같은 표현으로 중국 민족, 중화민족 등의 용어를 혼용하고 있다)을 강조하고, 이에 대한 우월감과 자신감을 가질 것을 호소하였다. 그는 「중국 인종의 장래를 논함(論中國人種之將來)」[64]이라는 글에서 "20세기 우리 중국인은 세계에서 가장 세력을 지닌 인종이 될 것이다"라고 자부하면서 "장차 능히 실력으로써 세계에 통할 자가 누구이겠는가?"라고 자문한 뒤 "우리 중국 인종이다. 백인은 교만하여 고생하지 않고 흑인과 갈색인(棕人)은 게으르고 지혜가 없기 때문에 이 일은 우리 황인종을 제쳐두고는 능히 담당할 수 없다. 북미와 오스트레일리아는 지금 백인종의 식민지이지만, 남미와 아프리카는 훗날 반드시 황인종의 식민지가 될 것임에 틀림없다"라고 하여 백인종과 함께 황인종이 세계사를 주도해 나갈 것이라는 자신감을 피력하였다.

량치차오는 근대 국민국가를 건설하는 데 있어 역사의 주체로서 민족을 부각시켰다. 그가 구상한 '대민족주의'는 혈통, 언어, 풍속과 같은 객관적 요소를 초월해서 "나는 중국인이다" 혹은 "나는 중화민족의 일원이다"라고 스스로 자각하는 '민족의식'의 발현을 통해 구현되는 근대적 의미의 민족관념을 제기하였다.[65] 량치차오는 역사가 다루어야 할 핵심 과제로, '중화민족'이라는 관념과 '중화민족의 일원'이라는 자각이 어떻게 형성되어 왔는지를 연구해야 한다고 주장하였다. 그의 민족 개념은 스스로 민족의 일원이라고 여기는 주관적 요소를 포함하고 있다. 이러한 량치차오의 민족관념은 현대 중화인민공화국이 강조하는 '중화민족론'의 이론적 근거를 제공하고 있다는 점에서 주목할 만하다. 이는 그의 사상이 현재까지도 중요한 의미를 지니고 있음을 보여준다.

64 梁啓超, 『文集』3, 48~54쪽.

65 梁啓超, 「中國歷史上民族之硏究」, 『專集』42, 1~2쪽.

맺음말

량치차오는 1903년 당시 31살의 나이로 미국 보스턴을 방문하였다. 그는 보스턴 차 사건을 상기하며 "미국인은 차를 바다에 버리고서 독립을 얻었지만, 중국은 아편을 바다에 버리고도 서양의 침략을 받게 되었다"는 엇갈린 운명을 떠올리며, 조국의 위기를 어떻게 극복할 것인가에 대한 우국지념(憂國之念)에 가득 찼다고 한다.[66] 1929년 57세의 나이로 사망할 때까지 부강한 국민국가로서 중국 건설을 위해 일생을 바쳤던 량치차오의 이상과 꿈은 과연 실현되었는가?

프라센지트 두아라는 20세기 초 중국의 상황에 대해 "취약한 국가와 강력한 국가주의 담론"이 지배한 시대로 묘사하며 "국가주의 담론은 국가가 사회에 대해 자신의 역할과 지배력을 확장하는 것을 정당화했다. 그러나 국가 건설 프로젝트는 효율적이지도 성공적이지도 않았다. 질서 유지는 실패했고 국가 건설 프로젝트는 시민사회를 불구로 만들거나 해체시키는 것으로 끝나버렸다"[67]라고 단언한다. 신해혁명 이후 등장한 중화민국은 중앙의 힘이 지방 구석구석까지 미치는 강력한 국민국가로 성장하지 못했다. 오히려 신해혁명으로 각지에서 군벌이 난립하면서 중국의 분열은 더 심화되었다. 이러한 점에서 두아라의 "취약한 국가, 강력한 국가주의 담론"이라는 평가는 타당한 것으로 보인다. 이런 맥락에서 량치차오가 건설하려고 했던 강력한 국민국가상이 성공을 거두었다고는 평가하기 어려울 것이다. 그러나 그가 제기한 '사학혁명'을 통한 강력한 국가주의 담론은 이후 중국 민족의 진화적 통일성을 추구하는 국민국가 건설에 큰 영향을 미쳤다는 점은 부인하기 어렵다.

오늘날 중국은 개혁과 개방으로 인한 경제성장을 통해 세계 정치·경제 질서의 중심으로 급부상하고 있으며, 인민의 생활수준은 과거와 비교할 수 없을 정도로 향상되었다. 그러나 지역 간의 불균등한 경제발전과 빈부격차는 심각한 사회문제로 부각되고

66 요시자와 세이치로, 앞의 책, 1~5쪽. 량치차오는 이 구미여행에 대한 기록을 「新大陸遊記節錄」, 『專集』22에 담고 있다.

67 두아라, 앞의 책, 243쪽.

있으며, 이러한 갈등은 사회 전반에 걸쳐 확산되고 있다. 이러한 문제를 해결하기 위해 중국 정부는 '중화민족론'을 통해 이론적 재무장을 시도하며, 국가주의를 여느 때보다 강조하고 있다. 이는 량치차오가 생애를 바쳐 추구했던 강력한 국민국가 건설 프로젝트가 지금도 진행 중임을 보여주는 것이 아닐까? 중국의 국민국가 건설은 여전히 현재진행형의 과제로 남아 있다.

원재: 『梨花史學研究』32, 梨花史學研究所, 2005. 12.

2장

량치차오의 경제개혁안과 국민국가

머리말

1898년 무술정변 후 량치차오는 담사동(譚嗣同, 1865~1898)의 죽음을 뒤로한 채 난을 피해 일본으로 망명하였다. 그는 급히 도망쳐 나오느라 아무것도 지니지 않았기 때문에 선장으로부터 『가인의 기우(佳人之奇遇)』라는 소설을 빌려 무료함을 달랬다.[1] 이 소설은 1884년 미국에서 경제학을 공부하고 돌아온 신진 경제학자 동해산사(東海散士) 즉, 시바 시로(柴四朗)가 당시 일본에서 유행하던 영국의 자유주의 경제학에 경종

[사진 5] 처형당하기 직전의 담사동, 1898년

1 『年譜』1, 269쪽.

을 울리기 위해 저술한 정치소설이다. 소설 속 주인공 홍련(紅蓮)이 아일랜드가 영국에 병합되는 과정을 서술하며 자유무역주의에 대해 비판하는 대목은 량치차오에게 깊은 인상을 남겼다.[2]

무료함을 달래기 위해서 우연히 읽게 된 소설을 통해 량치차오는 아일랜드의 운명과 자신의 기구한 운명을 중첩시켰던 것 같다.[3] 이 한 권의 소설 때문만은 아니겠지만, 일본 망명 이후 량치차오의 정치·경제 사상은 무술변법운동 시기와는 전혀 다른 면모를 보이게 된다.

량치차오는 일본으로 망명한 이후 오랫동안 굶주렸던 대식가처럼 일본이라는 매개체를 통해 정제된 서구 사상을 폭식하듯이 받아들였을 뿐만 아니라, 이를 다시 중국 사회에 재발신하는 역할을 담당하였다. 이 과정에서 량치차오는 인풋과 아웃풋을 거의 동시에 수행하며, 새롭게 받아들인 서구 사상을 바탕으로 인문학과 사회과학 전반에 걸쳐 과감하고 혁신적인 주장을 전개하였다. 이러한 주장의 궁극적 귀결점은 중국의 국민국가 건설과 이를 위한 국민 형성이었다고 해도 과언이 아니다. 이에 따라 량치차오는 근대 중국의 국민국가 문제를 논할 때 결코 빠질 수 없는 중요한 인물이 되었으며, 그동안 그의 정치 및 사회문화 방면에 관한 연구가 다수 이루어졌다. 그러나 경제 분야에 관한 연구는 상대적으로 빈약한 상황이다. 2003년, 량치차오 탄생 130주년을 기념하여 천진(天津)에서 개최된 대규모 학술회의는 이를 간접적으로 보여준다. 당시 중국 내외의 학자들이 참석하여 총 52편의 논문이 발표되었으나, 경제 방면의 연구는 단 한 편도 포함되지 않았다는 점이 이를 방증한다.[4] 이러한 상황에서 모리 도키히코(森時彦)의 연구는 무술변법운동 시기부터 제1차 세계대전 이후까지 세계사적 흐

2 上野格, 「東海散士の藏書」, 成城大學『經濟硏究』55, 56, 1976, 224~225쪽.

3 『壬公先生大事記』에 의하면 "선생(량치차오)은 『가인의 기우』를 읽는 순간부터 번역을 해나가 그 후 이를 『청의보(淸議報)』에 게재하였다. 선생의 번역은 실로 이 군함에서 시작된 것이다"라고 기록하고 있다. 『年譜』1, 269쪽. 참고로 이 소설은 정치소설 『가인기우(佳人奇遇)』란 제목으로 서문을 제외하고 총 16회에 걸친 장회소설로 번역되었으며, 『專集』에 수록되어 있다.

4 이 학술대회의 결과물은 李喜所主編, 『梁啓超與近代中國社會文化』(天津古籍出版社, 2005)로 출간되었다. 각 논문의 개략적인 소개로는 候杰·林緒武, 「梁啓超與近代中國社會文化國際學術硏討會綜述」, 『中國近代史』6, 2004; 朴宣泠, 「梁啓超를 통해 본 중국 사회 문화의 이해」, 『中國近現代史硏究』20, 2003 참조.

름에 따라 변화하는 량치차오의 경제사상을 동태적으로 고찰하며, 중요한 통찰을 제공한다.[5] 그러나 량치차오가 근대 국민국가 건설을 위해 경제 방면에서 구체적으로 어떠한 구상을 했는지에 대해서는 여전히 더 깊은 논의가 필요하다고 할 수 있다.

[사진 6] 일본 망명 시기 량치차오, 1899년경

량치차오는 1902년에 발표한 글에서 다음과 같이 언급하였다. "생계계(生計界, 경제계)[6]의 경쟁은 오늘날 지구상에서 가장 중요한 문제이다. 각국이 우리나라(중국)를 몰락시키는 원인도 여기에 있으며, 우리나라가 자존(自存)을 위해 경쟁해야 하는 이유 또한 여기에 있다."[7] 이와 같이 량치차오는 20세기를 경제적 경쟁의 시대로 규정하며, 중국의 구망(救亡)을 위해 경제 방면에서의 개혁이 필수적임을 강조하였다. 그는 이러한 문제의식에 따라 다양한 경제 개혁 방안을 제안하며, 이를 국민국가 건설의 핵심축으로 삼고자 하였다.

본 장은 근대 중국의 국민국가 건설이라는 과제를 중심으로, 량치차오가 경제 방면에서 구체적으로 제안한 내용과 그의 주장이 지닌 시대적 의미를 종합적으로 고찰한다. 이를 위해, 량치차오는 20세기 초 세계 경제의 추세를 어떻게 인식하였는지를 살

5 森時彦,「梁啓超の經濟思想」, 狹間直樹編,『梁啓超』, みすず書房, 1999.

6 량치차오는 일본에 망명 이후 일본어 서적을 통해 서구 문명을 수용하였으며, 이를 중국어로 발신할 때 의도적으로 일본어 번역어를 그대로 사용한 것으로도 잘 알려져 있다. 그러나 국민국가 건설의 두 축 중 하나로 간주된 Political Economy 혹은 Economics를 표현하는 용어만큼은 일본에서 정착된 '경제학(經濟學)' 대신 '생계학(生計學)' 또는 '부국학(富國學)', '자생학(資生學)', '이재학(理財學)' 등의 용어를 선호하였다. 이 문제에 대해서는 森時彦,「生計學と經濟學の間」,『東方學報』72(京都, 2000) 참조. 덧붙여서 본 장에서는 일반적인 의미에서 '경제학'이라는 용어를 사용하되 독자들의 이해를 돕기 위해 량치차오의 문장을 인용할 시에는 원어를 그대로 사용한다는 점을 밝혀둔다.

7 梁啓超,「新民說」제11절 論進步(1902),『飮氷室合集·專集』4(이하『專集』), 中華書局, 1989, 64쪽.

펴보고, 이러한 세계 경제의 흐름 속에서 중국이 직면한 경제 문제를 해결하기 위해 그는 어떠한 방안을 모색하였는가에 대해 살펴볼 것이다. 이 연구는 국민국가 건설을 위한 량치차오의 사상을 총체적으로 이해하고, 그의 경제 개혁 방안이 근대 중국의 발전 과정에서 지닌 의의를 조명하는 데 기여할 수 있을 것으로 기대된다.

★ ★ ★

세계 경제에 대한 인식 변화

무술변법운동의 좌절을 경험한 량치차오는 일본으로 망명한 이듬해, 「근세 국민경쟁의 대세 및 중국의 전도(論近世國民競爭之大勢及中國前途)」를 발표하였다. 그는 이 글에서 세계 경쟁의 움직임이 절정에 달했으며, 그 원동력이 서구에서 발현되어 전 세계로 확산되었다고 주장하면서 다음과 같이 언급하였다.

> 오늘날 구미제국의 경쟁은…… 그 원동력은 곧 국민의 자존(自存)을 다투는 것에서 비롯된다. 진화론자(天演家)의 '물경천택(物競天擇)'과 '우승열패(優勝劣敗)'의 공리를 따르자면, 이는 멈추고 싶어도 멈출 수 없는 것이다. 따라서 이 경쟁은 국가의 일에 속하는 것이 아니라 인군(人群)의 일에 속하며, 군주와 재상의 일이 아니라 민간의 일에 속한다. 또한, 정치의 일이 아니라 경제〔일본의 명칭을 사용하며, 지금 이를 번역하여 '자생(資生)'이라 한다〕의 일에 속한다.[8]

량치차오는 이처럼 세계가 무한경쟁의 시대, 특히 경제적 측면에서 경쟁이 중심이 되는 사회로 나아가고 있음을 강조하고 있다. 이러한 입장은 스스로 "일본에 망명한

8 梁啓超, 「論近世國民競爭之大勢及中國前途」(1899), 위의 책, 57쪽.

지 1년이 지나 다소나마 일본어를 읽게 되면서 사상이 크게 변하였다"[9]라고 언급한 것처럼, 변법운동 시기에 추구했던 세계주의(大同社會)에서 경쟁을 중심으로 하는 국민국가적 세계관으로 사상적 변화를 이뤘음을 암시한다고 볼 수 있다.

량치차오는 서구 문명사회의 거대한 역사적 변화를 심층적으로 탐구하는 과정에서 자유주의 경제이론 및 그 실천적 가치를 주목하였다. 그는 다음과 같이 언급하였다.

> 서양 제국이 흥성한 것은 불과 수백 년에 지나지 않는다. 〔서양 제국이〕 흥성한 배경에는 여러 요인이 있겠지만, 그중에서 경제학의 발명이 가장 중요하다. 이후 이 학설이 세계를 좌우하는 힘은 더욱더 커질 것이다. 국가의 흥망과 종족의 존멸은 모두 여기에 달려 있다.[10]

량치차오는 근대 유럽 문명을 태동시킨 주요 배경으로 경제학의 형성을 강조하며, 특히 애덤 스미스(Adam Smith, 1723~1790)의 역할을 중시하였다.[11] 그는 1902년에 발표한 글에서 서구 근대문명의 형성에 기여한 10명의 학자(코페르니쿠스, 베이컨, 데카르트, 몽테스키외, 루소, 프랭클린, 와트, 애덤 스미스, 블룬칠리, 다윈)를 소개하며, 애덤 스미스를 루소에 이어 여섯 번째로 거론하였다. 그는 "1846년 이후 영국이 자유무역정책(Free Trade)을 실행하여 모든 관세를 폐지함으로써 오늘날 상업이 번성하게 되었는데, 이는 스미스의 『국부론』이 이룩한 것이다"[12]라고 평가하며, 19세기 대영제국의 번영 요인을 애덤 스미스의 『국부론』에서 찾았다. 또한, 같은 해 발표한 진보론에서 그는 "애덤 스미스

9 梁啓超, 「三十自述」(1902), 『文集』11, 18쪽.

10 梁啓超, 「生計學學說沿革小事」(1902), 『文集』12, 5쪽.

11 경제학의 기원에 대해서는 애덤 스미스의 『국부론』이 출간된 1776년을 경제학의 출발점으로 보는 견해와 인류가 최초로 사회 집단을 형성하고 분업과 교역이 이루어진 시점을 경제학의 기원으로 보는 견해가 있다. 그러나 량치차오는 이 두 견해가 지나치게 편중되어 있다고 보고 이를 절충하여 "경제학의 맹아는 오래전부터 존재했지만, 하나의 학문으로 자리 잡은 것은 애덤 스미스 이후이다"라고 정리한다. 이에 따라 경제학사를 애덤 스미스를 중심으로 구분하며, 애덤 스미스 이전을 상고시대부터 18세기 전반기 중농주의 학파까지, 애덤 스미스 이후를 그의 학설부터 시작되는 시기로 나누어 설명하고 있다. 梁啓超, 위의 책, 6쪽.

12 梁啓超, 「論學術之勢力左右世界」(1902), 『文集』6, 113쪽.

는 구생계학(舊生計學)을 파괴하고 신생계학(新生計學)을 일으켰으며, 루소는 구정치학(舊政治學)을 파괴하고 신정치학(新政治學)을 일으켰다"[13]라고 언급하며, 애덤 스미스를 정치학의 루소와 나란히 평가하였다. 이는 애덤 스미스를 구시대를 넘어 새로운 시대를 개척한 인물로 자리매김한 것으로, 그 역사적 중요성을 강조한 것이다.[14] 량치차오는 애덤 스미스를 대표로 하는 자유주의 경제사조가 서구 사회에 생명력과 활력을 불어넣었다고 평가하였다. 그는 "지난 100여 년 동안 자유경쟁이라는 단어는 경제학자의 금과옥조(金科玉條)가 되어 국제통상과 국내교역, 생산·제조·판매 및 영업이 모두 자유롭게 되었다"[15]라고 언급하며, 중상주의적 간섭주의를 대체한 자유방임주의 경제정책을 주창한 고전학파의 역사적 역할을 높이 평가하였다.

그러나 량치차오는 자유주의 경제사조를 높이 평가하면서도 이를 무비판적으로 수용하지는 않았다. 그는 "애덤 스미스의 학설은 당시 유럽을 치료하는 데에는 훌륭한 처방이었으나, 오늘날 중국을 치료하는 데에는 적합하지 않다"[16]라고 언급하며, 자유주의 경제학의 한계를 명확히 지적하였다.

량치차오는 중상주의에 대해서도 비판과 긍정의 시각을 동시에 취하였다. 그는 중상주의가 애덤 스미스 이후 자유주의 경제사조에 의해 '뱀과 전갈과 같은 존재'로 공격받았다고 하면서도, 이는 "오늘날 문명국의 입장에서 전제정체를 비난하는 것과 같은 것"이라고 평가하였다. 그는 "중상주의가 오류를 포함하고 있음에도 불구하고, 경제발전에 기여한 긍정적 측면을 간과해서는 안 된다"[17]라고 주장하며, "16세기 이후 유럽에서 중상주의는 경제계의 진보를 저해하는 요인이 되었지만, 만약 오늘날 중국에 이식할 수 있다면 시대를 구할 둘도 없는 법문(法門)이 될 것이다"[18]라고 강조하였다.

13 梁啓超, 「新民說」제11절 論進步(1902), 『專集』4, 62쪽.

14 森時彦, 「梁啓超の經濟思想」, 狹間直樹編, 『梁啓超』, みすず書房, 1999, 236쪽.

15 梁啓超, 「二十世紀之巨靈托辣斯」(1903), 『文集』14, 35쪽.

16 梁啓超, 「生計學學說沿革小事」(1902), 『文集』12, 34쪽.

17 梁啓超, 위의 책, 19쪽.

18 梁啓超, 위의 책, 21쪽.

량치차오는 경제발전을 위한 중상주의의 유용성을 다음과 같이 비유적으로 설명하였다. "어떤 개인이라도 수십 년 동안의 경험을 통해서야 인격이 완성되며, 어떤 국가도 반드시 한 번은 보호와 장려를 거친 이후에야 상업이 번창할 수 있다. 따라서 오늘날 중국에 중상주의를 실행한다면 그 비용은 적어지고 결과는 더욱 클 것이다."[19] 이는 중상주의가 나라의 발전 상태에 따라 장애물이 될 수도 있지만, 경제발전을 촉진하는 유용한 도구로 작용할 수 있다는 그의 입장을 잘 보여준다.[20] 자유주의 경제사조의 장점을 인정하면서도, 지나치게 과도한 경쟁으로 인해 발생하는 심각한 사회문제를 비판적으로 인식한 것이다. 그는 기계 발명으로 인한 생산력의 비약적 발전과 생산비용의 절감으로 경제가 크게 발전했음에도, 이로 인해 야기된 사회적 불평등과 빈부격차의 심화를 우려하였다. 이러한 인식은 당시 유럽의 경제 및 사회 구조에 대한 량치차오의 비판적 관점에 잘 드러난다.

> 저렴하고 양질의 물건을 요구하는 사회의 수요에 맞추기 위해 무자본가와 유자본가가 경쟁하면 무자본가가 반드시 패하고, 소자본가와 대자본가가 경쟁하면 소자본가가 반드시 패한다. …… 무수한 양의 자본을 희생하고 무수한 양의 노동력을 희생한 연후에 오늘날의 이른바 부자라는 한 계급이 형성되었다.[21]

량치차오는 여기에서 대자본과 소자본의 경쟁이 필연적으로 소자본의 몰락을 초래한다고 보고, 이를 '무수한 자본의 희생'이라고 표현하였다. 또한, 그는 무자본가가 생

19 梁啓超, 위의 책, 21~22쪽.

20 森時彦에 의하면, 이러한 량치차오의 입장은 고전학파(古典學派)를 비판하고 등장한 독일의 역사학파(歷史學派)의 평가를 수용한 데 기인한다. 그의 경제사상은 역사학파의 대표적 이론가인 잉그램(Ingram), 코사(Cossa), 이노우에 다츠구로(井上辰九郎)의 경제학설사에서 영향을 받은 것으로 보인다. 森時彦, 앞의 책, 238~240쪽.

21 梁啓超, 「雜答某報節錄」, 李華興·吳嘉勛編, 『飮氷室選集』, 上海人民出版社, 1984, 500~501쪽. 여기에서 량치차오는 "대자본과 소자본이 경쟁하면 소자본이 완전히 소모되기 때문에 무수한 양의 자본을 희생한 것이다. 그리고 무자본가는 비록 기능은 있지만 스스로 생존해 나갈 수 없기 때문에 노동력을 희생한 것이 첫째요, 소자본과 대자본이 경쟁할 때 각각 노동력을 고용하는데, 소자본이 실패하면 그에 따라 고용한 노동력도 직업을 상실하기 때문에 노동력을 희생한 것이 둘째이므로 무수한 양의 노동력을 희생한 것"이라는 설명을 덧붙이고 있다.

존 능력을 갖추고도 생계를 유지하지 못하며 노동력을 희생하는 것을 '무수한 노동력의 희생'으로 간주하였다. 이러한 분석은 자본 간 경쟁과 그로 인한 사회적 피해를 구조적으로 파악한 량치차오의 비판적 시각을 잘 보여준다. 그는 이러한 자유경쟁의 결과로 부자 계급이 형성되었으나, 경쟁에서 패한 하층민은 빈곤의 늪에서 벗어날 수 없게 되었음을 비판하였다. "부자들의 전횡의 화는 홍수와 맹수의 화보다 격렬하여, 이를 해결하기 위한 수단으로 사회혁명론이 제창되는 문제를 낳게 되었다"[22]라고 평가한다. 량치차오는 또한 "오늘날 유럽 사회를 보면 대기업이 날로 많아져 자본가와 노동자가 두 계층으로 확연히 구분되며, 부자는 더욱 부유해지고 가난한 자는 더욱 빈곤해져 중간의 틈새를 메울 소강 계층이 사라졌다"[23]라고 지적하였다.

량치차오는 제1차 세계대전 이후 유럽 사회를 돌아보고 나서 "현재 빈부 계급이 크게 벌어진 것은 기계 발명으로 인한 생산력의 집중화 때문이고, 경제적 자유주의를 금과옥조로 삼은 자유경쟁의 결과로 이러한 사회문제가 나타난 것이다"라고 평가하였다. 나아가 이러한 경향은 19세기 중엽에 등장한 '생존경쟁'과 '우승열패'를 종지로 하는 진화론적 세계관, 자기본위의 개인주의적 세계관의 파산을 알리는 것[24]이라고 선언하였다. 이러한 발언은 당시의 자유경쟁과 진화론적 세계관에 대한 량치차오의 근본적인 재평가를 보여주는 것으로, 기존의 패러다임에 대한 비판적 태도와 새로운 대안을 모색하려는 그의 사상적 전환을 시사한다.

그런데 여기서 주목해야 할 점은, 량치차오가 자유주의 경제사조가 16세기 이후 유럽 사회의 경제발전에 크게 공헌하였음에도 이를 당시 중국 사회에 적용하는 데 적합하지 않다고 본 이유가 단순히 지나친 경쟁으로 인해 발생한 사회문제에 대한 우려 때문만은 아니라는 점이다. 보다 근본적인 이유로, 그는 자유주의 경제사조 아래 자본주의 경제가 아직 성숙하지 못한 중국이 자본주의가 이미 발달한 서구 열강의 먹잇감이 될 것을 심각히 우려했을 가능성을 제기할 수 있다. 이는 량치차오의 경제사상에서 국

22 梁啓超, 「雜答某報(節錄)」(1906), 『飮氷室選集』, 501쪽.

23 梁啓超, 「滅國新法論」(1901), 『文集』6, 47쪽.

24 梁啓超, 「歐游心影節錄」(1918), 『專集』23, 9쪽.

가적 보호와 발전 전략의 필요성을 강조한 이유를 잘 설명해 주는 대목이라 할 수 있다. 량치차오는 다음과 같이 지적하였다.

> 생산방법의 혁신 이후, 자본가는 문명의 이점을 누릴 수 있었지만, 비자본가는 오히려 문명의 폐해를 겪게 되었다. …… 돌이켜 보면, 과거 중국에서는 대자본가가 출현한 적이 없었기에, 장차 외국의 대자본가가 진출해 들어오게 되면 이에 대항할 수 없을 것이다. 외국의 대자본가가 세력을 장악한 이후에는 무자본가(노동자) 혹은 소규모 자본가들은 단지 그들의 발밑에서 굽실거리다 결국 말라 죽어버려 영원히 다시 살아날 수 없을 것이다. 오늘날 저 구미의 노동자들이 밝은 세상을 보고자 하나, 그것은 매우 어려운 일이다. 외국 자본 세력이 우리나라 안에 충만해진다면, 우리 사억의 동포는 영원히 그들의 소와 말이 될 것이다.[25]

량치차오는 이러한 발언을 통해, 외국 자본의 침투가 중국 사회에 미칠 수 있는 경제적·사회적 폐해를 경고하고 있다. 특히 그는 외국 대자본이 중국 시장을 잠식할 경우, 중국의 노동자와 소규모 자본가들이 극도의 착취와 빈곤 속에서 벗어날 수 없게 될 것을 우려하며, 이러한 상황이 중국의 경제적 독립과 국민적 존엄을 심각히 훼손할 것이라고 예견하였다. 나아가 이로 인해 "외국인은 문명의 이점을 향유하게 되지만, 중국인은 문명의 폐해를 입게 된다. 그때가 되면 전국적으로 사회혁명을 주창하지 않을 수 없게 될 것이다. 그러나 비록 그렇다 하더라도 늦어서 미치지 못할 것이다. 이는 내가 일부러 과격한 언사로 경종을 울리는 것은 아니다"[26]라고 언급하였다. 이처럼 량치차오는 외국의 경제적 침탈이 중국 사회의 빈부격차를 극단적으로 심화시키고, 그 결과 사회혁명의 가능성을 불러올 수 있음을 경계하고 있었다.[27] 이는 그가 단순히 외

25 梁啓超,「雜答某報節錄」(1906),『飮氷室選集』, 507쪽.

26 梁啓超, 위의 책, 507쪽.

27 량치차오는 이전 다른 글에서 애덤 스미스는 자유주의 방침을 더욱 진전시켜 방임론의 대본영이 되었는데 이후 "자유경쟁의 추세는 더욱 성행하여 부자는 더욱 부자가 되고 가난한 자는 더욱 가난하게 되면서 이에 근래 이른

국 자본의 경제적 착취를 우려한 것이 아니라, 그러한 착취가 중국 사회에 불러올 정치적·사회적 혼란까지 염두에 두었음을 보여준다.

량치차오의 이러한 견해는 단순히 자유경쟁과 방임주의를 비판하는 데 그치지 않고, 중국 사회가 외국 자본의 영향력 아래에서 빈부격차와 사회적 혼란을 방지하기 위해 능동적인 대책을 마련해야 한다는 현실적 과제를 제시하고 있다. 이는 당시 중국 사회의 상황에 대한 그의 심도 깊은 분석과 미래지향적 접근을 잘 보여주는 사례라 할 수 있다.

량치차오는 자유주의 경제사조의 문제점을 해결하기 위해 중상학파의 간섭주의를 병행하여 채택할 것을 제안하였다. 그는 "20세기는 자유주의(방임주의)에 대해 간섭주의가 완전히 승리하는 시대가 될 것"[28]이라고 예견하며, 간섭주의의 중요성을 강조하였다. 특히 그는 중국이 간섭과 방임 중 어느 한쪽을 선택해야 하는가라는 질문에 대해, 간섭과 방임을 7:3 비율로 채택할 것을 주장하였다. 즉, 간섭주의에 중점을 두되, 방임주의의 긍정적 요소를 일정 부분 수용할 것을 주장하고 있다.[29] 량치차오의 이와 같은 입장은 중국 사회의 특수한 상황을 고려한 현실적 대안을 모색하려는 시도로 이해할 수 있다. 그는 간섭주의의 보호와 통제 속에서 경제적 성장을 도모하는 동시에, 방임주의를 통해 시장의 자율성과 창의성을 일정 부분 보장함으로써 균형 있는 발전을 추구하고자 하였다. 이는 당시 서구 경제이론을 단순히 수용하는 것이 아니라, 중국의 실정에 맞게 재구성하고자 한 그의 사상적 고뇌를 보여준다.

량치차오는 중국의 당면 문제를 해결하기 위해 다음과 같은 구체적인 방안을 제안하였다.

바 사회주의가 이를 대신하게 되었다. 사회주의는 외형은 방임인 것 같지만, 실상은 간섭을 원칙으로 한다"라고 하여 자유주의 경쟁의 과열로 인한 빈부격차의 증가가 사회주의 혁명을 불러일으켰다고 지적하고 있다. 梁啓超, 「干涉與放任」(1899), 『專集』2, 87쪽.

28 梁啓超, 위의 책, 87쪽.

29 梁啓超, 위의 책, 87쪽.

우리 중국이 오늘날 처한 이 매우 위험한 문제를 해결하기 위해서는 오직 자본가를 장려하여 그들로 하여금 축적된 자본을 결합하여 백여 년래 서양인들이 발명한 새로운 생산방법을 사용하여 생산에 종사하게 해야 한다. 국가는 이들을 소중하게 보호하여 그 사업이 번창하고 외국과 대항할 수 있도록 해야 하며, 다른 중국의 자본가가 그 소문을 듣고 이를 선망하여 연이어 결집을 도모하게 함으로써 각 방면에서 외국과 경쟁하는 조류에 대항하는 데 대체로 유리하도록 해야 한다. 비록 처음 시작하는 수년간은 다소 다른 부분의 이익을 희생하더라도, 국가를 위해 도모하는 것인 이상 이를 중단해서는 안 된다.[30]

량치차오는 이와 같은 제안을 통해, 자본가 계층의 육성과 보호를 국가의 중요한 경제정책으로 삼아야 한다고 주장하였다. 그는 서구에서 발명된 새로운 생산방법을 도입하여 생산성을 향상시키고, 이를 통해 외국과의 경제적 경쟁에서 우위를 점할 수 있도록 해야 한다고 강조하였다. 또한, 그는 초기 단계에서 다소의 희생이 불가피하더라도, 국가의 장기적인 발전을 위해 이를 감수할 것을 역설하였다. 이는 외국 자본의 침투와 자유경쟁으로 인해 발생할 수 있는 경제적·사회적 혼란에 대비하기 위한 실질적 대책을 제시한 것으로, 량치차오가 당시 중국의 현실을 고려하여 경제 구조의 개혁을 지향했음을 보여준다.

량치차오는 "애덤 스미스가 말하는 경제는 개인을 본위로 한 것이지 국가를 본위로 한 것이 아니다. 그러므로 이 학설이 사람과 국가에 끼친 영향은 비록 적지 않으나 폐해 또한 뒤따랐다"[31]라고 하여 애덤 스미스의 경제학이 국가의 중요성을 간과했다고 평가하였다. 이에 국민 경제학의 중요성을 강조하며 다음과 같이 설명하였다.

경제를 말하는 자는 개인을 중시해서 군(群)을 소홀히 하지 않는다. 군의 진화는 가

30 梁啓超, 「雜答某報節錄」(1906), 『飮氷室選集』, 507쪽.

31 梁啓超, 「管子傳」(1909), 『專集』28, 46쪽.

> 족에서 종법으로, 부락에서 오늘날 국가로 발달해 왔다. 따라서 국가는 군체(群體) 중 가장 발달한 것이다. 이런 연유로 경제를 말하는 자는 반드시 전 국민을 화합하여 사회 전체의 부의 축적과 소모, 성장과 쇠퇴의 변화를 조절해야 한다. 이것이 바로 국민 경제학이 존중받아야 할 의의이다.[32]

량치차오의 이와 같은 견해는 개인 중심의 경제학이 아니라, 국가 중심의 국민 경제학에 초점을 맞추고 있음을 보여준다. 이는 그의 경제관이 국민국가 건설이라는 정치적 목표와 긴밀히 연결되어 있음을 시사한다. 즉, 그가 경제 문제에 관심을 기울인 것은 단순히 경제적 논의에 국한된 것이 아니라, 국민국가 건설이라는 지상의 과제를 실현하는 데 필요한 전략의 일환이었다고 볼 수 있다.

신해혁명 이후 귀국한 량치차오는 1912년 북경상회에서 열린 환영회에서 "실업(경제)과 정치의 관계는 매우 긴밀하다"라며, "정치가 개량되지 않으면 실업이 흥성할 이치가 없다"라고 강조하면서, 상회 관계자들에게 다음과 같이 당부하였다.

> 여러분이 오늘날 세계를 스스로 헤쳐 나가기 위해서는 우선 정치의 개량을 도모해야만 합니다. 구미 각국의 정치 참여를 보면, 예전에는 귀족과 승려, 학자 등 일부 계급만이 정치에 참여하여 인민의 이해를 제대로 반영하지 못하였습니다. 그러나 정치혁명이 일어나 상인도 정치에 참여할 수 있게 되면서, 인민의 이익이 크게 확장되고 실업도 비로소 날로 발달할 수 있게 되었습니다. 대체로 공화정치의 기초는 온전히 실업사회의 사람들에게 달려 있습니다. 여러분들이 만약 정치의 책임을 방기하고 일부 관료의 손에 맡겨둔다면, 관료정치의 폐해로 인해 후회가 막급할 것이며, 국가 전도의 위기는 일일이 말할 수 없을 것입니다. 그러니 여러분은 이에 힘써 주십시오.[33]

32 梁啓超, 위의 책, 46쪽.

33 梁啓超, 「初歸國演說辭」 蒞北京商會歡迎會演說辭(1912), 『文集』29, 30쪽.

량치차오는 정치와 경제의 상호작용을 강조하며, 경제의 발전을 위해 정치의 개혁과 상인의 정치 참여가 필수적임을 역설하였다. 이는 상공업 계층이 정치적 책임을 방기하지 않고 적극적으로 참여해야만 공화정치가 성공적으로 자리 잡고, 나아가 국가와 경제가 안정적으로 발전할 수 있다는 그의 신념을 보여준다. 량치차오는 같은 해에 발표한 글에서 새로운 중국이 나아가야 할 방침을 논하며 다음과 같이 강조하였다.

> 오늘날 세계는 오직 경제 분야에서 승리를 차지하는 것만이 번영을 구가할 수 있기 때문에, 국가의 흥망성쇠는 오직 국민 경제 경쟁의 승패에 달려 있다. 국민 경제는 반드시 전 국민을 통합해 하나의 경제주체를 형성하는 것으로서, 국가의 힘을 빌려 그 중심을 구축하지 않으면 진실로 불가한 것이다.[34]

량치차오는 국민 경제의 중요성을 강조하며, 국민국가의 주도하에 전 국민을 통합하여 경제 구조를 재편하고 강화해야 한다고 역설하였다. 이는 단순히 경제적 번영을 목표로 한 것이 아니라, 제국주의 열강의 압박에서 벗어나 자립할 수 있는 국민국가의 건설을 위한 핵심적인 조건으로 국민 경제를 설정한 것이었다. 그는 경제와 정치의 불가분의 관계를 지적하며 다음과 같이 언급하였다.

> 경제 현상과 정치 현상은 항상 불가분의 관계이다. 따라서 경제상의 예속국은 반드시 오래지 않아 정치상의 예속국으로 변할 것이다.[35]

량치차오의 이러한 발언은, 경제적 자립이 정치적 독립과 긴밀히 연결되어 있음을 보여준다. 이는 단순히 경제적 경쟁력을 키우는 것을 넘어, 국민 경제를 바탕으로 한 강력한 자주적 국민국가의 구축을 목표로 하고 있음을 시사한다.

34 梁啓超, 「中國立國大方針」(1912), 『文集』28, 45쪽.
35 梁啓超, 위의 책, 45쪽.

★ ★ ★

국민 경제 구축을 위한 방안과 정책

1. 트러스트(Trust) 문제

일본에 망명하여 서구 문명의 근대적 지식체계를 탐욕스럽게 받아들이며, 중국의 구망을 위해 분주히 활동하던 량치차오는 1903년 1월 미국 보황회(保皇會)의 초청으로 미국을 여행하였다.

[사진 7] 무술변법운동 실패 후 외국으로 망명한 캉유웨이가 캐나다 빅토리아에서 창설한 보황회 회원 일람. 상단 중앙이 광서제, 오른쪽이 캉유웨이, 왼쪽이 량치차오, 1903년. 정식 명칭은 보구대청황제회(保救大淸皇帝會)

그는 여행의 목적을 "해외에 거주하는 화교의 실정을 조사하는 것과 신대륙의 정치

풍속을 실지에서 시찰하기 위한 것이었다"[36]라고 밝히고 있다. 량치차오는 보황회 관계자들의 열렬한 환영을 받으며, 캐나다를 거쳐 미국 전역을 여행하였다. 여행 중 그는 중국 화교들의 상업 경영 능력에 대해 다음과 같이 평가하였다.

> 화인의 상무 천재성은 일본인을 월등히 앞서고 있지만, 그 천재성은 본국인의 이익을 도모하거나 동방인의 이익을 도모하는 데는 능하나, 구미인들을 만나면 언제나 좌절하고 실패하고 만다. 이는 천재성을 확충함을 알지 못하기 때문이다.[37]

이와 같이 량치차오는 화교들의 상업적 재능을 일정 부분 인정했으나, 세계 경제의 중심지로 부상한 뉴욕에서 미국 상인과 비교해 경쟁력이 현저히 떨어지는 중국 상인의 모습을 보고 크게 실망하였다. 이에 "중국인이 상무에서 천재성이 풍부하다고 한 것은 무고함이 심하다"[38]라고까지 언급하고 있다. 량치차오는 이 여행에서 미국이 세계 정치·경제의 중심으로 급부상하고 있음을 직접 목도하며, 중국인의 상업 경영 능력에 대한 개선 필요성을 절실히 느꼈다. 이 경험은 중국의 경제적 부흥을 위해 구체적인 개혁 방안을 고민하고 제안하는 데 큰 영향을 미쳤을 것이다.

량치차오는 미국을 방문하기 전에 쓴 「민족 경쟁의 대세를 논함(論民族競爭之大勢)」에서 당시 세계가 민족주의에서 민족제국주의 시대로 이행하고 있음을 강조하며, 미국을 영국, 독일, 러시아와 함께 대표적인 민족제국주의 국가로 언급하였다. 그는 새롭게 부상하는 미국에 대해 다음과 같이 상세히 기술하고 있다.

> 미국인의 상업 진보의 빠름은 실로 전례가 없는 것이다. 1899년과 1900년을 비교해 보면 1년 사이에 수출액은 4억 6백만 원이 증가하였다. 제철사업의 장대함은 족히 서구 공장의 간담을 서늘하게 할 만하며, 근래 트러스트(각 회사가 자본을 연합한 것을

36 『年譜』2, 185쪽.

37 梁啓超, 「新大陸遊記節錄」, 『專集』22, 5쪽.

38 梁啓超, 위의 책, 46쪽.

의미) 제도의 시행은 경제계의 조직을 일변시켰다. 미국의 뉴욕, 시카고 등 대도시는 전 세계의 화폐를 흡수하여 마침내 전 세계 금융의 중심점이 되고 있으며, 또한 경제 대권은 마침내 구미에서 미국으로 옮겨갔다.[39]

량치차오는 미국이 상업, 금융, 산업 분야에서 보여준 급속한 발전과 세계적 영향력 확대를 높이 평가하였다. 그는 미국 경제가 급부상한 원인 중 하나로 트러스트 제도의 시행을 꼽았다. 그는 트러스트 제도가 미국 경제계의 판도를 혁신적으로 변화시켜 미국을 전 세계 금융의 중심지로 자리 잡게 했다고 분석하였다.

량치차오는 트러스트를 하나의 거대한 괴물로 비유하며, 그 압도적인 영향력과 확장성을 강조하였다. 그는 트러스트가 뉴욕에서 태어나 전 미국으로 세력을 확장했으며, 더 나아가 급속히 전 세계로 퍼지고 있다고 묘사했다. 량치차오는 트러스트 세력을 다음과 같이 극적으로 평가하였다.

이 괴물의 세력은 알렉산더 대왕이나 나폴레옹을 훨씬 능가하여, 제1의 지존으로서 20세기 전 세계에서 유일한 주권이다.[40]

이러한 표현은 당시 량치차오가 트러스트를 통해 목격한 자본의 집중화와 경제적 지배력에 대한 경외와 경계를 동시에 보여준다. 그는 트러스트가 단순히 기업의 경제 활동을 넘어 전 세계 경제 질서를 좌우하는 지배적인 존재로 부상했음을 지적하였다.

량치차오는 트러스트라는 용어를 원어 Trust에서 번역한 것으로, 이는 다수의 주식회사가 서로 결합하여 그 전권을 신뢰받는 소수의 수탁자에게 위임하는 데서 비롯된 명칭이라고 설명하였다. 그는 트러스트 조직 방법을 다음 네 가지로 분류하여 구체적으로 제시하였다.

39 梁啓超,「論民族競爭之大勢」(1902),『文集』10, 21쪽.

40 梁啓超,「新大陸遊記節錄」(1903),『專集』22, 16쪽.

첫째, 과반수 주식 위임 방식으로, 회사 주식의 과반수를 신뢰받는 소수의 수탁자(Trustee)에게 위임한다. 이 수탁자는 트러스트 증권을 주주에게 교부하는 조건으로, 각 회사의 사업 경영과 관리를 통합적으로 수행한다.

둘째, 전 주식 위임 방식으로, 회사 주식의 전부를 수탁자에게 납입한다. 각 회사의 주주는 트러스트 증권을 수령하는 대신, 모든 권한 행사는 수탁자가 책임지고 수행한다.

셋째, 재산 위임 방식으로, 몇몇 회사가 자신의 재산을 수탁자에게 모두 납입하고, 모든 주주는 단순히 증권을 영수할 뿐 별도의 계약을 체결하지 않는다.

넷째, 새로운 회사 설립 방식으로, 새롭게 하나의 회사를 설립하여 기존 회사의 토지, 공장, 기기 등 모든 유동자본과 권리를 매입하고, 이를 대신해 새 회사의 주식을 지급한다.[41]

량치차오는 이러한 조직 방식을 통해 트러스트가 자본과 권한을 집중화하고 경제적 운영의 효율성을 극대화하는 메커니즘을 상세히 설명하였다. 이는 트러스트가 단순히 경제 활동을 조정하는 수단을 넘어, 경제 질서를 재편하는 강력한 조직체로 작용했음을 보여주는 중요한 분석이다. 그는 트러스트를 경제계 조직의 진화 과정에서 나타난 필연적인 현상으로 파악하고 "트러스트는 경제계의 제국주의이다. 무릇 정치계가 반드시 제국주의로 나아가고, 경제계가 반드시 트러스트로 나아가는 것은 모두 물경천택(物競天擇), 자연의 움직임이다"[42]라고 하여 정치계의 제국주의가 자연 선택과 경쟁의 결과로 등장한 것처럼, 경제계 역시 트러스트라는 형태로 진화한다고 인식하였다. 그는 트러스트가 단순한 경제적 현상을 넘어선 세계 경제의 필연적 발전 방향으로 본 것이다.

량치차오는 트러스트에 대해 긍정적인 측면과 부정적인 측면을 균형 있게 분석하였다. 그는 트러스트의 이점으로 저렴한 원료 구매, 기기의 효율적 활용, 세분화된 분업 실행 등을 들며, 이를 통해 생산 효율성과 비용 절감에서 우위를 점할 수 있다고 평

41 梁啓超, 「二十世紀之巨靈托辣斯」(1903), 『文集』14, 37쪽.

42 梁啓超, 위의 책, 38쪽.

가하였다. 그러나 동시에 트러스트가 가지는 문제점으로 첫째, 규모가 지나치게 커지면서 통일적으로 관리 감독하기가 어렵고, 둘째, 독점으로 인해 경쟁이 약화되면서 기술 개발과 혁신이 부진해질 가능성이 있으며, 셋째, 다수의 공장을 도태시켜 고용률 저하를 초래할 위험성을 들었다.[43] 다만, 고용률 저하에 대한 비판과 관련해, 그는 토사코턴(土佐康頓) 박사의 통계 자료를 인용하여 트러스트 성립 이후 고용률이 오히려 증가한 사례를 제시하였다. 이를 통해 량치차오는 트러스트가 자본가와 노동자 간의 갈등을 조화롭게 해결할 수 있는 잠재력을 지닌 구조로 평가하며 "트러스트는 자본가와 노동자의 싸움을 조화시킬 수 있는 하나의 법문이다"[44]라고 주장한다.

량치차오의 이러한 분석은 트러스트를 단순히 긍정적이거나 부정적으로만 평가하지 않고, 그 사회적·경제적 영향을 다각적으로 고찰한 결과이다. 이는 트러스트가 가진 구조적 장점과 단점을 명확히 이해하고, 이를 바탕으로 중국 경제에 적합한 방향성을 모색하려는 그의 실천적 자세를 반영하고 있다.

량치차오는 트러스트가 미국 전역의 산업을 장악하면서 "향후 10년 안에 미국 전역에서 하나의 업종에 단 하나의 트러스트만이 살아남게 될 것이며", "50년이 채 안 되어 전 세계의 경제계에는 겨우 수십 개의 대기업만이 남게 될 것이다"[45]라고 예견하였다. 또한 그는 미국에서 시작된 트러스트가 전 세계로 확대되면서 국내 트러스트에서 국제 트러스트로 진화하고 있다고 보았다. 예컨대, 모건(Morgan)이 대서양 항로의 전권을 장악한 사례나 석유 트러스트가 러시아 및 일본의 기업을 합병한 사례를 들며 이러한 추세를 설명하였다. 량치차오는 이러한 추세라면 "앞으로 10년도 지나지 않아 우리 중국에도 이 바람이 불어닥칠 것이다"라고 하고 이에 대비해 그는 중국에서도 중요한 생산품인 생사, 차, 피혁, 자기, 직물업 등에 트러스트 방식을 도입할 것을 제안하며, 이를 통해 구미 산업계를 놀라게 할 수 있을 것이라고 주장하였다. 량치차오는 이러한 방식이 중국이 세계 경제 경쟁에서 자립하고 우위를 점하는 데 핵심적인 전략이 될 것

43 梁啓超, 「二十世紀之巨靈托辣斯」(1903), 『文集』14, 45~54쪽.

44 梁啓超, 위의 책, 56~57쪽.

45 梁啓超, 위의 책, 42쪽.

으로 보았다.[46]

일찍이 량치차오는 중국 자본의 취약성과 분산을 우려하며, 대규모 사업을 추진하기 위한 자본 집중의 필요성을 강력히 주장한 바 있다. 그는 "중국의 자본이 미약한 데다 분산되어 있어 대규모 사업을 일으키기 어려운 반면, 동서 각국은 대자본을 가지고 마치 홍수처럼 도도히 흐르며 맹수처럼 중국으로 달려들고 있다. 이에 우리는 어떻게 대처할 것인가?"[47]라고 경고하였다. 이와 같은 배경에서 그는 대자본가의 출현을 통해 실업(경제)을 진흥시키고자 하였으며, 트러스트는 이러한 자본 집중의 이상을 실현하는 방안으로 그가 주목한 모델이었다. 트러스트는 대자본가의 관점에서 경제 활성화와 산업 진흥을 도모하려는 그의 입장과 긴밀히 연결되어 있었다.

그러나 주식회사 설립조차 보편화되지 않은 당시 중국의 경제 현실에서 트러스트의 개념을 소개하고 이해시키는 일은 매우 어려운 과제였을 것이다. 이에 량치차오는 자신의 글 말미에서 "중국에 트러스트를 소개하면서 비통함을 느낀다"[48]라고 토로하며, 중국 경제의 낙후성과 자본 집중의 부재에 대한 아쉬움을 드러냈다. 이는 그가 트러스트라는 선진 경제 시스템을 중국에 적용하려는 의지와, 이를 실현하기 어려운 현실 사이에서 느낀 딜레마를 잘 보여주는 대목이다.

2. 주식회사 문제

전통적으로 중국은 합과기업(合夥企業)이 민간 경제 활동을 지탱하는 주요 경영 방식으로 자리 잡아 왔다. 합과기업은 두 명 이상의 당사자가 직접 계약을 체결하고 자본, 노력, 혹은 신용을 출자하여 공동으로 사업을 운영하는 형태를 가리키는데, 이러한 경영 방식은 오랫동안 중국 경제 활동의 중심축을 이루어 왔다.[49] 그러나 "중국이 외국과 접하고 나서 평범한 서민들조차도 모두 동서양의 상공업 경영 방식을 인지하게 되면서

46 梁啓超, 위의 책, 61쪽.

47 梁啓超, 「雜答某報節錄」(1906), 『飮氷室選集』, 506쪽.

48 梁啓超, 앞의 책, 61쪽.

49 합과기업에 대해서는 정지호, 『합과 — 전통 중국 상공업의 기업 관행』, 세창출판사, 2022 참조.

오로지 공사(公司, 회사)만을 선호하게 되었다"[50]라고 할 정도로 청말 회사기업은 급속도로 증가하였다. 특히 청일전쟁 이후 서구 열강의 경제적 침략이 심화됨에 따라 중국의 이권을 회복하고자 하는 이른바 이권회수운동이 확산되었는데, 이에 따라 회사기업의 설립 역시 점차 증가하게 되었다.

량치차오는 새롭게 등장한 회사 기업을 신식기업이라고 하고 그 이전의 합과기업을 구식기업으로 분류해서 양자의 특징을 다음과 같이 설명하고 있다. 우선 구식기업과 신식기업은 자본의 규모 면에서 현격한 차이를 보인다. 구식기업은 주로 가족 단위로 경영되며, 고용 인원 또한 소수에 그친다. 반면, 신식기업은 자본 규모가 수만에서 수천만에 이르며, 고용 인원 역시 대규모이다. 량치차오는 이러한 신식기업이 점차 대규모화되는 이유를 "기계의 급속한 발명으로 촉발된 공업혁명과 교통의 비약적 발전이 경쟁을 날로 치열하게 만들고 있다. 이로 인해 중소기업은 경쟁에서 밀려 도산하고, 결국 대기업만이 생존하게 되었다"[51]라고 분석하며 당시 경제 구조의 변화를 강조하였다.

량치차오는 자신이 정의한 신식기업의 중심으로 '주식회사(股份有限公司)'를 지목하며, "오늘날 실업을 진흥시키려면 우선 주식회사의 성립 발달을 도모하지 않으면 불가하다"[52]라고 주장하고 있다. 그는 또 다른 글에서 "대자본이 아니면 경쟁에서 살아남을 수 없는데, 대자본은 혼자 힘만으로는 마련할 수 없기 때문에 주식회사를 발기하는 것이다"[53]라고 설명하며 대규모 자본 형성을 위해 주식회사의 설립이 필수적임을 강조하였다. 그러나 량치차오는 "오늘날 중국의 정치적 상황과 사회적 환경은 주식회사의 특성과 맞지 않는 부분이 있다. 이러한 불일치를 해결하지 않으면 중국의 산업은 결코 발전할 수 없을 것이다"[54]라고 비판하였다.

50 李稷勳,「四川商辦川漢鐵路宜昌工場志痛之碑」, 密汝成編,『中國近代鐵路史資料(1863~1911)』3, 中華書局, 1963, 1056쪽.

51 梁啓超,「警告國中之談實業者」(1910),『文集』21, 113~114쪽.

52 梁啓超, 위의 책, 114쪽.

53 梁啓超,「雜答某報節錄」(1906),『飮氷室選集』, 504쪽.

54 梁啓超, 앞의 책, 114쪽.

량치차오는 중국의 전통적 관습 중에서 주식회사의 설립과 발전에 장애가 되는 요소를 다음과 같이 분석하였다. 우선, 그는 중국인의 법치 관념의 미비를 가장 큰 문제로 지적하였다.[55] 량치차오에 따르면, 주식회사가 설립·발전하기 위해서는 강력한 법치가 필수적이나, "중국은 법치가 무엇인지조차 알지 못한다"라고 평가하였다. 특히 주식회사는 구식기업이 무한책임을 지는 것과 달리 유한책임을 원칙으로 하며, 구식기업이 기업인과 기업을 동일시하는 것과는 다르게, 주식회사는 독립된 인격체(법인격)를 지니고 스스로 권리와 의무의 주체가 된다는 점에서, 국가의 엄격한 법적 감독이 요구된다고 설명하였다. 그는 이어 중국에도 회사법이 존재하지만, 해당 법률의 내용이 지나치게 간략하고 체계적이지 못하다고 비판하였다.[56] 량치차오는 당시 중국의 법률 체계에 대해 "법이 반포되더라도 이를 위반하는 경우에도 아무런 제재가 없어, 위아래가 모두 무사태평하다. 법이 있어도 실행되지 않는 것은 법이 없는 것과 다를 바 없다. 지금의 중국은 무법천지이다"라고 질타하며, 이러한 기강 문란 상태에서 신식기업의 발전은 기대하기 어렵다고 언급하였다. 그는 구식기업은 수천 년간 관습에 의해 유지되어 왔기 때문에 법률의 부재에도 자생할 수 있었지만, 신식기업은 법적 감독과 보장을 생명으로 삼기 때문에, 법치가 확립되지 않은 중국의 환경에서는 신식기업의 발전이 어려울 것이라고 주장하였다.

둘째로, 량치차오는 중국인의 공공 책임감 결여를 주식회사 발전의 장애 요인으로 지적하였다.[57] 그는 주식회사가 책임감 있는 국민들에 의해 운영될 때 비로소 폐해를 줄일 수 있으나, 중국인의 책임감 부족으로 인해 회사 업무에 충성을 다하지 않고, 심지어 회사 직무를 사적으로 이용해 이익을 취하는 경우가 많다고 평가하였다. 량치차

55 梁啓超, 위의 책, 114~115쪽.

56 중국 최초의 회사법은 1903년에 초안이 완성된 후, 상인에 대한 정의 및 상인의 의무를 규정한 「상인통례(商人通例)」와 함께 1904년 1월 제정·반포되었다. 총 131조로 구성된 이 법은, 1890년에 공포되고 일부 수정을 거쳐 1893년에 시행된 「일본 회사법」(총 448조)의 약 3분의 1에 해당하는 수준으로, 량치차오가 지적했듯 회사법으로서 매우 간략하였다. 鄭址鎬, 「清末 會社法의 形成에 관한 一考察 — '公司律'의 分析을 중심으로」, 『中國學報』 50, 한국중국학회, 2004, 199쪽.

57 梁啓超, 앞의 책, 115~116쪽.

오는 회사 직원(경영자)의 책임을 물을 수 있는 주체는 주주(株主)라고 보았다. 그러나 그는 중국 주식회사의 문제로서 다음과 같은 구조적 한계를 제시하였다. 우선, 1주당 주식가격이 매우 낮아 주주들이 회사 운영에 대한 권리와 의무를 방기하기 쉽다는 점이다. 다음으로, 주주들이 한 회사에 집중투자하기보다 여러 회사에 분산투자하는 경향이 강하다는 것이다. 이러한 투자 행태는 회사 운영에 대한 책임감을 약화시키는 요인으로 작용하였다. 그리고 주식이 매매 가능한 자산이라는 점에서, 대부분의 주주들은 투자금 회수가 아니라 주가 상승을 통한 매매 차익 실현을 주된 목적으로 하여 회사 경영에 책임을 다하지 않는다는 점을 지적하였다. 그는 이를 동서 각국에서도 나타나는 일반적인 문제로 보며, 중국에서는 이와 같은 현상이 더욱 심화되었다고 주장하였다. 량치차오는 "중국의 인심과 풍속이 오늘날에 이르러 사(私)를 우선시하고 공(公)을 뒤로하는 데 극에 달했다"라고 비판하며, 이러한 공공 책임감 결여로 인해 설립된 수많은 주식회사들이 자본을 탕진한 후 소멸되었다고 주장하였다. 특히, 그는 중국 주식회사의 구조적 문제로 관리(官利)의 존재를 들었다. 관리란 출자자에게 당해 연도의 경영 실적과 무관하게 일정 이율의 이자를 지급하는 제도로, 이는 전통적 합과기업에서 일반적으로 사용된 관행이었다.[58] 량치차오는 이러한 전통적 관행이 신식기업인 주식회사에도 그대로 이어져, 자본이 산업 자본으로 정착되지 못하고 사채와 유사한 형태로 운영되었다고 분석하였다. 그는 이로 인해 중국 주식회사의 자본 구조가 '사채'의 성격을 지니게 되었으며, 주주들이 경영 문제를 외면한 채 원리금 회수를 우선시하는 관행을 지속하면서 주식회사의 발전을 저해하고 있다고 지적하였다.

셋째로, 량치차오는 주식회사의 발전에 필요한 보조기관의 결여를 문제로 지적하였다.[59] 그는 구식기업의 경우 기업이 해산되어야 투자금을 회수할 수 있지만, 주식회사의 주식은 일종의 유가증권으로, 언제든 전매나 저당을 통해 투자금을 회수할 수 있다는 점에서 본질적인 차이를 가진다고 설명하였다. 그러나 이러한 주식의 특징이 발휘

58 鄭址鎬, 「傳統中國合夥의 債務負擔에 관한 商事慣行」, 『東洋史學硏究』79, 2002, 133~134쪽(정지호, 『합과 — 전통 중국 상공업의 기업 관행』, 세창출판사, 2022 수록).

59 梁啓超, 「警告國中之談實業者」(1910), 『文集』21, 117~119쪽.

되기 위해서는 증권거래소와 은행이라는 두 가지 핵심 보조기관이 필수적이라고 주장하였다. 증권거래소와 은행은 주식을 시장에서 유통시키는 매개기관으로, 이를 통해 주식회사는 대규모 자본을 모집할 수 있고, 주주 역시 투자금을 유동적으로 회수할 수 있다. 하지만 당시 중국에는 이러한 두 기관이 결여되어 있었으며, 이로 인해 회사는 대규모 자본을 모집하는 데 어려움을 겪었고, 주주들은 매년 발생하는 영업 이익 외에는 회사가 폐업할 때 비로소 출자금을 돌려받는 구조적 한계에 직면해 있었다. 량치차오는 주식회사가 경제계에서 획기적인 역할을 할 수 있는 이유는 주식이 일종의 상품으로 간주되어 사회적 자본으로 유통될 수 있기 때문이라고 보았다. 그러나 중국의 주식회사는 이러한 유통 기능이 전혀 작동하지 않아, 주식회사가 가진 본연의 장점을 충분히 발휘하지 못하고 있다고 지적하였다.

넷째로, 량치차오는 중국에서 기업 경영 능력을 지닌 인재가 부족하다는 점을 주식회사의 발전을 저해하는 또 다른 요인으로 지적하였다.[60] 그는 주식회사가 비대하고 복잡한 기업 구조를 가지기 때문에, 한두 사람의 힘으로 운영할 수 없는 체계라는 점을 강조하였다. 회사의 내부 기관이 복잡해질수록 업무량도 증가하므로 이를 조화롭게 운영할 수 있는 전문 인재가 필수적이다. 그러나 중국은 전통적으로 상인을 천대하는 사회적 풍토 속에서 국민의 기업 경영 능력이 충분히 발달하지 못했다고 평가하였다. 량치차오는 이를 비판하며, "기업 경영 능력이 없는 국민에게 실업을 논하는 것은 절름발이에게 경주를 시키거나 귀머거리에게 소리를 심사하게 하는 것과 같다"라고 비유하였다. 그는 또한 치열한 경쟁이 벌어지는 세계에서 국민의 경영 능력을 배양하지 않는다면, "일국의 자본을 아무리 투입한다 하더라도 전 국민을 굶주림에 빠뜨릴 뿐"이라고 단언하였다.

이와 같이 량치차오는 중국에서 주식회사가 뿌리내리지 못하는 이유를 네 가지로 분석한 후, 실업을 장려하고 주식회사를 활성화하기 위해 다음과 같은 해결 방안을 제시하였다. 첫째, 법치국가를 실현하기 위해 입헌정체를 확립하고, 국민 모두가 법률의

60 梁啓超, 위의 책, 119~120쪽.

보호 아래 생활할 수 있도록 해야 한다. 둘째, 교육 방침을 수립하여 국민의 공공 도덕심을 함양하고, 책임감을 점진적으로 발달시켜야 한다. 셋째, 주식회사 운영에 필수적인 보조 기관을 하나하나 정비하여 부족함이 없도록 해야 한다. 넷째, 다양한 방법을 통해 국민의 기업 경영 능력을 지속적으로 증진시켜야 한다.[61]

량치차오는 주식회사 설립과 실업 진흥을 위한 네 가지 전제 조건 중 어느 하나라도 충족되지 않으면 실업 진흥은 단지 몽상에 불과하다고 보았다. 그는 "만약 나에게 중국의 실업 진흥에 있어 가장 중요한 것이 무엇인가를 묻는다면, 나는 반드시 정치 조직을 개량하는 것이라고 대답할 것이다. 두 번째로 중요한 것이 무엇인가를 묻는다면, 나는 또한 정치 조직을 개량하는 것이라고 대답할 것이다. 세 번째로 중요한 것이 무엇인가를 묻는다면, 나는 또한 오직 정치 조직을 개량하는 것이라고 대답할 것이다"라고 단언하며 입헌 개혁에 의한 정치적 안정이 주식회사를 통한 실업 진흥의 가장 중요한 선결 과제임을 강조하였다.[62] 량치차오는 주식회사와 입헌정체의 국가를 비교하며 "회사법은 비유하자면 헌법과 같다. 회사의 경영자는 정부의 관리와 같으며, 주주는 전체 국민과 같다. 만약 정부의 관리가 국민으로부터 위임받은 것을 제대로 수행하지 않고, 공공 책임을 망각하며 사리사욕만을 추구한다면 국가는 바로 설 수 없다. 또한 국민이 정부에 대한 감독을 게을리한다면, 헌법이 존재한다 하더라도 무용지물이 될 것이다"[63]라고 언급하였다. 이러한 비유는 단순한 유사성에서 나온 것이 아니라, 안정된 정치 제도가 경제제도의 정착을 보장한다는 량치차오의 신념을 반영한 것으로 볼 수 있다.

중국의 실업 진흥과 정치개혁을 통한 정국의 안정은 서로 분리해서 생각할 수 없는 것이지만, 궁극적으로 실업 진흥은 량치차오의 정치적 이상을 실현하기 위한 하나의 중요한 수단이었다고 평가할 수 있다.[64]

61 梁啓超, 위의 책, 121쪽.

62 梁啓超, 위의 책, 121쪽.

63 梁啓超, 위의 책, 116쪽.

64 량치차오는 "오늘날 중국의 실업을 진흥시키지 못한다면 3년도 채 안 되어 전국은 반드시 파산할 것이며 사억 인

3. 폐제개혁 문제

청말 중국의 폐제개혁 문제는 국내적으로뿐만 아니라 국외적으로도 매우 민감한 사안이었다. 량치차오 역시 중국의 국민 경제 건설을 위해서는 폐제개혁의 필요성을 절실히 느끼고 있었다.

> 폐제를 제정하여 반포하는 것의 빠르고 늦음은 국가의 존망에 직결된다. …… 국민 경제를 위해서는 폐제를 신속히 반포해야 한다. 화폐는 교역의 매개체로서 전국 경제의 핵심이다. 폐제가 확립되지 않으면 국민 경제는 영원히 발전하지 못할 것이다.[65]

량치차오는 청말 중국 폐제개혁의 문제를 화폐 본위의 확립이라는 차원에서 제기하였다. 그는 "본위란 영어의 '스탠다드(Standard)'로, 정부가 정한 화폐제도이다. 다섯 가지 금속 중 하나를 선택해 정화(正貨)로 삼고, 다른 종류의 화폐는 정화를 기준으로 하여 그 가치를 산출한 것을 본위라고 한다"[66]라고 설명하였다.

량치차오는 폐제를 확립하기 위해서는 우선 본위를 정립할 필요가 있다고 강조하며 다음과 같이 논하였다.

> 이른바 화폐가 귀한 것은 모든 물가의 척도가 될 수 있기 때문이다. 화폐가 모든 물가의 척도가 되는 이유는 그것이 자체적으로 일정한 가치를 지니고 있기 때문이다. 화폐가 일정한 가치를 가지기에 본위화폐로서 기준이 될 수 있는 것이다. 따라서 폐제를 논할 때에는 반드시 본위를 먼저 논의해야 한다.[67]

의 절반은 반드시 굶어 죽을 것이다"(梁啓超, 위의 책, 121쪽)라고 하여 실업을 진흥시킬 것을 강조하고 있지만, 실업을 진흥시키는 데 장애가 되는 근본적인 문제를 해결하지 않은 채 단순히 실업 진흥만을 외치는 것은 오히려 국가의 파산을 재촉하게 될 것이라고 경고한다. 즉 실업을 진흥시키기 위해서는 입헌정체 확립을 통한 정치적 안정을 우선 확립해야 한다는 점을 강조하는 것이다.

65 梁啓超, 「幣制條議」(1910), 『文集』22, 1쪽.

66 梁啓超, 「中國貨幣問題」(1904), 『文集』16, 105쪽.

67 梁啓超, 앞의 책, 10쪽.

량치차오의 논의는 청말 중국이 국민 경제의 기초를 다지기 위해 폐제개혁이 얼마나 중요한지를 부각시키며, 화폐 본위 확립이 그 핵심임을 강조하고 있다. 그러나 화폐 본위에 관한 논의에서 중국의 본위 부재를 지적하며 "세계는 금 또는 은을 본위로 하고 있는데, 중국은 과연 종전에 어떤 본위에 속한 국가인가?"라고 자문한 뒤 "아아! 나는 말하기가 부끄럽구나. 우리 중국은 전부터 실로 본위가 없다"라고 한탄하였다. 량치차오는 화폐를 일정한 격식과 가치를 가진 단위(Unit)로 정의하며, 중국의 현행 화폐 체계가 이 정의에 부합하지 않는다고 보았다. 그는 중국에서 사용되는 동전(銅錢)만이 화폐의 기준으로 간주될 수 있으며, 은(銀)은 단지 무게를 달아 사용하는 것으로, 화폐로서의 기능을 수행하지 못한다고 평가하였다.

그렇다면 중국은 앞으로 무엇을 본위로 삼아야 하는가? 이에 대해 량치차오는 현재 세계적인 추세에 따라 금본위제로 이행하는 것이 이상적이지만, 중국의 경제 수준을 고려할 때 금본위제로 전환하는 것은 상당한 어려움이 따를 것이라고 분석하였다. 그는 독일과 일본이 전쟁 배상금을 통해 금본위제로 이행한 사례를 언급하며 중국의 현실적 한계를 지적하였다. 예를 들어, 독일(당시 프로이센)은 보불전쟁(1871)에서 프랑스로부터 50억 프랑에 달하는 전쟁 배상금을 수취하여 금본위제를 도입할 수 있었으며, 일본은 청일전쟁(1894)에서 승리하여 청조로부터 2억 량(당시 청조 국가 예산의 약 2.5배에 해당)을 받아 금본위제로 전환할 수 있었다. 이에 비해 중국은 금 비축량이 부족하여 금본위제로 이행하는 데 어려움이 있다고 판단하였다. 그는 이와 같은 현실적 한계를 고려하여 은본위제를 우선적으로 채택할 것을 제안하였다.[68] 다만, 은본위제 역시 적지 않은 문제점을 내포하고 있음을 량치차오는 인지하고 있었다. 그는 일찍이 중국의 재정개혁 문제를 논한 글에서 다음과 같이 언급하였다.

> 중국의 오늘날 생활수준에서 볼 때 반드시 은본위제를 선택해야 한다는 것은 말할 필요도 없다. 공예를 크게 장려하면 은가 하락을 이용하여 금본위국과의 무역에서

68 梁啓超, 앞의 책, 106~107쪽.

> 막대한 이익을 얻을 수 있으니 염려할 필요가 없다. 그러나 외채 부담이 너무 커 손실을 피할 수 없으며, 금과 은의 등락이 일정하지 않아 국제무역의 발전에 지장을 초래한다. 그러므로 이전에 젱크스(Jenks, 精琪)가 제안한 금환본위제를 선택할 필요가 있다. 이 제도는 이미 인도와 필리핀에서 실행되어 효과를 보였으며, 은본위를 유지하기 위한 탁월한 방법으로 우리나라에서도 반드시 이를 채택해야 한다.[69]

즉 은본위제가 당시 중국의 경제 상황에 적합하다고 보았지만, 동시에 은가 하락[70]과 외채 부담으로 인한 한계를 지적하였다. 특히 19세기 말 은가의 급격한 하락은 국제 경제에 큰 영향을 미쳤으며, 이를 통해 국제무역에서 이익을 얻는 장점이 있는 반면, 배상금 부담 증가와 무역상의 장애를 초래할 위험이 있다고 분석하였다. 량치차오는 이러한 상황 속에서 은본위제가 국제무역에 미칠 영향을 우려하며, 미국의 경제학자 젱크스가 제안한 금환본위제를 대안으로 고려하였다. 금환본위제는 은본위를 유지하면서도 금본위국과의 무역에서 안정성을 확보할 수 있는 방법으로 평가되었으며, 그는 이를 중국이 채택해야 한다고 주장하였다.

실제로 당시 중국은 청일전쟁과 의화단 사건으로 인해 막대한 배상금을 지불해야 했으며, 이 배상금은 금을 기준으로 책정되었다. 그러나 국제 은가의 하락으로 인해 배상금액이 천문학적으로 증가하면서, 청조의 국가 재정은 심각한 위기에 직면하게 되었다. 이러한 상황을 타개하기 위해, 중국은 당시 세계 최대 은화 사용국 중 하나였던 멕시코와 함께 미국에 폐제개혁에 대한 도움을 요청하게 되었다. 이에 따라 1904년, 젱크스가 광서제를 알현하여 폐제개혁안을 제출하였다.[71] 량치차오는 젱크스

69 梁啓超, 「中國改革財政私案」(1902), 『文集』8, 38쪽. 여기에서 미국인 젱크스가 제안한 폐제개혁안은 1904년에 헌책된 것인데, 량치차오가 1902년에 이를 언급하고 있는 것은 흥미롭다.

70 19세기 말 은가는 국제경제사상 초유의 사태라고 할 정도로 급락하면서 세계 경제에 지대한 영향을 미치게 된다. 하마시타 다케시(濱下武志)는 당시 은가 하락의 주된 요인을 유럽에서 은화가 폐화되면서 대량으로 매각된 것, 미국 은광산의 생산 증가 그리고 19세기 말 구미의 대공황으로 인한 아시아무역 부진이 여기에 박차를 가한 것에 기인한다고 지적한다. 濱下武志, 『近代中國の國際的契機—朝貢貿易システムと近代アジア』, 東京大學出版會, 1992, 63~64쪽.

71 구범진, 「젱크스(Jenks)의 幣制改革案(1904)과 淸末의 幣制 問題」, 『東洋史學研究』64, 東洋史學會, 1998,

의 폐제개혁안에 대해 "젱크스의 이 안은 금본위이며, 은본위이고, 또한 복본위이기도 하지만, 금본위도 아니고 은본위도 아니며 복본위도 아닌 일종의 기이한 형태의 불가사의한 폐제이다"[72]라고 언급하면서 이를 흥미롭게 여겼다. 젱크스의 개혁안은 은화를 본위 정화(正貨)로 하고, 별도로 금화를 정화로 삼아 가격의 표준으로 사용하는 가상의 금본위제(허금본위제, 금환본위제)를 제안한 것이었다. 이는 금화와 은화의 비율을 1:32로 안정시키는 방식을 통해 금과 은의 가치를 조화롭게 유지하려는 시도였다. 량치차오는 이러한 허금본위제의 실효성을 긍정적으로 평가하며, 중국의 화폐 체제 개혁을 위한 유력한 대안으로 받아들였다. 량치차오는 폐제개혁의 시급성과 중요성을 강조하며 다음과 같이 언급하였다.

> 중국의 폐제를 개혁하지 않으면 국민 경제는 영원히 발전을 기대할 수 없을 것이다. 처음부터 끝까지 반드시 이 개혁에서 모든 것이 나올 것이니, 하루라도 빨리 시행하면 그만큼 이득이 될 것이고, 하루라도 늦으면 그만큼 손해가 될 것이다. …… 중국의 폐제를 개혁한다면 반드시 젱크스의 원안을 채택해야 한다. 젱크스의 안은 인도, 네덜란드, 일본에서 이미 시행되고 있으며 전혀 문제가 없다. …… 젱크스의 안은 반드시 시행되어야 한다. 이는 내가 보증한다(시행하지 못하는 이유는 권한의 문제이지, 제도상의 문제가 아니다).[73]

량치차오는 젱크스의 폐제개혁안이 제도적으로는 문제가 없음을 확신하며, 실행상의 어려움은 제도 자체가 아닌 권한의 문제에서 비롯된다고 보았다. 이는 그가 젱크스의 개혁안에 대해 단순한 지지 수준을 넘어 확고한 신념을 가지고 있었다는 점을 보여준다. 그러나 량치차오가 반드시 시행되어야 한다고 주장한 젱크스의 폐제개혁안은 당시 호광총독(湖廣總督) 장지동(張之洞, 1837~1909)의 반대에 부딪혀 결국 채택되지 못

66~67쪽.

72 梁啓超, 「中國貨幣問題」(1904), 『文集』16, 108쪽.

73 梁啓超, 위의 책, 123쪽.

하고 폐기되는 운명을 맞게 되었다.[74] 량치차오는 장지동의 반대 논리에 대해 강하게 반박하였다. 그는 장지동의 지적을 "경제학의 원리를 전혀 이해하지 못한 문외한의 언사(全未達生計學學理, 一派門外漢語)"라고 비판하며, 나아가 장지동의 경제적 지식의 무지함에 동정을 표하고 있다.[75]

청조 중앙정부가 추진하던 폐제개혁안이 지방 장관의 반대에 부딪혀 시행되지 못했다는 사실은, 중앙정부를 중심으로 강력한 국민국가 건설을 지향하던 량치차오에게 매우 실망스러운 결과였음이 분명하다.[76] 통일된 폐제가 없는 중국의 현실을 개혁하는 것은 국민 경제 구축을 갈망했던 량치차오에게 최대의 걸림돌이었다. 이에 따라 그는 1910년 「폐제조의(幣制條議)」에서 허금본위제(虛金本位制)를 선택해야 하는 이유와 방법을 매우 구체적으로 서술하였다. 량치차오는 국민 경제적, 재정 및 정치적, 대외정책적 측면에서 폐제를 신속히 반포해야 한다고 주장하였다. 그는 중국의 경제 수준과 대외관계를 종합적으로 고려했을 때, 허금본위제가 중국의 상황에 가장 적합한 선택임을 강조하였다.

량치차오는 허금본위제가 최근 10여 년 사이에 발명된 새로운 화폐제도로, 당시 인도, 멕시코, 필리핀 및 남양군도의 영국 속령에서 성공적으로 시행되어 매우 현저한 성과를 거두고 있다고 평가하였다. 그는 허금본위제의 특징을 다음과 같이 네 가지로 설명하였다.

첫째, 허금본위제는 본위화폐의 기준을 금으로 한다. 이는 화폐 가치의 안정성과 국

74 젱크스 폐제개혁안에 대한 장지동의 반발에 대해서는 구범진, 앞의 글, 75~81쪽 참조.

75 梁啓超, 앞의 책, 124쪽.

76 량치차오는 장지동의 폐제개혁안 반대를 "경제학의 원리를 전혀 이해하지 못한 문외한의 언사"로 폄하하였으나, 장지동의 반대가 단순히 경제적 몰이해에서 비롯된 것이 아니라는 점은 주목할 만하다. 구범진은 장지동이 젱크스를 두 차례나 만나 폐제개혁 문제를 논의하였음에도 의견 충돌을 보이지 않았다는 점에 주목하며, 그의 반대가 지방의 기득권을 옹호하기 위해 일반인의 몰이해를 교묘히 활용한 것일 수 있다는 문제를 제기하였다(구범진, 앞의 글, 78쪽). 실제로 장지동은 무창(武昌)을 비롯한 각 성의 조폐창에서 대량의 동원(銅元)을 발행하여 막대한 주조 차익을 챙겼는데, 이는 그의 반대가 지방 기득권이 중앙정부로 수렴되는 것을 막기 위한 행위로 볼 수 있음을 시사한다. 이러한 맥락에서 폐제개혁을 통해 국민경제를 구축하고 중앙집권적 국민국가를 건설하고자 한 량치차오의 입장과 지방 기득권을 옹호하려는 장지동의 입장이 첨예하게 대립하고 있었다고 보는 것이 타당할 것이다.

제적 신뢰성을 확보하기 위한 기초가 된다.

둘째, 정부는 금화를 주조하지 않고 은화를 사용하여 이를 대체한다. 금과 은의 법정 비율은 시장 가격보다 약간 높게 책정하며, 예를 들어 당시 시장에서 금과 은의 비율이 1:35~36이었다면 법률로 이를 1:32로 확정한다. 이는 금과 은의 가치를 안정적으로 유지하려는 의도에서 비롯되었다.

셋째, 은화를 주조할 때에는 전국에서 필요한 액수만큼 한정하여 주조량에 제한을 둔다. 이는 은화의 과잉 공급을 방지하고 화폐 가치를 유지하기 위한 조치이다.

넷째, 중앙은행은 외국을 대상으로 수시로 환어음을 발행하며, 외국 주요 시장에 분점을 설립한다. 이를 통해 본국으로의 환어음 발행과 시가 조절을 수시로 수행하며, 법률로 정해진 금과 은의 상응 비율을 유지한다. 이 과정에서 환율의 안정성이 확보되어 국제 무역에서의 신뢰도를 높일 수 있다.[77]

량치차오는 이러한 네 가지 특징이 허금본위제를 중국 경제 상황에 적합한 화폐 제도로 만드는 핵심 요소라고 보았다. 그는 허금본위제가 금본위제와 은본위제의 장점을 결합한 시스템으로, 화폐 가치를 안정시키고 국제 경제 질서에 효과적으로 참여할 수 있는 방안임을 강조하였다.

그는 이 글에서 젱크스의 폐제개혁안에 대한 장지동의 반대 주장을 조목조목 반박하며, "중국을 위해 도모한다면 오늘날에는 서둘러 은괴를 사용하는 풍습을 바꾸어 우선 은본위제를 실시해야 한다. 그리고 1~2년 후에는 이를 허금본위제로 변경해야 한다. 허금본위제로 전환해 폐제의 기초를 안정시키고 동요 없이 유지할 수 있게 된다면, 장차 특별한 기회—예컨대 본국의 금광을 채굴하거나 타국에 승전하여 획득한 배상금—를 활용해 완전한 금본위제로 나아가야 한다"[78]라고 주장하였다. 그러나 앞서 언급했듯이, 량치차오가 희망했던 젱크스의 폐제개혁안은 당시 정치적·사회적 반발로 인해 실행되지 못하였다. 량치차오에게 폐제개혁은 국민경제 구축의 핵심 요소이

77 梁啓超, 「幣制條議」(1910), 『文集』22, 15쪽.

78 梁啓超, 위의 책, 22쪽.

자 중앙집권적 국민국가 건설의 기초였다. 따라서 이 개혁안의 실패는 그가 추구하던 국민국가 건설이 아직 요원한 목표임을 반영하는 상징적 사건이었다고 평가할 수 있다.

한편, 량치차오는 허금본위제의 보조화폐로서 지폐의 사용에 대해서도 언급하였다. 그는 중국의 재정개혁에 관한 글에서 지폐의 본질에 대해 "지폐란 실제로 저축해 둔 은에 대해 지급을 증명하는 표(票)이다. 이 표를 소지한 사람은 언제든지 은으로 교환할 수 있기 때문에, 본래 불태환 지폐는 용납될 수 없는 것이다"라고 언급하였다. 그에 따르면 태환 지폐는 본래 은 또는 금으로 교환 가능한 형태의 화폐를 의미하였다. 반면 불태환 지폐는 본질적으로 공채(公債)와 유사하지만, 이자를 지급하지 않아도 되고 금액이 소액이기 때문에 민간에 널리 유통될 수 있다는 장점이 있다. 그는 이러한 이유로 세계 각국이 지폐를 보조화폐로 채택하고 있다고 언급하였다. 그러나 불태환 지폐의 발행은 국가가 부득이한 경우에만 허용해야 한다고 경고하였다. 그는 불태환 지폐를 공채와 마찬가지로 반드시 회수해야 한다고 주장하며, 남발될 경우 그레샴의 법칙(Gresham's law)에 따라 금화와 은화가 시장에서 사라질 위험이 있다고 지적하였다. 이는 불태환 지폐가 화폐 경제에 미치는 부정적 영향을 최소화하기 위해 엄격한 관리가 필요함을 강조한 것이다.[79]

량치차오의 주장은 허금본위제와 지폐 시스템이 조화를 이루어야 함을 시사하며, 특히 지폐 발행의 원칙과 관리 방안이 화폐 체제 안정화의 중요한 요소임을 강조한 것으로 평가할 수 있다.

량치차오는 「폐제 반포의 빠르고 늦음에 국가의 존망이 달려 있음을 논함(論幣制頒定之遲速系國家之存亡)」이라는 글에서 지폐의 실물 가치와 유통의 문제점을 다음과 같이 언급하였다.

> 지폐의 실제 가격은 종이 재료값과 인쇄비에 불과하기 때문에 실물 가치는 존재

79 梁啓超, 「中國改革財政私案」(1902), 『文集』8, 38~39쪽.

하지 않는다. 다만, 정부가 이를 화폐로 인정하여 명목 가치를 부여함으로써 1원, 10원, 혹은 100원으로 사용된다. 그러나 진실로 지폐의 유통을 중지하지 않으면 금, 은, 동을 막론하고 실물가치를 지닌 모든 화폐는 결국 시장에서 퇴출될 것이다. 악화(惡貨)의 폐해가 사회 전체를 뒤덮을 것이니, 국가를 잘 다스리려는 자는 반드시 명실상부한 화폐를 정하여 이를 본위로 삼아야 한다.[80]

량치차오는 지폐가 실물 가치를 결여하고 있으며, 정부의 신뢰와 명목 가치에 의존한다는 점을 강조하였다. 그는 이러한 특징이 과도한 지폐 발행으로 이어질 경우 그레샴 법칙에 따라 금, 은 등 실물 가치를 지닌 화폐가 시장에서 퇴출되고, 불태환 지폐인 악화가 양화를 구축하게 될 위험을 경고하였다. 즉 실물 가치가 미미한 지폐가 널리 유통된다면, 가치 있는 화폐는 자연스럽게 시장에서 자취를 감추게 된다는 것이다. 그는 그레샴의 법칙을 설명하는 글에서 "송말, 원말, 그리고 명말 시기에 지폐가 널리 유통되었는데, 그것은 모두 실물 화폐와 교환할 수 없는 불태환 지폐였다. 그러나 정부가 법률로 이 지폐를 실물 화폐와 동일한 가치를 지닌 것으로 정하였기 때문에, 실물 화폐는 모두 사장되어 자취를 감추었고 오직 지폐만이 유통되었다. 결과적으로 지폐의 가치는 점차 하락하였고, 결국 폐지와 마찬가지의 상태에 이르렀다"[81]라고 언급한다. 량치차오는 불태환 지폐의 남발이 실물 화폐의 퇴출을 초래할 뿐만 아니라, "물가가 급등하여 국민의 구매력이 날로 떨어짐에 따라 생활이 어려워지고, 대혼란이 일어나게 될 것이다"[82]라고 하여 불태환 지폐를 너무 많이 발행하는 것을 경고하고 있다.

그러나 불태환 지폐의 사용을 전적으로 배제해야 한다고 주장한 것은 아니었다. 량치차오는 "불태환 지폐는 재정상의 비상수단으로서 단 한 차례 사용한 후 용도가 끝나면 반드시 폐지해야 한다"[83]라고 하여 단기간의 비상수단으로서 불태환 지폐의 유용성

80 梁啓超,「論幣制頒定之遲速系國家之存亡」(1910),『文集』21, 107쪽.

81 梁啓超,「格里森貨幣原則說略」(1910), 위의 책, 111쪽.

82 梁啓超, 위의 책, 112쪽.

83 梁啓超,「吾黨對於不換紙幣之意見」(1912),『文集』28, 10쪽.

을 인정하였다. 그는 이어서 "태환의 기초를 확립한 후 이재(理財)의 방침을 삼아 극히 짧은 시기 내에서 잠시 불태환 지폐를 사용하는 것은 실로 오늘날 권장할 만한 방식이다"[84]라고 하여 재정상의 임시변통책으로서 불태환 지폐의 활용 가능성을 긍정적으로 평가하였다. 이는 불태환 지폐의 남발로 인한 경제적 혼란을 경계하면서도, 비상상황에서의 실질적 대안으로서 한시적으로 이를 허용할 수 있다는 그의 현실적 태도를 보여준다.

량치차오는 신해혁명 이후 귀국하여 북경상회가 주최한 환영식에서 화폐와 실업의 관계를 논하며, "폐제가 개혁되지 않으면 실업 또한 발달할 수 없다"[85]라고 강조하였다. 그는 폐제개혁을 실업 발전과 국가 경제 재건의 핵심 요소로 보았다. 그러나 당시 중국의 분열 상황과 정치적 혼란은 더욱 악화되어, 량치차오가 주장한 이상이 실현되기까지는 상당한 시간이 필요하였다.

4. 관세권 문제

아편전쟁의 결과로 체결된 「남경조약」에서 중국이 관세자주권을 상실한 이후, 관세권의 회복 문제는 중국이 국민국가를 건설하는 데 있어 매우 중요한 과제로 부상하였다. 량치차오는 변법운동 시기, 애덤 스미스를 대표로 하는 고전학파의 자유무역론을 캉유웨이가 주창한 미래의 이상사회인 대동사회(大同社會)에 직결되는 이론으로 높이 평가한 바 있다. 그러나 1896년에 발표한 「논가세(論加稅)」에서 "세율은 한 국가의 고유 권한이다"라고 하면서 영국이 음모와 강제로 중국의 관세자주권을 박탈하였다고 비판하고 있다.[86] 자유무역론을 옹호하면서도, 중국의 관세 보호 필요성을 강조한 것이다. 이는 그가 자유무역의 원칙과 이상을 수용하면서도, 당대 중국의 정치·경제적 상황 속에서 관세권 회복이 국민 경제의 자립과 국가 주권 강화에 필수적이라고 판단했음을 보여준다.

84 梁啓超, 위의 책, 11쪽.

85 梁啓超, 「初歸國演說辭」 蒞北京商會歡迎會演說辭(1912), 『文集』29, 30쪽.

86 梁啓超, 「論加稅」(1896), 『文集』1, 104쪽.

량치차오는 1905년에 발표한 「관세권문제(關稅權問題)」에서 "관세란 국내의 행정이다. 독립된 주권을 가진 국가는 이 권리를 반드시 자국민이 장악해야 하며, 절대로 외국인에게 위탁해서는 안 된다"[87]라고 하면서, 당시 중국의 관세 수입은 국고 총수입의 약 1/3을 차지하고 있었기 때문에, 관세권의 회복이 국가 경제와 주권 회복에 있어 매우 중요한 과제라고 주장하였다. 그는 중국의 관세권이 외국인의 손에 장악된 지 이미 수십 년이 지났음을 지적하며, 이는 중국 정부의 자유로운 의지에서 비롯된 것이 아니라 구미 열강과 체결한 불평등 조약에 의한 속박 때문임을 강조하고, 당시 조약상 체결된 협정관세율의 실상을 다음과 같이 구체적으로 밝히고 있다.

> 국정관세율이란 모든 관세율을 국가가 자주적으로 결정하는 것을 말한다. 반면, 협정관세율은 갑국에는 갑종의 협정을, 을국에는 을종의 협정을 체결하여 관세율을 정하는 방식으로, 이는 쌍방의 이익을 도모하고 손실을 줄이기 위한 목적을 가진다. 그러나 협정관세율은 본래 주권의 일부를 포기하고 타국의 제한을 받는 제도이다. 협정관세율이 적용되는 조약 기간 동안에는 세율을 임의로 증감할 수 없다는 제약이 있기 때문에, 학자들은 이를 대체로 비판해 왔다. 그럼에도 불구하고, 협정이 피차간의 이익을 고려한 결과물이라는 점에서 정책적으로 불가피한 선택이 될 수 있다. …… 그렇지만, 오늘날 우리나라의 협정관세율은 본질적으로 쌍무적인 협정이 아니라 편무적인 협정이다. 우리나라는 특정 국가와 특별한 협정을 체결한 사례가 없기 때문에 일반적으로 말하는 협정과는 성격이 다르다. 그러나 관세율을 증감하는 데 있어 우리에게 전적인 자율권이 부여되지 않았고, 반드시 납세국과의 협의를

87 梁啓超, 「關稅權問題」(1905), 『文集』19, 68쪽. 부언하면, 당시 청조 및 민국 정부는 외국 열강에 대한 막대한 배상금을 지불하기 위해 외국 정부와 은행으로부터 차관을 들여왔고, 이 과정에서 해관세(海關稅)를 담보로 제공하는 경우가 빈번했다. 이로 인해 해관세의 총괄 업무가 외국인에게 위탁되었으며, 외국인 해관장은 해관세에서 외국 채권자에게 직접 원리금을 지불했다(岩井茂樹, 『中國近世財政史の硏究』, 京都大學出版會, 2004, 498쪽). 청조가 외국인에게 관세권을 위탁한 것은 외국 열강의 강요에 의한 것이었지만, 중앙정부의 위세가 미약한 현실 속에서 아이러니하게도 그나마 관세 수입을 확보할 수 있는 유일한 방책이었다.

거쳐야 했기 때문에, 현재의 협정관세율은 본질적으로 편무적 성격을 띠고 있다.[88]

량치차오는 당시 구미 열강의 강압에 의해 체결된 중국의 협정관세율이 사실상 중국의 주권을 제한하고, 쌍방의 이익이 아닌 중국의 일방적인 손실만을 초래했다고 지적하였다. 그는 이러한 편무적 체제가 중국의 관세권 회복을 가로막는 주요 장애물임을 강조하며, 이를 타파하는 것이 중국의 경제적 자립과 주권 회복에 있어 필수적인 과제임을 역설하였다. 량치차오는 "관세 문제는 실로 우리나라가 장차 세계와 경쟁하는 데 있어 생사가 달린 문제이다"라고 강조하며 중국이 장래에 반드시 협정관세율을 폐지하고 국정관세율을 실행해야 한다고 주장하였다. 그는 만약 국정관세율 실행이 여의치 않다면, 최소한 쌍무적인 협정관세율로 전환해야 한다고 덧붙였다.[89] 다만, 이러한 목표를 실현하기 위해서는 국력의 신장이 선결 조건이라고 지적하며, 관세권 회복은 단기간에 이루어질 수 없음을 강조하였다. 그는 관세권 회수를 10년 혹은 20년이라는 장기적인 목표로 설정하고, 신중하고 단계적인 접근이 필요하다고 주장하였다. 이는 단순히 제도적 변화를 넘어, 국가적 역량과 주권 회복을 위한 체계적인 준비를 강조한 그의 현실적 인식을 반영한 것이다.

량치차오는 "조세의 최대 목적은 국가의 수입을 충당하기 위한 것이지만, 때로는 조세를 다른 목적을 달성하기 위해 이용하기도 한다"라고 언급하며 조세의 다면적 기능을 언급하였다. 그는 특히, 중국과 같이 산업이 낙후한 국가에서는 "외국 수입품에 무거운 관세를 부과하여 국내 산업을 보호하는 것"을 중요한 경제정책으로 제시하며, 이를 경제학에서 말하는 보호정책으로 정의하였다.[90] 즉 조세는 국가 재정을 충당하기 위한 것이지만, 그중에서도 관세는 산업이 낙후한 국가에서는 자국 산업을 보호하기 위한 중요한 기능을 한다는 것이다. 그는 보호무역 정책의 득실에 대한 심도 있는 논의가 필요함을 인정하면서도, "오늘날 영국을 제외한 대부분의 나라에서 이를 실행하

88 梁啓超, 위의 책, 72쪽.

89 梁啓超, 위의 책, 73쪽.

90 梁啓超, 「駁某報之土地國有論」(1905), 『文集』18, 19쪽.

지 않는 곳이 없다는 사실은 결코 우연이 아니다"[91]라고 지적하였다. 이를 통해 그는 보호무역 정책이 낙후된 산업을 가진 국가의 필연적 선택일 수 있음을 시사하였다. 이는 자유무역정책이 중국의 경제 현실과 맞지 않으며, 자국 산업 보호와 경제 자립에 해를 끼칠 수 있음을 의미하는 것이다.

그런데, 중국이 협정관세율을 폐지하고 관세자주권을 회복하여 보호무역 정책을 실현하기 위해서는 무엇보다도 아편전쟁 이후 서구 열강과 체결한 불평등 조약을 해소하는 것이 시급한 과제였다. 량치차오는 불평등 조약을 철폐하고 관세자주권을 확보하기 위해 절치부심하였다. 그는 1925년 불평등 조약 개정을 논하는 글에서 "우리들 전 국민이 불평등 조약으로 인해 매우 통렬한 고통을 겪은 지 이미 80여 년이 지나고 있다"라며, "우리들은 어떠한 희생을 치르더라도 이 불합리한 국제적 지위를 하루빨리 벗어나야만 한다"[92]라고 강조하였다. 량치차오는 특히 관세자주권의 부재를 중국의 치명적인 약점으로 보았다. 그는 영국의 식민지인 인도조차 관세자주권을 보유하고 있는 상황에서, 중국이 이 권리를 가지지 못한 것은 단순히 국가의 체면 문제가 아니라 국가 생존의 문제라고 지적하였다. 그는 이를 "한 개인이 세상을 살아가는 데 필요한 최소한의 권리를 요구하는 것"[93]에 비유하며, 관세자주권 회복이 중국의 존립을 위해 필수적인 과제임을 역설하였다.

불평등 조약의 철폐 문제는 량치차오뿐만 아니라 쑨원 역시 임종 직전 국민당 동지들에게 남긴 유서에서 가장 시급히 추진해야 할 사업으로, 불평등 조약의 철폐를 명시할 정도로 매우 중요시했던 과제였으나, 실제로 이것이 철폐되는 것은 1940년대 초에 이르러서이다. 량치차오와 쑨원의 주장은 관세자주권 회복과 불평등 조약 철폐가 단순히 중국의 국제적 위상을 회복하는 것이 아니라, 국민국가 건설과 자립적 경제 체제 구축을 위한 핵심 과제임을 분명히 보여준다.

91 梁啓超, 위의 책, 19쪽.

92 梁啓超,「爲改約問題警告友邦」(1925),『文集』41, 106쪽.

93 梁啓超, 위의 책, 108쪽.

맺음말

량치차오는 근대 경제학의 시초를 연 애덤 스미스를 높이 평가하면서도, 그의 경제학이 개인을 중심으로 삼고 국가를 본위로 하지 않았다는 점에서 비판하였다. 이는 국민국가 건설을 통해 중국의 부국강병을 실현하고자 했던 량치차오의 사상적 흐름 속에서 자연스럽게 이해될 수 있다.

량치차오는 경제를 논할 때 개인이 아닌 군체를 중시해야 한다고 주장하였다. 그는 군체가 가족, 종법, 부락에서 시작해 국가로 진화해 온 과정을 설명하며, 국가를 군체 진화의 최종 단계로 간주하였다. 따라서 경제 논의 역시 개인적 차원을 넘어 국민 경제, 즉 전 국민의 흥망성쇠와 관련된 차원을 중시해야 한다고 강조하였다. 이러한 관점에서 그는 전국시대의 관중(管仲)을 높이 평가하였다. 그는 관중이 국가를 경제 단위로 삼아 군민(君民) 상하를 경제 시스템의 구성원으로 보고, 국가 주도의 경제발전을 통해 타국과 경쟁을 도모했다고 평가하였다.[94]

그는 국민 경제 구축을 위해 다양한 개혁 방안을 제시하였는데, 이러한 방안들은 서로 분리된 것이 아니라 국민국가 건설이라는 거대한 목표 아래 유기적으로 연동된 체계를 이루었다. 그의 제안들은 비록 혼란스러운 정국 속에서 효율적이고 성공적으로 실행되었다고 보기는 어렵지만, 이후 중국 경제 재건의 기반이 되는 중요한 자양분으로 작용하였다는 점에서 중요한 의미를 지닌다.

한편, 량치차오는 일본 망명 초기, 미국의 거대 자본주의가 가져온 경제적 해일에 대항하기 위해 중국도 자본을 집중화해야 한다고 주장하며 대자본 형성에 깊은 관심을 기울였다. 그는 이를 중국이 국제적 경쟁에서 살아남기 위한 필수적인 과제로 보았다. 그러나 제1차 세계대전 이후 독일식 국가주의가 패배하는 과정을 목도하면서, 량치차오는 자신의 정치철학에서 배제되었던 중국의 전통적 사유체계에 대해 새로운 시각을 갖게 되었다. 그는 독일식 국가주의의 실패가 국가 중심적 자본 집중의 부작용과

94 梁啓超,「管子傳」(1910),『專集』28, 46쪽.

한계를 드러낸 사례로 인식하며, 기존의 자본 집중에 대한 자신의 관점을 재검토하기 시작하였다.

> 서방 경제의 발전은 온전히 자본주의에 의해 이루어진 것으로, 이는 일종의 부자연스럽고 비합리적인 체제이다. …… 중국은 자본 집중에 적합하지 않아 수십 년간 이를 도입하려고 노력했지만 결국 실패하고 말았다. 그러나 이 실패를 반드시 불행으로만 볼 수는 없다. 중국에는 귀족이나 대지주 계급이 존재하지 않아, 시종일관 소농제도를 유지해 왔다. 이 소농제도는 프랑스의 경우 혁명 이후에야 비로소 쟁취된 것이며, 러시아의 다수파(볼셰비키) 역시 이를 지지하고 있다. 반면, 중국은 본래부터 이 제도를 갖추고 있었다. 현대 경제가 농업을 경제의 기초로 하고 있다는 점을 고려할 때, 중국이 자본주의를 배우고도 이를 달성하지 못한 것은 오히려 커다란 행운이 아니겠는가?[95]

량치차오는 서구 자본주의를 비판하면서, 자본 집중에 실패하여 자본주의로 나아가지 못하고 소농사회에 머물러 있는 중국의 현실을 오히려 행운으로 평가하였다. 이는 망명 초기 자본 집중에 집착했던 그의 태도와 비교하면 매우 변화된 모습을 보여준다.[96] 이러한 변화는 그의 많은 경제 관련 글들이 경제학적 관점에서 나온 것이 아니라, 정치적 필요를 우선시하는 가운데 집필되었기 때문임을 주목할 필요가 있다. 즉, 장기간에 걸친 정치적 상황의 변화에 따라 량치차오의 집필 태도 역시 변화하였던 것이다.

95 梁啓超, 「在中國公學之演說」(1920), 『飮氷室選集』, 740쪽.

96 망명 초기 량치차오는 중국과 서구 문명 간의 괴리를 통감하고, 그 원인을 양측의 국체(國體)의 차이에서 찾았다. 량치차오는 서구가 로마제국 이후 열국이 병립하여 경쟁하는 가운데 귀족 정치가 지속된 반면, 중국은 진한제국 이후 통일을 이루고 신분제도가 해체되면서, 서구는 유계급 사회, 중국은 무계급 사회로 나아갔다고 지적하였다. 그는 서구에서 다수의 평민이 소수의 귀족에 저항하며 국민적 기세가 강해진 반면, 중국은 무계급 사회 속에서 천부의 권리가 어느 정도 보장되었음에도, 민중이 사회적 억압구조에 대한 문제의식을 가지지 못하고 자신의 부귀만을 추구했다고 평가하였다. 이러한 이유로 중국에서는 서구와 같은 민권의식(民權意識)이 성장하지 못했다고 비판하였다(梁啓超, 「論中國與歐洲國體異同」, 『文集』4, 63~67쪽). 이처럼 초기에는 중국의 후진성을 비판했던 량치차오의 소농제도에 대한 인식은, 이후 소농사회가 중국의 행운으로 작용할 수 있다는 긍정적 평가로 변모하였다.

다만, 이러한 변화는 국민국가 건설 자체를 비판한 것이라기보다, 서구 중심주의에 대한 비판에서 비롯된 것으로 보는 것이 타당할 것이다.

마지막으로, 량치차오는 청조의 국가 재정 문제에 대해서도 많은 글을 발표하였다. 이 문제에 대해서는 다음 장에서 살펴보고자 한다.

원재: 『明清史研究』36, 明清史學會, 2011. 10.

3장

량치차오의 재정개혁안과 국민국가

머리말

아편전쟁 전후로 내우외환이 겹치며 촉발된 청조 국가 재정의 위기는 청일전쟁과 의화단 사건을 거치며 급격히 심화되었다. 재정 위기의 주요 원인은 경상 지출의 수십 배에 달하는 배상금과 전쟁 관련 외채의 누적이었다. 이에 대해 1899년 어사(御史) 희린(熙麟)은 당시 국가 재정의 곤궁한 상황을 보고한 상주문에서 다음과 같이 언급하였다. "갑오(1894) 이후 상환해야 할 채무가 매년 2천여 만 량씩 가파르게 증가하고 있습니다. …… 세입과 세출을 계산해 보면 실제로 천 수백여 만 량이 부족한 상황입니다"[1] 하마시타 다케시(濱下武志)의 연구에 따르면, 1885년부터 1894년까지의 10년간 세입액은 평균 8,360만 량, 세출액은 평균 7,760만 량으로, 약 600만 량의 세입 초과를 기록하였으며, 이 기간 동안 세입액이 세출액을 지속적으로 초과하였다. 그러나 20세기

1 羅玉東,「光緒朝補救財政之方策」,『中國近代經濟史研究集刊』1-2, 1933년 5월, 230쪽.

초에 이르러 세입과 세출 규모가 급격히 확대되었고, 특히 세출이 세입을 초과하는 상황으로 전환되었다고 한다.[2] 이는 청일전쟁을 기점으로 청조 국가 재정이 안정에서 불안정으로 전환되었음을 나타낸다. 광서 시기 청조의 국가 재정을 연구한 라위둥(羅玉東) 역시, 청일전쟁과 의화단 사건으로 인해 세입과 세출 간의 장기적 균형이 파괴되었고, 이후 청조 국가 재정의 위기는 더욱 심각해졌다고 밝히고 있다.[3]

이와 같이 청일전쟁 및 의화단 사건을 거치며 야기된 국가 재정 문제를 해결하기 위해 청조는 중앙 및 지방 재정기구를 개편하고, 새로운 세목을 추가하며 징수액을 증가시키는 등의 재정개혁을 단행하였다.[4] 한편, 청조 정부의 개혁 방안에 앞서 누구보다도 먼저 청조의 재정 문제에 깊은 관심을 표명한 인물로 량치차오를 들 수 있다. 그는 무술변법운동 이전부터 이미 경제 방면에 관한 많은 글을 발표하였으며, 의화단의 난 이후에는 국가 재정의 위기를 극복하기 위한 방편으로 다양한 재정개혁안을 제시하였다. 그의 재정개혁안은 세제 문제, 공채, 폐제, 은행, 재무 행정 등 다양한 방면에 걸쳐 제기되었다. 종래의 연구는 주로 공채와 같은 특정 주제에 집중되었으며,[5] 대체로 량치차오의 언설을 단순히 소개하거나, 지나치게 미화하는 경향이 있다는 한계점을 가진다. 이에 본 장에서는 세제 문제와 재무행정 문제를 중심으로[6] 량치차오의 재정개혁안이 당시의 실상을 어느 정도 반영하고 있는지 검증함과 동시에 국민국가 건설이라는 거대한 프로젝트 선상에서 그의 재정개혁안이 차지하고 있는 위치를 재조명하고자

2 濱下武志,『中國近代經濟史研究—清末海關財政と開港場市場圈』, 汲古書院, 1989, 78~79쪽.

3 羅玉東,「光緒朝補救財政之方策」,『中國近代經濟史研究集刊』1-2, 1933년 5월, 215~241쪽. 참고로 라위둥은 본 연구에서 광서 시기의 재정 문제를 3시기로 구분하여 설명한다.
제1시기는 광서 원년(1875)에서 광서 20년(1894)까지로, 많은 곤란 속에서도 세입과 세출이 균형을 이루었다.
제2시기는 광서 21년(1895)에서 26년(1900)까지로, 국가 재정의 장기적인 균형이 파괴된 시기로 간주되었다.
제3시기는 광서 27년(1901) 이후로, 국가 재정의 곤란이 더욱 심화된 시기로 평가되었다.

4 청말 재정개혁의 구체적인 내용에 대해서는 周育民,『晚淸財政與社會變遷』, 上海人民出版社, 2000; 張九洲,「論淸末財政制度的改革及其作用」,『河南大學學報』(社會科學版)42-4, 2002. 7; 夏國祥,『中國近代稅制改革思想硏究』, 上海財經大學博士學位論文, 2003. 11. 등 참조.

5 王廣學·許曉茵,「梁啓超利用外資思想及其啓示」,『河北經貿大學學報』4, 1997. 8; 徐中煜,「梁啓超公債思想初探」,『北京大學學報』(哲學社會科學版)2001-6; 占紹香·陳韶華,「略論梁啓超的公債思想」,『中南民族大學學報』(人文社會科學版)2003-2; 張艶麗,『梁啓超的財政思想硏究』, 鄭州大學碩士學位論文, 2007.

6 폐제 문제와 은행 문제에 대해서는 이미 앞 장에서 언급한 바 있기 때문에 본 장에서는 생략하기로 한다.

한다.

이하 본론에 앞서 량치차오가 재정 문제를 어떻게 인식하고 있었는지를 먼저 살펴보고자 한다. 이를 통해 그의 재정개혁안이 제기된 배경과 근본적인 문제의식을 파악할 수 있을 것이다. 이어서 세제개혁안에 대해 논의한다. 세제개혁안은 량치차오의 재정개혁안에서 핵심적 위치를 차지하며, 국가 재정의 안정화와 자립을 목표로 한 그의 구체적 접근 방식을 보여준다. 마지막으로 재무행정 개혁안을 살펴본다. 이는 량치차오가 제안한 근대적 재정체계 구축의 중요한 구성 요소로, 당시 청조 정부의 행정적 한계를 극복하고 국민국가 건설을 뒷받침하기 위한 방안으로 제시된 것이다.

★ ★ ★

재정 문제에 대한 인식

량치차오는 1902년 발표한 초기 대표작 「신민설(新民說)」에서 다음과 같이 언급하였다.

> 경제계의 경쟁은 오늘날 지구상에서 가장 커다란 문제이다. 각국이 우리나라(중국)를 망하게 하는 원인도 여기에 있으며, 우리나라가 자존을 다투는 것도 바로 여기에 있다.[7]

이는 량치차오가 20세기 세계에서 가장 중요한 문제로 경제 문제, 특히 국민 경제의 구축을 인식하였음을 보여준다. 그는 경제 방면에 대해 많은 글을 발표하였다. 라이젠칭(賴建誠)의 분석에 따르면, 량치차오는 변법운동 이전인 1896년 「논가세(論加稅)」를 시작으로, 1926년 「민국 초기의 폐제개혁(民國初年之幣制改革)」에 이르기까지 총 67편의

7 梁啓超, 「新民說」(1902), 『專集』4, 64쪽.

경제 관련 글을 발표하였다.[8] 이 중 절반 이상이 재정 문제를 중심으로 다루고 있다는 점은, 그가 국가 재정의 안정과 경제적 자립을 중국의 생존과 직결된 핵심 과제로 인식했음을 보여준다.

량치차오는 국민국가를 구축하기 위해서는 재원이 필요하기 때문에 "정치상 일거수일투족은 재정과 분리할 수 없다"[9]라고 언급하였다. 이는 량치차오가 재정 문제를 단순히 경제적 과제가 아니라, 정치적·국가적 과제로 인식하였음을 보여준다. 그의 재정 문제에 대한 관심은 국민 경제 구축의 연장선상에서 이해될 필요가 있다. 량치차오는 애덤 스미스의 경제론에 대해 비판적인 입장을 취하였다. 그는 스미스의 경제론이 개인을 본위로 하고 국가를 본위로 삼지 않았다는 점에서 부정적인 측면이 많다고 평가하였다. 그는 이상적인 경제는 전 국민의 번영을 목표로 해야 하며, 국민 경제가 발달하면 자연히 국가 재정도 뒤따라 성장하게 된다고 보았다. 이는 경제 문제를 단순히 개인적 이익의 관점이 아니라, 국민 전체의 번영과 국가의 자립적 발전을 위한 중요한 요소로 이해했음을 보여준다.

량치차오는 재정과 국민 경제의 밀접한 연관성을 강조하며, 재정 운영이 근본을 상실하면 국민 경제도 필연적으로 피폐해질 것이고, 국민 경제가 피폐하면 국가 재정의 풍요로움을 기대할 수 없다고 인식하고 있다.[10] 그는 "백성이 풍족하면 군주가 어찌 풍족하지 않겠는가? 백성이 풍족하지 못하면 군주가 어찌 풍족하겠는가?"(百姓足, 君孰與不足? 百姓不足, 君孰與足?)라는 『논어』의 구절을 인용하며, 국가 재정의 풍요는 국민 개개인의 풍요에서 비롯된다고 보았다. 이는 국가의 재정 안정이 국민 경제의 번영에 달려 있다는 그의 일관된 관점을 반영한다. 량치차오는 이러한 사상을 바탕으로, 이를 실천적으로 구현한 인물로 관자(管子)를 높이 평가하였다.

관자는 국민 경제를 풍요롭게 하는 것을 최우선 과제로 삼았으며, 이를 위해 조세를 걷지 않는 것을 원칙으로 하는 재정정책을 제시하였다. 이에 대해 제환공(齊桓公)이

8 賴建誠, 『梁啓超的經濟面向』, 浙江大學出版社, 2010, 5~12쪽.

9 梁啓超, 「論政府阻擾國會之非」(1910), 『文集』 25上, 111쪽.

10 梁啓超, 「管子傳」(1909), 『專集』 28, 64쪽.

"국가가 조세를 걷지 않으면 무엇으로 국가 재정을 충당할 수 있겠는가?"라고 묻자, 관자는 다음과 같이 답하였다. 그는 염과 철의 전매, 주요 상업의 국가 장악을 통해 막대한 재원을 확보할 수 있을 뿐 아니라, 나아가 물가를 조절할 수 있다고 주장하였다. 관자는 또한 조세 부과 원칙에 있어 백성의 경제적 여건을 고려해야 한다고 강조하였다. 그는 "백성의 빈부에 따라 마치 먹줄을 튕기듯이 조세를 부과한다(民之貧富, 如加之以繩)"라는 원칙을 제시하며, 조세를 차등적으로 부과할 것을 주장하였다. 예를 들어, 부유한 사람이 부모를 지나치게 후하게 장사 지낼 경우에는 세금을 무겁게 부과하고, 가난한 사람이 부모를 장사 지낼 경우에는 세금을 경감해야 한다고 하였다. 또한, 부유한 사람이 크고 화려한 집을 지을 때에는 높은 세금을 부과하고, 가난한 사람이 작은 오두막을 지을 때에는 세금을 경감해야 한다고 하였다.[11] 관자의 이러한 재정 정책은 백성의 경제적 상황을 존중하면서도 국가 재정을 충당하고 경제적 균형을 유지하려는 실질적인 방안을 제시한 것으로 평가된다.

량치차오는 관자의 언설에 대해 부자에게 세금을 무겁게 하고 가난한 자에게 세금을 가볍게 부과하는 것은 누진세를 적용한 것으로 보았다. 또한, 사치품에는 무거운 세금을 부과하고 일용품에는 가벼운 세금을 부과함으로써 빈민이 궁핍해지는 것을 막고, 부유한 사람들이 국비 대부분을 부담하게 하는 방식이라며, 이를 조세를 통해 국고 수입을 확보하면서 동시에 사회의 빈부격차를 줄일 수 있는 탁월한 정책으로 높이 평가하였다.[12] 이러한 과세원칙은 량치차오가 일찍부터 견지하고 있던 '평균부담의 원칙'과 일맥상통한다. 이는 위에서 언급한 누진세법을 적용하는 것으로서 가령 유산세의 경우 그 액수가 적을 경우에는 면제해 주지만, 액수가 클 경우에는 무거운 세금을 부과하는 방식이다.[13] 이는 부유층에게 더 큰 조세 부담을 지우는 동시에, 사회적 불평

11 管夷吾(김필수 등 옮김), 『管子』, 「山國軌」, 소나무, 2006, 867쪽.

12 梁啓超, 앞의 책, 69~70쪽.

13 梁啓超, 「中國改革財政私案」(1927), 『文集』8, 18쪽. 이 글은 『문집』에는 광서 28년(1902)에 저술한 것으로 되어 있으나, 이 글의 말미에 "丁卯初冬 啓超記"라고 표기하고 있는 것에서 1927년에 발표된 것 같다. 량치차오는 1910년에 발표한 「국민이 마땅히 재정 상식을 시급히 구해야 함에 대한 논의(論國民宜亟求財政常識)」, 『文集』 21의 말미에 2년 이내에 『재정원론(財政原論)』이라는 책을 저술할 계획인데, 분량은 100여만 자에 달한다고 언

등을 완화하려는 구체적 실천으로 이해할 수 있다.

량치차오는 "한 국가의 재정은 그 나라의 공공 업무(公事)를 처리하기 위한 것으로, 일을 처리하기 위해 필요한 비용을 인민으로부터 거두어 충당"하는데, "인민으로부터 거둔 것을 모두 인민을 위해 사용한다면 비록 거둔 것이 많다고 하더라도 염려할 것이 없다"라고 한다. 그는 인간의 심리를 예로 들며, 개인이 낸 재물의 사용처가 명확히 밝혀지면 억만금을 내는 것도 마다하지 않지만, 그 사용처가 불분명하면 한 푼도 내지 않으려 한다고 강조하였다. 이에 따라 그는 "국민이 다스리는(민정) 나라에서는 국민이 국가 경비를 부담하며, 피와 땀을 흘려 나라에 보답한다"[14]라고 주장하며, 국가가 국민을 위해 재정을 투명하고 공정하게 사용하면 국민은 국가를 위해 어떠한 노력도 아끼지 않을 것이라는 견해를 피력하였다.

량치차오의 이러한 견해는 그가 지향하는 이상적인 국민국가 상(像)을 잘 보여준다. 그는 현재 중국이 민중의 고혈을 짜내면서도 서구 국가들에 비해 국가 재정이 튼실하지 못한 원인을 "중국에 재물이 없거나, 중국의 백성이 서양보다 재물에 인색하기 때문이 아니라, 백성의 재물로 백성을 위한 일을 다스리지 못하기 때문이다"[15]라고 분석하고 있다.

량치차오는 "국가의 흥망성쇠에는 여러 가지 요인이 작용하지만, 그중 가장 근본적인 것은 재정 문제에서 비롯된다"라고 하였다. 그는 이러한 주장의 사례로 프랑스 혁명의 발발 원인과 일본의 도쿠가와(德川) 막부의 멸망을 들며, 재정의 중요성을 강조하였다.[16] 이러한 관점에서 청조 정부의 재정 상황을 다음과 같이 분석하였다. 그는 청조

급한다. 그는 1910년에 발표한 「공채 정책의 선결문제(公債政策之先決問題)」, 『文集』21의 말미에서도 "지면의 제약으로 구체적으로 설명하지 못하였으니 보다 상세한 내용은 별도로 졸저 『재정원론』에서 논하겠다"라고 언급한다. 또한 『年譜』(1909년 4월)에 의하면 4월 "선생은 『재정원론』 저술에 착수하였다. 이 책의 목차를 보면 전체가 5편, 18장으로 구성되어 있다"라고 언급하고 있다. 라이젠청(賴建誠)은 이 『재정원론』은 결국 출판되지는 않았지만, 이 책의 원고 중 일부를 1927년에 「중국 재정개혁에 대한 사안(中國改革財政私案)」으로 발표한 것이 아닐까 추측하고 있다. 賴建誠, 『梁啓超的經濟面向』, 浙江大學出版社, 2010, 20~21쪽.

14 梁啓超, 「愛國論」(1899), 『文集』3, 74쪽.

15 梁啓超, 위의 책, 75쪽.

16 梁啓超, 「論國民宜亟求財政常識」(1910), 『文集』21, 10쪽.

의 세입 규모가 130조 량(1조는 100만 량에 해당)임에도 불구하고, 이는 세출의 절반에도 미치지 못한다고 지적하였다. 또한, 세출 항목의 구성을 구체적으로 설명하며, 전체 세출의 5분의 1이 외채 상환에 소요되고, 세출의 4분의 1이 군사비로 소모되며, 세출의 2분의 1이 아무 일도 하지 않는 관리들에게 지급되고 있다고 비판하고, 국사와 민생을 위해 사용되는 것이 매우 적다는 점을 비판하였다.[17] 그는 "재정이란 일종의 기술이다. 이 기술을 정진하기 위해서는 근본적으로 배워야만 한다"라고 강조하며, 당시 중국 정부의 재정에 대한 무지를 비판하였다. 이에 국가의 재정을 담당하는 관리뿐만 아니라 일반 국민도 국가 재정의 운용을 감독할 수 있을 만큼 재정학적 지식을 갖추어야 한다고 주장한다.[18]

량치차오는 중국에서 재정학이 고대 이래로 발달하지 못한 이유를 다음의 다섯 가지로 분석하였다. 첫째, 고대 학문은 도덕과 의리를 논하는 것을 중시하고, 공리(실리)를 논하는 것을 부끄럽게 여겼다. 이로 인해 재화를 주체로 한 학문, 즉 경제학과 재정학이 발전하지 못하였다. 둘째, 지속적인 전쟁으로 인해 백성들이 생업에 안정적으로 종사할 수 없었으며, 국가의 무차별적인 수탈이 재정학의 발전을 저해하였다. 셋째, 농업을 우선시하고 상업을 경시하는 사회적 풍토는 경제와 재정을 체계적으로 연구하는 데 걸림돌이 되었다. 넷째, 화폐제도가 제대로 확립되지 않아 국가의 수입과 지출이 실물 경제에 의존하였고, 이는 정확한 회계 시스템을 수립하기 어렵게 하여 재정학의 발달을 가로막았다. 다섯째, 국가의식이 부족하고 국권이 미약하여 민의 생활에 영향력을 미치지 못하거나, 반대로 국권이 지나치게 강하여 민의 소유를 전부 강탈할 수 있는 상황에서는 재정학을 연구할 가치가 없었다.[19]

이러한 상황에서 량치차오는 당시 국가 재정의 위기를 극복하기 위해 국민적 참여와 관심을 강조하였다. 그는 국민을 대표하는 정부 기관뿐만 아니라 일반 국민들까지도 재정 문제에 관심을 가지며, 국가 재정을 투명하게 감독하고 지원할 것을 적극 권

17 梁啓超, 위의 책, 11쪽.

18 梁啓超, 위의 책, 11쪽.

19 梁啓超, 「論中國財政學不發達之原因及古代財政學說之一斑」(1915), 『文集』33, 91쪽.

장하였다.[20] 나아가 중국의 재정 문제를 해결하고 재정 기반을 안정화하기 위해 근본적인 해결 방안과 일시적인 해결 방안을 제시하였다. 우선 근본적인 해결 방안으로 세제 개정, 금융 정비, 국고(國庫) 개량을 제기하였다. 즉, 조세 제도를 개혁하여 공정하고 효율적인 세수를 확보하고, 금융 시스템을 정비하여 재정의 투명성과 효율성을 높이며, 국고의 구조와 운영 방식을 개선하여 국가 자산의 체계적인 관리와 운용을 도모해야 한다고 보았다. 일시적인 해결 방안으로는 행정비용과 군비 절감을 제안하였다. 그는 세입에 비해 세출이 지나치게 많아 재정이 고갈된 상황을 지적하며, 이를 해결하기 위해 재무행정의 효율화를 강조하였다. 불필요한 행정비용을 줄이고 군사비 지출을 합리적으로 조정하여 재정 부담을 완화해야 한다는 것이다.[21] 량치차오는 근본적인 방안과 일시적인 방안이 동시에 진행될 때 비로소 중국의 재정 문제가 안정될 수 있다고 보았다. 따라서 이하에서는 그가 제안한 개혁안 중에서 세제개혁과 재무행정의 효율화를 중심으로 구체적인 내용을 살펴보고자 한다.

★ ★ ★

세제개혁안

1. 전부(田賦) 개혁

1904년 러일전쟁이 발발하여 동삼성(東三省, 요녕성, 길림성, 흑룡강성)이 전화에 휩싸였을 때, 당시 총세무사 로버트 하트(Robert Hart, 1835~1911)는 이 난국을 타개하기 위해 지대 개정을 통한 세수 확대를 주장하였다. 그는 부국강병을 이루기 위해 국가의 세입을 증대시켜야 한다고 강조하며, 구체적인 방안을 다음과 같이 제시하였다.

20 梁啓超,「論國民宜亟求財政常識」(1910),『文集』21, 11쪽.

21 梁啓超,「政府大政方針宣言書」(1913),『文集』29, 114쪽.

> 대체로 중국의 토지는 가로, 세로 각각 4천여 리에 달하며(신강, 몽골, 동삼성 제외), 면적은 약 16,000,000방리(方里)에 이른다. 한 방리는 약 540무(畝)에 해당하므로, 이를 500무로 계산하면 16,000,000방리는 약 80억 무가 된다. 만약 무당 지대로 동전 200문을 부과한다고 가정하면, 2,000문이 은 1량으로 환산되므로, 80억 무에서 세수로 약 8억 량을 거둘 수 있을 것이다.

하트는 이어서 다음과 같은 현실적 문제를 지적하였다.

> 매년 풍흉의 차이가 있을 뿐만 아니라, 토지의 비옥도와 이용 가능성 역시 지역마다 차이가 있다. 산림·천택과 같이 경작이 불가능한 토지도 상당수 존재한다. 이에 따라 실제로 지대를 납부할 수 있는 토지는 전국의 약 3분의 2에 해당한다. 이를 절반으로 더 보수적으로 계산한다고 하더라도, 최소한 4억 량의 세수는 확보할 수 있을 것이다.[22]

하트의 제안은 토지세 개정을 통해 중국의 세입 구조를 재편하고, 국가 재정의 안정화를 이루려는 현실적 시도로 평가된다. 하트는 토지세 개정을 위한 구체적인 실행 방안을 다음과 같이 제시하였다.

첫째, 토지조사 방안으로, 현을 단위로 점진적이고 체계적인 조사를 실시할 것을 제안하였다. 그는 1년 차에는 1개 성을 조사하고, 2년 차에는 6개 성, 3년 차에는 내지 18개 성 전체를 조사하는 방식으로, 3년 이내에 전국적인 토지조사를 완료한다.

둘째, 토지 등기 방식으로, 모든 토지 소유자가 관할 기관에 직접 방문하여 자신의 토지를 보고·등록하도록 하였다. 이에 관할 기관은 매년 10월 납세고지서를 발급하고, 토지 소유자는 이 고지서를 지참하여 해당 기관에 세금을 납부한다.

셋째, 단일 세율 체계로, 모든 토지에 대해 무당 200문의 세금을 일률적으로 부과하

22 羅玉東,「光緒朝補救財政之方策」,『中國近代經濟史研究集刊』, 1932, 1-2, 254쪽.

며, 이외의 추가적인 세금은 징수하지 않는 것을 원칙으로 한다.[23]

로버트 하트의 지조 개정을 통한 국가 재정 수입 확대와 부국강병의 가능성에 대해, 청조 정부는 이를 공식적으로 검토하기 위해 각 지역의 총독과 순무들에게 해당 안건을 심사하여 상주할 것을 명령하였다. 현재 확인 가능한 상주문으로는 강소순무(江蘇巡撫) 위광도(魏光燾)와 호광총독(湖廣總督) 장지동(張之洞)이 올린 것이 있다.

우선, 위광도는 하트의 제안에 대해 여러 가지 문제점을 지적하며 반대 의견을 표명하였다. 그는 국가의 세수가 오로지 토지에서만 징수될 수 없음을 강조하며, 나아가 하트가 추산한 전지 면적은 『호부칙례(戶部則例)』에 기재된 742만여 경(頃)보다 5배[24]나 많은 수치로 실제 면적보다 지나치게 과장되었다고 주장한다. 또한 전부(田賦)를 부과하는 방식에서도 토지의 비옥도에 따라 차등을 두어야 한다고 지적하였다. 그는 하트가 제안한 무당 200문을 일률적으로 부과하는 방식은 지역 간의 경제적 차이를 무시한 조세 부과로, 오히려 세금 부담의 형평성을 해치는 것으로 보았다.[25]

장지동 역시 하트가 계산한 중국의 전지 면적이 『호부칙례』에 기재된 면적과 비교하여 지나치게 과장되었음을 문제 삼았다. 그는 "역대 왕조에서 여러 차례에 걸쳐 명확히 토지조사를 실시해 왔는데, 어찌 은닉된 토지가 현재 파악된 토지 면적의 10배나 넘겠는가?"라고 문제를 제기하며, 하트의 계산이 현실과 동떨어져 있다고 비판하였다. 또한, 토지 비옥도와 관계없이 일률적으로 무당 200문의 세금을 부과하는 방안에 대해서도 부정적인 견해를 밝혔다. 그는 이러한 방식이 특히 서북지역과 같은 황폐한 지역의 부담을 지나치게 가중시킬 수 있다고 우려하였다. 그는 이를 "결코 실현 가능한 방안이 아니다"라고 단언하며, 지역별 경제적 차이를 반영하지 않는 세율의 문제점을 지적하였다. 그리고 무법(畝法)의 지역별 차이에 대해서도 문제를 제기했다. 예를

23 羅玉東, 위의 책, 254쪽.

24 실제로 하트가 계산한 중국의 전지 면적은 80억 무로, 100무를 1경으로 환산하면 약 8,000만 경에 해당한다. 이는 호부에 기재된 것보다 10배가 더 많은 수치로, 위광도가 계산한 것보다 배나 더 많은데, 뒤에 나오는 장지동은 이를 정확히 계산하고 있음을 알 수 있다.

25 羅玉東, 앞의 책, 255쪽.

들면, 어떤 지역은 240궁(弓, 1궁은 대략 5척)을 1무로 계산하지만, 다른 지역은 360궁, 심지어 720궁을 1무로 계산하는 경우도 있다고 지적하였다. 그는 이와 같이 지역별 기준이 통일되지 않은 상황에서 일률적으로 토지세를 부과한 것은 비현실적이라고 주장하였다. 장지동은 또한 토지 면적의 자진 신고 방식 역시 현실적으로 효과적이지 않을 것이라고 보았다. 그는 인민은 실제 면적보다 속여서 보고할 가능성이 높으므로, 결국 관에서 직접 조사를 해야 하기 때문에 현 시점에서 전부(田賦)를 개정하는 것은 이익은 적고 비용이 많이 들며, 결과적으로 득보다 실이 많다고 비판하였다. 장지동은 지금과 같이 변고가 많은 시기에는 민심을 결속시키는 것이 중요한데, 지조 개정은 오히려 온 나라를 혼란스럽게 해서 사람들의 불안을 가중시킬 우려가 있다고 강조하였다.[26]

위광도와 장지동의 이러한 비판은 하트의 제안이 당시 중국의 사회적·경제적·행정적 현실에 부합하지 않는다는 점을 논리적으로 지적한 것이지만, 중앙집권적 재정정책에 대한 지방정부의 재정적 자율성과 기득권을 지키려는 노력으로도 해석할 수 있다.

량치차오는 중국 국가 재정의 최대 세입원인 전부(田賦)에 대해 두 가지 주요 문제점을 지적하였다. 첫째, 당시의 제도적 한계로 인해 조세의 실질 징수율이 약 60~70%에 불과하다는 점을 언급하며, 상당한 세수 누락이 발생하고 있음을 지적하였다. 둘째, 전부의 부담이 지나치게 불공평하게 분배되어 있다는 점을 비판하였다.[27] 따라서, 전부 개혁이 매우 복잡하고 어려운 과제임을 인정하면서도, 이를 방치할 경우 국가 재정의 안정과 국민 경제의 균형을 달성할 수 없다고 보았다. 특히, 개혁 과정에서 문제가 발생하면 인민의 원망과 반발을 불러일으킬 가능성이 크다는 점을 우려하면서도, 구 폐단을 제거하지 않고서는 재정과 경제의 근본적인 개선이 불가능하다는 점을 강조하였다.

량치차오는 현재 중국의 전부 징수액은 3,000여만 량이지만,[28] 실제 징수액은

26 張之洞,「核議赫德條陳籌餉節略室碍難行折」,『張之洞全集』63, 中國書店, 1990, 1625~1627쪽.

27 梁啓超,「中國改革財政私案」(1927),『文集』8, 2쪽.

28 량치차오는 "하트의 조사에 의하면, 납은(納銀)이 2,650만 량, 납곡(納穀)이 310만 량으로 합계 2,690만 량에 달하며, 상해 영국 영사 하미노(夏美奴)의 조사에 의하면, 납은이 2,508만 량, 납곡이 656만 2천 량으로 합계 3,165만 량에 달하는데", 당시 중국에는 정확한 통계가 없기 때문에 누구의 조사가 정확한지에 대해서는 알 수 없지만, 대략 3천만 량 전후가 될 것이라고 보고 있다. 梁啓超,「駁某報之土地國有論」(1905),『文集』18, 5쪽.

2,800여만 량에 불과하다고 논한다. 이는 당시 세율이 매우 낮았기 때문이기도 하지만, 그는 세율을 높이지 않더라도 전부를 늘릴 수 있다고 한다. 그의 제안을 정리하면 다음과 같다.

> 중국 내지 18개 성(동삼성, 신강, 몽골 지역 제외)의 토지 면적은 약 16,000,000방리(方里)로 추산된다. 중국의 토지 중 동삼성, 신강, 몽골을 제외한 18개 성의 면적은 16,000,000방리이다. 방리 당 540무(畝)에 해당하나, 자투리를 감안하여 500무로 환산할 경우, 총 면적은 80억 무에 이른다. 이 중 산림, 늪지, 원야 등 미개간지를 제외하면, 실제 과세 대상이 될 수 있는 토지는 약 27억 무 전후가 된다. 추가적인 자투리를 고려하더라도 약 25억 무는 되는데. 만일, 무당 은(銀) 1전의 세금을 부과할 경우, 전국적으로 징수 가능한 전부는 2억 5천만 량에 달할 것으로 추산된다.[29]

이와 같은 점에서 량치차오는 앞서 언급한 로버트 하트의 견해와 일치하는 부분이 많았다. 다만, 량치차오는 하트가 제안한 토지의 비옥도와 관계없이 일률적으로 전 200문을 부과하는 방안에 대해 비판적인 입장을 취하였다. 그는 이를 맹자의 언급, 즉 "큰 신과 작은 신을 같은 값으로 치는 것"(滕文公章句上 4章)에 비유하며, 이러한 방식은 조세 형평성에 문제가 있다고 지적하고, 장지동이 상주를 통해 하트의 방안을 강력히 반대한 것은 매우 타당한 논리로 평가하였다. 그러나 하트의 제안이 문제가 있다고 해서 이를 폐지하는 것은 "목이 아프다고 밥을 먹지 않는 것과 같다"라고 비판하면서 이를 개선하기 위한 구체적인 해결 방안을 다음과 같이 제시하였다.

> 우선, 전국의 토지를 체계적으로 조사하여 지역별 1무당 곡물 수확량을 추산하고, 다시 수년 동안의 곡물 평균 가격을 은으로 환산하여 어느 정도였는가를 조사한다. 그런 후에 여기에서 소(牛), 종자, 비료 및 인건비 등을 차감한 나머지를 해당 토지에

29 梁啓超,「中國改革財政私案」(1927),『文集』8, 2쪽.

서 취득한 이익으로 간주하고 그 이익을 기준으로 일정 비율의 세금을 징수한다.[30]

이와 같은 방안은 토지의 생산성과 경제적 여건을 반영한 합리적이고 공정한 조세 체계를 구축하려는 량치차오의 의도를 잘 보여준다. 그의 방안은 하트의 제안에 비해 현실적 상황에 맞게 수정되었음을 알 수 있지만, 문제는 전국의 토지를 어떻게 체계적으로 파악할 것인가 하는 과제에 직면하게 된다. 량치차오는 이 문제의 해결을 위해 일본이 타이완에서 수행한 토지조사사업을 선례로 삼고 있다. 그에 따르면, 일본이 타이완을 식민 점령했을 당시 전부 수입은 약 80여만 원에 불과했으나, 토지조사사업을 통해 토지대장을 작성한 결과 세율을 변경하지 않고도 세수가 약 290여만 원으로 증가하였다. 이는 기존에 은닉되어 있던 다수의 토지를 새롭게 파악하여 과세 대상으로 포함했기 때문이라는 것이다.[31] 이에 그는 일본의 선례를 따라서 중국도 토지대장을 작성하게 되면 은닉된 토지를 최소한 2~3배 이상은 파악할 수 있게 되어 인민에게 큰 부담을 주지 않고도 징수액을 크게 늘릴 수 있을 것으로 보고 있다.

당시 청조는 18~19세기에 급격한 인구 증가와 함께 경작지 개발이 이루어졌으나, 이에 따른 세수 증대는 어려움을 겪었다. 이는 개간의 확산으로 인해 토지 소유 현황을 정확히 파악할 수 있는 행정적 역량이 부족했던 점이 주요 원인으로 지적된다.[32] 이와 같은 맥락에서 토지 소유를 파악하여 지조 수입 증대를 도모하려는 하트와 량치차오의 논의는 매우 자연스러운 접근으로 평가할 수 있다. 그러나 잘 알려져 있듯이 중국 역사에서 전면적인 토지개혁에 대한 제안은 여러 차례 제기되었으나 실제로 성공한 사례로는 명대 장거정(張居正)이 추진한 토지장량사업[33]과 현대 중화인민공화국에서 실시한 토지조사사업에 불과하다.[34] 특히 문명기(文明基)에 따르면, 청조는 태평천

30 梁啓超, 위의 책, 3쪽.

31 梁啓超, 위의 책, 3~4쪽.

32 요시자와 세이치로(정지호 옮김), 『중국근현대사1—청조와 근대 세계, 19세기』, 삼천리, 2013, 190~191쪽.

33 장거정의 재정개혁 문제에 대해서는 李敏鎬, 「張居正(1525~1582) 財政政策의 性格: 財政의 中央執權化와 江南地主層 牽制」, 『東洋史學研究』50, 1995 참조.

34 중화인민공화국의 토지조사사업에 대해서는 天野元之助, 『中國の土地改革』, アジア經濟研究所, 1962; 劉裕淸,

국 이후 1860년대에서 1890년대에 걸쳐 일부 지역에서 간헐적으로 지조 개혁을 시도하여 부분적인 성과를 거두었으나, 그 성과는 전반적으로 미미하였다.[35] 이는 토지조사사업이 지방 세력의 저항을 넘어설 정도로 중앙정부의 권력이 강력할 때에만 실현 가능하다는 점을 시사한다. 일본이 타이완에서 토지조사사업을 성공적으로 수행할 수 있었던 이유도 충분한 재정적 능력과 무력상의 우위를 바탕으로 중앙권력을 효과적으로 행사했기 때문이다. 이에 비해 량치차오가 기대했던 청조 중앙정부 주도의 전국적 토지조사사업은 당시 중앙정부의 권위가 약화되고 재정적 여건마저 열악했던 상황에서 사실상 실현 불가능한 과업이었다.[36]

량치차오 역시 이러한 문제를 충분히 인식하고 있었던 것으로 보인다. 그는 토지조사사업에 대한 저항을 완화하기 위한 방안으로, 은닉된 토지를 정부가 몰수하는 대신 기존 지주가 해당 토지를 계속 관리하도록 하되, 은닉된 부분에 대해 새롭게 등록(印契)을 진행하게 하는 방안을 제시하였다. 이 과정에서 해당 토지의 지가(地價)를 기준으로 등록세(印稅)를 부과할 것을 주장하였다. 량치차오는 이 방식이 국가와 인민 모두에게 이익이 될 것이라고 보았다. 국가의 경우 세액이 증가할 뿐만 아니라 등록세를 통한 수입 역시 적지 않을 것으로 기대되었고, 인민의 경우 등록세를 납부함으로써 토지 소유권을 법적으로 보장받을 수 있다는 점에서 이점이 있다는 것이다.[37]

량치차오는 이외에도 세제 개편 방안으로 경작지에 한정하여 부과되던 세금을 택지까지 확대하는 전면적인 개정을 제안하였다. 그는 이러한 개편을 통해 전국 18개 성의 전부 수입 총액이 3억 량(신화폐로 환산하면 약 5억 원)에 이를 것이라고 전망하였다.[38] 이는 당시 실제 전부 징수액이 약 2,800만 량에 불과했던 것을 고려할 때, 10배 이상의 세수 증대가 기대된다는 계산이었다. 그러나 량치차오의 제안 역시 현실적인 문제

「論我國農業的社會主義改造」, 『歷史研究』, 1981-5 참조.

35 文明基, 『淸末 臺灣 建省과 劉銘傳—재원 확보 방안을 중심으로』, 서울대학교대학원 박사학위논문, 2007, 92~93쪽.

36 賴建誠, 『梁啓超的經濟面向』, 浙江大學出版社, 2010, 74~75쪽.

37 梁啓超, 「中國改革財政私案」(1927), 『文集』8, 5쪽.

38 梁啓超, 위의 책, 6쪽.

점을 내포하고 있었다. 은닉된 토지에 대해 소유권을 인정한다는 조건만으로 지주들이 순순히 등록세를 납부할 것이라는 전망은 낙관적이었으며, 등록을 거부하는 경우 이를 해결할 구체적인 방안이 제시되지 않았다는 점에서 한계를 지녔다. 또한, 토지조사사업을 실행하기 위해서는 막대한 비용이 필요하다는 현실적인 제약이 있었다. 량치차오는 일본이 타이완에서 토지조사를 실시할 당시 약 500여만 원의 비용이 투입되었음을 언급하며, 중국의 18개 성은 타이완 면적의 20배 이상이므로 조사비용이 최소 1억 량에 달할 것으로 예상하였다. 그는 1억 량이라는 비용이 상당히 크다는 점을 인정하면서도, 토지조사사업의 성공이 장기적으로 더 큰 수익을 보장할 것이라는 점에서 "한때의 작은 비용을 아끼려다 영원한 큰 이익을 버린다(惜一時之小費, 而棄永遠之大利)"라고 주장하였다.[39]

그러나 당시 중앙정부의 국가 재정이 거의 파탄 상태에 이른 상황에서 1억 량에 달하는 소요 경비를 감당하는 것은 사실상 불가능에 가까웠다. 이 점에서 량치차오의 제안은 현실성이 크게 결여되어 있었다고 평가할 수 있다. 그의 제안은 강력한 중앙정부의 리더십 아래 지방 세력의 저항을 극복하고, 전국적인 토지조사를 통해 은닉된 토지를 포함한 모든 토지를 파악한 뒤 지역적 차이를 해소하고 균등한 조세 부과를 실현하려는 목적을 지니고 있었으나, 이러한 의도는 끝내 실현되지 못하였다. 이는 량치차오가 지향했던 근대적 국민국가의 수립이 여전히 요원한 과제로 남아 있었음을 방증하는 사례라 할 수 있다.

2. 염세(鹽稅) 개혁

량치차오가 지조 개혁과 함께 주목한 또 다른 주요 문제는 염세였다. 그는 "오늘날 염세는 진실로 국가 세입 중에서 가장 으뜸"이라고 평가하면서도, 현행 염세법의 폐해로 인해 염세 수입이 충분하지 못하다고 지적하였다. 특히 중국은 인구가 서구 여러 국가들에 비해 매우 많음에도 불구하고, 염세 수입은 연간 2,000만 량을 초과하지 않아 서

39 梁啓超, 위의 책, 6쪽.

구 국가들과 거의 비슷한 수준에 머물러 있다는 점을 비판하였다.[40] 량치차오는 중국의 인구를 약 4억으로 추산하고, 1인당 연간 소금 소비량을 약 14근으로 계산하여, 연간 총 소금 소비량을 약 5,600만 담(1擔≒100근)으로 추정하였다. 그러나 실제 관에서 발행한 염인(鹽引, 소금 판매 허가증)은 2,810만 담에 불과하며, 절반에 가까운 양이 사염(私鹽)으로 충당되고 있다고 분석하였다. 그는 이러한 문제의 원인으로 염세율이 너무 높고, 가연잡세(苛捐雜稅)가 너무 많아 관염(官鹽)의 생산비가 높으며, 행염지(行鹽地, 염 판매 구역)가 각각 경계를 달리하고 있으며, 염상이 독점권을 장악해 염 판매업이 널리 보급되지 않음에 따라 사염이 판을 치고 있기 때문으로 분석한다.[41] 량치차오는 특히 염세율이 성마다 상이하고, 염 판매 구역이 생산지에 따라 엄격히 지정되어 있는 문제의 심각성을 비판하였다. 그는 "동일한 중국의 산물로서, 동일하게 국가에 정식 세금을 납부하고 있는데, 국내의 어느 지역에서는 [판매가] 합법(公)이고, 어느 지역에서는 [판매가] 불법(私)이라고 하는 것은 누가 봐도 매우 우스운 이야기가 아닌가?"[42]라고 문제를 제기한다. 이는 곧 '동일한 중국의 산물'이라면 중국 어디에서나 동일한 판매 경로를 보장해야 한다는 의미로 해석될 수 있으며, 지역적 차별성을 제거하고 국가 내부의 균질성을 추구하는 국민국가의 이상을 반영한 것이라 할 수 있다.

량치차오는 염가를 현 수준에서 추가로 인상하지 않더라도 염세 수입을 몇 배로 증가시킬 수 있는 방안을 다음과 같이 제시하였다. 우선, 전국의 염을 모두 정부의 전매 체제로 전환하고, 기존 염상의 독점권을 폐지하며, 각 염구를 관리하기 위해 제염사(提鹽使)와 염무관(鹽務官)을 배치하여 10개의 염구를 일원적으로 관리하도록 한다는 것이다. 또한, 제염인은 반드시 제염사의 비준을 받은 후에 영업을 허가받도록 규정하였다. 나아가 매 염에 대해 100근당 염세 1량 5전을 징수한다면 연간 염세 수입은 약 8,400만 량에 이를 것이라고 전망하였다.[43] 이 수치는 당시 염세 징수액인 2,000만 량

40 梁啓超, 위의 책, 7쪽.

41 梁啓超, 위의 책, 7~10쪽.

42 梁啓超, 위의 책, 9쪽.

43 梁啓超, 위의 책, 10~11쪽.

과 비교할 때 약 4배 이상 증가한 금액으로, 량치차오의 제안대로라면 청조는 단순히 6,000만 량 이상의 추가 염세 수입을 확보할 수 있을 것으로 보인다. 그러나 이러한 정책이 성공적으로 시행되기 위해서는 염구를 체계적으로 관리하고 제염인을 철저히 통제할 수 있는 중앙정부의 강력한 통제력이 필수적이었다. 당시 청조의 현실은 물론, 이후 등장한 민국 시기의 중앙정부 역시 이러한 통제력을 발휘하기에는 구조적 한계를 지니고 있었다. 결과적으로 량치차오의 제안은 당시의 정치적·행정적 조건 속에서는 실현되기 어려운 이상적 구상에 머무를 수밖에 없었다.

한편, 량치차오는 염정 개혁과 관련하여 흥미로운 제안을 제시하였다. 그는 자신이 주장한 새로운 방식의 도입에 따라 증가할 다수의 영세 염상에게 공채(公債)를 발행할 것을 제안하였다. 그 구체적인 방안은 다음과 같다. 염상은 정부에서 발행한 공채를 보증금으로 활용하여 소금을 구매하고, 공채의 대금은 3개월 또는 반년의 기한을 두어 만기 시 현금으로 상환하도록 한다는 것이다. 이를 통해 염상은 부족한 자본금을 보완할 수 있을 뿐 아니라, 공채에서 발생하는 이자 수입도 기대할 수 있다. 동시에 정부는 공채를 널리 발행함으로써 자금을 확보할 수 있다는 논리였다.[44] 이 공채의 발행은 표면적으로는 염상에게는 자본 부족 문제를 해결할 기회를 제공하고, 정부는 재정을 보완하는 데 있어 새로운 수단을 마련할 수 있다는 점에서 모두에게 유익한 제안으로 보인다.

량치차오는 본래 청말 국가 재정 위기를 타개하기 위한 방안으로 공채 발행을 적극적으로 권장한 인물이다. 그는 공채를 발행하기 위해 필요한 조건으로 세 가지를 제시하였다. 첫째, 정부의 재정적 신용, 둘째, 공채를 유통시킬 수 있는 기관, 셋째, 인민이 공채를 구매할 수 있는 여력이다. 이 중에서도 정부의 신용을 가장 중요한 요건으로 강조하였다.[45] 이는 정부에 대한 재정적 신용이 부족할 경우, 정부가 발행하는 공채를 구매할 사람이 없을 것이라는 점에서 비롯된 논리였다.

44 梁啓超, 위의 책, 10~11쪽.

45 梁啓超, 「論直隷湖北安徽之地方公債」(1910), 『文集』21, 101쪽.

량치차오가 제안한 염정 개혁의 일환으로, 영세한 염상에게 공채를 발행하여 소금을 구매할 수 있도록 한 방안은 이러한 맥락에서 고안된 것이다. 이 방안은 이미 언급하였듯이 염상의 자본 부족 문제를 해결하는 동시에 정부가 공채 발행을 통해 재정을 강화할 수 있는 기회를 제공한다는 점에서, 표면적으로는 양측 모두에게 유익한 제안이었다. 그러나 염정 개혁의 주요 목표 중 하나가 염상의 이권을 대폭 축소하려는 데 있었다는 점을 고려하면, 동시에 염상이 공채를 구매하도록 기대하는 것은 상호 모순된 접근으로 보인다. 염상의 이권을 약화시키는 정책을 추진하면서, 그들이 정부의 공채를 구매할 동기를 부여하려는 량치차오의 구상은 현실적으로 실현 가능성이 낮았다고 평가할 수 있다.

3. 기타 세목의 정비

량치차오는 "국가가 발전할수록 필요한 경비는 더욱 거대해진다"라고 인식하며, 국가 재정의 핵심은 조세에 있다고 강조하였다. 그는 국가 재정을 안정적으로 운영하기 위해 조세 수입을 증가시킬 필요가 있다고 보면서도, 조세는 기본적으로 국민의 경제생활을 저해하지 않는 범위 내에서 공정하게 부과되어야 한다는 점을 역설하였다.[46] 즉, 일상생활에 필수적이지 않은 물품에는 높은 세금을 부과하고, 반면 일상생활에 필수적인 물품에는 낮은 세금을 부과해야 한다고 주장하였다. 이러한 원칙은 국민의 경제적 부담을 최소화하면서도 재정 수입을 효과적으로 확보하려는 그의 재정개혁 구상의 일환으로 볼 수 있다. 이러한 원칙에 따라 량치차오는 새롭게 추가할 세목으로 제안한 것은 다음과 같다.

첫째, 주세(酒稅)이다. 그는 "술은 사치품으로서 일상생활에 필수적인 것이 아니기 때문에, 설령 세금을 무겁게 부과하더라도 국민에게 큰 해를 끼치지 않으며, 이는 각국에서도 일반적으로 시행되고 있다"라고 설명하였다. 량치차오는 과거 위안스카이(袁世凱)가 직예총독(直隷總督)으로 재임하던 시기에 60만 량의 주세를 징수한 바 있는

46 梁啓超, 앞의 책, 15쪽.

점을 언급하며, 이를 중국 전역에 확대 시행할 경우 연간 약 5천만 량의 세수를 확보할 수 있을 것으로 전망하였다.

둘째, 연세(烟稅)이다. 그는 담배 역시 술과 마찬가지로 백해무익한 사치품에 해당하므로, 각국의 사례와 같이 국가 전매 체제를 통해 세금을 부과해야 한다고 주장하였다. 전매 방식으로는 국내산 연초와 외국산 연초를 모두 정부가 수매한 뒤, 이를 담배 제조업자에게 판매하는 구조로, 이는 소금 전매 방식과 유사한 형태이다. 또한 그는 밀매를 방지하기 위한 구체적 방안으로 담배 농사 구역을 지정하여 구역 외에서는 담배 재배를 금지하도록 하고, 재배자는 반드시 등록을 통해 허가를 받도록 하여 통제할 것을 제안하였다. 이러한 방식은 담배 유통 과정에서의 불법 행위를 최소화하고, 국가 재정 수입을 효과적으로 확대하려는 의도를 반영한 것이다.

셋째, 당세(糖稅)이다. 그는 설탕은 술과 담배만큼 해로운 것은 아니지만, 소금과 마찬가지로 일상생활에 필요한 것이기 때문에 세금을 부과할 필요가 있다고 보았다. 구체적인 징수 방법으로 적당(赤糖)에 대해서는 매 담(擔)당 약 은 2전을, 백당(白糖)에 대해서는 약 은 4전을 부과하여, 평균적으로 매 담당 은 3전을 징수할 것을 제안하였다. 량치차오는 중국의 인구를 약 4억 명으로 가정하고, 연간 설탕 소비량을 약 3천만 담으로 추산하면서, 당세를 통해 약 900만 량의 국가 수입을 올릴 수 있을 것으로 전망하였다.

넷째, 등록세이다. 등록세란 "국가가 인민의 권리를 증명하고 이를 보장해 주는 데 부과하는 세금"으로, 여기에는 인계세(印契稅)와 아첩세(牙帖稅) 등이 포함된다. 그는 외국에서는 선박 등록세, 회사 등록세, 민법상의 법인 등록세, 상표 등록세, 저작권 등록세 등 다양한 형태의 등록세가 존재하며, 이러한 세금은 상대적으로 부담이 크지 않은 동시에 인민의 권리를 보호하는 역할을 한다고 언급하였다. 따라서 중국에서도 등록세 제도를 도입하여 시행할 것을 주장하였다. 량치차오는 특히 토지 등록세의 잠재적 수입에 주목하였다. 현재 호부(戶部)에 등록된 토지 면적이 약 7억 무(畝)에 이르며, 매 무당 은 5분(分)을 징수할 경우, 약 3,500만 량의 수입을 거둘 수 있을 것으로 전망하였다.

다섯째, 인화세(印花稅)이다. 인화세는 상공업과 은행업의 발달에 따라 점차적으로 확대되는 세목으로, 상거래와 금융 거래 과정에서 발생하는 문서나 증서에 부과하는 세금이다. 량치차오는 현재 중국의 경제 여건이 미흡하여 인화세로 얻을 수 있는 수입이 제한적이라고 보았으나, 장기적으로 중국 경제력이 성장하면 인화세 수입 또한 점진적으로 증가할 가능성이 높다고 전망하였다.

여섯째, 유산세(遺産稅)이다. 유산세는 개인이 유산을 상속받을 때, 국가가 이를 증명해 주고 그에 따라 세금을 징수하는 제도로, 소득세와 유사하게 상속액에 따라 누진세를 적용한다. 량치차오는 "우리나라에서 만일 이 세금을 갑자기 도입하게 되면 인민이 혼란스러울 수 있겠지만, 실제로 유산 문제와 관련된 송사가 매우 빈번하기 때문에 납세 이후 법률적으로 확실한 보호를 받을 수 있다면, 인민은 이를 우려하기는커녕 오히려 환영할 것"이라고 주장하였다. 량치차오는 일본의 사례를 참고하며, 일본은 매년 약 400만 원의 유산세를 징수하고 있다는 점을 언급하였다. 그는 비록 중국이 일본보다 경제적으로 열악하지만, 인구가 일본의 10배에 달한다는 점을 고려할 때, 연간 100만~200만 량의 유산세를 징수할 수 있을 것으로 전망하였다.

일곱째, 통행세이다. 통행세는 선박, 철도, 전차 등의 교통수단 이용 시, 표를 구매할 때 부가되는 세금으로, 이동 거리와 표의 등급에 따라 세율을 차등적으로 부과하는 방식이다. 량치차오는 현재의 교통 여건을 고려했을 때, 통행세를 부과할 경우 연간 약 200만 량의 세수를 기대할 수 있을 것으로 전망하였다. 그는 또한 교통기관의 발달이 지속적으로 이루어질 것을 염두에 두며, 향후 통행세 수입이 점진적으로 증가할 가능성이 크다고 보았다.[47]

이와 같이 량치차오는 국민의 생활을 저해하지 않는 범위 내에서 새로운 세원을 확보할 것을 주장하였다. 그러나 그는 국가가 재정을 확보하기 위해서는 국민의 납세 능력을 증대시키는 것이 필수적이며, 이를 위해 국가 경제발전을 저해하는 불합리한 세원을 우선적으로 제거해야 한다고 보았다. 이러한 관점에서 량치차오가 폐지해야 할

47 이상의 내용은 梁啓超, 위의 책, 15~19쪽의 내용을 정리한 것이다.

세목으로 언급한 것은 다음과 같다.

첫째, 이금(釐金)이다. 태평천국 진압 과정에서 지방정부가 재원 확보를 위해 내지 화물에 부과한 일종의 통과세로, 정규 세금 외에 잡세로 징수되어 왔다. 이 과정에서 관리의 착복 등으로 인해 부패와 불공정성이 만연하였으며, 이는 국민 경제에 상당한 폐해를 초래하였다. 이러한 문제로 인해 청조 정부도 이금의 폐단을 인식하고 있었으나, 군비 부족을 이유로 이를 폐지하지 못하였고, 결국 민국 시기까지도 지속되었다.[48] 량치차오는 외국 화물의 경우에는 '자구반세(子口半稅)'를 납부함에 따라 이금을 면제받았지만, 국내 화물의 경우에는 이금 부과로 인해 가격이 상승하여 가격 경쟁에서 밀리는 구조적 문제를 안고 있다고 보았다. 량치차오는 현재 이금의 징수액이 약 1,200만 량에 달해 적지 않은 금액임을 인정하면서도, 앞서 제시한 새로운 세원을 통해 이금을 대체할 수 있을 것이라고 하였다.[49] 그는 이금 폐지가 국내 상품의 가격 경쟁력을 회복하고, 경제 활성화에 기여할 것으로 전망하였다.

둘째, 상관세(常關稅)이다. 상관세는 관세와 이금의 중간적 성격을 지니며, 외국 화물에 대한 수입세와 국내 화물에 부과되는 통과세를 포함하는 세목이다. 그러나 해관이 설치된 이후, 외국 화물에 대해서는 이미 관세가 부과되었기 때문에, 상관세는 사실상 국내 화물에 대한 통과세로 기능하게 되었는데, 이는 이금의 일종으로 볼 수 있다. 량치차오는 상관세가 중복 과세에 해당한다고 지적하며, 그 징수액이 약 100만 량에 불과하기 때문에 폐지할 것을 주장하였다.

셋째, 차세(茶稅)이다. 차세는 다른 화물과 마찬가지로 이금 외에도 차인(茶引)에 대해 부과되는 세금으로 매 도(道, 당시 전국은 약 70만 도)에 대해 은 1전을 징수하였다. 량치차오는 광서 연간 이후 중국의 차 수출이 인도차와 일본차의 성장으로 인해 점차 감소

48 周育敏,『晚淸財政與社會變遷』, 上海人民出版社, 2000, 259~262쪽; 岩井茂樹,『中國近世財政史の硏究』, 京都大學學術出版會, 2004, 168~170쪽.

49 량치차오는 외국 상품에 대항해서 국내 상품의 원활한 유통을 위해 이금을 철폐할 것을 주장하고 있다. 그러나 외국 상품의 경우도 조약상으로는 이금을 면제받는 것으로 되어 있지만, 중국 상품과 마찬가지로 부과되는 경우도 있어 이금은 외국 상인에게도 가장 큰 불만 요인이었다는 지적이 있다. 濱下武志,『近代中國の國際的契機』, 東京大學出版會, 1992, 250~251쪽.

하여 세계 시장에서의 경쟁력이 약화되고 있다고 지적하였다. 따라서 차 산업을 진흥시키기 위해서는 차세를 폐지하는 것에 그치지 않고, 오히려 정부가 보조금을 지급하여 차 생산과 수출을 적극적으로 장려해야 한다고 주장하였다.

넷째, 도박세(賭博稅)이다. 량치차오는 현재 광동 지역에서 도박세로 매년 약 500~600만 량의 세수를 확보하고 있으며, 각 성에서도 복권(彩票)을 발행하여 상당한 수입을 올리고 있음을 언급하였다. 그러나 도박세와 복권 수입은 국가 경제의 근본적 기반인 국민의 생산성과 경제 윤리를 훼손하는, 이른바 일국의 모재(母財)를 침식하는 행위라고 비판하고, 마땅히 폐지할 것을 주장한다.[50]

량치차오는 이 외에도 아세(牙稅), 당포세(當鋪稅), 저연(猪捐), 어연(漁捐) 등 다양한 잡세를 폐지해야 한다고 주장하였다. 량치차오의 세제개혁 방안, 즉 추가해야 할 세목과 폐지해야 할 세목의 내용을 살펴보면, 이는 국민 경제를 활성화하고 국가 재정을 안정적으로 확보하려는 의도를 담고 있다고 평가할 수 있다. 추가해야 할 세목으로 제시된 주세, 연세, 당세, 등록세 등은 모두 국가의 관리 하에 세금을 징수함으로써 국가 재정을 견실하게 하는 동시에 국민 경제 활동에 직접적인 폐해를 초래하지 않는다는 장점이 있다. 반면 폐지해야 할 세목으로 제시된 이금, 상관세, 차세 등은 주로 지방 재정의 확충을 목적으로 존재하며, 국내 상품의 원활한 유통을 저해함으로써 결과적으로 국가 경제에 부정적인 영향을 미친다고 인식하였다. 특히, 광둥 지역에서 상당한 수입을 올리던 도박세의 폐지를 주장한 것도 같은 맥락에서 이해할 수 있다. 량치차오는 이러한 세목들이 중앙재정보다는 지방 관료들의 이익에 기여하며, 실제로 이금과 상관세 등의 징수액이 중앙정부의 호부에 보고되지 않고 지방 장관들에 의해 장악되고 있었음을 지적하였다. 이와 같은 간접세의 팽창은 결과적으로 중앙재정을 악화시키는 요인이 되었다.[51] 이러한 점에서 량치차오는 지방의 기득권을 억제하는 한편, 국민 경제 활성화를 통해 중앙집권적 국가 재정을 견고히 하고자 한 것이다. 이는 그가 장지동

50 이상의 내용은 梁啓超, 앞의 책, 19~22쪽의 내용을 정리한 것이다.

51 岩井茂樹, 앞의 책, 499쪽. 참고로 이금은 당초 태평천국을 진압하는 데 필요한 군사비를 마련하기 위해 호부와 조정의 허가 없이 양강총독(兩江總督) 이량(怡良)이 독단적으로 징수한 것에서 비롯되었다.

등 지방 장관의 반대로 무산되었지만, 폐제개혁을 통해 중앙집권적 국민 경제를 구축하려고 했던 것도 같은 맥락에서 이해할 수 있을 것이다.[52] 량치차오의 세제개혁안은 단순히 국가 재정을 확충하는 데 그치지 않고, 국민 경제의 활성화를 기반으로 중앙집권적 국민국가의 구상을 실현하려는 의도를 담고 있다. 이를 통해 우리는 량치차오가 지향한 국민국가상의 한 단면을 엿볼 수 있다.

이상으로 량치차오의 재정개혁안 중 치본(治本)에 해당하는 세제개혁 문제를 검토하였다. 그의 세제개혁은 국민 경제의 활성화를 도모하며, 중앙집권적 국가 재정을 확립하려는 의도를 담고 있음을 확인할 수 있었다. 다음으로는 치표(治表)에 해당하는 재무행정의 개혁에 관해서 구체적으로 논의하도록 하겠다.

★ ★ ★

재무행정(財務行政)의 개혁

1. 재정예산(財政豫算)의 확립 필요성

주지하듯이, 전근대 중국의 재정 운용 이념은 기본적으로 '양입이출(量入以出)', 즉 세입(歲入)의 범위 내에서 세출(歲出)을 관리·운용하는 것을 원칙으로 삼고 있었다. 명대 이강혜(李康惠)는 「정경제이유국용소(定經制以裕國用疏)」에서 다음과 같이 언급하고 있다.

> 재정 운용상 세입을 헤아려서 세출을 정하는 것을 인정(仁政)이라 하고, 세출을 헤아려서 세입을 정하는 것을 학정(虐政)이라 한다. 또한 세입을 고려하지 않고 세출을 정하거나, 세출을 고려하지 않고 세입을 정하는 것은 난잡하게 거두어 무분별하게

52 량치차오의 폐제개혁안 문제에 대해서는 구범진, 「젱크스(Jenks)의 幣制 改革案(1904)과 淸末의 幣制 問題」, 『東洋史學硏究』 64, 東洋史學會, 1998; 鄭址鎬, 「淸末 梁啓超의 經濟 改革案과 國民國家」, 『明淸史硏究』 36, 301~304쪽(본서 2장 수록) 참조.

사용하는 것으로, 이를 무정(無政)이라고 한다.[53]

이강혜는 세입을 헤아려서 세출을 정하는 '양입이출(量入以出)'의 구체적인 실천 방안을 다음과 같이 제시하고 있다. 우선, 1년간 전국의 세입 총액을 철저히 조사한 후, 국가 운영에 필요한 비용을 산정한다. 이 과정에서 우선적으로 북경과 남경의 경비를 계산하고, 그다음으로 각 변경 지역, 성(省) 그리고 직예(直隸) 각부의 연간 수입과 지출을 구체적으로 산출한다. 그리고 이것을 2개 항목으로 나누어 주례(周禮)의 원칙에 따라 4분의 3을 1년간의 세출로 배정하고 4분의 1은 만일의 사태에 대비한 비축금으로 사용한다는 것이다.

이강혜는 "근래 호부(戶部)에서는 '회계(會計)'라는 허명 아래 세입을 헤아리지 않고 세출을 정하는 것을 실정(實政)이라고 칭한다"[54]라며 이를 강하게 비판하였다. 그럼에도 불구하고 '양입이출'은 명·청 시대를 통틀어 기본적인 재정 운용 방식으로 자리 잡았다. 이 방식은 청대의 '성세자생인정(盛世滋生人丁)' 정책 이후 세입의 정액화 원칙을 확립함으로써 재정 안정성을 확보하는 데 기여하였으나, 세출의 변화에 능동적으로 대처하지 못하는 한계를 내포하고 있었다.[55] 특히 청일전쟁 이후 대외 배상금 등으로 인해 재정 지출이 천문학적으로 증가하면서, 기존의 재정 운용 방식으로는 국가 재정을 관리하기 어렵다는 인식이 확산되었다.

1896년(광서 22년) 형사주부(刑部主事) 이희성(李希聖)은 중국의 재정 운영에 대한 문제점을 다음과 같이 지적하였다.

> 서양 각국에서는 세입과 세출액을 연말에 신문 등을 통해 공지하여 국가 재정을 국민에게 투명하게 공개하므로, 어린아이조차도 국가예산(國用)을 알 수 있으나, 중국은 그러하지 못하다. 사농대신(司農大臣, 호부상서)을 오래 역임한 자조차도 국가의 세

53 李康惠, 「定經制以裕國用疏」, 『皇明經世文編』(7), 李康惠疏1, 台北, 圖聯圖書, 1945, 375쪽.

54 李康惠, 위의 책, 376쪽.

55 濱下武志, 『中國近代經濟史研究—清末海關財政と開港場市場圈』, 東京大學東洋文化研究所, 1989, 42쪽.

입과 세출을 알지 못하며, 설령 고금의 학문에 통달하고 좌장(左藏, 국고의 하나)을 관장한 경우라 하더라도, 놀랍게도 세입·세출액을 파악하지 못한다.[56]

이희성은 서양 국가들과의 비교를 통해 당시 중국 재정 운용의 비효율성과 불투명성을 강하게 부각시키고 있다. 이처럼 청조의 재정 운용은 근본적인 구조적 문제를 내포하고 있었다. 주지하듯이, 청조의 중앙과 지방 간 재정 관계를 살펴보면, 명목상으로는 지방에서 세금을 거두어 중앙에서 이를 지출하는 체제를 표방하고 있었다. 그러나 실제로는 세입이 중앙으로 직접 송금되기 전에 다음과 같은 절차를 거쳤다. 우선, 지방에서 징수한 세입 중 일부는 본성(本省)의 필요 경비로 우선 충당되었으며, 이를 '존류(存留)'라 하였다. 이후 남은 세입은 인접 성 또는 기타 성의 부족분을 지원하기 위해 사용되었는데, 이를 '협향(協餉)'이라 하였다. 마지막으로, 이러한 과정을 거치고 남은 잔액이 비로소 중앙재정으로 송금되었는데, 이를 '기운(起運)'이라고 하였다.[57]

이러한 재정 운용 방식은 지방의 자율성을 강조하면서 중앙정부가 실질적으로 재정 운용을 주도하지 못함에 따라, 효율적인 국가 재정 관리가 어려워지는 구조적 한계를 드러냈다. 이러한 경향은 특히 태평천국 진압 과정에서 더욱 심화되었다. 당시 지방 권력은 군사 및 행정 자원을 독립적으로 동원하여 재정을 운영하였고, 이는 중앙정부의 재정 통제력을 더욱 약화시키는 결과를 초래하였다. 이러한 구조는 국가 재정 운영의 측면에서 볼 때 커다란 장애 요인이 되었으며, 중앙정부의 재정적 취약성을 심화시키는 주요 원인으로 작용하였다. 따라서 중앙집권적 국가 재정을 강화하고 근대적 국민국가 건설을 지향하려는 관점에서 볼 때, 중국의 전통적인 재정체계는 반드시 개혁해야 할 과제로 인식된 것이다.

이에 「신축조약(辛丑條約)」(1901) 이후 청조 정부는 재정 문제를 해결하기 위한 개혁에 나섰다. 1903년(광서 29년) 3월, 군기대신(軍機大臣) 경친왕(慶親王) 혁광(奕劻) 등에게

56 李希聖, 『光緒會計錄』序文, 上海會文學社, 1903.

57 濱下武志, 앞의 책, 43쪽.

상유(上諭)를 내려 재정 정비를 명령한 것은 이러한 노력의 일환이었다. 당시 상유의 주요 내용은 다음과 같다.

> 종래 국가를 세우는 도는 재물을 다스리고 인재를 등용하는 데 있었다. 그러나 오늘날 시국의 혼란으로 인해 재물이 소진되어 조정과 백성이 모두 큰 고통을 받고 있다. 이를 해결하기 위해 전체적으로 방안을 모색하고 시의적절하게 대응하지 않는다면, 어찌 재정이 날로 호전되기를 기대할 수 있겠는가? 경친왕 혁광과 구홍기(瞿鴻機)는 호부와 협력하여 재정을 세심하게 정비하라.[58]

이어서 동년(1903년) 9월, 청조 정부는 나동(那桐), 혁광(奕劻), 구홍기(瞿鴻機)에게 호부의 재정 정리를 명하였다.[59] 이는 재정 정리를 통해 전국의 재정 문제를 두루 해결하고자 하는 시도였으나, 실질적으로 기능을 수행하지는 못하였다.[60] 이후 1906년(광서 32년), 청조 정부는 중앙재정의 체계를 재편하기 위해 호부를 탁지부(度支部)로 개편하였다. 이는 기존의 중앙재정 운영 기능을 대체하고, 보다 체계적인 재정 관리를 도모하기 위한 조치였다. 동시에 재정처(財政處)를 설립하여 지방재정의 재편을 본격적으로 추진하였다. 1909년(선통 원년)에는 각 성에 청리재정처(淸理財政處)를 설치하여 지방재정을 정리하는 주요 기관으로 삼았다. 이를 위해 20개 성에는 각 1명의 정감독관을, 24개 성에는 각 1명의 부감독관을 파견하여 지방 재정의 체계적 관리와 감독을 강화하고자 하였다.[61]

청조 정부는 중앙과 지방 간의 재정 문제를 해결하기 위해 제도적 정비를 본격적으로 추진하였다. 이러한 노력의 일환으로, 1907년(광서 33년) 「청리재정장정(淸理財政章程)」을 반포하였고, 1910년(선통 2년)에는 「예산책식급예언(豫算冊式及例言)」을 제정하여

58 朱壽朋纂修, 『光緒朝東華錄』9, 大同書局, 발행년 미상, 4995쪽.

59 『淸史稿』24, 本紀 德宗紀, 中華書局, 1976, 946쪽.

60 張九洲, 「論淸末財政制度的改革及其作用」, 『河南大學學報(社會科學版)』42-4, 2002. 7, 52쪽.

61 『淸史稿』119, 職官6, 中華書局, 1976, 3454~3455쪽.

국가 예산을 통일적으로 정비하고자 하였다. 이러한 조치는 표면적으로는 근대 국민국가로의 전환을 위한 기틀을 마련한 것으로 평가될 수 있으나, 제도적 정비가 형식적 수준에 그침에 따라 실질적으로는 근대적 재정체계로서 요구되는 내용을 충분히 구비하지 못하였다.

량치차오는 국가 재정 운영에서 "예산을 편성하는 것은 재정 관리(理財)에서 가장 중요한 일이다"[62]라고 언급하고 "오늘날 입헌 국가는 어느 나라를 막론하고 예산안 편성을 가장 중요한 과업으로 삼는다. 정부와 의회는 항상 이를 둘러싸고 격렬하게 논쟁하며, 이 문제로 인해 정부가 사퇴하거나 의회가 해산되기도 한다"[63]라고 하였다. 그러나 중국의 경우에는 이 문제를 심도 있게 이해하지 못하고 있다고 지적하였다. 그는 예산안을 1년간 시정의 준거로 정의하며, "정책이란 모두 예산안에서 드러나며, 유럽 국민은 정부 정책의 선악을 판단할 때 이를 통해 평가한다"[64]라고 강조하고 "정치의 모든 행위는 재정과 밀접히 관련되어 있으며, 예산안은 정치 방침의 구체적 표현이다"[65]라고 하여 예산안 편성의 중요성을 강조하였다.

량치차오는 특히 서구 국가들의 사례를 들어, 국가 예산안 편성은 중앙의 탁지부(度支部)가 권한을 집중하여 수행해야 한다고 언급한 바 있다.

> 서양 각국에는 예산안 제도가 있다. 각 부서의 대신(장관)은 먼저 해당 부서에서 1년간 소요되는 비용을 표로 정리하여 탁지부로 이송한다. 이후 탁지부는 당해 연도의 세입 총액에 따라 각 부서에 예산을 분배한다. 이 과정에서 각 부서는 가능한 한 많은 금액을 확보하고자 하나, 분배는 경중완급에 따라 이루어지며, 예산 항목이 타당한지 여부를 내각회의에서 심의하여 최종적으로 결정된다. 탁지부대신은 이 결정에

62 梁启超, 「讀度支部奏定試辦豫算大概情形折及册式書後」(1910), 『文集』25上, 70쪽.

63 梁启超, 「節省政費問題」(1910), 『文集』22, 37쪽.

64 梁启超, 「中國立國大方針」(1912), 『文集』28, 60쪽.

65 梁启超, 「論政府阻撓國會之非」(1910), 『文集』25上, 111쪽.

따라 예산을 집행한다.[66]

구미의 경우, 당해 연도의 재정은 중앙의 탁지부가 총괄하며, 의회의 심의를 거친 후 최종적으로 집행된다. 이러한 체계는 중앙재정의 통일성과 투명성을 보장하고, 국가 정책의 효율적인 실행을 가능하게 한다. 반면, 량치차오는 중국의 상황이 이와 크게 대조적임을 지적하였다. 이미 언급한 바와 같이, 중국에서는 독립적인 중앙재정이 별도로 존재하지 않았으며, 각 성에서 징수된 세입 중 잉여분만이 중앙으로 송금되는 구조였다. 이로 인해 중앙재정은 항상 취약한 상태였으며, 국가 차원의 재정 운영과 정책 집행에 심각한 제약을 받았다. 더욱이, 각 성은 자체적인 필요를 충당하기 위해 다양한 수단으로 세금을 징수하였는데, 이러한 중복적이고 비효율적인 세제는 인민의 경제적 부담을 가중시키는 결과를 초래하였다.[67]

량치차오는 이러한 현실을 비판하며, 중앙재정을 강화하고 국가 차원의 통일된 세제개혁을 추진할 필요성을 강조하였다. 우선 탁지부 상서(尚書)가 국가 세입의 총액을 철저히 파악한 후, 세출 항목에 대해 내각 각 부서에서 필요한 액수를 제출하도록 해야 한다고 보았다. 이 과정에서 탁지부는 각 부서가 제출한 항목의 완급을 조정할 수 있으며, 경우에 따라 부적합한 항목에 대해서는 거부할 수도 있다. 외부 각 성과 관련해서는, 중앙 행정과 지방 행정의 계통을 명확히 구분해서, 중앙 행정에 속하는 항목은 중앙 조례에 따라 중앙재정에서 지급하며, 지방 행정에 속하는 항목은 지방세 및 기타 지방 수입으로 충당한다는 것이다. 지방 행정에서 부족분이 발생할 경우, 지방은 탁지부에 보조를 요청할 수 있으나, 탁지부는 이를 심사하여 완급을 따져 지원 여부를 결정하고, 경우에 따라 거부할 수도 있도록 하였다.[68]

이와 같이 량치차오는 탁지부의 중앙집권적 역할을 통해 국가 예산을 조율함으로써 재정을 유기적으로 정비하고, 중앙과 지방의 행정 체계를 명확히 구분하여 중앙재

66 梁启超, 「中國改革財政私案」(1927), 『文集』8, 47쪽.

67 梁启超, 위의 책, 48쪽.

68 梁启超, 위의 책, 49쪽.

정의 확립을 지향하였다. 그의 구상은 단순히 재정의 기술적 운영 방식을 개선하는 데 그치지 않고, 중앙집권적 국가 체제 구축을 위한 중요한 정치적 개혁 방안으로 볼 수 있다.

한편, 청조 정부는 1910년(선통 2년) 탁지부의 주도로 예산안을 작성하여 자정원(資政院)에 제출하였다. 그러나 이에 대해 량치차오는 강한 비판을 제기하였다. 그는 "지금 정부가 자정원에 제출한 예산안은 수지 차액이 7천여만 량에 달하니, 이는 결산안이지 예산안이라 할 수 없으며, 단지 세출 계산서에 불과하다. 이를 예산안이라 부를 수는 없고, 단지 재정보고서일 뿐이다"[69]라고 지적하였다. 량치차오는 이렇게 허술한 예산 체계로는 당면한 국가 재정 위기를 극복할 수 없으며, 근대적인 재정체계를 확립하기 위해 예산안 편제를 바로 세워야 한다고 강조하며, 다음과 같은 원칙을 제안하였다.

첫째, 예산안 편제에서 가장 중요한 원칙으로 세입과 세출의 균형을 주장하였다. 그는 '양입위출(量入爲出)' 방식이든 '양출위입(量出爲入)' 방식이든, 반드시 수지의 균형을 맞추어야 하며, 특히, 전년도(1910년)와 같이 세입과 세출의 불균형이 발생할 경우, 자정원은 이러한 예산안을 반드시 거부해야 한다고 강조하였다.

둘째로, 예산안 편제 업무는 반드시 행정관이 담당해야 한다고 주장하였다. 그는 전년도(1910년)에 정부가 제출한 예산안이 입법기관인 자정원의 편제를 거쳤다는 점을 문제로 지적하고 예산안이란 정무의 필수적인 요소로서, 행정 업무의 필요에 따라 작성되어야 한다고 보았다.

셋째로, 예산안 편제권은 반드시 탁지부에 집중되어야 한다고 주장하였다. 그는 "입헌 국가의 탁지부대신은 내각에서 특수한 지위를 가지고 있으며, 대부분의 부서는 단지 지출을 관리하지만, 탁지부는 수입을 총괄적으로 관리한다"라고 언급하였다. 이를 통해, 재정의 중심 역할을 담당하는 탁지부가 예산안 편성의 주체가 되어야 한다는 점을 강조하였다. 그는 또한 중국의 전년도(1910년) 예산안을 비판하며, 이것은 탁지부가 각 성에서 올라온 장부를 단순히 책자로 편집한 수준에 불과하다고 지적하면서 "이러

69 梁啓超,「亘古未聞之豫算案」(1910),『文集』25上, 159쪽.

한 작업은 일개 하급 관리도 할 수 있는 일"이라며, 탁지부가 재정의 실질적인 조정과 관리를 전혀 수행하지 못했다고 꼬집었다. 량치차오는 탁지부의 권한 약화가 단순히 재정 관리의 문제를 넘어, 정부의 권력 자체를 약화시키는 결과를 초래할 것이라고 경고하였다.

넷째로, 예산안 편제는 반드시 춘계에 착수해야 한다고 주장하였다. 그는 예산을 편성하기 전에 먼저 철저한 조사가 선행되어야 하며, 이를 위해 충분한 시간을 확보해야 한다고 강조하였다. 일본의 경우, 예산안을 조사하는 데 4개월, 편성하는 데 3개월을 소요하며, 이러한 충분한 준비 과정 없이는 면밀한 심사와 상세한 계획 수립이 불가능하다는 점을 지적하였다. 중국의 경우에는 상황이 일본보다 더 복잡해서 각 부서의 업무가 문란할 뿐만 아니라, 각 성 간 거리가 너무 멀어 조사와 편제에 더 많은 시간이 소요된다는 것이다. 이러한 현실을 고려할 때, 자정원이 9월에 예산안을 심의·결정하려면, 적어도 2월에는 편성 작업에 착수해야 한다고 주장하였다.

다섯째로, 예산안의 체제와 격식은 반드시 명확히 규정해야 한다고 주장하였다. 그는 예산 편제는 정무의 성질에 따라 분류되어야 하며, 지역별로 분류해서는 안 된다고 강조하였다. 량치차오는 이를 구체적으로 다음 두 가지 방식으로 제안하였다. 첫 번째 방식은 "각 성에서 정비(政費)를 요구할 때, 각 성의 독무를 통해 탁지부에 요청하면, 탁지부가 이를 정무의 성질에 따라 분류하여 총예산을 편성하는 것"이다. 이는 수속의 번거로움을 줄이고, 행정을 보다 신속하게 처리할 수 있는 장점이 있다. 두 번째 방식은 "각 독무가 정비를 항목별로 분류하여 각 부서에 요청하면, 각 부서는 이를 성별(省別)로 정리하여 탁지부에 보고하고, 탁지부가 허용된 범위 내에서 총예산을 편성하는 것"이다. 이 방식은 각 부서가 관할하는 정무에 따라 전국적으로 일관된 정책을 수립·집행할 수 있다는 장점이 있다.[70] 량치차오는 이 두 가지 방식 중 하나를 채택하여 예산안을 체계적이고 일관되게 편성할 것을 제안하였다. 이는 예산안의 체계화와 효율적

70 이상 내용은 梁啓超, 「爲籌制宣統四年豫算案事敬告部臣及疆吏」(1911), 『文集』25下, 28~30쪽의 내용을 정리한 것임.

관리를 통해 국가 재정 운영의 명확성과 신속성을 동시에 달성하려는 그의 개혁적 관점을 반영하고 있다.

량치차오가 제안한 예산안 편제 원칙은 청조 정부의 멸망으로 인해 실제로 실현되지는 못하였다. 그러나 그의 제안은 기존의 주먹구구식 재정 운영에서 벗어나, 탁지부의 권한을 중심으로 전국의 재정을 유기적으로 편성하고자 하였다는 점에서 중요한 의의를 지닌다. 량치차오는 이러한 재정체계의 개혁을 통해 중앙집권적이고 체계적인 국가 재정 운영을 확립하고, 근대적 국민국가의 기틀을 마련하려고 했다. 이러한 점에서 그의 예산안 편제 원칙은 단순히 재정 효율성을 높이는 데 그치지 않고, 근대적 국가 체제의 기본 요건인 재정 통일성과 행정적 일관성을 지향한 중요한 개혁적 구상으로 평가된다.

2. 재정 지출의 절약

량치차오는 국가 재정 위기를 극복하기 위해 세입을 늘리는 것이 중요하다고 보았으나, 이는 반드시 국민의 부담 능력을 고려해야 한다고 강조하였다. 그는 국민의 부담 능력에는 한계가 있으며, 이를 초과하면 국민의 삶은 물론 국가 경제도 피폐해질 것이라고 경고하였다. 따라서 그는 재정 운영에서 '필요정비(必要政費)'를 설정하고, 이외의 지출은 과감히 절약해야 한다고 주장하였다. 그렇다면 량치차오가 말하는 필요정비란 무엇인가? 그는 이를 국가가 직무를 완수하는 데 절대적으로 필요한 비용으로 정의한 후, 그 기준에 대해 다음과 같이 언급하였다.

첫째로, 량치차오는 국가 직무의 최소한의 범위를 설정해야 한다고 주장한다. 그는 국가 직무의 범위가 정치 체제와 통치 이념에 따라 달라질 수 있음을 언급하며, 방임주의를 채택할 경우 직무의 범위가 좁아져 정비가 줄어들고, 간섭주의를 채택할 경우 직무의 범위가 넓어져 정비가 증가한다고 지적한다. 그러나 방임주의를 택하더라도 결코 결여할 수 없는 직무가 존재하며, 이를 국가 직무의 최소한의 범위라고 정의한다. 량치차오는 이와 관련하여 구체적으로 다음과 같은 항목을 제시한다. (가) 국가를 조직하는 데 근본적으로 필요한 항목으로, 군주국의 황실비, 공화국의 대통령비,

입헌국의 의회비 및 의원 선거비, 내각 등 중앙 최고 독립 관청의 유지비가 포함된다. (나) 국가의 이익 및 국민 전체의 이익을 위해 반드시 필요한 항목이다. (다) 군비, 사법, 경찰, 형벌, 징세 업무 등 모든 공공사업에 들어가는 비용이다. (라) 화폐, 우정, 전차, 서민저축, 서민보험 등 공익적인 사업에 소요되는 비용이다. (마) 대학교, 철도, 도서관, 박물관 등 일반 국민이 수행하기 어려운 공익사업에 들어가는 비용이다.

둘째로, 량치차오는 각종 직무의 필요성과 유익성을 기준으로 정비의 표준을 삼아야 한다고 주장한다. 그는 국가의 정비를 헌법비(憲法費), 국방비(國防費), 사법비(司法費), 내무행정비(內務行政費), 외교행정비(外交行政費), 교육비(教育費), 생계행정비(生計行政費), 교통행정비(交通行政費), 재무행정비(財務行政費), 공적비(公積費) 등 10개 항목으로 구분하고, 이러한 체계를 바탕으로 중국의 현실에 부합하는 정비의 표준을 설정할 필요가 있다고 주장한다.

셋째로, 량치차오는 각종 직무를 수행하는 데 필요한 최소한의 노무비(勞務費)를 표준으로 삼아야 한다고 주장한다. 그는 재정학의 기본 원칙인 생계주의(生計主義), 즉 최소한의 경비로 최대의 효과를 달성해야 한다는 경제적 원칙을 전제로, 재정상 낭비와 비낭비를 다음과 같이 구별하고 있다.

(1) 노무비를 지출했으나 효과가 없는 경우는 낭비로 간주된다. 예를 들어, 봉록은 지급하나 직무가 없는 관직이나, 국가가 직접 수행할 필요가 없는 작업(예: 조운)은 모두 낭비에 해당한다.

(2) 동일한 효과 또는 더 나은 효과를 더 적은 비용으로 달성할 수 있다면, 그 초과 비용은 낭비로 본다. 량치차오는 이와 관련하여 공공기관에 종사하는 인원이 불필요하게 과도한 것을 경계하였다.

(3) 큰 효과를 기대하고 비용을 들였으나, 작은 효과만을 얻는 경우도 낭비로 본다. 국가사업은 경중완급 및 유익성과 필요성의 원칙에 따라 처리해야 하며, 이를 준수하지 못할 경우 낭비가 발생한다. 량치차오는 공원이나 박물관보다 경찰이나 학교가 더 필요한 상황에서, 공원이나 박물관에 비용을 투입하는 것을 낭비로 예시하였다.

(4) 노무비를 지출하여 일정한 효과를 기대하였으나, 그 기대에 미치지 못하거나 효과

가 없을 경우에도 낭비로 간주된다.[71]

량치차오는 앞서 제시한 네 가지 원칙 중 두 번째를 제외한 나머지 세 가지를, 국가가 직무를 수행하는 데 반드시 준수해야 할 최소한의 경비 기준으로 삼아야 한다고 강조하였다. 그는 이 원칙이 재정 운영에서 필수적임을 지적하며, 만약 이를 준수하지 않는다면 국가 재정의 효율성이 저하되고, 결국 재정 위기를 극복할 수 없을 것이라고 주장하였다.

이와 같이 절약 원칙에 입각하여 량치차오는 1912년 일본에서 저술한 「치표재정책(治標財政策)」에서 1910년 탁지부가 제출한 예산안을 세출과 세입 방면으로 구분하여 상세히 검토하였다. 그는 이 저술에서 다음과 같이 언급한다.

> 오늘날 중국에서 재정을 논한다면, 단순히 결함을 보완하는 수준을 넘어 반드시 근본적인 대 계획을 세워야만 한다. …… 한편으로는 본 연도 세입의 실제 수량이 얼마인지, 이를 어떻게 징수할 것인지를 추산하고, 다른 한편으로는 본 연도에 절대적으로 결여할 수 없는 세출의 실제 수량이 얼마인지, 이를 어떻게 절약할 것인지를 추산해야 한다. 그런 후에야 비로소 중국 재정이 어느 정도 부족한지, 그 원인은 무엇인지를 파악할 수 있을 것이다.[72]

량치차오는 중국 재정 부족의 원인을 세입이 적은 반면 세출이 과도하게 많은 구조적 문제에서 찾았다. 그는 이러한 상황에서 세출 방면의 대대적인 정비가 선행되지 않으면, 설령 세입이 증가하더라도 세출 역시 그에 비례하거나 더욱 증가할 가능성이 높아 재정적 기초는 더욱 불안정해질 것이라고 지적하였다.

량치차오는 탁지부가 제출한 예산안 중 특히 세출 항목을 중앙 정비와 각성 정비로 구분하고, 중앙 정비를 다시 ① 중앙공서비(中央公署費), ② 외교비, ③ 내무비, ④ 재

71 이상 내용은 梁啓超, 「節省政費問題」(1910), 『文集』22, 30~40쪽의 내용을 정리한 것임.

72 梁啓超, 「治標財政策」(1912), 『文集』29, 52쪽.

무행정비, ⑤ 교육비, ⑥ 국방비, ⑦ 사법비, ⑧ 실업비, ⑨ 교통비, ⑩ 탁식비 등 10개 항목으로 나누어 각각의 예산 배정 수준을 분석하고 있다. 그는 이러한 분석을 통해, ① 중앙공서비와 ⑥ 국방비의 경우 예산이 지나치게 많다고 지적한 반면, ⑤ 교육비, ⑧ 실업비, ⑩ 탁식비의 경우에는 예산 배정이 지나치게 적다고 평가하였다. 특히, 중앙공서의 경우 정체(政體)의 변경으로 인해 이미 폐지되었거나 폐지되어야 할 부서[예: 군기처, 이부, 예부, 한림원, 종인부(宗人府) 등]가 34곳에 이르렀음에도, 여전히 이들 부서에 예산이 편성되어 불필요한 낭비가 심각하다고 지적하였다. 또한, 완전히 폐지되지 않고 다른 부서에 병합된 부서(예: 국사관, 법률관은 국무원으로 개편, 염정처, 세무처는 재정부로 개편) 역시 예산 낭비의 원인이 되고 있음을 비판하였다. 더불어, 기타 부서에서도 실제 업무를 수행하는 인원에 비해 업무가 없는 인원의 비중이 높아 인적 자원의 낭비가 심각하다는 점을 강조하였다.[73]

한편, 실업비와 관련하여 량치차오는 선통 연간 예산안에 농공상공 경비로 1,107,590여 량이 편성되었으나, 이 금액으로는 각 부서에서 근무하는 인원의 급료를 지급하고 나면 실질적으로 아무런 사업도 추진할 수 없다고 지적하였다. 그는 실업비의 증액이 반드시 필요하다고 주장하였다.[74] 탁식비의 경우에도 선통 연간 예산안에서 이번부(吏藩部)에 1,705,103원(1량은 1원 5각)이 배정되어 있었으나, 이번부는 이미 내무부로 병합되었으므로 독립적인 재정 운영이 불필요해진 상황이었다. 량치차오는 이러한 재정 여유가 발생한 만큼, 이 예산을 탁식부로 변경하여 보다 효율적으로 활용할 것을 제안하였다.[75]

이상에서 살펴본 바와 같이, 량치차오는 예산안 문제와 관련하여 국가가 직무를 수행하는 데 필요한 최소한의 경비만을 지출해야 한다고 주장하였다. 그는 현실에 부합하지 않는 예산의 과다 편성을 비판하였는데, 예를 들어, 현재 전시 상황이 아님에도 국방비에 과도한 비용을 책정하는 점을 지적하였다. 또한, 그는 직무 수행에 필요한

73 梁啓超, 위의 책, 53~58쪽.

74 梁啓超, 위의 책, 65쪽.

75 梁啓超, 위의 책, 66쪽.

최소한의 인력을 제외하고 직무가 없는 불필요한 인력을 과감히 조정하여 행정 비용을 절감할 것을 요구하였다. 반면, 교육비, 실업비, 탁식비와 같이 인재를 양성하고 산업을 부흥시키는 데 필요한 경비는 더 많은 예산을 배정해야 한다고 주장하였다. 이러한 주장은 단순한 비용 절감이 아니라, 국가 재정을 유익성과 필요성에 따라 배분하여 국가의 장기적 발전을 도모하려는 그의 의도를 반영한다. 량치차오의 이러한 예산안에 대한 견해가 당시의 실정에서 실현 가능했는지 여부는 별론으로 하더라도, 국가 재정을 필요와 유익성의 기준에 따라 유기적으로 조정하고자 하는 그의 의지와 노력을 엿볼 수 있다.

량치차오는 중앙 정비뿐만 아니라 선통 예산안에 포함된 각 성 정비에도 많은 지면을 할애하여 분석하고 있다. 그는 교섭비, 민정경비, 재정경비, 상관경비(常關經費), 행정경비, 관업지출(官業支出), 교육비, 해군수사비(海軍水師費), 사법비, 실업비, 공정비(工程費), 교통비 등 다양한 항목을 구체적으로 검토하며, 중앙과 지방의 재정 운용에 내재한 구조적 문제를 지적하였다. 량치차오는 특히 중앙과 지방의 구분이 명확하지 않아 관치(官治)와 자치(自治)가 혼재되어 있으며, 이로 인해 정비를 명확히 구분하기 어렵다고 지적하였다. 더 나아가 재정 수지가 중앙이 아닌 지방관의 통제하에 있는 상황에서는 재정을 통일적으로 운영하기 어려운 구조적 한계가 있다고 보았다.[76] 량치차오는 이러한 문제를 해결하기 위해 중앙을 중심으로 각 성의 재정을 유기적으로 재정비할 필요성을 강조하였다. 예를 들어, 각 성의 교섭비로 618,998,258량이 책정되어 있었으나, 외교권은 통일적으로 운영되어야 하므로 중요한 업무는 외교부에 위임하고, 각 성 교섭사에서는 사소한 문제만 처리하게 함으로써 이 비용 대부분을 폐지할 수 있다고 주장하였다.[77] 또한, 상관경비로 책정된 1,500,908,901량에 대해서도 상관(常關)과 이금(厘金)은 폐지되어야 하며, 상관세는 세수가 많지 않고 인민의 경제 활동에 장애만 초래한다는 점에서 전액 폐지를 주장하였다. 선통 예산안에 책정된 각 성 정비는

76 梁啓超, 위의 책, 68쪽.

77 梁啓超, 위의 책, 69쪽.

총 65,000,000량(신화폐 기준 약 97,500,000원)이었으나, 량치차오는 이를 48,500,000원으로 절감할 것을 제안하였다.[78]

량치차오는 중앙 정비와 각 성 정비를 대폭 삭감하는 것이 지나치지 않은가라는 의문에 대해, 이미 제시한 원칙들을 다시 강조하며 이를 반박하였다. 그는 국가의 직무를 최소한의 범위로 설정하고, 각종 직무를 필요하고 유익한 정도로 표준화하며, 필요한 최소한의 노무비를 기준으로 한다면, 이러한 삭감이 국가 정무 수행에 절대적으로 지장을 초래하지 않을 것이라고 주장하였다.

량치차오는 일찍이 "오늘날 중국의 재정 지출의 10중 8~9는 모두 노무비이며, 이는 효과 없는 지출이다"라고 개탄하였다. 그는 이러한 현실을 지적하며, "국고가 어찌 결핍되지 않을 수 있으며, 국사가 어찌 무너지지 않을 수 있으며, 국민이 어찌 빈곤하지 않을 수 있으며, 국가가 어찌 망하지 않을 수 있겠는가?"[79]라고 강하게 비판하며, 불필요한 인력 낭비를 줄이고, 재정 지출을 효율화할 것을 강조하였다.

더불어 량치차오는 국가 직무를 담당하는 관료들의 전문성 부족 문제를 비판하며, 이를 개선할 필요성을 제기하였다. 그는 "국가 직무를 담당하는 자는 반드시 그 직무에 관한 지식을 습득한 후 그 일을 수행해야 한다"라고 주장하면서, 당시 중국의 현실에 대해 다음과 같이 지적하였다.

> 군사를 알지 못하는 자가 군사를 담당하고, 농사를 알지 못하는 자가 농사를 담당하며, 법을 알지 못하는 자가 법을 관장하고, 교육을 알지 못하는 자가 교육을 담당하고 있다. 심지어 한 사람이 여러 직무를 겸임하고 있으니, 어찌 그 직무를 제대로 관장할 수 있겠는가?[80]

량치차오는 이러한 현실을 극복하기 위해 각 직무에 따른 전문적 지식을 갖춘 인물

78 梁啓超, 위의 책, 70쪽.
79 梁啓超, 「節省政費問題」(1910), 『文集』22, 40쪽.
80 梁啓超, 「僥倖與秩序」(1911), 『文集』26, 42쪽.

을 채용할 것을 강하게 주장하였다. 이는 당시 중국의 과거제에 대한 비판으로도 연결된다. 그는 과거제가 관료 채용 시 전문적 지식보다는 인간으로서의 보편적 도덕과 품성을 평가하는 데 치중되어 있다는 점에서 한계를 지적하고, 국가 행정을 효율적으로 수행하기 위해서는 각 분야의 전문성을 중시하는 제도로의 개혁이 필요하다고 보았다.

결국 중앙과 지방을 막론하고 공공기관의 불필요한 인력 낭비를 조정하여 최소한의 정부를 구축하고자 한 량치차오의 주장은 당시뿐만 아니라 오늘날에도 지속적으로 제기되는 문제로, 쉽게 해결될 수 없는 과제로 남아 있다. 이러한 점에서 량치차오를 현실과 동떨어진 낙관주의자 혹은 비현실주의자로 평가할 수도 있을 것이다. 그러나 그의 사상과 행보를 면밀히 검토할 때, 그는 오히려 지극히 현실에 입각하여 당면한 문제를 타개하기 위해 고군분투한 인물이었다고 볼 수 있다. 량치차오는 단순히 정치 논객으로 머물지 않고, 1917년 돤치루이(段祺瑞) 내각에서 재무총장에 취임하여 자신이 구상했던 이상을 현실에 접목시키고자 노력하였다. 그러나 당시 중국의 열악한 정치 환경은 그의 개혁을 실현하기에는 지나치게 불안정했으며, 결국 그는 4개월 만에 자리에서 물러날 수밖에 없었다. 그가 지향했던 국민국가 건설은 당시의 현실과 이상의 간극이 너무도 컸던 탓에 끝내 실현되지 못하였다.

맺음말

본 장은 량치차오의 재정개혁안을 분석하고, 그가 지향했던 국민국가상의 단면을 살펴보는 데 목적을 두었다. 청말 국가 재정의 위기 속에서 량치차오는 이를 극복하고 국민국가로 나아가기 위해 다양한 개혁 방안을 제시하였다. 그의 재정개혁의 기본 방침은 중앙재정과 지방재정을 명확히 구분하고, 중앙재정을 강화하며, 탁지부를 중심으로 전국 재정을 유기적이고 효율적으로 관리하는 데 있었다. 이를 실현하기 위해 량치차오는 세제개혁을 통해 국가 재정을 튼실히 하고, 나아가 재무행정의 효율화를 통해 예산 낭비를 절감하는 것을 필수적인 과제로 보았다.

세제개혁과 관련하여 량치차오는 "국가는 스스로 체제를 유지하고 발전시켜 나가기 위해 각종 경비를 필요로 한다. 국가의 활동 범위가 넓어질수록 필요한 경비 역시 증가한다"[81]라고 전제하였다. 그는 오늘날 세계에서 어느 국가를 막론하고 경비가 매년 증가하는 추세에 있으며, 특히 문명국일수록 그 증가율이 더욱 빠르다는 점을 지적하였다. 이에 대해 량치차오는 "금후 우리 중국이 문명 대국과 어깨를 나란히 하고자 하지 않는다면 그만이지만, 진정으로 대국과 어깨를 나란히 하고자 한다면, 현재 각 대국의 세출 비율을 파악하여 우리 역시 영토의 면적과 인구수에 비례하여 세출을 증가시켜야 한다"[82]라고 주장하였다. 량치차오는 당면한 중국의 국가적 위기를 극복하고 서구 열강과 대등하게 경쟁하기 위해서는 세제개혁을 통해 국고 수입을 증대시키는 것이 필수적이라고 강조하였다.

량치차오는 국고 수입의 대부분을 차지하고 있는 전부와 염세를 개혁하고, 기타 세목을 정비하여 국민 생활을 저해하지 않는 범위에서 새로운 세원을 확보할 것을 제안하였다. 그는 나아가 재정의 지방분권화 경향을 극복하기 위해 이금, 상관세 등의 잡세 폐지를 주장하였다. 량치차오는 세제개혁의 기본 방침으로 지역 간 차이를 없애고 동일한 세율을 적용하며, 판로를 확보하여 균질적인 원리에 따른 세원 처리를 제안하였다. 특히, 전부와 염세의 개혁 방안에서도 이러한 원칙이 핵심적으로 반영되었다. 또한, 량치차오는 세제개혁을 통해 국고 재정을 확보하는 동시에 재무 행정의 효율화를 강조하였다. 그는 당시 국가 예산안 시스템이 확립되지 않은 현실을 극복하고, 세입과 세출의 균형을 맞추며, 중앙정부의 주도하에 국가 예산 편성을 주장하였다. 이를 통해 중앙집권적 재정체계를 확립하고자 하였다. 더불어, 량치차오는 불필요한 인력 낭비를 줄여 예산을 절감하는 한편, 실업비와 교육비 등 국가 부흥에 필요한 부분에는 과감히 투자를 늘릴 것을 주문하였다.

81 梁啓超, 「駁某報之土地國有論」(1905), 『文集』18, 2쪽.

82 梁啓超, 위의 책, 2~3쪽.

이러한 량치차오의 견해는 중앙정부의 주도하에 전국의 재정을 유기적으로 재정비하고자 한 것으로, 그가 지향하는 국민국가상의 단면을 보여주는 주요한 표상이라 할 수 있다. 그의 재정개혁안은 일본을 비롯한 서구 열강을 모델로 삼아, 위기에 봉착한 청조의 국가적 위기를 극복하고 근대적 국민국가로 거듭나기 위한 치열한 고뇌 속에서 제안된 것이었다. 그러나 당시 중국의 현실은 그의 이상을 실현하기에 너무나 척박하였다. "사억 인이 사억의 나라를 형성해 이 나라가 망해도 나에게 손해가 없다면 방관해서 개의치 않는다"[83]는 현실 속에서 그의 구상이 실현되기까지는 오랜 시일과 함께 중국 사회의 구조적 변화가 필요했던 것이다.

원재: 『明清史研究』39, 明清史學會, 2013. 4.

83 梁啓超, 「中國積弱溯源論」(1900), 『文集』5, 22~23쪽.

4장

량치차오의 '제국(帝國)'론과 '대청제국(大淸帝國)'의 국체

머리말

일반적으로 중국의 역대 왕조를 '중화제국'으로 지칭하지만,[1] 19세기 이전까지 역대 왕조가 스스로를 '제국'이라고 호칭한 적은 없다. 청조는 자신을 '천조(天朝)', 또는 '중국(中國)'이라고 불렀으며, 아편전쟁 이후 구미 열강과 조약을 체결하는 과정에서는 주로 '대청국(大淸國)'이라는 호칭을 사용하였다.[2] 본래 국이란 봉건제하에서 조정의 하위 개념에 속하였으나, 조약 문서에서는 '대영국(大英國)', '대법국(大法國)' 등의 서구 국가

1 근대 이전의 중국 왕조가 중화제국이었다는 막연한 인식이 통용되고 있었다고 하는 견해에 대해서는 王柯, 『20世紀中國の國家建設と民族』, 東京大學出版會, 2006, 9~10쪽 참조. 다만, 왕커는 위안스카이가 제제(帝制)를 강행해서 1916년 '중화제국'을 선포한 것을 중국사상 유일하게 제국을 국명으로 사용한 예로 들고 있는데, 본 장에서 다루고자 하는 '대청제국'은 비록 정식으로 헌법을 공포하지는 못했지만, 청조가 스스로를 칭한 국명이라는 점에서 최초의 예라고 할 수 있다.

2 아편전쟁 이후 청조가 외국 열강과 체결한 조약문에 대해서는 中外舊約章編纂委員會, 『中外舊約章大全』1, 2, 中國海關出版社, 2004 참조.

들과 형평성을 맞추기 위해 사용한 것으로 이해된다.[3] 청조가 처음으로 대청제국이라는 호칭을 사용한 것은 청일전쟁 후 일본과 체결한 「시모노세키조약(下關條約)」에서였다. 그러나 이 호칭은 일본이 스스로를 '대일본제국(大日本帝國)'으로 명시한 데 대한 형식적 대응에 불과하였다.[4] 이후 체결된 조약들에서도 여전히 대청국이라는 호칭이 사용된 점은 제국이라는 용어가 당시 중국에서는 아직 정착되지 않았음을 보여준다.

청조가 스스로를 대청제국이라고 칭하게 된 것은 광서신정기(光緒新政期) 입헌정체로 국체를 새롭게 재편하는 과정에서 비롯된 것으로 보인다. 후술하겠지만, 청조는 1908년(광서 34년)에 작성된 헌법 기본안인 '헌법대강'에서 "대청황제는 대청제국을 통치하며, 만세일계로서 영원히 존대(尊戴)한다"[5]라고 명시하였는데, 이는 청조가 스스로 대청제국이라는 명칭을 공식적으로 사용한 최초의 사례로 볼 수 있다.

그런데 제국이라는 개념은 명확한 영토와 균질적이고 일체적인 국민을 추구하는 국민국가 체제와 대비된다는 점에서, 근대 주권국가를 지향한 대청제국의 등장은 다소 의아스럽게 느껴질 수도 있다. 이와 관련하여 전인갑은 현대 중국의 제국성에 주목하며 흥미로운 연구를 진행하였다.[6] 전인갑은 역대 중국, 특히 청조의 지배 체제를 '네트워크형 통합 지배'가 아닌 '지역제국(地域帝國)'[7]이라는 개념으로 정의하며, 근현대 중국의 지배 체제를 전통 제국의 유산을 계승하고 이를 재구성하여 성립한 '제국성 국민국가(帝國性國民國家)'라는 관점에서 분석하였다. 이 '제국성 국민국가'론은 종래의 혁명론적 시각에서 벗어나 제국이라는 관점에서 중국의 역사를 통시적으로 이해할 수 있

3 川島真, 「天朝から中國へ—清末外交文書における『天朝』『中國』の使用例」, 『中國—文化と社會』12, 1997, 44~45쪽.

4 吉田忠典, 「帝國という概念について」, 『史學雜誌』108-3, 1999, 38쪽. 요시다는 '제국'을 '와제한어(和制漢語, 일본에서 만들어진 한자어)'라고 주장한다.

5 본 장 주 38) 참조.

6 전인갑, 「帝國에서 帝國性 國民國家로—제국의 구조와 이념」(1), 『中國學報』65, 2012; 전인갑, 「帝國에서 帝國性 國民國家로—제국의 지배전략과 근대적 재구성」(2), 『中國學報』66, 2012(전인갑, 『현대 중국의 제국몽—중화의 재보편화 100년의 실험』, 학고방, 2016 수록).

7 전인갑은 중국에서의 제국의 의미를 "직·간접지배를 통해 지배영역을 하나의 정치적 단위로 통합한 지배 체제를 의미한다"라고 하고 이를 '지역 제국'으로 규정한다. 전인갑, 「帝國에서 帝國性 國民國家로—제국의 구조와 이념」(1), 『中國學報』65, 2012, 162쪽.

는 단초를 제시하였다는 점에서 주목할 만하다. 본 장에서 언급하는 대청제국은 청조가 서구 및 일본 제국주의의 침략 속에서 근대 주권국가로 국체를 개조하는 과정에서 등장하였다는 점에서, 위에서 언급한 제국성 국민국가의 출발점으로 이해할 수 있다.

여기에서는 선행 연구에서 제기된 경험적 논의를 중시하면서, 대청제국이 체제 질서를 구축하는 과정에서 어떠한 제국적 담론이 존재하였는가를 고찰하고자 한다. 또한, 대청제국이 구체적으로 지향한 체제 질서의 성격을 탐구함으로써, 천조(천하론적 제국질서)와 국민국가의 이중적 성격을 내포한 대청제국 체제의 특질을 분석하는 데 연구의 목적을 둔다.[8] 이하 우선 대청제국의 성립 과정에서 중국 최초로 '제국론(帝國論)'을 수용하고 정착시키는 데 기여한 량치차오의 제국 담론을 조명하고, 그가 지향한 새로운 체제 질서에 주목한다.[9] 다음으로는 대청제국 국체 형성의 기반에 대해 논의하고, 나아가 대청제국의 국민 창출과 국민 통합의 원리를 분석한다.

★ ★ ★

량치차오의 신체제 모색과 제국론

무술변법운동(戊戌變法運動)이 실패한 후 일본으로 망명한 량치차오는 문명 진보적 차원에서 중국과 서구 문명 간의 괴리를 통감하고, 그 원인을 규명하기 위해 전력을 기울였다. 그는 이 괴리의 단서를 양측 국체의 차이에서 찾고자 하였다. 량치차오에 따

8 이와 관련하여, 치바 마사시(千葉正史)는 국민국가의 출발점으로서 대청제국의 통합 및 신해혁명 이후 그 계승 문제에 주목하며, 현대 중국 다민족 내셔널리즘의 기원을 추적하였다(千葉正史, 「天朝 '大清國'から 國民國家 '大清帝國'へ — 清末政治體制再編と多民族ナショナルリズムの起源」, 『メトロポリタン史學』6, 2011). 이 연구는 본 장의 문제의식과 깊이 연관되어 많은 시사점을 제공한다. 그러나 대청제국의 체제 및 통합 이념 그리고 유지 메커니즘을 보다 정합적으로 이해하기 위해서는 여전히 추가적인 논의가 필요하다고 판단된다.

9 참고로 량치차오가 제국주의를 어떻게 인식했는가에 대해서는 羅興佐, 「梁启超論帝國主義思想初探」, 『吉安師專學報』 1994-2; 馬永山, 「20世紀初梁启超帝國主義観二題」, 『內蒙古民族師院學報』 1994-2; 劉新華, 「梁启超對帝國主義的認識」, 『呼蘭師專學報』 2000-3; 劉新華, 「論19世紀末20世紀初梁启超對帝國主義的認識」, 『錦州師範學院學報(哲學社會科學版)』 2000-3 등을 참조.

르면, 중국은 춘추전국시대까지 서구와 국체의 차이가 없었으나, 진시황제가 중국을 통일한 이후 양측의 분기가 시작되었다고 주장한다. 그는 서구의 경우 로마제국 이후에도 여러 국가가 병립하며 상호 경쟁하는 가운데 귀족정치가 지속된 반면, 중국은 진·한 제국 이후 통일이 이루어지며 신분제도가 해체되었다고 보았다. 이로 인해 중국과 서구는 무계급과 유계급으로 나뉘며, 국체의 변화가 발생했다고 분석하였다.[10]

그러나 문명의 일반적 원리에 비추어 볼 때, 분열보다는 통일이, 유계급 사회보다는 무계급 사회가 더 우월하다고 평가된다. 그럼에도 불구하고, 2,000년 전에 이미 대일통과 무계급 사회를 이룩한 중국이 분열과 유계급 사회를 유지한 서구에 비해 문명 진보의 측면에서 뒤처지게 된 이유는 무엇인가?

량치차오는 대일통 사회와 무계급 사회가 분열과 유계급 사회에 비해 문명적으로 뒤처진 원인으로 두 가지를 제시하였다.

첫째, 열국이 병립하는 서구에서는 국가와 국민이 생존경쟁을 위해 끊임없이 노력한 결과, 국정이 잘 다스려지고 국민의 기강이 바로 서며 진보를 이룩했다고 보았다. 반면, 중국은 통일 상태가 오래 지속되면서 위정자들이 국가의식을 상실하고 스스로 만족한 채 세계정세의 변화를 인지하지 못하였다. 이들은 백성을 억압하여 혼란을 미연에 방지하려고만 하였으며, 그 결과 정치는 쇠퇴하고 수습할 길이 없게 되었다. 국민은 장기간 탄압을 받아 속박에서 벗어나려는 독립적 정신이 사라지면서 문명 진보에서 뒤처지게 되었다는 것이다.

둘째, 서구를 비롯하여 인도와 일본은 근래까지 신분 계급이 존재하였으나, 근대 천부인권 사상의 확산과 함께 모든 국민이 평등하다는 의식이 보편화되었다. 이로 인해 소수의 귀족 계층에 대한 다수 평민의 저항이 활발히 일어나면서 국민의 기세가 날로 강해졌다고 분석하였다. 반면, 중국에서는 이미 오래전부터 피지배자도 자신의 능력에 따라 지배자가 될 수 있었기에 천부의 권리가 어느 정도 인정되었다고 볼 수 있다.

10 梁啓超, 「論中國與歐洲國體異同」(1899), 『文集』4, 63~65쪽; 鄭址鎬, 「淸末 梁啓超의 經濟 改革案과 國民國家」, 『明淸史硏究』36, 明淸史學會, 2011, 312쪽(본서 2장 수록).

그러나 이러한 상황은 민중으로 하여금 사회적 억압 구조에 대한 문제의식을 결여하게 만들었고, 오히려 자신의 부귀를 추구하는 데 집중하게 하였다. 그 결과, 서구와 같은 국민으로서의 자각, 즉 민권 의식의 성장은 이루어지지 못했다고 지적하였다.[11]

그러나 량치차오는 중국의 실상을 단순히 부정적으로만 바라보지 않았다. 그는 중국이 이미 수천 년 전에 대일통 국가를 이룩하였다는 점을 전제로 단일 세계로서의 새로운 중국을 모색하는 암묵적인 구상을 제시하고 있었다. 량치차오가 지향한 새로운 중국은 과연 어떠한 국가였는가?

량치차오는 1900년 2월에 발표한 「소년중국설(少年中國說)」이란 글에서 "일본인은 우리 중국을 가리켜 노쇠한 대제국(老大帝國), 노쇠한 대제국이라고 한다. 이 말은 대체로 서구인의 언어를 번역한 것이다"라고 언급한 후, "아아! 우리 중국은 과연 노쇠한 대제국인가?" "나(량치차오)의 마음속에는 하나의 소년중국(少年中國)이 있을 뿐이다"[12] 라고 한다. 이 글은 서구 열강에 의해 노쇠한 대제국으로 지목된 중국의 실상을 한탄하는 동시에, 중국이 노쇠한 대제국에서 벗어나 소년중국으로 거듭나야 한다는 메시지를 담고 있다. 노쇠한 대제국이 전통적 천하 제국을 의미한다면, 소년중국은 근대국가의 형태를 갖춘 새로운 국체를 염두에 둔 것으로 해석할 수 있다.

량치차오는 이듬해인 1901년 6월에 발표한 「입헌법의(立憲法議)」에서 세계의 정체를 군주전제정체(러시아 등), 군주입헌정체(영국, 독일, 일본 등), 민주입헌정체(미국, 프랑스 등)로 분류한 후, 이 중에서 군주입헌정체를 가장 바람직한 체제로 지목하였다.[13] 이에 중국 역시 군주 입헌 정체로 변법(變法)을 시행할 필요가 있다고 주장하며, 이를 위한 구체적인 과정을 다음과 같이 제시하였다.

첫째, 황제께서 명확한 칙령을 반포하시어 전 신민에게 널리 알리고, 중국을 군주

11 梁啓超, 위의 책, 65~67쪽.

12 梁啓超, 「少年中國說」(1900), 『文集』5, 7쪽. 량치차오는 이 글에서 처음으로 '제국'이란 용어를 사용하고 있다. 참고로 『문집』에서는 이 글을 1901년 작품으로 분류하고 있는데, 이는 오류이다.

13 梁啓超, 「立憲法議」(1901), 『文集』5, 1쪽.

입헌제 제국으로 정하며, 만세토록 변하지 않게 할 것을 요청한다.(首請皇上渙降明詔, 普告臣民, 定中國爲君主立憲之帝國, 萬歲不替)

둘째, 중신 세 명을 파견하여 유럽 각국, 미국, 일본을 순방하며, 각국 헌법의 공통점과 차이점, 장단점을 조사하게 한다.(宜派重臣三人, 遊曆歐洲各國及美國, 日本, 考其憲法之同異得失)

셋째, 파견된 대신이 귀국한 후에는 즉시 궁중에 입법국을 설치하여 헌법 초안을 작성하고, 이를 수시로 황제께 상주하여 직접 열람하시게 한다.(所派之員旣歸, 卽當開一立法局於宮中, 草定憲法, 隨時進呈御覽)

넷째, 각국의 헌법 원문과 헌법을 해설한 명저는 입법국에서 번역하여 전국에 반포한다.(各國憲法原文及解釋憲法之名著, 當由立法局譯出, 頒布天下)

다섯째, 초안이 완성되더라도 이를 곧바로 확정된 본으로 삼지 말고, 먼저 관보국에 발표하여 전국의 사대부와 백성들이 모두 비판하고 논의할 수 있도록 한다. …… 이 과정을 5년 또는 10년 동안 거친 후 수정과 보완을 통해 최종 헌법을 제정한다. 최종본이 공포된 이후에는 전 국민의 투표를 거치지 않고는 헌법을 임의로 개정할 수 없도록 한다.(草稿旣成, 未卽以爲定本, 先頒之於官報局, 令全國士民皆得辨難討論. …… 如是者五年或十年, 然後損益制定之. 定本旣頒, 則以後非經全國人投票, 不得擅行更改憲法)

여섯째, 정체를 확정하는 칙령을 반포한 날로부터 시작하여, 20년을 헌법 시행의 준비 기간으로 삼는다.(自下詔定政體之日始, 以二十年爲實行憲法之期)[14]

량치차오가 가장 바람직한 정체로 지목한 군주입헌정체는 그가 지향한 소년중국의 구체적인 비전과 밀접하게 연관되어 있다고 볼 수 있다. 특히 량치차오가 제시한 여섯 단계의 주장은 이후 청조가 입헌정체를 채택하는 과정에서 거의 그대로 실행되었다는 점에서 주목할 만하다. 이는 그의 사상이 청말 정치개혁에 실질적인 영향을 미쳤음을 보여준다.

14 梁啓超, 위의 책, 6~7쪽.

그런데 량치차오는 여기에서 처음으로 제국이라는 호칭을 사용하게 되는데, 그가 구상한 군주 입헌 제국은 과거의 제국과는 구별되는 형태였다. 그는 같은 해 10월에 발표한 「국가사상변천이동론(國家思想變遷異同論)」에서 인류 역사를 가족주의 시대, 추장주의 시대, 제국주의 시대로 구분하고, 제국주의 시대를 다시 신권제국과 비신권제국으로 나누었다. 량치차오는 현재를 민족주의 시대와 민족제국주의 시대가 공존하는 시기로 정의하며, 미래는 만국대동주의 시대로 나아갈 것이라고 전망하였다.[15] 량치차오는 이어서 19세기의 제국주의가 18세기 이전의 제국주의와 외형적으로는 유사하지만, 실질적으로는 크게 다르다고 분석하였다. 그는 "과거의 정부는 한 명의 군주를 주체로 삼았기 때문에 제국은 독재자의 제국이었다. 반면, 현재의 정부는 전 국민을 주체로 삼기 때문에 그 제국은 민족의 제국이다"[16]라고 주장하였다. 이를 통해 그는 과거의 제국과 현재의 제국을 군주의 제국과 민족의 제국으로 엄격히 구분하며, 시대적 변화를 강조하였다.

이러한 량치차오의 제국론은 1902년 그가 '중국의 신민(中國之新民)'이라는 필명으로 발표한 「신민설(新民說)」[17]에서 보다 구체적으로 드러난다. 량치차오는 이 글에서 민족제국주의를 "국민의 실력이 국내에 충만하여 외부로 흘러넘치는 것"으로 규정하며, 이를 통해 "타국의 토지에 권력을 확장하고 실력 행사를 하는 것"이라고 전제한 후 다음과 같이 언급하고 있다.

> 무릇 민족제국주의란 고대의 제국주의와는 본질적으로 판이하게 다르다. 알렉산드로스, 샤를마뉴, 칭기즈칸, 나폴레옹 등은 모두 웅대한 기상을 품고 원대한 경략에 힘쓰며 대지를 유린하고 약자를 병합하였지만, 고대 제국주의는 한 개인의 영웅심

15 梁啓超, 「國家思想變遷異同論」(1901), 『文集』6, 18쪽.

16 梁啓超, 위의 책, 22쪽.

17 「신민설」은 량치차오의 초기 저술 중 대표작이라고 할 수 있다. 그는 1902년 요코하마(横浜)에서 『신민총보(新民叢報)』를 창간하고 그 서두에 이 「신민설」을 연재하였는데, 「신민설」을 쓰기 위해 이 잡지를 창간한 것처럼 보이기도 한다. 「신민설」에 대해서는 狹間直樹, 「'新民說'略論」, 狹間直樹編, 『梁啓超—西洋近代思想と明治日本』(みすず書房, 1999) 참조. 한글 번역본으로 이혜경 주해, 『신민설』, 서울대학교출판문화원, 2014 참조.

> 에 의해 추진된 것이었다. 이에 비해 민족제국주의는 민족 자체의 팽창하는 힘에 의해 이루어진다. 고대 제국주의가 권위에 복속한 체제였다면, 민족제국주의는 시대의 흐름과 시세의 추이에 따라 발생한다. 따라서 고대 제국주의의 침략은 일시적이며, 마치 폭풍우가 지나가듯 짧은 시간 안에 사라지지만, 민족제국주의의 진취는 유구하고 원대하여 날로 확대되고 깊어지는 특징을 지닌다.[18]

이와 같이 량치차오는 민족제국주의가 한 개인의 영웅에 의해 주도되는 것이 아니라, 민족의 생존 욕구와 경쟁 그리고 문명의 진보에 의해 주도된다고 보았다. 그는 이러한 민족제국주의의 침략에 맞서기 위해 중국이 우선적으로 민족주의를 실행해야 한다고 주장하였다. 량치차오는 이미 언급한 「국가사상변천이동론」에서 민족주의야말로 "세계에서 가장 광명정대하고 공평한 주의이다"[19]라고 평가하며, "민족주의 단계를 경험하지 않은 나라는 나라라고 할 수 없다. 이를 사람에 비유하면, 민족주의는 태아가 어린이가 되기까지 거쳐야 할 과정과 같다. 민족주의에서 민족제국주의로 나아가는 것은 성인이 되어 스스로 생업을 가지는 것과 같이 지극히 당연한 것이다"[20]라고 언급하였다. 량치차오는 이처럼 민족주의에 기반한 근대국가 건설을 강력히 주장하며, 민족주의를 중국의 미래를 위한 필수적인 단계로 간주하였다.

량치차오는 민족을 구성하는 주체와 관련하여, 청조 타도를 외치며 멸만흥한(滅滿興漢)의 기치 아래 활동했던 혁명파의 주장을 편협한 소민족주의(小民族主義), 민족복구주의(民族復仇主義)라고 비판하였다. 그는 중국의 위기를 극복하고 서구와 같은 민족제국주의로 나아가기 위해서는 한족을 포함한 대민족주의(大民族主義)로 전환해야 한다고 주장하였다.[21] 량치차오에 따르면, 대민족주의는 혈통, 언어, 풍속을 초월하여 "나는 중국인이다", "나는 중화민족의 일원이다"라는 자각적 민족의식에 의해 형성된다. 그는

18 中國之新民(梁啓超), 「新民說(1)」, 제2절 論新民爲今日中國第一急務, 『新民叢報』1, 1902, 6쪽.

19 梁啓超, 「國家思想變遷異同論」(1901), 『文集』6, 20쪽.

20 梁啓超, 위의 책, 22쪽.

21 梁啓超, 「政治學大家伯倫知理之學說」(1903), 『文集』13, 75~76쪽.

역사를 바로 중화민족의 관념과 중화민족의 일원이라는 의식이 어떻게 형성되어 왔는가를 연구하는 과정으로 보아야 한다고 강조하였다.[22] 이러한 논의는 주관적 가치에 기반한 민족의식으로, 현재 중화인민공화국에서 강조하는 중화민족론의 이론적 근거를 제공하고 있다는 점에서 주목할 만하다.

결국 량치차오가 구상한 민족주의는 현재 청조 영역 내에 거주하는 모든 민족이 중화민족이라는 기치 아래 대동단결하여 민족주의 국가를 건설하자는 것이다. 이는 그의 대민족주의가 단순히 민족적 동질성에 기반한 것이 아니라, 민족주의국가의 형성과 발전을 지향한 포괄적 비전임을 보여준다.

> 오늘날 중국을 구하기 위해서는 다른 방법이 없다. 우선 민족주의 국가를 건설해야 한다. 지구상에서 가장 큰 민족으로서 진화론의 원리에 부합하는 국가를 건설할 수 있다면, 천하제일 제국이라는 칭호를 누가 감히 빼앗을 수 있겠는가![23]

즉, "동방 대륙의 가장 큰 나라로서 가장 비옥한 토양을 갖고 있지만, 가장 부패한 정부와 뿔뿔이 흩어진 가장 약한 국민이 있는"[24] 중국을 구하기 위해서는 무엇보다도 민족주의 국가를 건설해야 한다는 것이다. 량치차오는 이를 통해 진화론에 입각하여 중국이 명실상부하게 '천하제일의 제국'이 될 수 있다는 뚜렷한 희망을 제시하였다. 그는 민족을 주관적 관념으로 규정하고 이를 바탕으로 천하제일의 제국을 건설하려는 이상을 추구하였다. 이는 그의 사상이 제국적 특성을 온전히 내포하고 있음을 보여주는 사례라 할 수 있다.

이상에서 살펴본 바와 같이, 량치차오의 제국론은 청조의 차등적 지배구조를 특징으로 하는 전통적인 천하 제국의 체제에서 벗어나, 균질적으로 지배하는 국민국가적

22 梁啓超, 「中國歷史上民族之研究」(1922), 『專集』42, 1~2쪽; 鄭址鎬, 「梁啓超의 近代的 歷史敍述과 國民國家」, 『梨花史學硏究』32, 梨花史學硏究所, 2005, 16쪽(본서 1장 수록).

23 中國之新民(梁啓超), 「論民族競爭之大勢(完)」, 『新民叢報』5, 1902, 13~14쪽.

24 中國之新民(梁啓超), 「新民說(1)」, 제2절 論新民爲今日中國第一急務, 『新民叢報』1, 1902, 5~6쪽.

특성을 내포하고 있다. 이는 직간접적 지배를 통해 지배 영역을 하나의 정치적 단위로 통합한 지배 체제를 의미하는 지역 제국[25]의 특성을 지닌다. 이러한 제국론은 전통적 지배 체제인 천하 제국과 범위상의 공통점을 공유하지만, 근대 국민국가를 모델로 하여 균질화된 국민을 양성하고자 한다는 점에서 본질적인 차이를 보인다. 특히, 그의 제국론은 청조의 패권 영역, 즉 천하를 균질적으로 지배하려는 목표를 내포하고 있어, 지극히 근대적인 '제국성 국민국가'의 성격을 띠고 있다고 할 수 있다. 이 제국은 영국이나 일본과 같이 원거리 지역을 통합하는 제국적 지배 체제는 아니지만, 지배 체제의 성격에 있어 여전히 지역 제국의 범주를 벗어나지 않는 특징을 지니고 있다. 이는 그가 국민국가와 제국의 특성을 절충하여 중국의 근대적 국가 건설을 모색하고자 한 것으로 이해할 수 있다.

량치차오의 제국론은 청조의 개혁 과정에 상당한 영향을 미친 것으로 보인다. 잘 알려진 바와 같이, 청조는 1901년(광서 26년) 1월 29일, 국내외적 위기를 타개하기 위해 신정(新政)을 실시한다는 상유를 반포하며 전면적인 국가 개조 작업에 착수하였다.[26] 신정은 정치, 경제, 군사, 문화교육 등 다양한 분야에 걸쳐 진행되었다. 특히 1904년 러일전쟁에서 입헌군주국 일본이 전제국 러시아를 물리친 사건은 중국 내에서 입헌운동의 기운을 고양시키는 계기가 되었다. 이로 인해 1905년(광서 31년) 12월, 청조는 구미 각국의 헌정을 시찰하기 위해 다섯 명의 대신을 파견하였다. 이는 량치차오가 앞서 제안했던, 대신을 파견하여 구미 및 일본의 헌정을 조사하자는 주장이 실제로 채택된 것으로 보인다.

이 사절단은 짜이쩌(載擇), 상치헝(尙其亨), 리청둬(李成鐸), 돤팡(端方), 따이훙츠(戴鴻慈) 등 다섯 명으로 구성되었으며, 돤팡과 따이훙츠는 상해를 출발하여 일본, 미국, 독일, 스웨덴, 노르웨이, 네덜란드 등을 약 8개월간 순방한 후 귀국하였다.[27] 흥미로운 점

25 본 장 주7) 참조.

26 신정에 대해서는 김형종, 『清末 新政期의 研究』, 서울대학교출판문화원, 2002 참조. 특히 이 시기 변경에 대한 제문제에 대해서는 趙雲田, 『清末新政研究—20世紀初的中國邊疆』, 黑龍江教育出版社, 2004 참조.

27 韋慶遠等, 『清末憲政史』, 中國人民大學出版社, 1993, 114쪽. 부언하면, 5명의 대신은 광서 31년 9월 26일

은 사절단의 일원인 돤팡 등이 일본 방문 중 여전히 대역죄인으로 수배 중이던 량치차오와 비공식적으로 접촉하였다는 사실이다.[28] 이는 량치차오의 제안과 구상이 비록 유배와 망명이라는 상황 속에서도 청말의 개혁 흐름에 지대한 영향을 미쳤다는 점에서 주목할 만하다. 량치차오의 연보에는 다음과 같이 기술되어 있다.

> 러일전쟁 종결 후, 청조 황족 중 일부는 당시의 시대적 분위기에 부응하여 유신을 표방하는 경향을 보였다. 그중에서도 돤팡이 특히 강력히 이를 주장하였고, 이에 따라 헌정을 시찰하기 위해 오대신을 해외로 파견하게 되었다. 당시 돤팡은 선생(량치차오)과 빈번히 서신을 주고받으며 의견을 교환하였다. 가을에서 겨울에 걸쳐 선생이 이들을 대신하여 작성한 헌정 시찰 보고서, 입헌 건의서, 입헌파 인사들의 사면 요청서, 국시 제정에 관한 청원 등의 주청문은 20여만 자에 달하였다.[29]

돤팡은 량치차오와 빈번히 서신을 주고받으며 입헌군주정체에 대한 자문을 구했을 것으로 보인다. 일본에서 긴밀히 지내던 쉬포쑤(徐佛蘇)에게 보낸 편지의 발문에서도 량치차오는 돤팡을 위해 헌정 시찰에 관한 주의(奏議)를 작성하였다[30]고 언급한다. 또한 장관윈(蔣觀雲)에게 보낸 서신에서도 량치차오가 돤팡을 위해 관제 개혁에 관한 문서를 대신 작성했다[31]는 사실이 드러난다. 이처럼 량치차오는 청조의 입헌군주정체 준비 과정에서 핵심적인 역할을 수행하며, 청조와 긴밀히 연결되어 있었다.

(1905년 10월 24일) 철도로 북경을 출발하려고 했으나 폭발 테러가 일어났다. 혁명파인 우웨(吳樾)가 입헌을 추진하려는 조정의 움직임을 막기 위해 자행한 사건이었다. 이 사건으로 사절단 파견이 잠시 지연되었다. 우웨의 폭탄테러 사건에 대해서는 요시자와 세이치로(정지호 옮김), 『애국주의의 형성: 내셔널리즘으로 본 근대 중국』, 논형, 2006, 222~226쪽 참조.

28 청조는 1904년(광서 30년) 5월, 서태후의 70주년 생일을 맞이해서 상유를 내려 무술변법유신운동에 가담한 일반 유신파 인물들에 대해서는 사면을 내렸지만, 주동자인 캉유웨이와 량치차오 그리고 쑨원은 극악무도한 대역죄인으로서 용서하지 않았다. 앞의 책, 108쪽.

29 『年譜』2, 251쪽.

30 위의 책, 252쪽.

31 위의 책, 267쪽.

1906년, 오대신이 구미 헌정 시찰을 마치고 귀국한 후, 7월 9일에 개최된 어전회의에서 청조는 량치차오가 기초한 「각국의 헌정을 고찰한 보고(考察各國憲政報告)」를 수용하였다. 이어 7월 13일에는 입헌 준비를 공식적으로 선포하는 예비입헌(豫備立憲) 상유를 반포하였다. 상유에서는 "입헌 준비를 선언하고, 수년간 민중의 지혜를 관찰한 후 정식으로 실행할 연한을 정한다"[32]라고 명시하였다. 입헌군주제를 향한 여정은 여전히 멀었지만, 변법운동 실패 후 일본으로 망명하여 입헌군주제에 기초한 근대국가 건설을 위해 절치부심했던 량치차오의 끊임없는 노력이 마침내 결실의 단초를 열게 된 순간이었다. 이는 그의 사상이 청조의 개혁 과정에 실질적인 영향을 미쳤음을 보여주는 중요한 사례로 평가될 수 있다.

청조가 예비입헌의 상유를 반포하자 정계는 물론 학계, 상계 등 각계에서 입헌을 축하하며 "사민이 경축하여 온 나라가 열광하였다"라고 전해진다. 국내 입헌파의 거두였던 장젠(張謇)과 정샤오쉬(鄭孝胥) 등도 예비입헌의 상유 소식을 듣고 "서로 경축하며 눈물을 흘리며 기뻐하였다"라고 전하며, 일본에 있던 량치차오 또한 이 소식을 접하고 기쁨을 주체하지 못해 춤을 추었다고 한다.[33] 량치차오는 장관윈에 보낸 서신에서 당시의 감정을 다음과 같이 토로하였다.

> 오늘 저녁 호외를 보고 입헌의 명조(明詔)가 이미 반포되었음을 알게 되었습니다. 이것으로 정치혁명의 문제는 일단락을 짓게 되었습니다. 이제 앞으로 검토해야 할 문제는 이 과도기를 어떻게 조정하고 체계화할 것인가입니다.[34]

예비입헌의 상유 이후, 국내외에서 활동하던 입헌파의 활동은 크게 탄력을 받았다. 량치차오는 스승인 캉유웨이에게 보낸 장문의 편지에서 "우리나라는 얼마 전부터 정당을 결성해야 할 시기를 맞이하고 있습니다. 지금까지는 그 기회가 없었으나, 입헌

32 위의 책, 265쪽.

33 韋慶遠等, 앞의 책, 185쪽.

34 『年譜』2, 266~267쪽.

준비의 상유가 내려옴에 따라 그 기운이 크게 달아오르고 있습니다. 제자는 이를 국내에서도 주창하고자 합니다"[35]라고 언급하였다. 량치차오가 예비입헌 상유 이후 정당의 필요성을 강하게 느낀 것은 혁명파의 움직임과 밀접하게 관련되어 있다. 주지하듯이 쑨원은 그동안 개별적으로 활동하던 혁명 세력을 하나로 통합하여 1905년 도쿄에서 '중국동맹회'를 결성하고, 이를 기반으로 활발한 활동을 전개하고 있었다. 량치차오는 예비입헌 상유의 발표로 인해 혁명파의 정치 활동이 위축될 것으로 예상했으나, 오히려 이를 계기로 혁명파의 활동은 더욱 활발해졌다. 량치차오는 이에 대응하기 위해 종래의 보황회(保皇會)의 명칭을 제국입헌회(帝國立憲會)로 변경하였으나, 보황회가 국내에 세력을 확장한다는 것이 드러나는 것을 꺼려 국내에는 별도로 헌정회(憲政會)를 결성하였다. 헌정회의 강령으로는 다음과 같은 세 가지를 내세웠다.

(1) 황실을 존숭하고 민권을 확장한다.

(2) 국방을 강화하고 민업을 장려한다.

(3) 양질의 헌법을 요구하고 책임 있는 정부를 수립한다.[36]

량치차오의 자문을 받은 돤팡은 1907년(광서 33년) 7월 7일 상주를 올려 우선 대청제국헌법과 황실전범을 편찬하여 전국에 포고할 것을 요청하였다.[37] 이에 청조는 1908년(광서 34년) 8월 1일, 9년 후 헌법을 공포할 것을 결정하고 그 기본안인 「헌법대강(憲法大綱)」을 발표하였다. 「헌법대강」은 '군주의 대권'을 중심으로 '신민의 권리와 의무', '의원법 요령', '선거법 요령' 등을 부속 내용으로 포함하고 있다. 그중 '군주의 대권' 주요 내용을 살펴보면, "대청황제는 대청제국을 통치하며, 만세일계로서 영원히 존대(尊戴)한다"라는 내용을 필두로, "황제의 권리는 신성하고 존엄하여 침해할 수 없으며, 법률의 제정과 실행, 의회의 소집 및 해산까지도 황제의 권한에 포함된다"[38]라고

35 위의 책, 272~273쪽.

36 위의 책, 274~275쪽.

37 「兩江總督端方奏請迅將帝國憲法及皇室典範編定頒布以息排滿之說摺」 光緒 33년(1907) 7월 7일, 故宮博物院明清檔案部編, 『清末籌備立憲檔案史料』(이하 『立憲檔案』), 中華書局, 1979, 46~47쪽.

38 「憲政編查館資政院會奏憲法大綱暨議院法選擧法要領及逐年籌備事議摺 附清單二」, 위의 책, 57~61쪽.

명시되어 있다. 이처럼 황제에게 절대적인 권력을 부여한 「헌법대강」에서, 량치차오 등 입헌파가 사용한 '제국'이라는 용어는 새로운 정치 체제를 가리키는 언어로 적용되었음을 알 수 있다.[39] 결과적으로, 청조는 아직 정식 헌법 공포에는 이르지 못했으나, 국체 개혁의 과정에서 스스로를 제국성 국민국가로 재구성하며 공식적으로 대청제국이라는 국호를 채택하게 되었다. 이는 청조가 근대적 국가 체제를 수립하기 위한 과도기를 적극적으로 준비했음을 보여주는 중요한 사례라 할 수 있다.

★ ★ ★

대청제국 국체 형성의 기반

대청제국으로 국체를 변경하는 과정에서, 청조는 우선 중앙 관제 개혁에 착수하였다. 1906년(광서 32년) 9월 16일, 군기대신 혁광(奕劻)은 예비입헌을 위한 중앙 관제 개혁과 관련한 상주에서 현재의 관제가 직무의 권한과 책임이 불분명하고, 직책의 명칭과 실질이 부합하지 않아 여러 폐단이 있다고 지적하며 다음과 같이 요청하였다.

> 우선 직무의 권한을 분리하여 그 한계를 명확히 해야 합니다. 입법, 행정, 사법의 구분에서 입법은 마땅히 의회에 속해야 하나, 지금은 아직 실행하기 어려우니 임시로 자정원(資政院)을 설치하여 이를 예비 단계로 삼고, 행정 업무는 내각의 각부 대신에게 맡겨야 할 것입니다.[40]

이는 근대 주권국가의 기본 원칙인 삼권분립의 개념을 도입하려는 것으로, 당시 청조의 행정 체제 및 정치적 맥락을 고려할 때 매우 과감한 주장이었다. 이러한 요청은

39 千葉正史, 「天朝 '大淸國'から 國民國家 '大淸帝國'へ—淸末政治體制再編と多民族ナショナルリズムの起源」, 『メトロポリタン史學』6, 2011, 96쪽.

40 「慶親王奕劻等奏釐中央各衙門官制繕單進呈摺 附淸單二」, 『立憲檔案』, 462~464쪽.

청조가 국체 개혁을 통해 근대적 국가로 전환하려는 강력한 의지를 보여주는 동시에, 입헌군주제 체제로의 전환을 위한 초석을 다지려는 노력의 일환이었다.

청조는 같은 해 9월 20일, 중앙 관제를 개편한다는 상유를 발표하였다.[41] 혁광은 이튿날인 9월 21일 「자정원 관제 초안(資政院官制草案)」을 작성해서 자정원은 정무처(政務處)를 개설해서 총재 1인, 부총재 2인, 의원 130인을 선출하는데, 흠선(欽選)과 추대 및 선거의 방법을 이용한다는 내용의 상주를 올렸다. 이후 자정원을 신속히 설립해야 한다는 내용의 천춘쉬안(岑春煊), 위안스카이(袁世凱) 등의 상주[42]가 잇따르자, 청조는 1907년(광서 33년) 8월 13일 마침내 자정원을 설립한다는 상유를 내리게 되었다. 그 내용은 다음과 같다.

> 입헌정체에서는 의사 결정을 공론에 기반하기 때문에 상하 의원은 정무를 처리하는 데 반드시 필요한 기구이다. 중국에서 상하 의원을 즉시 설립하기는 어려운 상황이므로, 신속히 자정원을 설립하여 의원 제도의 기초를 확립해야 한다. 이에 따라 푸룬(溥倫)과 쑨자나이(孫家鼐) 두 인물을 자정원의 총재로 임명한다. 의원의 정관에 대한 구체적인 세부 사항은 총재가 군기대신과 협의하여 타당하고 신중하게 입안할 것을 명한다.[43]

이어서 청조는 9월 13일 자의국(諮議局)을 설립한다는 상유를 내렸는데, 그 내용은 다음과 같다.

> 앞서 성지를 내려 경사(京師)에 자정원을 설립하여 의원 제도의 기초를 수립하게 하였다. 그러나 각 성에서도 여론을 수렴할 필요가 있으므로, 각 성을 통해 지역적 이

41 「裁定奕劻等覈擬中央各衙門官制諭」, 위의 책, 471~472쪽. 이 관제 개혁에 대해 량치차오는 군기처와 예부를 그대로 존속시키고 있는 등 유명무실한 개혁에 그치고 말았다고 실망감을 드러내고 있다(『年譜』2, 270쪽).

42 각 상주 내용에 대해서는 韋慶遠等, 앞의 책, 370~373쪽 참조.

43 『申報』, 光緒 33년 8월 14일(『年譜』2, 301쪽).

해를 조정하고 지방의 치안을 구상하며, 나아가 자정원에 인재를 결집하는 단계로 삼아야 한다. 각 성의 총독 혹은 순무에게 명하여 모든 성도(省城)는 신속히 자의국을 설립하게 하고, 인재를 공적으로 선출해서 자의국의 의원으로 삼는다. 또한, 각 부(府), 주(州), 현(縣)의 의사회(議事會)는 일제히 설립 준비에 착수하여 인재 확보의 범위를 넓히고, 계획을 신속히 진전시켜야 한다. …… 또한, 각 부, 주, 현의 의사회는 일제히 설립 준비에 착수하여 인재 확보의 범위를 넓히고, 계획을 신속히 진전시켜야 한다.[44]

이로써 청조는 중앙에 자정원을, 지방에는 자의국을 설치함으로써, 입헌정체를 기반으로 한 대청제국으로서의 체제를 준비하는 작업에 착수하였다. 이러한 청조의 개혁적 움직임에 대해 량치차오는 어떠한 평가와 반응을 보였는가?

청조 정부가 자정원을 설립하려는 본래 의도는 단순히 외형적인 장식에 불과하다고 여겨진다. 그러나 이미 설립을 결정한 이상, 이를 실행하지 않는 것보다는 나은 선택이라 평가할 수 있다. …… 더욱이, 자정원 의원들이 유지(諭旨)에서 언급한 '의회의 기초'라는 문구를 준칙으로 삼고 국회의 정신에 따라 운영하려는 의지를 가진다면, 비록 자정원이 본래 제한된 역할을 가진 기구일지라도 그 존재를 경시하거나 가볍게 폐기할 수는 없을 것이다.[45]

량치차오는 자정원을 '계륵', 즉 "먹을 것은 없지만 버리기에는 아까운" 존재로 평가하였다. 그는 자정원이 본질적으로 큰 실효성을 가지지는 못하더라도, 장차 국회를 개설하기 위한 발판이라는 점에서 이를 경시하지 않았다. 량치차오는 다른 글에서 "자정원과 자의국이라는 양대 법정 기관은 비록 권력이 지극히 미약하나, 이를 잘 활용하면

44 『申報』, 光緖 33년 9월 14일(『年譜』2, 301~302쪽).

45 梁啓超, 「警告資政院議院」, 『國風報』1-9, 1910.

좋은 성과를 거둘 수 있을 것이다"[46]라고 언급하며 자정원의 잠재적 역할을 긍정적으로 평가하였다.

자정원은 이후 1910년(선통 2년) 9월 1일 정식으로 개원하였으나, 량치차오와 입헌파는 그 이전부터 정당 정치에 대비하기 위한 준비를 시작하였다. 1907년(광서 33년) 9월 11일, 량치차오는 도쿄에서 장즈유(蔣智由), 쉬포쑤(徐佛蘇) 등과 함께 정문사(政聞社)를 설립하고 창립대회를 개최하였다.[47] 창립대회의 상황에 대해 쉬포쑤는 「양임공 선생의 일화에 대한 기록(記梁壬公先生逸事)」에서 다음과 같이 기술하고 있다.

> 정문사(政聞社)는 청 광서 병오년(정미년의 오기—역자) 가을, 일본 도쿄에서 설립되었다. 회원은 약 1,500여 명에 달했으며 모두 유학생들이었다. 간다(神田)의 금휘관(錦輝館)에서 열린 창립대회에서 약 100여 명의 임원이 선출되었다. 량치차오 선생은 창립대회에서 약 2시간에 걸쳐 연설을 진행하였다. 그는 연설에서 '세계 각국의 정치혁명에서 종족 문제를 중시하지 않는 이유'와 '정당 정치의 선례'에 대해 폭넓고 심도 있게 설명하였다.[48]

량치차오가 '종족 문제를 중시하지 않는 이유'를 논한 것은, 혁명파의 종족혁명, 즉 멸만흥한을 비판하려는 의도에서 비롯된 것임은 명백하다. 이런 점에서 정문사는 1905년 도쿄에서 창립되어 활발히 활동 중인 혁명파의 중국동맹회를 견제하기 위한 목적도 있었던 것으로 보인다.

정문사가 내세운 네 가지 주장은 다음과 같다.

(1) 국회 제도를 실행하여 책임 정부를 건설한다.

(2) 법률을 개정하여 사법권의 독립을 강화한다.

(3) 지방자치를 확립하고 중앙과 지방의 권한을 명확히 한다.

46 梁啓超, 「責任內閣與政治家」, 『國風報』1-26, 1910.

47 張玉法, 『淸季立憲團體』, 中央硏究院近代史硏究所, 1970, 348~349쪽.

48 『年譜』2, 344쪽.

(4) 외교를 신중히 하여 대등한 권리를 지킨다.[49]

정문사는 기관지인 『정론(政論)』을 발행하여 청조가 입헌 조칙을 시급히 반포할 것을 촉구했다.[50] 정문사의 설립 이후 입헌파의 세력은 크게 확장되었다. 정문사는 다수의 사원을 파견하여 국내 각지에서 활발히 활동했으며, 이들의 최대 목표는 신속히 국회를 개설하는 것이었다. 이와 함께 각계와 연대하여 사원을 확대하고, 신문과 학교를 설립하는 데에도 주력했다.[51] 이러한 활동은 입헌파의 정치적 영향력을 확대하는 데 중요한 기여를 했다.

정문사가 활발하게 활동을 전개하던 중, 1907년 11월에서 12월에 걸쳐 자정원 총재인 푸룬베이쯔(溥倫貝子)가 일본을 방문하였다. 정문사 내부에서는 환영 행사를 개최하자는 의견도 있었으나, 이로 인해 정문사의 명성과 지위에 해가 될 것을 우려하여 행사를 생략하고 량치차오가 작성한 「자정원 총재에게 올리는 자정원의 권한에 관한 의견서(上資政院總裁論資政院權限說帖)」를 전달하는 것으로 대신하기로 했다. 량치차오는 당시 동료에게 보낸 서신에서 이 의견서의 주요 취지와 내용을 다음과 같이 설명하고 있다.

> 현재의 자정원은 국회 조직을 위한 구실로 이용되고 있는 상황이다. 자정원은 내년에 설치될 예정이므로, 이 기관을 활용하게 된다면 내년에는 국회의 성립이 구체화될 가능성이 있다. …… 이미 설립된 자정원을 기반으로 그 권한과 운영 방식을 개조하는 전략을 병행한다면, 예상외로 받아들여질 가능성도 배제할 수 없다.[52]

위 글에서 량치차오는 정문사의 최대 목표인 국회 개설을 직접적으로 요구하고 싶어 했으나, 당시 자정원조차 정식으로 개원하지 않은 현실을 감안할 때, 이를 추진하

49 위의 책, 346쪽.

50 위의 책, 342쪽.

51 위의 책, 361쪽.

52 위의 책, 358~360쪽.

는 것은 시기상조라고 판단했다. 따라서 그는 우선 자정원의 권한과 운영 방식을 개조하도록 유도하여, 장기적으로 국회 제도 개설을 위한 실질적인 준비를 진행하고자 하는 의도를 드러내고 있다. 이는 량치차오가 현실적 제약을 인식하면서도 단계적인 접근을 통해 입헌정체로의 전환을 준비하고자 했음을 보여준다. 자정원을 국회 설립의 토대로 삼으려는 그의 전략은 당시 입헌파의 목표를 실현하기 위한 신중하고 실용적인 접근이었다.

정문사는 1908년 5월 본부를 도쿄에서 상해로 이전하고 국회 개설을 위한 노력에 박차를 가했다. 정문사는 1908년 6월 초, 청조의 헌정 편사를 담당하는 헌정편사관(憲政編查館)[53]에 전보를 보내 "국회 개설 요구는 천하의 존망이 걸린 중대한 문제"라고 강조하며 3년 이내 국회를 소집할 것을 요청했다.[54] 그러나 청조는 6월 27일 상유를 통해 "입헌 준비를 통해 의원을 개설하려면 충분한 검토의 시간이 필요하다"라며 시기를 한정하는 요청은 받아들일 수 없다[55]고 답했다. 이와 더불어 7월 7일 상유에서는 정문사를 비판하며, 그 내부에 중죄인이 많고 시국 문제를 연구한다는 명목으로 반란을 선동하고 있으니 정문사를 폐쇄하고 사원들을 엄중히 단속할 것을 명령했다.

정문사의 폐쇄 명령에 대해서 『신보』의 보도에 따르면 국회 조기 개설 요구 외에도, 캉유웨이가 주도하는 해외 중화헌정당(中華憲政黨)의 화교가 청조에 제출한 청원서가 결정적인 원인으로 작용했다. 해당 청원서에는 즉시 국회를 개설하고 입헌을 실행할 것, 환관을 전폐할 것, 만주족과 한족의 구별을 철폐할 것, 국호를 중화로 변경할 것 등의 내용이 포함되어 있었다. 이에 대해 혁광은 "조정은 헌정 문제에 노력하고 있으며, 국회 개설과 인민의 정치 참여도 고려하고 있지만, 황당한 청원을 받아들일 수는 없다"라고 하였다. 또한, 해외의 중화헌정당은 해산할 수 없으나, 국내에서 활동하는 정

53 헌정편사관은 청조가 '예비입헌'을 추진하기 위해 혁광(奕劻) 등의 주청에 따라 1907년 8월 설치한 기구로서, 헌정에 관한 모든 법규를 편찬 제정하는 업무를 담당하였다. 헌정편사관에는 모든 군기대신 및 대학사, 정무대신이 회의에 참여하였으며, 군기처에 직속해 있었다. 韋慶遠等, 앞의 책, 239~240쪽.

54 『申報』 光緒 34년 6월 5일(『年譜』3, 24쪽).

55 『申報』 光緒 34년 6월 28일(『年譜』2, 47쪽).

문사는 량치차오가 관여하고 있으므로 신속한 조치를 지시하여 결국 정문사를 폐쇄하고 사원들을 단속하게 되었다.[56] 이는 청조가 입헌을 통한 국회 개설이라는 목표는 공유하고 있었으나,[57] 시행 시기와 구체적인 방향에 있어 입헌파와 깊은 갈등이 있었음을 보여준다.

정문사가 폐지된 이후 혁광은 민중의 불만이 혁명으로 이어질 것을 우려하며 헌정편사관에 입헌 준비에 집중할 것을 지시하였다. 그러나 당시 청조의 고위 관료들은 입헌정체의 본질과 운영 방식에 대한 이해가 부족했기 때문에 대부분 량치차오에게 자문을 구하였다. 쉬포쑤의 「양임공 선생의 일화에 대한 기록」에 따르면, 량치차오가 헌정편사관을 비롯한 기타 관청 및 왕공대신들을 위해 은밀히 작성한 문건의 분량은 20여만 자에 달했다고 한다.[58] 이는 당시 청조의 이중적인 태도를 잘 보여준다. 겉으로는 입헌파를 단속하며 정문사를 폐쇄하는 등 강경책을 쓰면서도, 뒤에서는 량치차오에게 은밀히 자문을 구하며 입헌 준비를 진행한 것이다. 결국, 청조의 입헌정체 구축 과정에서 량치차오의 역할은 비공식적이지만 매우 중요한 영향을 미쳤다고 볼 수 있다. 그의 헌법 초안 작성과 자문은 입헌정체의 기초를 다지는 데 실질적으로 기여한 사례로, 이는 청조의 개혁 과정에서 량치차오가 차지한 위상과 그가 발휘한 지적 영향력을 잘 보여준다.

한편, 1909년 9월 1일 각 성의 자의국이 제1차 회의를 개최하였고, 같은 해 11월 16일에는 각 성 자의국 대표를 중심으로 국회청원동지회(國會請願同志會)가 조직되었다. 그 후 12월, 쑨훙이(孫洪伊) 등 동지회의 대표들은 상경하여 국회 조기 개설을 청원하였다. 그러나 같은 달 20일, 청조는 상유를 통해 기존의 입장을 고수하며 9년의 준비

56 『申報』, 光緒 34년 7월 28일; 『年譜』2, 54쪽.

57 1908년 일본에 파견된 고찰헌정대신(考察憲政大臣) 다서우(達壽)가 보고한 상주는 당시 청조의 입헌 구상을 잘 보여준다. 그는 제국주의 시대는 국민의 경쟁력이 국가의 경쟁력을 결정하는 시대이며, 전투, 재부, 문화의 경쟁력을 갖추어야만 제국주의로 나아갈 수 있다고 강조했다. 또한, 입헌정체는 국민의 경쟁력을 증대시켜 국가를 제국주의로 이끌기 위한 필수적인 수단으로 인식되었다[「考察憲政大臣達壽奏考察日本憲政情形摺」, 光緒 34년(1908) 7월 11일, 『立憲檔案』, 29쪽]. 제국주의 시대의 국가경쟁력을 높이기 위해서는 국민의 경쟁력을 제고할 필요가 있는데, 이를 위해서는 입헌정체가 필요하다는 인식을 공유하고 있었음을 알 수 있다.

58 『年譜』3, 96~97쪽.

기간을 거쳐 대청제국의 군주 입헌 정체를 도입하겠다는 방침을 재확인하였다.[59] 이후에도 국회 조기 개설에 대한 요구는 계속되었다. 1910년 5월, 자의국 대표들이 제2차 청원을 제출하였으나, 같은 해 5월 21일 청조는 종래의 방침을 고수한다는 상유를 내리며 청원을 거절하였다.[60]

국회 조기 개설에 대한 논쟁이 계속되는 가운데, 1910년(선통 2년) 4월, 자문의회인 자정원이 의원 196명(칙선과 민선 각각 98명, 이 중 한족이 약 70%를 차지)을 선출하여 같은 해 9월 1일 정식으로 개원하였다.[61] 자정원의 개원은 국회 개설에 대한 기대감을 한층 높였다. 개원 후 주요 안건 중 하나는 국회 조기 개설 문제였다. 자정원은 여러 차례 회의를 거쳐 9월 20일, 만장일치로 국회 조기 개설에 찬성하는 결정을 내렸다. 이 결정이 내려지자 회의장에서는 우레와 같은 박수가 터져 나왔고, 이어 강소성 출신 왕룽바오(汪榮寶)의 제창에 따라 '대청제국 만세! 대청제국 황제 폐하 만세! 대청제국 입헌정체 만세!'라는 구호가 세 번 울려 퍼졌다고 한다.[62]

이 장면은 국회 개설을 바라는 입헌파의 염원이 얼마나 강렬했는지를 보여준다. 자정원은 국회 조기 개설을 요청하는 상주에서 "왕공과 사대부가 한자리에 모여 일치단결을 표명한 것은 중국 수천 년 역사상 전례가 없는 일이었습니다"[63]라고 하여 당시 회의장의 열띤 분위기를 묘사하고 있다. 여기에서 우리는 민족과 신분의 구분을 넘어, 대청제국을 중심으로 내셔널리즘 아래 하나로 결집하는 모습을 상상할 수 있다. 특히 회의장에서 울려 퍼진 '대청제국 만세'와 '대청제국 황제 만세'라는 구호에서는 만주족 지배에 대한 반감으로 표현되었던 배만의식을 찾아볼 수 없다는 점에서 매우 주목할 만하다. 그러나 이러한 열렬한 분위기는 어디까지나 입헌정체를 근간으로 대청제국이 새로운 시대에 부응해 재탄생할 것이라는 기대감 속에서 형성된 것으로, 청조가 이러

59 『大淸宣統政紀實錄』(이하 『宣統政紀』)28, 宣統 元年 己酉 12월 乙未, 臺北, 華文書局股份有限公司, 1968 영인.

60 『年譜』3, 113쪽.

61 자정원 의원 및 신상명세에 대해서는 張玉法, 『淸季立憲團體』, 中央研究院近代史研究所, 1970, 420~435쪽 참조.

62 韋慶遠等, 앞의 책, 430쪽.

63 「資政院奏請速開國會摺」, 『國風報』1-28, 1910, 中華書局, 2009 영인, 79쪽.

한 기대를 충족하지 못하는 경우, 언제든지 무너질 수 있는 불안정한 기반 위에 놓여 있었다.

청조는 자정원과 자의국 그리고 각 성의 총독과 순무 등이 지속적으로 요청한 국회 조기 개설 요구에 대해 마침내 1910년(선통 2년) 10월 3일, 선통 5년(1913년)에 국회를 소집하겠다는 상유를 내렸다.[64] 이는 종래의 입장에서 3년 앞당겨 국회를 소집하겠다는 점에서 청조가 일정 부분 양보한 것으로 보인다. 그러나 이러한 조치는 국회 개설을 즉각적으로 요구했던 대표들에게 충분하지 않았다. 상유가 내려진 이후에도 대부분의 국회 청원 대표들은 이에 만족하지 않고, 국회 개설이라는 최종 목표를 실현할 때까지 운동을 지속하기로 결의하였다.[65]

량치차오는 청조가 1910년 국회 소집 상유를 내린 것에 대해 "국회와 책임 내각 외에는 청조의 멸망을 막을 방법이 없다"[66]라고 언급하며 즉각적으로 국회를 소집하지 않는 것에 대해 커다란 실망감을 표출하였다. 이 실망감은 1911년 5월 8일 청조가 발표한 내각 구성으로 정점에 이르렀다. 당시 내각은 총리대신 혁광을 중심으로 13명의 대신으로 구성되었으나, 그중 만주 귀족이 9명을 차지하고 한인은 4명에 불과했다. 더욱이 만주 귀족 중에서도 황족이 7명을 차지하는 등 황족 중심의 구성으로, 입헌파는 이를 황족 내각(皇族內閣) 또는 친귀 내각(親貴內閣)이라고 비판하였다.

량치차오는 이에 앞서 제3차 국회 청원 당시 "현재의 정치 조직을 3년 이내에 개조하지 않으면 국가에 대란이 닥쳐 망할 것이며, 선통 8년(1916년)에 국회를 소집하는 일은 장래 역사상 존재하지 않을 것"이라고 경고한 바 있다. 그러나 청조가 내놓은 황족 내각은 그의 우려를 더욱 고조시켰다. 량치차오는 "장래 세계 자전(世界字典)에 '선통 5년'이라는 4글자가 연속된 명사로 등장할 일은 없을 것"이라며 청조에 극도의 실망감을 표출함과 동시에 청조의 명운이 얼마 남지 않았음을 예견하고 있다. 대청제국을 주

64 『宣統政紀』43, 宣統 2년 庚戌 10월 癸酉.

65 청조가 시급히 국회를 개설해야 한다는 다양한 의견에도 불구하고 주저하는 자세를 보인 데에는 유교 사상의 관점에서 인민이 정치에 개입하는 것에 대한 부정적인 시각이 작용하지 않았을까 생각한다.

66 『年譜』3, 114쪽.

체로 내셔널리즘의 고양을 도모하던 량치차오와 입헌파는 이 시점에서 더 이상 청조에 희망을 두지 않고 새로운 출구를 모색해야만 하는 상황에 직면하게 되었다.

★ ★ ★

대청제국의 국민 창출과 국민 통합의 원리

국회 청원 개혁이 지지부진한 상황에서도, 입헌정체를 통해 단일한 국민을 창출하고 주권국가로 거듭나고자 하는 대청제국의 노력은 다양한 방면에서 추진되고 있었다. 특히, 1907년 천전변무대신(川滇邊務大臣) 조이풍(趙爾豊)이 공포한 「파당선후장정(巴塘善後章程)」은 이러한 개혁의 대표적인 사례로 꼽힌다. 이 장정은 파당(巴塘) 지역에서 발생한 반란을 계기로, 기존의 토사제(土司制)를 폐지하고 개토귀류(改土歸流), 즉 중앙정부의 직접 지배를 실현하기 위한 일련의 개혁 조치로 잘 알려져 있다. 장정의 주요 내용을 살펴보면, 토사(土司)나 사원(寺院)이 누리던 특권을 철폐하는 것에서부터, 화장(火葬) 및 천장(天葬)[67]과 같은 전통적인 장례 의식을 악습으로 규정하여 금지하였다. 또한 청조의 상징인 변발과 호복(胡服)을 강제하였으며, 관복의 경우에도 만주족과 한족의 구별을 없앴다. 이러한 개혁 조치는 "파당 전 지역의 백성은 이미 대황상(大皇上)의 백성이기 때문에 응당 대황상의 제도를 따라야 한다"라는 방침에 따라 진행되었다. 이는 청조가 지역 주민들을 통합하고 중앙집권적 통치를 강화하려는 의지를 담고 있었다. 그러나 이러한 정책의 이면에는 "사람이 금수와 다른 것은 부끄러움과 수치를 알며, 예의에 밝기 때문이다"라는 유교적 이념이 자리 잡고 있었다.[68] 이는 단순한 행정적 통합을 넘어 문화적 동질성을 강조하고, 주민들을 유교적 가치관에 입각한 질서 속에 편

67 티베트 불교 및 몽골, 일부 중국 소수민족 사이에서 행해지는 전통적인 장례 방식으로, 시신을 독수리와 같은 맹금류에게 먹이로 제공하여 자연으로 되돌아가게 하는 의식이다.

68 四川省民族研究所, 『清末川滇邊務檔案史料』 編輯組編, 「巴塘善後章程」, 『清末川滇邊務檔案史料』上, 中華書局, 1989.

입시키고자 하는 의도를 드러낸 것이다.

이와 같이 청조는 번부(藩部)와 토사 지역에 대해 종래의 소극적인 태도에서 벗어나, 내지 문화를 적극적으로 이입하여 이들 지역을 내지와 동일한 단일적 지배 체제로 편입하려는 노력을 기울였다. "황상의 백성은 황상의 제도를 따라야 한다"라는 방침은 민족과 문화를 초월하여 균질적인 국민을 양성하고자 하는 의도를 명확히 드러내고 있다. 이는 청조가 단일한 국민의 형성과 그들의 동질성을 국가의 경쟁력 강화로 연결하려는 인식을 내포하고 있음을 보여준다. 균질적인 국민 양성은 단순히 통치 편의성을 넘어 근대국가의 주요 과제로 간주되었으며, 이를 통해 대내적으로는 통합을, 대외적으로는 국가의 경쟁력 향상을 도모하려는 목적을 담고 있었다. 결국 이러한 청조의 노력은 단일적이고 균질화된 국민을 기반으로 근대적 주권국가로 전환하려는 대청제국의 근대적 기획의 일환으로 이해할 수 있다.

청조는 1909년 만국공법에 입각한 주권국가로서의 구성원을 확정하기 위해 중국 최초로 '국적법(國籍法)'을 선포하여 국민의 경계를 명확히 규정하였다. 이 국적법은 혈통주의를 기본으로 하면서도 속지주의 요소를 포함한 절충주의를 채택하였으며, 이에 따라 만주족과 한족 등 민족적 차이에 관계없이 중국 대륙에 거주하는 모든 사람은 물론, 해외에 거주하는 화교에게도 '중국인'이라는 법적 자격을 부여하였다.[69]

이를 통해 중국과 중화의 세계뿐만 아니라 몽골, 티베트, 신강 등 비중화의 세계까지 포함하여 균질적인 지배를 미칠 수 있는 국민국가의 법적 기반이 마련되었다. 그러나 이러한 법적 균질성은 민족적·문화적 동질성에 기초하고 있기 때문에, 동시에 이질적인 것을 배제하는 장치로 작용할 가능성을 내포하고 있었다. 이는 국민 통합을 지향하는 대청제국이 직면한 주요 과제 중 하나였다. 법적 균질화를 통해 단일한 국민국가를 구성하려는 시도는 표면적으로는 통합과 발전을 목표로 하지만, 그 이면에는 배제와 갈등을 야기할 수 있는 복합적 성격을 지닌 것이었다.

69 중국 최초의 국적법인 「大淸國籍條例」의 제정 원인 및 과정 그리고 그 내용에 대해서는 鄭址鎬, 「淸末 國籍法制定과 '國民'의 境界」, 『中國史硏究』52, 中國史學會, 2008(본서 7장 수록) 참조.

여하튼, 국적법 제정을 통해 법적으로 균질적인 국민을 창출하는 과정에서 대청제국이 직면한 주요 과제는 만주족과 한족을 비롯한 다양한 민족 간의 문제를 어떻게 해결할 것인가에 있었다. 이미 1908년 헌법 공포 이전부터 팔기제도를 개혁하여 한족과의 구별을 철폐하기로 결정[70]한 바 있던 청조는 1909년(선통 원년) 7월 15일, 선통제가 대청제국 육해군 대원수로 취임한다는 것을 공식 선언하였다.[71]

이어 1910년 9월에는 이번부(理藩部)의 요청에 따라 몽골에서 그동안 금지해 오던 한인과의 통혼이나 한자, 한어의 사용이 해금되었다.[72] 이러한 조치는 그동안 차등적으로 유지하던 체제 질서를 균질적인 체제로 전환하고자 하는 핵심적 개혁의 일환으로 볼 수 있다.

1911년(선통 3년) 3월, 청조는 전 군에 「훈유 6조(訓諭6條)」를 반포하였다. 그 주요 내용은 다음과 같다.

⑴ 군인은 국가에 충성과 절개를 다해야 한다.

⑵ 군인은 예절을 삼가 준수해야 한다.

⑶ 군인은 무용을 중시해야 한다.

⑷ 군인은 신의를 중시해야 한다.

⑸ 군인은 소박함을 중시해야 한다.

⑹ 군인은 청렴과 수치를 중시해야 한다.[73]

이 훈유는 만주족과 한족의 구별 없이 전 군에 국가에 대한 충성과 예의를 요구함으로써, 내셔널리즘을 고양하려는 목적을 담고 있었다.[74]

70 「附逐年籌備事宜清單」, 『立憲檔案』, 61~67쪽.

71 『宣統政紀』14, 宣統 元年 己酉 5월 丙子.

72 「理藩部奏豫備憲政授案酌將舊例擇要變通摺」, 『政治官報』1042.

73 『宣統政紀』50, 宣統 3년 辛亥 3월 癸酉.

74 참고로 위에서 언급한 「대청국적조례」 제12조는 병역의 의무를 명시하며, '국민개병제' 원칙하에 모든 국민이 병역 의무를 이행해야 하며, 징병 기피는 허용되지 않는다는 내용을 포함하고 있었다. 이는 청조가 법적 균질성을 기반으로 국민을 단일적이고 통합적인 군사적·사회적 체계 안에 포함시키고자 했음을 보여준다. 鄭址鎬, 앞의 글(본서 7장 수록) 참조.

이러한 청조의 의도는 "속히 당금(黨禁)을 해제하여 관대함을 보임으로써 인심을 수습하라"라는 자정원의 요청에 대한 응답에서도 잘 나타난다.

> 대청제국의 신민은 법률의 범위를 넘지 않는 한 균질적으로 국가의 보호를 받을 권리를 향유한다. 법률에 의거하지 않고는 제멋대로 혐의를 입거나 체포되는 일이 있을 수 없다. 이번에 사면되는 자들은 더욱 깊이 자신들의 과오를 반성하고, 충성과 사랑을 다하여 함께 헌정의 실현을 바라보며, 조정이 모두와 함께 유신(維新)하고자 하는 지극한 뜻을 따라야만 할 것이다.[75]

여기에서 강조된 바와 같이 대청제국의 신민은 누구나 법률이 규정하는 범위 내에서 균질적으로 보호를 받을 수 있다는 원칙하에, 정치적·문화적 입장의 차이를 해소하여 단일한 국민으로 철저히 균질화하려는 인식을 기반으로 한다. 이러한 균질화는 중국(한족) 세계와 비중국(이민족) 세계 간의 차별을 없애고 국민 통합을 추구한다는 점에서 긍정적인 평가를 받을 수 있다. 이는 청조가 국민국가로의 전환을 시도하며 제국의 경계를 넘어서 하나의 통일된 국민체를 형성하려 했다는 점에서 중요한 시도라 할 수 있다. 그러나 이러한 균질화 정책은 한 번도 자신을 중국의 일원으로 생각해 본 적이 없는 비중국 세계의 입장에서 볼 때, 매우 강력한 억압으로 받아들여졌을 가능성이 크다. 특히 몽골, 티베트, 신강 등 비중국 세계의 입장에서는 기존의 자율성과 문화적 독립성을 부정당하는 행위로 인식되었을 것이다. 따라서 '대청제국'이 지니는 제국성의 한 단면은 이러한 양가성(兩價性)에서 드러난다. 국민 통합이라는 목표를 지향하면서도, 그 과정에서 필연적으로 수반된 문화적 동질화와 정치적 억압은 제국의 포섭 논리가 갖는 한계를 보여준다. 이는 국민국가로서의 근대적 전환을 시도한 대청제국의 역사적 과제와 동시에, 그 내재적 모순을 상징하는 부분이라 할 수 있다.

당금 해제와 함께 국민 통합을 통해 대내외적 위기를 극복하고자 한 대청제국은 마

75 『宣統政紀』62, 宣統 3년 辛亥 9월 癸酉.

침내 자정원에 헌법 기초를 명령하며, 이를 상주하도록 지시하였다.[76] 또한 국가를 상징하는 심벌로서 국가(國歌)를 제정하기에 이르렀다. 대청제국은 1910년, 일본에서 음악을 살펴보고 귀국한 예부좌참의(禮部坐參議) 차오광취안(曹廣權)의 요청에 따라 해군부 참모관이자 저명한 사상가였던 옌푸(嚴復)에게 작사를 맡기고, 금위군 군관이자 황족이었던 푸통(傅侗)에게 작곡을 맡겼다. 이리하여 무창봉기가 발발하기 6일 전인 1911년 10월 4일에 대청제국의 공식 국가인 '공금구(鞏金甌)'가 등장하게 되었다.[77]

가사의 내용을 소개하면 다음과 같다.

> 하늘의 비호를 받으니(承天幬),
> 백성과 만물은 오리가 수초 위를 노닐 듯 기뻐하네(民物欣鳧藻).
> 기뻐하라, 동포여(喜同袍),
> 다행히 태평한 성세를 만났도다(清時幸遇).
> 참으로 밝고 빛나는구나(眞熙皞),
> 푸른 하늘이 제국을 보호하는 것이(帝國蒼穹保).
> 하늘은 드높아만 가고(天高高),
> 바다는 도도히 넘실거리네(海滔滔).

공금구는 견고하고 빛나는 성배라는 의미로, 대청제국의 영토가 굳건하고 찬란하게 빛나기를 바라는 희망의 메시지를 담고 있다. 가사에는 하늘의 비호 아래 태평성세를 누리는 모든 백성과 만물이 영원히 번영하기를 바라는 염원이 담겨 있다. 그러나 이 국가가 제정되자마자 대청제국은 가사 내용과는 달리 곧 역사 속으로 사라질 운명을 맞게 된다. 그럼에도 불구하고, 대청제국이 추구했던 제국성 국민국가의 유전자는 신

76 『宣統政紀』63, 宣統 3년 辛亥 9월 丁醜.

77 『宣統政紀』60, 宣統 3년 辛亥 8월 丁未; 鄭磊, 「中國曆史上最早的國歌《鞏金甌》」, 『文史月刊』, 2011-10; 小野寺史朗, 『國旗·國歌·國慶—ナショナリズムとシンボルの中國近代史』, 東京大學出版會, 2011, 116~124쪽 참조.

해혁명을 거쳐 중화민국 그리고 중화인민공화국으로 계승되어 갔다. 이러한 점에 대해서는 별도의 연구를 통해 분석하고자 한다.

맺음말

1902년 량치차오는 「신중국미래기」[78]라는 소설을 발표하였는데, 이는 당시 미래 중국 사회의 운명을 예언적으로 보여주는 것 같다고 해서 세간의 커다란 주목을 받았다. 이 소설은 1962년 1월 1일, 남경에서 중국의 전 인민이 유신 50년 대축전을 성대하게 개최하는 모습에서 시작된다. 마침 남경에서는 국제 평화 회의가 열리고 있었으며, 이에 영국과 일본의 황제와 황후를 비롯해 러시아, 필리핀, 헝가리의 대통령과 영부인 등이 참석하였다. 또한 세계 각국에서 파견된 전권대신들도 이 회의에 참여하여 화려하고 국제적인 행사를 이루었다.

흥미로운 점은 소설 「신중국미래기」에서 유신을 통해 새로운 국가가 성립한 해인 1912년은 실제로 남경에서 중화민국 임시정부가 설립된 원년과 일치한다는 사실이다. 게다가 소설에서 등장하는 새로운 국가의 국명은 '대중화민주국'이며, 초대 총통으로는 나재전(羅在田), 제2대 총통으로는 황극강(黃克強)이 등장한다. 특히 이 소설에서 유신은 본래 입헌군주제의 확립을 지향하고 있음에도 불구하고, 유신 이후 설립된 새로운 국가가 공화정이라는 설정은 독자들에게 당혹감을 준다. 이는 량치차오가 단순히 정치적 미래를 예견하려는 것이 아니라, 그의 내면적 고뇌와 의도가 반영된 결과로 보인다.

우선, 1902년 당시 량치차오는 혁명파와 빈번하게 교류하면서 '혁명배만공화(革命排滿共和)'의 논리를 제창였다는 점에 주목할 필요가 있다. 그는 이 시기 입헌군주제와 공화정 사이에서 고민하며, 혁명의 극단적 방법과 공화주의적 이상이 중국의 미래에 미

78 梁啓超, 「新中國未來記」, 『專集』89.

칠 영향을 분석하고 있었다. 따라서 소설에서 공화정이라는 설정은 혁명파의 주장을 염두에 둔 일종의 정치적 실험으로 볼 수 있다.

량치차오는 1902년 4월 스승인 캉유웨이에게 보낸 서신에서 다음과 같이 언급하며 당시 자신의 민족주의적 입장을 분명히 드러냈다.

> 오늘날은 민족주의가 가장 발전한 시대이며, 이 민족주의 정신 없이는 국가를 세우는 일이 불가능하다고 생각합니다. 이에 따라, 제자(량치차오)는 혀가 닳고 붓끝이 마모될 때까지 이 민족주의를 제창하겠다고 맹세하였으며, 결코 이를 포기할 수 없음을 다짐합니다. 더 나아가, 민족정신을 고취하기 위해서는 현실적으로 만주(滿洲)를 공격하는 것이 불가피하다고 판단합니다. 일본이 메이지 유신 당시 토막(討幕)을 통해 도쿠가와 막부를 타도한 사례는 매우 적절한 전략이었으며, 중국에서는 이를 본받아 토만(討滿)이 가장 타당한 방향이라고 확신합니다.[79]

이 서신에서 그는 당시 세계적으로 대두되던 민족주의의 중요성을 강조하면서, 민족의 단합과 정신적 각성을 위해서라면 만주족 타도를 주장하는 토만도 지지할 수 있음을 피력하고 있다. 민족주의에 입각한 국가를 세우기 위해서는 배만혁명도 어쩔 수 없다는 입장이다.

그러나 량치차오는 1903년 신대륙을 방문한 이후 자유민주적 사고방식을 점차 포기하고 국민국가에 가장 적합한 정치 형태로 계몽적 전제정치를 옹호하기 시작했다. 두아라의 표현에 따르면, 량치차오는 "국민국가 체제의 발전을 이미 인식했을 뿐만 아니라, 국민국가 체제의 진화론적·제국주의적 측면을 꿰뚫고 있었던 인물"[80]이었다. 이후 량치차오는 입헌군주제의 실현을 위해 자신의 일생을 헌신하게 되지만, 이 시점에서 그는 이미 공화제 국가의 성립을 예견하고 있었을 가능성도 있다. 다만, 량치차오

79 『年譜』2, 151쪽.

80 프라센지트 두아라(문명기, 손승회 옮김), 『민족으로부터 역사를 구출하기—근대 중국의 새로운 해석』, 삼인, 2004, 68쪽.

가 공화제 국가의 탄생을 '혁명'이 아니라 '유신'이라는 방식으로 표현한 것은 주목할 만하다. 이는 그가 파괴적이고 급진적인 수단을 지양하고, 평화적이고 점진적인 방식으로 새로운 국가를 건설하기를 희망했음을 시사한다.

량치차오의 이러한 바람은 소설 속에서 황제의 자발적 퇴위와 초대 총통의 취임이라는 설정을 통해 잘 드러난다. 그는 '대중화민주국'의 초대 총통과 2대 총통의 이름을 각각 나재전과 황극강으로 설정한 것에 대해 훗날 다음과 같이 설명하였다.

> 나재전은 청조 광서제의 이름을 빌린 것으로, 황제가 천자의 지위를 내려놓고 대총통에 즉위하는 것을 의미하며, 황극강은 황제의 후손이 시련을 극복하고 강하게 독립할 수 있다는 의미를 담고 있습니다.[81]

이와 관련해 시마다 겐지(島田虔次)는 「신중국미래기」 일본어 번역 주석에서 흥미로운 분석을 제시하였다. 그는 광서제의 본명인 재첨(載湉)과 소설 속 인물인 재전(在田)의 중국어 발음이 같으며, 성씨 나(羅)는 청조 황실의 성 애신각라(愛新覺羅)에서 따온 것으로 보인다고 설명한다. 또한, 2대 총통의 이름 극강(克强)은 혁명파의 지도자 황싱(黃興)의 자(字)에서 영감을 받은 것이라고 덧붙였다.[82] 이를 통해 량치차오는 소설을 통해 새로운 국가 체제를 모색하는 과정에서 자신의 정치적 이상을 암시하고자 했던 것으로 보인다. 황제의 퇴위와 총통의 취임이라는 설정은 청조의 유산을 부드럽게 이어가면서도 혁명적인 전환을 담아내려는 그의 복잡한 정치적 구상을 잘 보여준다.

1911년 10월 신해혁명의 발발 이후 대청제국은 량치차오가 바랐던 유신에 의해서가 아니라 혁명에 의해 그 운명을 다하게 된다. 그러나 멸망에 즈음하여 청조가 그동안 판도의 일부에서만 공유하던 '중국'과 '중화'의 가치를 판도 전체로 확산시키려 했다는 점은 주목할 필요가 있다. 이러한 점에서 대청제국은 만국공법 체제하의 국민국

81 梁啓超, 「莅報界歡迎會演說辭」, 『文集』29, 3쪽.

82 西順藏·島田虔次編, 『清末民國初政治評論集』, 平凡社, 1998, 236쪽.

가로서의 출발점으로 볼 수 있다. 그러나 동시에 전통적인 덕치와 교화를 전례 없이 강력하게 확대했다는 측면에서도 논의할 여지가 있다.

즉, 대청제국은 덕치와 교화를 바탕으로 한 문명국가이면서도, 만국공법하의 국민국가적 성격을 함께 지니고 있었다고 할 수 있다. 전통 중국의 세계가 화이론적 문명론에 기초한 천하 제국이었다면, 대청제국은 국민국가의 형태를 갖춘 문명국가의 성격을 띠고 있다.[83] 결국, 대청제국은 자신을 '제국성 국민국가'라는 새로운 자기상으로 선택했다고 평가할 수 있다. 여기에서 우리는 '천하 제국'과 '국민국가'의 이중적 성격을 지닌 대청제국의 특질을 엿볼 수 있다. 이러한 관점에서 청말 시기는 단순히 중화제국의 몰락이 아니라, 영토에 기반한 새로운 제국적 질서를 확립해 나가는 계기로도 해석할 수 있을 것이다. 이는 전통과 근대, 제국과 국민국가의 경계가 혼재하던 청말의 독특한 전환기를 재조명하는 중요한 시사점을 제공한다.

원재: 『東洋史學硏究』132, 東洋史學會, 2015.

83 마틴 자크가 현재 중국을 '국민국가의 얼굴을 한 문명국가'로 설명하고 있는 것은 본서의 관점에서 매우 중요한 논의라고 생각한다. 마틴 자크(안세민 옮김), 『중국이 세계를 지배하면』 제7장 문명국가, 부키, 2013 참조.

5장

량치차오의 연방제론과 신중국 건설

머리말

본 장에서는 청말민초 시기에 분출된 연방제론에 대한 분석을 통해, 당시 지식인들이 지향한 새로운 중국의 체제 질서가 어떠한 것이었는가를 고찰한다. 청말민초의 대외적 위기와 대내적 혼란 속에서, 중국의 지식인들은 안정적이고 근대적인 질서를 구축하기 위해 다양한 정치 제도를 구상하였다. 이들은 근대적 입법 및 행정기관의 설립, 중앙과 지방 간 권력 배분, 국민의 창출 그리고 국가와 사회 간의 관계 재정립 등 다방면에서 새로운 정치 체제를 모색하였다. 특히, 연방제론은 당시의 구망(救亡)과 통일(統一)이라는 시대적 과제 속에서 중앙과 지방 간 권력 문제를 재구성함으로써, 새롭게 중국의 질서를 재구축하려는 정치 실천 운동의 이론으로 대두되었다. 이는 중국의 지식인들이 기존의 중앙집권적 통치 체제가 가진 한계를 극복하고, 더 유연하고 안정적인 국가 구조를 설계하려는 노력의 일환으로 볼 수 있다.

종래 연방제론에 관한 연구는 적지 않게 이루어졌으나, 대체로 1920년대를 전후로 한 연성자치운동(聯省自治運動)에 초점을 맞추었으며, 청말민초 시기의 연방제론에 대해서는 연성자치운동의 맹아, 혹은 전 단계로서 가볍게 소개하는 정도에 그치고 있다.[1] 그러나 청말 시기의 대내외적 위기 속에서 연방제는 새로운 국가 질서를 모색하는 데 있어 중요한 논거로 부상하였으며, 특히 신해혁명은 연방제 혁명이라고 불릴 만큼 연방제를 둘러싼 논쟁이 뜨겁게 전개되었다. 이러한 배경 속에서 본 장에서는 청말민초를 대표하는 정론가 량치차오의 연방제론에 주목하고자 한다.

량치차오는 입헌에 기반한 개혁 운동을 통해 강력한 민족국가와 국민국가를 건설하려 한 인물로, 중앙집권보다 지방분권을 지향하는 연방제와의 연관성이 약해 보이는 것이 사실이다. 그러나 연방제에 대한 찬반 여부를 떠나 그는 당시 누구보다 연방제에 큰 관심을 보였던 정론가였다. 그의 연방제론에 대한 관심은 전통적 제국 질서가 와해되는 과정에서 이를 국민국가적 질서로 재편하려는 차원에서 제기된 담론이라는 점에서 주목할 가치가 있다.

량치차오의 연방제론에 대해서는 류디(劉迪)[2]의 연구가 대표적이다. 류디는 량치차오의 연방제에 대한 관점을 세 단계로 구분하여, 1902년까지는 연방제 찬성, 1903년부터 1919년까지는 연방제 비판, 1919년 이후는 연방제 찬성으로 정리하였다. 그는 량치차오의 연방제론이 일정 부분 모호함을 지니고 있으나, 그 근저에는 개인의 자유와 독립, 지방자치에 대한 추구가 일관되게 자리하고 있다고 평가한다. 이러한 연구는 량치차오의 연방제론을 시기에 따라 체계적으로 분류하고 내면적 요소를 분석했다는 점에서 의의가 크다. 그러나 단순히 찬성-비판-찬성의 구도로 그의 연방제론을 규정하는 것은 한계가 있으며, 연방제론이 전통적 제국 질서의 붕괴 속에서 국민국가적 재편을 모색하는 담론이었다는 점을 더욱 주목해야 할 것이다.

1 주요 연구를 소개하면 다음과 같다. 錢振明·周子東, 「近代中國聯邦制思想的歷史考察」, 『政治學研究』, 1988-5; 劉迪, 「中國の聯邦主義問題」, 『早稲田法學會雜誌』51, 2001; 張繼才, 「論清末民初聯邦思想」, 『武漢科技大學學報(社會科學版)』2-2, 2002. 6; 姚琦, 「論20世紀上半期中國聯邦制思潮及其影響」, 『寧夏大學學報(人文社會科學版)』25, 2003-5; 龍長安, 『近代中國聯邦制運動研究—以憲政爲視覺』, 浙江大學 博士學位論文, 2008; 常安, 「近代中國聯邦制學說的傳播與實踐戰略」, 『金陵法律評論』, 2010 春季.

2 劉迪, 「梁啓超の聯邦主義思想について」, 『比較法學』34-2, 2001.

이에 본 장에서는 우선, 청말의 대내외적 위기 속에서 대일통 관념에 대한 반발과 연방제의 소개를 살펴보고, 다음으로는 국가 유기체설과 이에 따른 연방제의 비판적 수용을 논의하며, 마지막으로 량치차오가 구상한 신중국의 이상과 현실의 문제를 분석하고자 한다.

★ ★ ★

대일통(大一統) 관념에 대한 반발과 연방제 소개

주지하듯이 중국에는 전통적으로 대일통이라는 관념이 존재해 왔다. 이는 천하 사상에서 기원한 개념으로, 천하를 하나로 통일한다는 뜻이다. 천하통일의 중요성을 강조하는 관점은 『춘추공양전(春秋公羊傳)』에서 처음으로 구체적으로 나타난다. 전한(前漢)의 학자 동중서(董仲舒)는 이를 근거로 "춘추의 일통은 천지의 영원한 이치이며, 고금의 통용되는 도리이다(春秋一統者, 天地之常經, 古今之通誼)"[3]라고 언급하였다. 이로써 대일통은 중국의 중앙집권제를 상징하는 핵심 키워드로 자리 잡게 되었다. 이후 중국에서는 2,000여 년간 대일통이라는 관념이 국가 통치의 중심 사상으로 자리 잡으면서, 맹자(孟子)가 설파한 '일치일란(一治一亂)'으로 대표되듯이, 분열과 혼란은 반드시 극복해야 할 대상으로 여겨졌다.

이러한 대일통의 관념이 지배하는 중국에 연방제를 처음 소개한 것은 청말 위원(魏源)이 『사주지(四洲志)』를 원본으로 해서 편찬한 『해국도지(海國圖志)』이다. 이 책에서는 미국의 연방제도를 다음과 같이 소개하고 있다.

> 서양에서는 부락을 스테이트(State)로 칭한다. 미리견(彌利見, 아메리카)에는 국왕이 없으며, 다만 26개 주의 수장을 세우고, 따로 대수장 1인을 공동으로 선출하여 전체

3 『漢書』56, 「董仲舒傳」; 王柯, 『20世紀中國の國家建設と「民族」』, 東京大學出版會, 2006, 36~37쪽.

주를 총괄했기에, 〔이 나라를〕 이름하여 유나이티드 스테이츠(United States)라 하며 겸섭방국(兼攝邦國)으로 번역한다.[4]

겸섭방국은 중국에서 최초로 사용한 연방제에 대한 호칭이다. 또한 『해국도지』에는 스위스 연방제에 대해 "처음에는 세 주로 나뉘었고, 이후 열세 주로 나뉘었으며, 모두 의원을 선출하여 국사를 처리하면서, 왕과 제후를 세우지 않았다.(初分三部, 後分十三部, 皆推擇鄕官理事, 不立王侯)"[5]라고 소개하고 있다. 여기에서도 아직 연방제라는 명칭은 사용되지 않았다. 『해국도지』와 더불어 복건총독(福建總督)이었던 서계여(徐繼畬)가 외국인 선교사들의 자료를 모아 편찬한 『영환지략(瀛環志略)』(1848년)에서도 구미의 연방제를 소개하고 있다. 이 『영환지략』이 편찬된 지 40여 년이 지나 량치차오는 「삼십자술(三十自述)」에서 1890년 회시(會試)를 보기 위해 북경에 갔다가 돌아오는 길에 상해에 들러 이 책을 구입해 읽은 후 세계 각국의 존재를 처음으로 인식하게 되었음을 술회[6]한다. 이때 연방제에 대해서도 처음 접했을 것으로 추정된다.

량치차오는 1897년 장사시무학당(長沙時務學堂) 총교습(總敎習)에 임명된 이후 호남순무(湖南巡撫) 진보잠(陳寶箴)에 건의서[7]를 써서 민족의 위기를 구하기 위해서는 각 성의 자립이 필요하다고 주장하며, "우선은 내륙의 한두 개 성이 자립하게 되면 중국에도 하나의 활로가 생길 것이다"라고 강조하고, 이를 바탕으로 호남성이 우선적으로 변법을 단행해서 '자립자존'을 실현할 것을 진언하였다. 그의 자립론은 중앙의 통치로부터 완전히 벗어나 각 성이 독립적으로 할거하는 상태를 의미하지 않았다. 그는 "지금 천하는 할거의 천하가 아니며, …… 18개 성을 하나의 국가로 결집해 외국인을 방비하는 방책을 끊임없이 고안해야 한다"라고 주장하였다. 이는 중앙 통치와 조화를 이루

4 魏源撰, 『海國圖志』60, 「外大西洋彌利堅卽育奈士選總記」, 岳麓書社, 1998, 1650쪽. 참고로 정지호 외 공역, 한글 역주본 『해국도지』[一](권1～권2)이 2002년(세창출판사) 처음 출간된 이래 현재 『해국도지』[十一](권33～권36)이 출간되었으며, 역주 작업이 계속 진행 중이다.

5 魏源撰, 『海國圖志』47, 「瑞士國」, 岳麓書社, 1998, 1330쪽.

6 梁啓超, 「三十自述」, 『文集』11, 16쪽.

7 梁啓超, 「上陳寶箴書」, 『飮氷室合集』 集外文 上, 北京出版社, 2005, 11쪽; 『年譜』1, 162~163쪽.

면서도 각 성의 자율성을 증진하려는 방향성을 보여준다. 건의서에서 량치차오는 "서양에서 행해지고 있는 성 자치의 규모와 논리는 모두 일국과 같다"라는 점을 언급하며, 중국의 각 성이 이러한 수준에 이르지 못한 현실을 지적하였다. 따라서 그는 장차 닥칠 국가적 난제에 대비하기 위해 호남성이 변법을 통해 자립할 것을 요청한 것으로, 이러한 제안은 전통적인 대일통 관념 속에서 중앙과 지방의 관계를 재구성하려는 새로운 모색으로 평가될 수 있다.

량치차오는 건의서에서 서구의 연방제를 명시적으로 언급하지는 않았으나, 연방제의 지방자치제도를 염두에 두고 호남성에서 이를 우선적으로 실행함으로써 전국적 변법의 기점으로 삼고자 하였다. 이러한 구상은 당시 지배적이었던 대일통 관념과 충돌하는 측면이 있었기 때문에, 동시대의 정치적·사상적 환경에서는 쉽게 수용되기 어려운 것이었다.

무술변법운동의 실패 이후 일본으로 망명한 량치차오는 문명 진보의 관점에서 중국과 서구 문명 간의 격차를 절감하고, 그 원인을 규명하기 위해 심혈을 기울였다. 량치차오는 이 괴리의 근본 원인을 양측 국체(國體)의 차이에서 찾았다. 그에 따르면, 서구는 로마제국 붕괴 이후 다수의 국가들이 병립하면서 생존경쟁을 위한 노력을 통해 국정이 효율적으로 운영되고 국민의 기강이 확립되면서 진보를 이루었다. 반면, 중국은 진·한 제국 이후 대일통 관념과 무계급 사회라는 특성을 지니면서, 위정자들은 국가의식이 결여된 채 백성을 억압하여 혼란을 방지하는 데만 급급하였다. 이에 따라 백성들은 국가적 책임감보다는 개인적 부귀를 추구하게 되었고, 이는 결과적으로 정치의 쇠퇴와 민권 의식의 미발달로 이어졌다는 것이 량치차오의 진단이다.[8]

이러한 문제의식 속에서 량치차오는 1901년 『청의보(淸議報)』에 「루소학안(盧梭學案)」을 발표한다. 이 글에서 그는 루소의 대의정체에 대한 비판적 견해를 지지하였다. 량치차오는 루소의 "대의정체는 다소 자유의 진의에서 벗어날 염려가 있다. 국민이 주권을 행사할 수 있는 날은 투표일에 한정되며, 그 외의 날은 그 권한을 타인에 위임하

8 梁啓超, 「論中國與歐洲國體異同」(1899), 『文集』4, 63~65쪽.

고 방관자가 되어 버린다. 따라서 대의정체는 진정한 의미의 선과 아름다움을 구현한 정체가 아니다"라는 주장을 인용하며 동의하였다. 또한 량치차오는 루소가 이러한 대의정체의 문제를 해결하기 위해 직접민주주의의 실행이 필요하다고 강조한 점을 언급한다. 그러나 루소는 "대국(大國)은 직접민주주의를 실행할 수 없으며, 소국(小國)은 직접민주주의에 유리하지만 대국으로부터 침범당할 우려가 있다. 이를 해결하기 위해서는 다수의 소국이 스스로 연합하여 하나의 대국을 형성하는 방법이 필요하다"[9]라고 주장하였다.

량치차오는 루소가 연방제에 대해 중요한 논의를 다 마치지 못한 채 사망하였기 때문에 그의 구상이 구체적으로 어떠했는지는 알 수 없으나, 루소의 사상이 소국의 연합과 연방제를 중심으로 대국의 단점을 보완하려는 의도를 담고 있었다고 추측하였다.

> 스위스 연방은 규모가 너무 작고 약소하여 이웃 국가들의 침략을 피할 수 있는 방법이 없다. 그러나 만약 대국이 스위스의 사례를 따라 스스로 여러 소국으로 나뉘고, 연방제를 기반으로 민주정을 실행한다면, 그 국가는 강성해지고 국민은 자유를 누릴 것이다. 이는 반드시 고금을 진동시키고, 영원히 후세의 모든 나라에 본보기가 될 것이다. 루소의 뜻이 여기에 있는가! 바로 여기에 있는가![10]

량치차오는 이어서, 중국이 비록 수천 년간 독재적 정치 체제를 유지해 왔으나, 민간 자치의 전통을 내재하고 있음을 지적하였다. 그는 이러한 전통을 바탕으로 문명 제국들의 지방자치제도를 전폭적으로 수용한다면, 각 지방이 자치단체로서 지역의 실정에 맞는 법률을 제정하고, 인민의 요구에 부응하는 정책과 명령을 시행할 수 있을 것이라고 보았다. 이를 통해 중국은 루소가 구상한 이상적인 국가 모델에 단기간 내에 도달할 수 있으며, 그 결과 중국의 정치 체제는 전 세계 국가들에게 모범이 될 것이라

9　梁啓超,「盧梭學案」(1901),『文集』6, 109쪽.

10　梁啓超, 위의 책, 110쪽.

고 주장하였다.

량치차오의 「루소학안」은 중국에서 최초로 연방제도의 필요성을 언급한 글로 평가되며, "대국을 여러 소국으로 나누어 연방제에 기반한 민주 정치를 실행한다"라는 그의 연방제론은 무술변법운동 실패 이후 청조 정부에 대한 실망을 반영한 것으로 해석될 수 있다. 그는 1902년 스승 캉유웨이에게 보낸 서신에서 다음과 같이 언급한다.

> 오늘날은 민족주의가 가장 발전한 시대이며, 이 민족주의 정신 없이는 국가를 세우는 일이 불가능하다고 생각합니다. 이에 따라, 제자(량치차오)는 혀가 닳고 붓끝이 마모될 때까지 이 민족주의를 제창하겠다고 맹세하였으며, 결코 이를 포기할 수 없음을 다짐합니다. 더 나아가, 민족정신을 고취하기 위해서는 현실적으로 만주(滿洲)를 공격하는 것이 불가피하다고 판단합니다. 일본이 메이지 유신 당시 토막(討幕)을 통해 도쿠가와 막부를 타도한 사례는 매우 적절한 전략이었으며, 중국에서는 이를 본받아 토만(討滿)이 가장 타당한 방향이라고 확신합니다. 제자가 보기에, 이는 결코 바꿀 수 없는 원칙입니다. 만주 조정은 이미 오래전부터 국민적 신망을 상실하였기에 더 이상 국가의 중심으로 기능할 수 없다는 결론에 도달했습니다.[11]

량치차오는 민족주의에 입각한 국가 건설을 위해 배만혁명(排滿革命)조차 불가피하다는 입장을 견지하였다.[12] 그는 이러한 입장이 단지 자신의 독자적인 의견에 그치지 않으며, 동문 내에서도 많은 동조자가 있음을 강조하였다. 더 나아가, 이러한 주장은 캉유웨이의 설을 부정하려는 것이 아니라 구국구민(救國救民)을 위한 형세적 요청에 따라 새로운 구국 방략을 제시한 것임을 강조하였다.

량치차오의 연방제론에 대해 캉유웨이는 비판적인 입장을 드러냈다. 그는 "지금 자립을 언급하면 반드시 각 성이 다툴 것이므로, 이를 방지하기 위해 18개 성을 18개 국

11 『年譜』2, 151쪽.

12 鄭址鎬, 「梁啓超의 '帝國'論과 '大淸帝國'의 國體」, 『東洋史學硏究』132, 東洋史學會, 2015, 295쪽(본서 4장 수록).

가로 나눈다는 주장은 일본인이 즐겨 사용하는 말이며, 일본에 영향을 받은 자들의 깊이 세뇌된 견해에 불과하다"[13]라고 주장하였다. 캉유웨이는 특히, 초대국인 중국을 몇 개의 소국으로 분할하려는 시도가 결국 인도의 멸망과 같은 비극적 결과를 초래하여 중국을 멸망으로 이끌 것이라고 경고하였다.

캉유웨이의 반대에도 불구하고 입헌파 내에서는 량치차오의 연방제론에 동조하는 이들이 적지 않았던 것으로 보인다. 그중 대표적인 인물로 입헌파의 어우취자(歐榘甲)를 들 수 있다. 그는 1902년에 집필한 소책자 『신광동(新廣東)』에서 "중국은 자립해야 한다. 자립하지 못하면 반드시 멸망하고, 반드시 각국에 의해 분할될 것이다"[14]라고 전제한 후, 다음과 같이 주장하였다.

> 각 성은 먼저 스스로 자립을 도모해야 하며, 한 성이 이를 선도하면 다른 성들도 경쟁적으로 자립을 추구하게 될 것이다. 만약 어떤 성이 자립에 실패한다면, 자립에 성공한 성이 이를 흡수하여 관리하게 된다. 모든 성이 자립을 이루고 난 후에는, 중국은 공의(公議)에 기반하여 각 성의 정부를 아우르는 총정부(總政府)를 설립하게 된다. 이는 독일연방이나 미국연방과 같은 체제를 모범으로 삼는 것이다. 이러한 과정을 통해 중국 전체가 완전한 자립을 실현할 수 있을 것이다.[15]

어우취자는 『신광동』의 결론에서 자립의 의미를 정치 체제, 군사, 재정, 외교의 자립으로 정의하며, 광동은 광동인의 광동이므로 자립하여 남부의 독립국으로 새롭게 거듭나야 한다고 주장하였다. 이러한 그의 주장은 호남성의 자립을 촉구하면서도 중앙 통치로부터 완전히 벗어나지 않는 연방제적 구상을 제안했던 량치차오의 주장보다 한 걸음 더 나아간 것으로 볼 수 있다.

13 『年譜』2, 153쪽.

14 太平洋客(歐渠甲), 「新廣東」, 張枬·王忍之編, 『辛亥革命前十年間時論選集』, 生活·讀書·新知三聯書店, 1960, 269쪽.

15 太平洋客(歐渠甲), 「新廣東」, 前揭 『辛亥革命前十年間時論選集』, 270쪽.

당시 연방제는 입헌파뿐만 아니라 혁명파 내에서도 공감대를 형성하고 있었다. 일찍이 쑨원은 1894년 미국에서 홍중회(興中會)를 창립하면서 합중정부(合衆政府)를 수립하는 것을 당면 목표로 제시하였다. 이 합중정부에 대해 다이지타오(戴季陶)는 이를 연방정체(聯邦政體)를 의미하는 것으로 해석하며, 쑨원이 연방의 개념을 명확히 하고 있었다고 평가하였다.[16] 쑨원은 1897년 일본을 방문했을 때 미야자키 도텐(宮崎滔天)과 히라야마 슈(平山周)를 만난 자리에서 다음과 같이 말했다. "중국의 오랜 역사를 돌이켜 보면, 나라가 한 차례 혼란에 빠지면 지방의 영웅호걸들이 서로 다투면서 수십 년이 지나도 통일은 불가능하다. 그 결과 무고한 백성들만 고통을 받는다." 그는 이러한 문제를 해결하기 위해 "연방공화(聯邦共和)라는 체제 아래 명망 있는 인사들이 지방의 수령이 되고, 이후 이를 바탕으로 중앙정부를 수립하여 연방의 주축을 형성해야 한다"[17]라고 주장하였다.

이와 같이 청말의 연방제에 대한 논의는 량치차오의 주장에서 시작되어 입헌파와 혁명파를 막론하고 광범위한 공감대를 형성하고 있었다. 이러한 논의의 배경에는 대내외적 위기 상황에서 청조 중앙정부가 보여준 무능함에 대한 불만과 반발이 작용하고 있었음을 알 수 있다. 연방제를 통해 각 지방의 자치와 자립을 강화하고, 중앙정부의 비효율성과 부패를 극복하려는 의도가 이러한 논의를 촉진한 주요 요인으로 작용하였다.

그렇다면, 이러한 연방제 논의에 대해 당시 청조 정부는 어떤 입장을 표명하였는가? 주지하듯이 의화단운동을 계기로 발생한 '동남상호보호(東南相互保護)'는 청말 중앙집권체제의 위기를 한층 가속화시키며, 청조의 통치체제에 심대한 타격을 입혔다.[18] 이로 인해 중앙집권과 지방분권 문제는 청조 정부가 직면한 최대의 현안으로 부상하였다. 1901년, 청조는 전면적인 국가 개조 작업에 착수하면서 입헌의 분위기가 점차 고조되었다. 이러한 흐름 속에서 청조 정부는 1905년 12월, 구미 각국의 헌정을 조사

16 姚琦, 「論20世紀上半期中國聯邦制思潮及其影響」, 『寧夏大學學報(人文社會科學版)』25, 2003-5, 76쪽.

17 孫中山, 「與宮崎寅藏平山周的談話(1897)」, 『孫中山全集』1, 中華書局, 1981, 173쪽.

18 劉迪, 「中國の聯邦主義問題」, 『早稲田法學會雜誌』51, 2001, 7~8쪽.

하기 위해 짜이쩌(載澤), 상치헝(尙其亨), 리청둬(李成鐸), 돤팡(端方), 따이훙츠(戴鴻慈) 등 5명의 대신을 파견하였다.[19] 이들은 영국의 헌정 실태를 조사한 후 1906년 3월에 보고서를 제출하며 다음과 같이 보고하였다.

> 영국은 유럽에서 문물이 가장 융성한 나라로, 그 정치 체제는 동방 각국과 크게 다릅니다. 영국의 정치 제도는 수백 년에 걸쳐 점진적으로 개량되어 매우 심오하고 체계적이어서, 단기간에 그 본질을 파악하기는 어렵습니다. …… 영국의 국가적 강점은 해군의 강성함과 상업 경영에 있지만, 그 가장 큰 특색은 바로 완전한 지방자치에 있습니다. 영국의 전국 행정 체제는 부(府), 향(鄕), 구(區)로 세분되며, 구에는 장(長), 향에는 정(正), 부에는 관사(官司)가 배치되어 있습니다. 각 지방은 자체적으로 선거를 통해 지도자를 선출하고, 지역의 풍토와 민정을 깊이 이해하여 신중하게 정책을 집행합니다. …… 지방의 일을 지방 사람이 직접 처리하기 때문에 규율이 엄격하더라도 주민들은 이를 감내하며, 지방재정이 지방의 필요를 위해 사용되기 때문에 세금 징수가 복잡하더라도 주민들의 불만이 적습니다. 또한, 중앙정부는 지방 정책을 다각적으로 감독하며 필요한 경우 재정 지원을 통해 민생을 안정시키고 지역 문화를 육성합니다. 이러한 체제는 고대 주례(周禮)의 유제(遺制), 즉 봉건제의 원칙에 부합한다고 평가할 수 있습니다. …… 다만, 관직의 설치와 체계가 지나치게 복잡하여 중국의 정치 체제에는 적합하지 않을 수 있습니다. 따라서 영국의 장단점을 신중히 검토하여 중국에 맞는 요소를 선별적으로 도입해야 할 것입니다. 이것이 영국의 정치 체제에 대한 고찰의 주요 내용입니다.[20]

이 보고서에서는 연방제에 대한 직접적인 언급은 없지만, 영국의 강성한 원인이 지

19 韋慶遠等, 『清末憲政史』, 中國人民大學出版社, 1993, 114쪽; 鄭址鎬, 「梁啓超의 '帝國'論과 '大清帝國'의 國體」, 『東洋史學研究』132, 東洋史學會, 2015, 280쪽(본서 4장 수록).

20 「出使各國考察政治大臣載擇等奏在英考察大概情形暨赴法日期摺」, 光緒 32년(1906) 3월 24일, 故宮博物院明清檔案部編, 『清末籌備立憲檔案史料』(이하 『立憲檔案』), 中華書局, 1979, 10~11쪽.

방자치의 완비에 있다고 평가하고 있다는 점에서 중요한 의의를 갖는다. 영국의 지방자치제도가 중국의 정치 체제와 맞지 않아 도입에는 여러 문제점이 있음을 지적하면서도, 그 원리가 고대 주례의 봉건제와 일치한다고 인식한 점은 흥미로운 대목이다. 한편, 구미 헌정 조사단의 일원인 돤팡과 따이훙츠는 일본을 거쳐 구미 각국을 시찰하였으며, 미국에 대한 실정을 조사한 후 다음과 같이 보고하였다.

> 대체로 미국의 공상입국(工商立國)은 완전히 민권에 위임되어 있어 중국의 정치 체제와는 본질적으로 다릅니다. …… 미국은 신흥 국가로서 기백이 넘치지만, 일체를 모방하기는 어렵습니다.[21]

이 보고서에서도 미국의 연방제에 대한 구체적인 언급은 없지만, 미국의 정치 체제가 중국과 본질적으로 다르다는 점을 강조하며 이를 모방하기 어렵다는 결론을 내렸다. 특히, 돤팡은 시찰 도중 일본에서 량치차오와 비공식적으로 접촉하며 입헌군주정체(立憲君主政體)에 대한 자문을 구한 것으로 알려져 있는데,[22] 결론적으로, 미국이 부강한 국가로 평가받았지만, 그 민주정체가 중국과는 본질적으로 다른 특성을 지녔다고 판단되어 중국의 상황에 그대로 모방하기 어렵다는 입장을 취한 것이다. 즉, 청조는 전통적인 대일통 체제를 수호하려는 입장에서 연방제에 대해 기본적으로 부정적인 태도를 보였다고 하겠다.

21 光緒 32년(1906) 정월 23일, 위의 책, 7~8쪽.

22 돤팡이 일본에서 서면을 통해 량치차오와 만나 자문을 구했다고 하는 사실에 대해서는 鄭址鎬, 「梁啓超의 '帝國'論과 '大淸帝國'의 國體」, 『東洋史學硏究』132, 東洋史學會, 2015, 281쪽 참조(본서 4장 수록).

★ ★ ★

국가 유기체설과 연방제의 비판적 수용

이미 언급한 바와 같이, 량치차오는 연방제의 필요성을 주장하면서 민족주의 국가 건설을 위한 배경으로 배만혁명조차 불사할 수 있다는 입장을 표명한 바 있다. 그러나 이러한 그의 입장은 신대륙을 방문한 이후 큰 변화를 겪게 된다. 1903년 정월, 량치차오는 미국 보황회(保皇會)의 초청을 받아 화교 사회의 실정을 조사하고 신대륙의 정치제도를 직접 시찰하기 위해 미국으로 향했다.[23] 10개월간의 여정을 마치고 일본으로 돌아온 이후 량치차오의 사상과 태도에는 중요한 변화가 나타났다. 『연보』에서는 다음과 같이 언급하고 있다.

> 선생(량치차오)은 미국에서 돌아온 후 그의 언론이 크게 변화하였다. 이전에 깊이 신봉하던 파괴주의(破壞主義)와 혁명·배만(革命·排滿) 주장은 완전히 폐기되었다. 이는 선생의 정치사상에서 중대한 전환점이 되었으며, 이후 수년간의 언론과 주장은 이 새로운 기초 위에서 전개되었다. 이러한 변화는 하루하루 실지조사를 통해 견문을 넓히고 경험을 축적한 결과로 나타난 것이다.[24]

미국을 여행한 이후 량치차오의 입장이 크게 선회한 이유는 그가 샌프란시스코 화교 사회를 관찰하며 얻은 깊은 깨달음에 있었다. 그는 현지 화교들이 다른 주민들에 비해 단체 조직이나 시민의식 면에서 확연히 뒤처지고 있다는 사실에 주목하였다. 이를 통해 중국인의 근본적 결점을 다음과 같이 분석하였다.

첫째, 시민의식의 부족으로, 가족을 단위로 한 종족 의식은 발달하였으나, 개인을 단위로 한 시민의식이 부족하다.

23 『年譜』2, 185쪽.

24 위의 책, 221~222쪽.

둘째, 국가사상의 부재로, 촌락 중심의 사상이 지나치게 강한 반면, 국가에 대한 사상과 의식은 거의 존재하지 않는다.

셋째, 민도의 한계로, 중국인은 민도가 낮기 때문에 전제정치를 받아들일 수밖에 없으며, 자유를 제대로 누릴 수 있는 역량이 부족하다.

넷째, 고상한 이상의 결여로, 중국인은 고상한 이상, 즉 아름다움에 대한 추구, 사회적 명예심, 종교적 미래 관념 등이 결핍되어 있다.

량치차오는 샌프란시스코 화교조차 이러한 수준이라면, 중국 본토 대중의 문화 수준과 자치 능력은 훨씬 더 뒤처질 것이라고 보았다. 그는 이를 통해 중국이 단순히 서구의 정치 체제를 도입하거나 급진적인 변혁을 추진하기에는 현실적으로 준비가 되어 있지 않다고 판단하였다. 이러한 깨달음은 그의 입장을 보다 현실적이고 신중한 방향으로 전환시키는 계기가 되었다.

> 소수의 총명하고 유능한 사람들의 이상과 도덕은 서구 상류사회에 뒤처지지 않는다. 그러나 이러한 소수의 사례를 근거로 수억 명에 이르는 중국 국민 전체가 자유를 얻을 수 있다고 기대하는 것은 불가능하다. 자유, 입헌, 공화는 모두 다수자 정체를 의미한다. 하지만 중국의 대다수, 더 나아가 최대다수의 국민이 현재의 상태에 있는 상황에서 다수 통치에 기반한 공화정체를 채택한다면, 그것은 국가를 스스로 파멸로 이끄는 일이 될 것이다.[25]

량치차오는 중국인의 민도가 서구인에 비해 낮기 때문에, 자유를 기반으로 한 공화정체를 받아들일 수 없으며 전제정치만이 가능하다는 주장을 통해 그의 국가관의 변화를 드러냈다. 이러한 관점의 형성에는 독일의 법학자 블룬칠리(Johann Kaspar Bluntschli, 1808~1881)의 영향이 컸다. 량치차오는 「학술의 힘이 세계를 좌우함을 논함(論學術之勢力左右世界)」에서 다음과 같이 언급하고 있다.

25 梁啓超, 「新大陸遊記節錄」(1903), 『全集』4, 1188쪽.

국가는 인민 간의 약속에 따른 결합으로 성립하며, 공동체의 힘으로 자신들의 생명과 재산을 보호하는 것이다. 각자는 자신의 의지에 따라 스스로 약속하고, 스스로를 지키며, 스스로 입법하고 이를 존중하기 때문에 모두 평등하게 된다.[26]

이와 같이 자유롭고 평등한 시민의식에 기반한 공화정체에 대한 량치차오의 국가관은 블룬칠리의 학설을 접하면서 큰 변화를 겪게 된다. 량치차오는 이에 대해 다음과 같이 언급하고 있다.

나는 오랫동안 공화정체에 심취해 있었지만, 지금 블룬칠리의 논의를 읽고서는 나도 모르게 찬물을 끼얹은 듯한 느낌이 들어 한때 방향성을 잃어버리고 행선지를 알 수 없었다.[27]

이와 같은 발언은 블룬칠리의 학설이 량치차오에게 얼마나 큰 영향을 미쳤는지를 잘 보여준다. 특히, 량치차오의 「정치학 대가 블룬칠리의 학설(政治學大家伯倫知理之學說)」(1903)은 그가 루소의 공화주의와 결별하고 블룬칠리의 '국가학(國家學)'으로 전환하는 계기를 담고 있다는 점에서 매우 중요한 의미를 지닌다.[28]

량치차오는 블룬칠리의 학설을 소개하면서 "루소의 말이 약이라면 블룬칠리의 말은 음식이다"라고 비유하였다. 그는 루소의 국가관이 병을 치료하는 약과 같아 긍정적인 역할을 할 수 있지만, 잘못 사용하면 새로운 병을 초래할 수 있다고 지적하였다. 이는 루소의 국가관을 전면적으로 부정하는 것이 아니라, 중국의 현실에는 적합하지 않을 수 있으므로 신중히 접근해야 한다는 점을 강조한 것이다. 량치차오는 블룬칠리의 견해를 받아들여 "국가는 유기체이며, 천연적인 것이 아니라 인위적인 것"이라고 주

26 梁啓超, 「論學術之勢力左右世界」(1902), 『文集』6, 112쪽.

27 梁啓超, 「政治學大家伯倫知理之學說」(1903), 『文集』13, 86쪽.

28 川尻文彦, 「梁啓超の政治學—明治日本の國家學とブルンチュリの受用を中心に」, 『中國哲學研究』24, 2009, 86쪽.

장하며, 국가의 역사성을 강조하였다. 그는 국가란 군주(君主)의 창도 아래 신민이 추종함으로써 형성되며, 국가가 인민을 변화시키고 하나의 새로운 민족을 만들어 낸다고 보았다.[29] 이러한 관점은 량치차오가 루소의 이상적이고 추상적인 공화주의에서 벗어나, 블룬칠리의 실질적이고 역사적 맥락을 중시하는 국가론으로 전환했음을 보여준다. 이는 중국의 현실적 조건에 맞는 국가 건설 방안을 모색하려는 그의 정치사상의 변화를 잘 드러내는 대목이다.

블룬칠리는 미국과 스위스의 연방제를 분석하며, 두 나라의 연방제가 각자의 역사적 배경과 고유한 과정을 통해 형성되었음을 강조하였다. 그는 이 제도를 긍정적으로 평가하면서도, 프랑스의 사례를 들어 연방제가 단순히 다른 나라로 이식될 수 있는 것이 아님을 지적하였다. 프랑스가 미국식 공화제를 일시적으로 실행할 수 없었던 이유를 블룬칠리는 자치(自治)의 부재에서 찾았다. 공화정체의 가장 중요한 요건은 자치인데, 프랑스인은 중앙집권적인 정치 체제 아래 모든 것을 정부에 의존해 왔기 때문에 자치의 전통과 경험이 부족했다는 것이다.[30]

이는 블룬칠리가 정치 체제를 단순히 이론적으로 접근하는 것이 아니라, 각 국가의 역사적·문화적 맥락과 사회적 준비도를 고려해야 한다고 보았음을 알려준다. 그의 이러한 시각은 량치차오를 비롯한 중국 지식인들에게도 영향을 미쳐, 단순히 서구의 정치 제도를 모방하기보다 중국의 현실에 맞는 체제를 모색하려는 논의로 이어졌다. 이는 다음 문장에서 보다 선명하게 드러나고 있다.

> 아아! 공화여, 공화여!

29 梁啓超, 앞의 책, 70, 73쪽. "국가는 인민을 변화시켜 하나의 새로운 민족을 조성한다"라고 하는 주장에는 민족주의를 기반으로 '종족혁명'을 주장하는 혁명파에 대한 비판적 의미를 담고 있다. 량치차오는 위의 글에서 이어서 말하길 "민족주의를 건국의 유일무이한 법문으로 여겨서는 안 된다. 만일 국가가 가장 필요한 것이 국민의 자격이라고 한다면, 이 국민의 자격을 얻는 방법은 각각 시세에 응해서 다양한 종류가 있다. 근래 민족주의가 조금씩 조국(중국)에 유입되어 배만의 관념이 일어나고 있다. 나는 여기에 대해 한인은 과연 새로운 국가를 세울 자격을 가지고 있는가? 하는 의문이 든다"라고 한다. 이는 결국 종래 새로운 국가를 위해서는 배만혁명도 불사하다는 자신의 주장에서 크게 혁명파와는 길을 달리하고 있다는 것을 알 수 있다.

30 梁啓超, 위의 책, 77~79쪽.

나는 그대를 사랑하지만, 조국을 사랑하는 것만큼은 아니니다.
나는 그대를 사랑하지만, 자유를 사랑하는 것만큼은 아니니다.
나의 조국, 나의 자유는 다른 방식으로는 결코 회복될 수 없다.
그러나 나는 나의 조국과 자유를 그대의 손에 맡길 수 없다.
아아! 공화여, 공화여!
나와 그대는 당분간 이별해야만 하는구나![31]

이 글에서 알 수 있듯이 량치차오는 공화주의 자체를 비판하는 것은 아니지만, 당시 중국의 현실과는 맞지 않기 때문에 현재로서는 전적으로 채택하기 어렵다는 입장을 밝히고 있다. 량치차오는 블룬칠리의 학설을 소개하는 글의 마지막 부분에서 "루소를 19세기의 어머니라고 한다면, 블룬칠리는 20세기의 어머니이다"[32]라고 자신의 생각을 정리하고 있다. 이 발언은 공화주의에 대한 이상을 유지하면서도, 중국의 특수한 상황에 기반한 신중한 접근을 강조한 것으로 이해된다.

량치차오는 "미국에서 귀국하여 러시아의 꿈을 처음으로 보았다"라고 언급하며 이후 '개명전제론(開明專制論)'을 제창하였다. 그는 당시 중국이 공화제를 실행할 수 없으며, 국민의 정치적 능력이 부족하여 입헌군주제조차 당장 도입하기 어려운 상황이라고 판단하였다. 따라서 개명전제가 중국의 현실에 가장 적합한 정치 체제라는 입장을 내세웠다.

전통적으로 개명전제론은 공화정체와 입헌군주정체를 모두 비판한 것으로 이해되기도 한다. 그러나 량치차오는 1906년 장즈유(蔣智由)에게 보낸 서신에서 다음과 같이 설명하였다.

내가 말하는 개명전제란 입헌으로 나아가기 위한 과도기적 체제를 의미합니다. 이

31 梁啓超, 위의 책, 86쪽.
32 梁啓超, 위의 책, 89쪽.

는 민선 의원제가 성립되기 이전의 시대를 지칭하는 것입니다. 일본의 태정관(太政官) 시대의 정치 체제가 바로 내가 말하는 개명전제입니다.[33]

즉, 량치차오가 주장한 개명전제는 단순히 독재 체제를 옹호한 것이 아니라, 궁극적으로 입헌군주정체로 전환하기 위한 과도기적 단계를 의미한다. 이는 량치차오가 현실적인 제약 속에서도 점진적으로 입헌정치를 지향하고 있었음을 보여준다.

입헌군주정체 확립을 위한 노력의 일환으로 량치차오는 1907년(광서 33년) 9월 11일 도쿄에서 장즈유(蔣智由), 쉬포쑤(徐佛蘇) 등과 함께 정문사(政聞社)를 설립하였다. 정문사는 1905년 도쿄에서 창립된 혁명파의 '중국동맹회'를 견제하기 위한 것으로 국회 개설을 최대 목표로 하여 다방면에 걸쳐 활발히 활동을 전개하였다.[34]

당시 혁명파는 중국에 연방제적 민주공화국을 건설하는 것을 정치강령으로 삼고 있었다. 이를 잘 보여주는 사례로 『민보(民報)』4호에 실린 「중국일보의 민생주의와 중국 정치혁명의 전도에 대해(錄中國日報民生主義與中國政治革命之前途)」에서는 다음과 같이 언급하고 있다.

> 공화정치와 연방정체는 우리당이 건설하고자 하는 신중국의 지상의 과제가 아니겠는가? 우리 당의 목적이 달성된다면 중국의 정체는 장차 프랑스의 공화, 미국의 연방으로 변할 것이다.[35]

이를 통해 혁명파는 미국식 연방제 국가를 건설하는 것을 주요 목표로 삼고 있었

33 川尻文彦, 「梁啓超の政治學―明治日本の國家學とブルンチュリの受用を中心に」, 『中國哲學硏究』24, 2009, 90~91쪽.

34 정문사가 표방한 4대 주의는 (1) 국회 제도를 실행하여 책임 정부를 건설한다. (2) 법률을 개정해서 사법권의 독립을 강화한다. (3) 지방자치를 확립하고 중앙과 지방의 권한을 바로 한다. (4) 외교를 신중히 하고 대등한 권리를 지킨다는 것을 골자로 하고 있다. 『年譜』2, 346쪽; 鄭址鎬, 「梁啓超의 '帝國'論과 '大淸帝國'의 國體」, 『東洋史學硏究』132, 東洋史學會, 2015, 286쪽(본서 4장 수록).

35 張枬·王忍之編, 『辛亥革命前十年間時論選集』2 上, 生活·讀書·新知三聯書店, 1963, 423~424쪽.

음을 알 수 있다.[36] 혁명파의 연방제 공화국에 대항해서 량치차오는 1910년에 발표한 「중국 국회 제도 사의(中國國會制度私議)」[37]에서 "세계에 국회가 없는 입헌국은 없으며, 전제정치와 입헌정치의 차이는 국회의 유무를 가지고 구별한다"[38]라고 전제한 후, 연방제 국가와 단일제 국가의 국회 입법권의 차이에 대해 심도 있는 분석을 전개하였다. 특히, 그는 미국 헌법에서 정한 연방의회 입법권 15항목(세입, 세출, 외교통상, 국내통상, 귀화, 파산, 화폐 및 도량형, 범죄, 우편, 저술 및 발명, 재판소 설치, 외교 간섭 권리, 육해군 제도, 합중국 중앙정부 영지, 행정명령 발동 등)을 예로 들며 "미국 국회의 입법권의 범위는 매우 협소하다. 민법, 상법, 소송법, 형법 행정의 대부분, 교육, 경찰, 지방재정, 경제 등에 관한 모든 법규의 의결은 중앙국회(연방의회)에 속해 있지 않다"[39]라고 지적하였다. 이러한 분석은 미국식 연방제의 한계를 지적하며, 중국의 현실에 맞는 국가 체제와 국회 제도를 모색하려는 량치차오의 노력을 잘 보여준다.

량치차오는 연방헌법의 특징을 열거주의로 지적하며, 그 특징을 다음과 같이 언급하였다.

> 열거주의는 연방국회에서만 채택될 수 있다. 이는 연방국가가 구성체인 각 방(주 또는 지역)의 합의에 의해 연합하여 성립된 국가이기 때문이다. 연방은 먼저 각 방이 존재한 이후에 창설된다. 각 방은 오랜 역사를 지닌 고유한 국가이고, 연방은 새롭게 창건된 국가이다. 헌법을 제정하고 새로운 연방국가를 수립할 때, 각 방은 자신의 권리 중 일부를 연방에 양도하지만, 모든 권리를 양도하는 것은 아니다. 이로 인해, 양도되지 않은 나머지 권리는 각 방이 독자적으로 보유하게 된다. 따라서 연방헌법은 중앙정부의 권한을 제한적으로 규정하며, 열거주의를 보편적 원칙으로 삼을 수밖

36 錢振明·周子東, 「近代中國聯邦制思想的歷史考察」, 『政治學研究』, 1988-5, 34쪽.

37 梁啓超, 「中國國會制度私議」(1910), 『文集』24. 이 글은 1910년에 발표한 글이지만, 량치차오가 서언에서 밝히고 있듯이 2년 전에 이미 완성한 글로서 정문사 창립 이후 혁명파의 연방제 공화국에 대항해서 '신중국'의 정체에 대한 방향을 모색한 것으로 보인다.

38 梁啓超, 위의 책, 1쪽.

39 梁啓超, 위의 책, 127~129쪽.

에 없다.[40]

량치차오는 열거주의가 반드시 국가의 통일을 방해하는 것은 아니지만, 중국의 현실적 조건을 고려할 때 단일제로 나아갈 필요가 있다고 주장한다. 그는 일찍이 「중국지리의 대세(中國地理之大勢)」라는 글에서 "중국은 자연적으로 대일통의 국가이다. 인종, 언어, 문학, 교의, 풍속이 통일되어 있으며, 그 근원은 지세(地勢)에 있다"[41]라고 하였다. 량치차오는 중국의 지리를 본부(本部)와 속부(屬部)로 구분하였다. 본부는 18개 성으로 이루어진 중심 지역이고, 속부는 만주, 몽골, 회부, 티베트로 이루어진 주변 지역을 가리킨다. 나아가 그는 "아시아는 전 세계의 종주(宗主)이며, 중국은 아시아의 종주이고, 본부는 중국의 종주이다"라고 설명한다.[42] 량치차오는 중국이 자연적으로 견고한 대일통의 지역을 형성하고 있지만, 정치·지리적 관점에서 볼 때 다소 독립적인 성격을 가진 지역으로 촉(蜀)과 월(粵) 두 곳을 지목하였다. 촉은 양자강 상류의 사천(四川), 운남(雲南) 지역으로 중원과는 정치적으로 독립된 구역이며, 월은 서강(西江) 유역의 광동(廣東), 광서(廣西) 지역으로 언어와 풍속이 중원과 전혀 다른 독립된 구역이라고 한다. 량치차오는 만약 중국이 장차 연방제로 분리 통치되는 일이 발생한다면, 이 두 지역이 그 변화를 주도할 가능성이 가장 크다고 추측하였다.[43] 이는 중국 내 특정 지역의 독립적 특성과 가능성을 인정하면서도, 중국 전체를 통합적으로 운영해야 한다는 그의 입장을 반영하고 있다.

량치차오는 중국의 지세가 어떻게 견고한 대일통의 세계를 구축했는지에 대해 구체적으로 언급하지는 않았지만, 대일통의 역사 속에서도 연방 분치의 가능성이 내포되어 있음을 인식하였다. 그는 연방제 도입에 찬성하지는 않았지만, 중국의 현실에 맞

40 梁啓超, 위의 책, 134쪽. 량치차오는 연방국가의 법률을 보면 루소의 민약설과 흡사하지만, 루소의 경우 국민이 계약을 체결해서 국가를 이루는 것에 비해 연방국가는 소국이 계약을 체결해 대국을 이룬다는 차이가 있다고 언급한다.

41 梁啓超, 「中國地理之大勢」(1902), 『文集』10, 77쪽.

42 梁啓超, 위의 책, 78쪽.

43 梁啓超, 위의 책, 84쪽.

는 일부 제도의 도입은 필요하다고 주장하였다. 이른바, 연방제의 비판적 수용이라고 할 수 있다. 그는 앞에서 언급한 「중국 국회 제도 사의(中國國會制度私議)」에서 "우리나라는 비록 연방제는 아니지만, 국토가 너무 넓어서 국정(國情)이 매우 복잡하다"[44]라고 하고, 각 성의 이해가 서로 달라 충돌하는 경우가 많으므로 이를 적절히 조정할 필요가 있다고 지적하였다. 또한, "국토가 광대한 국가에서 중앙정부와 지방 인민과의 관계는 매우 희박하며, 일반 인민의 식견은 멀리 미치지 못해 종종 지방의 이해를 국가의 이해보다 중시하는 경향이 있다"[45]라고 하며, 이러한 상황이 국가의 입장에서 바람직하지 않기 때문에 적절한 조치를 취해야 한다고 강조하였다. 그는 장래에 미국이나 스위스처럼 지방을 대표할 세력이 필요하다고 제언하며, 각 성을 대표할 의원을 선출해야 하는 이유에 대해 다음과 같이 언급하고 있다.

> 대국(大國)에서는 중앙정부와 말단 지방자치단체 간의 거리가 물리적으로 멀리 떨어져 있다. 이러한 양자 간의 관계에서, 각국의 관례에 따라 단지 한 단계의 지방 관청만을 설치하여 상명하복식으로 운영한다면 그 영향력이 충분히 미치지 못할 가능성이 있다. 따라서 각국은 이른바 최고 관청 위에 하나의 추가적인 관청을 반드시 설치하며, 이는 중앙과 지방 간의 경계 역할을 수행한다. 이러한 관청이 바로 성(省)이다. …… 우리나라는 비록 연방국은 아니지만, 여러 제도 측면에서 연방국의 경험을 채택하여 중앙과 지방이 상호 연결되고 조화롭게 운영되는 방안을 보다 주의 깊게 모색할 필요가 있다.[46]

여기에서 우리는 중국의 현실적 상황 속에서 단일제 국가를 지향하면서도 연방제의 장점을 수용하여 중앙과 지방이 유기적으로 연결된 새로운 국가로 거듭나고자 한 량치차오의 실천적 전략을 엿볼 수 있다. 그렇다면, 량치차오가 구상한 '신중국'의 체

44 梁啓超, 「中國國會制度私議」(1910), 『文集』24, 14쪽.

45 梁啓超, 위의 책, 24쪽.

46 梁啓超, 위의 책, 33~34쪽.

제는 과연 어떤 모습이었을까?

★ ★ ★

신중국 건설의 이상과 현실

량치차오는 무창기의(武昌起義) 이후 각 성이 독립을 선언하는 상황에서 "우리나라의 대일통은 2천 년을 넘었지만, 단일국과 연방국의 문제는 아직 제기된 적이 없었다. 근래 한 달간 각 성이 연이어 독립을 선언하고, 견식이 풍부한 인사들이 연방으로의 통일을 도모하자고 제안하고 있으나, 그 이해는 어떠한가? 그 방법은 어떠한가? 오늘날 이를 충분히 연구하지 않을 수 없다"[47]라고 하여 신중국을 건설하는 과정에서 어떤 체제가 적합한지에 대해 심도 있는 분석을 시도하고 있다.

량치차오는 "연방국은 완전국가(完全國家)의 과도기적 형태로, 연방 조직으로 국가를 세우는 것은 일시적으로 부득이한 방편일 뿐, 종착점이 아니다"라고 언급하며, 오늘날 세계 연방제 국가로 두각을 나타내는 독일과 미국 또한 점차 정치권력이 집중되며 연방제에서 단일제로 전환되고 있다고 평가하였다. 이를 통해 량치차오는 중국에서 연방제를 채택하는 것이 과연 적합한지에 대해 근본적인 의문을 제기한다.

량치차오는 종래 연방제론에 대한 지지와 반대 의견을 다음과 같이 명료하게 정리하고 있다.[48] 우선 연방제론을 지지하는 이유는 다음과 같다.

> 첫째, 중국은 국토가 광대하고 교통이 불편한 현실을 감안할 때, 단일한 중앙정부만으로는 효과적으로 통치하기 어렵다. 따라서 연방제를 도입하여 지방을 나누어 통치한다면 행정의 원활함을 도모할 수 있을 것이다.

47 梁啓超, 「新中國建設問題」(1911), 『文集』27, 27쪽.

48 梁啓超, 위의 책, 28~29쪽.

둘째, 각 성의 이해관계가 상이하며, 해당 지역의 문제는 그 지역 사람들만이 가장 잘 이해하고 해결할 수 있다. 이러한 점에서 인민의 이중적 애국심(지역에 대한 애정과 국가에 대한 충성심)을 활용하여 각 성의 주도면밀한 발전을 도모해야 한다.

셋째, 연방제를 통해 각 성이 상호 경쟁하고 서로 격려함으로써, 전체적인 진보가 더욱 가속화될 것이다.

넷째, 현 시점에서 전국적으로 정치의 중심이 명확히 자리 잡지 못한 상황에서, 각 성은 장래에 상대 성의 지배 아래 들어가려 하지 않을 가능성이 크다. 따라서 연방제는 이러한 분쟁을 사전에 방지할 수 있는 효과적인 수단이 될 것이다.

다섯째, 청조 정부의 세력이 여전히 일부 지역에서 잔존하고 있는 상황에서, 이들 지역이 잠정적으로 토지를 보유하도록 허용하고 연방에 가입하게 한다면, 불필요한 전란을 피할 수 있다.

여섯째, 몽(蒙), 회(回), 장(藏), 강(疆) 등의 지역이 자발적으로 연방에 가입할 수 있도록 한다면, 지역 간의 분열을 방지할 수 있을 것이다.

이에 대해 연방제론을 반대하는 이유는 다음과 같다.

첫째, 연방헌법은 각 지역이 중앙정부에 권한을 부여하는 방식으로 설계되어 있으며, 대체로 열거주의를 채택하고 있다. 이는 중앙정부의 활동 범위를 지나치게 제한하여 강력한 중앙정부를 세우기 어려우며, 현재 중국의 상황에 적합하지 않다.

둘째, 중국은 최근 성 간의 문제가 이미 발생하고 있는 상황이다. 이러한 상황에서 연방제를 채택할 경우, 인민의 지방의식이 더욱 강화되어 국가 통일을 저해할 가능성이 높다.

셋째, 중앙과 각 지역 간의 권한이 분산되면 정치적 문제로 인해 양측 모두에서 정치가가 자신의 재능을 충분히 발휘하기 어려워진다.

넷째, 연방제를 뒷받침할 역사적 기초가 부재하기 때문에 참된 연방제를 성립시키는 것은 현실적으로 불가능하다.

다섯째, 현재 각 성은 대체로 다른 성으로부터 재정적 지원을 받고 있다. 그러나 연방제를 도입할 경우, 이러한 지원 체계가 무너져 성 간 협력이 불가능해질 것이다.

여섯째, 몽, 회, 장, 강 지역은 연방을 구성할 필요성과 이유가 부족하다. 연방제를 채택할 경우, 이들 지역은 사실상 방치되거나 소외될 가능성이 크다.

연방제를 둘러싼 찬반 논의가 팽팽히 대립하는 가운데, 량치차오는 블룬칠리의 국가유기체론에 입각하여 "국가는 일종의 유기체이며, 단기간에 구축할 수 있는 것이 아니다. 국가의 정치적 변화는 반드시 역사적 기반에 의거해야만 한다"[49]라고 주장하였다. 이를 통해 량치차오는 일사불란한 단일제 국가의 필요성을 강조하며, 역사적 전통이 결여된 연방제에 대해 비판적인 입장을 명확히 드러내고 있다.

량치차오는 당시 세계의 연방국을 독일식, 스위스식, 북미식으로 구분하고 있다. 그는 스위스의 경우 국가 규모가 지나치게 작아 중국과 비교할 만한 논의의 여지가 없다고 보았다. 또한 군주연방제를 대표하는 독일과 민주연방제를 대표하는 미국의 연방제는 역사적 뿌리가 매우 깊기 때문에 중국이 이를 따르기 어렵다고 평가하였다. 그 이유에 대해 량치차오는 "우리나라는 이천 년 전에 이미 봉건제가 폐지되어 그 흔적을 찾을 수 없다. 비록 인민의 사권(私權)에 대해 정부가 간섭하지 않고 방임한 결과 자치의 미풍이 남아 있으나, 서구에서 말하는 완전한 자치기관을 우리나라에서 찾기란 불가능하다"라고 언급한다.[50] 량치차오는 이어서 "우리나라는 영토가 광활한 데 비해 정치 제도가 완비되지 않아, 가령 연방을 기초로 삼은 후에 완전한 중앙정부가 그 위에 세워진다면 정치의 밀도는 증가하고 인민의 행복은 증진될 것이다. 이는 내가 기도하고 바라는 바이다. 그러나 우리는 연방의 기초를 구할 수 없으니 그 뜻은 비록 고상하나 결국 이상에 그칠 뿐이다. 이것이 내가 감히 연방제를 견지하지 못하는 이유이다"[51]라고 하여 연방제 자체를 부정하는 것이 아니라, 중국의 역사적·사회적 조건에 부합

49 梁啓超, 「新中國建設問題」(1911), 『文集』27, 29쪽.

50 梁啓超, 위의 책, 29쪽.

51 梁啓超, 위의 책, 30쪽.

하지 않기 때문에 연방제를 채택할 수 없다는 입장을 명확히 밝히고 있다. 이는 단순히 연방제 자체를 비판하는 것과는 차원이 다른 문제로, 중국의 현실적 상황에 기초한 분석적 판단이라 할 수 있다.

량치차오는 또한 연방제의 본질을 "본래 여러 소국이 연합하여 대국을 이루는 것"으로 정의하였다. 그는 중국의 경우, 대국을 여러 소국으로 분할한 후 이를 다시 연합하여 대국을 도모하자는 발상은 부자연스러운 역행이라 판단하며, 이 점이 자신이 평소 연방제를 지지하지 않는 주된 이유라고 밝혔다. 그러나 무창기의 이후 각 성이 독립을 선언하며 국가의 통일이 위태로워질 가능성이 대두된 상황에서, 량치차오는 부득이하게 연방제 도입을 검토하며 이를 위한 하나의 모델을 제시하였다. 량치차오가 제안한 모델의 주요 내용을 간략히 정리하면 다음과 같다.[52]

량치차오는 연방제 도입에 있어 먼저 연방 수장의 선출 방식을 검토하였다. 연방 수장의 선출 방식은 세습제(독일), 인민의 선거제(북미연방 및 스위스), 중앙에 의한 임명제(캐나다 및 오스트레일리아)로 나뉜다. 량치차오는 정쟁으로 인한 혼란과 막대한 선거 비용을 고려할 때, 중앙에 의한 임명제가 바람직하다고 보았다. 그러나 중국의 경우 입헌군주국이 아니기 때문에 중앙에 권력이 지나치게 집중될 가능성이 크며, 이는 연방 정신을 약화시키는 결과를 초래할 수 있음을 우려하였다.

둘째로, 연방과 중앙 간 권한의 배분 문제를 제기하였다. 량치차오는 연방제란 본래 통치의 전권이 각 지역에 고유해야 한다고 보았다. 그러나 중국의 경우, 강력한 중앙정부 없이는 국가의 통일과 보존이 어려운 현실을 고려해야 한다고 주장하였다. 이에 따라 미국과는 반대로 각 지역의 권한은 열거주의를 채택하되, 열거되지 않은 권한은 중앙정부에 보류하도록 설정하는 방안을 제안하였다.

셋째, 연방제 도입과 관련하여 구역 설정의 문제를 제기하였다. 량치차오는 현재 중국의 각 성이 지역 간 면적과 인구에서 지나치게 큰 차이를 보이고 있어, 이를 연방의 구역으로 삼기에는 적합하지 않다고 보았다. 따라서 연방제를 채택하려면 기존 성의

52 梁啓超, 위의 책, 30~34쪽.

경계를 수정하거나 새로운 구역 설정이 필요하다고 주장하였다.

넷째, 연방제와 변경 문제를 논의하였다. 그는 연방제에서 가장 난해한 과제로 몽, 회, 장 등 제 번경(藩境)의 처리를 꼽았다. 이들로 하여금 자발적으로 연방에 가입하도록 유도하는 것이 이상적이지만, 현실적으로 이를 보장할 수 없다는 점에서 어려움을 지적하였다.

결론적으로 량치차오는 강력하게 통일된 중앙정부의 수립이 필요하다는 입장을 견지하였다. 그러나 부득이 연방제를 채택해야 할 경우, 독일식 연방체제를 도입하는 것이 적합하다고 보았지만, 당시 중국의 현실은 이러한 방안조차도 실현 가능성이 낮다고 평가하였다. 또한, 미국식 연방제는 강력한 통일을 실현하기에 부적합하다는 점에서 연방제를 석연치 않게 여기는 이유를 밝혔다. 량치차오의 이러한 입장은 유기체적 국가관에 기반하여 강력한 단일제 국가 건설을 지향하면서도, 연방제를 완전히 거부하지 못하는 현실적 고민을 반영한 것이다. 특히 무창기의 이후 각 성이 독립을 선언하며 연방제 국가 건설이 현실적 대안으로 대두된 상황에서, 연방제를 둘러싼 그의 고뇌가 드러난다. 량치차오는 이러한 맥락에서 중국이 반드시 연방제를 거쳐 단일제로 나아가야 하는지에 대해 심사숙고할 필요가 있음을 제언하였다.

무창기의 발발 이후 각 성이 독립을 선언함에 따라, 연방제 주장은 량치차오의 의도와는 달리 각지에서 두드러지게 대두되었다. 우선, 독립을 선포한 산동성(山東省) 자의국(諮議局)은 청조 정부에 8개 조항을 제출하며, 그중 다음과 같은 내용을 명시할 것을 요구하였다. "헌법에 중국은 연방정체(聯邦政體)로 한다(제5조). 외관제(外官制)와 지방세는 본 성에서 자율적으로 결정하며, 정부는 간섭할 수 없다(제6조). 자의국 장정(章程)은 본 성의 헌법이며, 스스로 개정할 수 있다(제7조). 본 성의 훈련된 병력으로 자위(自衛)할 자유를 보유한다(제8조)."[53] 또한, 1911년 11월, 쑹자오런(宋敎仁)이 기초하고 호북군정부(湖北軍政府)가 반포한 「중화민국 악주약법초안(中華民國鄂州約法草案)」은 분권주의

53 李劍農, 『最近30年中國現代政治史』, 上海太平洋書店, 1930, 463쪽.

적 공화국 체제를 제안하였다.[54] 같은 해 12월에 공포된 『귀주입법원 의정헌법대강(貴州立法院擬定憲法大綱)』의 서문에서는 중국의 영토가 지나치게 광활하기 때문에 장차 연방제 국가를 건설해야 한다는 내용을 명시하고 있다.[55]

[사진 8] 쑨원, 1911년

쑨원 역시 1911년 11월 파리일보 기자간담회에서 "중국은 면적이 넓고 인구가 많아 각 성의 정세가 상이하므로 정치적으로 중앙집권은 절대 적합하지 않다. 오히려 미국의 연방제도가 가장 적합하다. 각 성의 내정은 각각 완전히 자유롭게 한다"[56]라고 언급하였다. 쑨원은 이러한 입장을 1912년 중화민국 임시대총통 취임 선언문에서도 명확히 하였다. 그는 "국가의 면적이 광활하고 인구가 많아 각 성은 각기 그 풍토와 기풍에 적합하게 자치를 실현해야 한다. 이전 청 정부는 무리하게 중앙집권의 법을 시행하여 결국 거짓된 입헌 체제를 왜곡하였다. 현재 각 성이 연합하여 자치를 도모하니, 이후 행정은 중앙정부와 각 성의 관계를 조율하여 균형을 맞추는 것이 마땅하다"[57]라고 하여 연방제에 입각한 공화정부 수립을 제창하였다.

이와 같이 혁명파를 비롯하여 전국적으로 연방제의 기운이 고조되는 가운데, 량치차오는 1912년 4월 「중국입국대방침(中國立國大方針)」이라는 장편의 글을 발표하며, 세계 국가의 추세와 중국이 나아가야 할 방향에 대해 세밀한 분석을 통해 연방제 주장에 대한 비판적 견해를 제시하였다. 이 글에서 량치차오는 오늘날의 세계 질서에서 대국

54 劉景泉外, 『宋敎仁與民國初年的議會政治』, 河北人民出版社, 1998, 152~154쪽.

55 龍長安, 『近代中國聯邦制運動硏究—以憲政爲視覺』, 浙江大學博士學位論文, 2008, 58쪽.

56 孫中山, 『孫中山全集』1, 中華書局, 1981, 562~563쪽.

57 孫中山, 위의 책, 2쪽.

만이 생존할 수 있다고 주장하며, 루소의 『민약론(民約論)』에 대한 논평을 제시하였다. 그는 "예전에 루소는 『민약론』에서 참된 자유 국가는 국민이 2만 명을 초과해서는 안 된다고 하였다. 대체로 개인의 행복을 전제로 한다면 국가 기관의 간섭을 배제하는 것이 필요하다는 점에서 이 말은 타당한 측면이 있다"라고 평가하였다. 그러나 그는 이러한 견해가 현대 국제사회에서 현실적으로 타당하지 않음을 지적하며, "소국은 결국 대국과의 경쟁에서 이길 수 없다"[58]라는 점에서 루소의 주장을 비판하였다.

량치차오는 이어서 연방제를 지지하는 논자들의 주장을 세계사의 흐름에 역행하는 것으로 간주하며, "진화론의 법칙에 따르면 이는 스스로 열패를 자초하는 것일 뿐이다"[59]라고 단정적으로 비판하였다. 그는 세계정세의 추세를 분석하며, 소국이 합병하여 대국을 형성하는 것이 국제사회의 일반적인 경향인데, 대국을 여러 소국으로 분할하자는 연방제 주장은 본말이 전도된 것이라고 지적하였다.

량치차오는 연방국과 단일국은 본질적으로 서로 본받을 수 없는 구조적 차이를 가지고 있다고 보았다. 그는 중국이 완전한 공화(共和)를 이루려면 우선 연방제를 채택해야 한다는 연방론자들의 주장에 대해 비판적 견해를 명확히 하며 다음과 같이 언급하였다.

> 정치 현상은 대체로 역사적 사실에 근거하는 경우가 대부분이며, 이상(理想)에 의해 구성되는 것은 전체의 십분의 일에 불과하다. 설령 이상에 기반하여 새로운 체제를 구성하려 하더라도, 그러한 이상은 반드시 사람들의 마음속에 깊이 자리 잡고, 전 사회에 널리 퍼져 점차적으로 사실로 전환되어야만 가능하다. 이러한 과정을 거친 사실에 기초하여 국가의 기틀을 마련해야 비로소 새로운 정치적 현상이 나타날 수 있으며, 이는 매우 오랜 시간이 지나야 비로소 실현될 수 있는 것이다.[60]

58 梁启超, 「中國立國大方針」, 『文集』28, 41쪽.

59 梁启超, 위의 책, 42쪽.

60 梁启超, 위의 책, 53쪽.

즉, 미국의 경우, 각 주와 도시는 연방제 국가를 건설하기 이전부터 이미 독립된 하나의 국가로서 오랜 역사를 지니고 있었다. 반면, 중국은 수천 년 동안 대일통의 체제를 유지해 왔기 때문에, 연방제를 도입하려는 주장은 역사적 기초가 결여된 비역사적 접근이라는 것이다.

> 내가 생각하건대, 우리나라의 현재 인재와 재력은 오직 힘을 합쳐 건전한 중앙정부를 건설하는 데 집중해야 한다. 이 중앙정부를 견고히 수립한 이후 그 힘에 의지하여 각 지방의 발전을 도모해야 한다. 사실상, 근본이 없는 연방제는 단지 이상에 불과하며 현실적으로 실현 가능성이 없다.[61]

[사진 9] 위안스카이, 1915년

즉, 생존경쟁이 치열한 국제 환경 속에서 국가가 살아남기 위해서는 우선 강력한 중앙정부를 구축한 후, 이를 기반으로 각 지방정부를 발달시켜야 한다는 것이다. 여기에서 량치차오는 연방제 국가 건설에 대해 비판적 입장을 취하면서도, 지방정부의 발전 필요성에 대해서는 긍정적인 시각을 가지고 있음을 확인할 수 있다.

1912년 10월, 오랜 망명 생활을 마치고 귀국한 량치차오는 이듬해 6월 진보당(進步黨)을 조직하고 초대 주석으로 취임하였다. 그는 취임 연설에서, 진보당은 현 시점에서 총통은 종래대로 위안스카이(袁世凱)를 추대한다는 입장을 표명하였다. 또한 헌법 문제에 대해서는 우선 헌법을 제정한 후에 총통을 선출해

61 梁啓超, 위의 책, 53~54쪽.

야 한다고 주장하였다.[62] 「진보당이 기초한 중화민국 헌법초안(進步黨起草中華民國憲法草案)」 제1조는 "중화민국은 영원히 통일 공화국(統一 共和國)으로 규정하며, 주권은 본 헌법에서 정한 각 기관이 이를 실행한다"라고 명시하였다. 이에 대해 량치차오는 "공화에 통일 두 글자를 추가한 것은 연방제와 공화제를 명확히 구별하기 위함"[63]이라는 설명을 덧붙여 진보당이 추구하는 노선은 연방제와는 노선을 달리함을 명확히 밝히고 있다. 그러나 량치차오는 강력한 중앙정부를 지향하면서도 분권적 지방자치도 아울러 실현하고자 하였다.

슝시링(熊希齡) 내각에서 사법총장(司法總長)으로 취임한 량치차오는 「정부대정방침선언서(政府大政方針宣言書)」를 작성하였다. 이 선언서에서 그는 중앙과 지방의 권한을 명확히 구분하고, 지방정권 기구의 설립에 대해 적극적인 태도를 표명하였다. 그는 특히 중국의 행정구역이 지나치게 넓어 정치적 운영이 원활히 이루어지지 못하고 있는 현실을 지적하며, 지방행정 기구를 개편하여 중앙과 지방의 권한을 각각 명확히 분리할 것을 주장하였다. 량치차오는 지방자치단체를 두 단계로 구성할 것을 제안하였다. 구체적으로, 현(縣)을 상급 지방자치단체로, 성(城), 향(鄉), 진(鎭)을 하급 지방자치단체로 구분하여 행정 및 치안 경찰 업무를 포함한 모든 행정 권한을 지방 인민이 스스로 수행할 수 있도록 하는 방침을 제시하였다.[64]

이와 같은 내용을 통해 알 수 있듯이, 량치차오는 연방제의 실행 자체에 대해서는 비판적 입장을 유지했으나, 연방제의 요소를 비판적으로 수용함으로써 신중국의 체제 질서를 새롭게 구축하고자 하였다.

62 『年譜』3, 356쪽.

63 梁啓超, 「進步黨起草中華民國憲法草案」(1913), 『全集』9, 2615쪽.

64 梁啓超, 「政府大政方針宣言書」, 『全集』9, 2574~2575쪽.

맺음말

량치차오는 루소의 연방제 사상을 처음으로 중국에 소개하며 청말 연방제 논쟁의 단초를 제공하였다. 그러나 이후 미국 방문과 함께 블룬칠리의 정치학설을 접하면서 국가 유기체설에 입각해 입헌군주정체를 지지하게 된다. 량치차오의 입헌군주정체를 위한 노력은 신해혁명 이후 공화정체가 들어서면서 좌절되었지만, 그는 강력한 총통제에 기반한 통일 공화정체를 지지하며 연방제 도입에 대해 비판적인 입장을 견지하였다. 그러나 광활한 제국을 효과적으로 통치하기 위해 연방제의 요소인 지방자치제도의 정식 도입을 주장하였다.

이처럼 량치차오의 연방제에 대한 입장은 그의 파란만장한 삶처럼 여러 변화를 거듭해 왔다. 위안스카이의 제제(帝制) 부활 이후에는 다시 연방제에 대해 적극적으로 찬성하는 입장으로 선회하였다. 예를 들어, 1919년 량치차오는 민국 시기 대표적 연방론자인 장둥쑨(張東蓀), 장쥔리(張君勱) 등과 함께 『해방여개조(解放與改造)』 잡지를 발간하며, 연방제를 기반으로 한 국가 조직의 방향성을 제시하였다. 이 잡지의 기본 방침은 다음과 같다. 첫째, 국가의 조직은 지방을 기초로 삼으며, 중앙의 권한은 외국과의 관계에서 국가통일을 유지하는 데 한정된다(제2조). 둘째, 각 성(省), 현(縣), 시(市)는 자주적으로 근본법을 제정하고 국가는 이를 승인해야 한다(제3조).[65]

이러한 점에서 량치차오에게 연방제는 어디까지나 목적이 아닌 수단으로 간주되었으며, 제도적 설계에 대한 학리적 검토는 이루어지지 않았다. 그러나 그가 지향한 신중국은 내지(內地)와 번부(藩部)를 막론하고 강력한 중앙정부의 통제 아래 전국이 균질적인 영역으로 다스려지는 근대 국민국가였다. 그는 내지와 번부의 구분 없이 국회의원을 균등하게 선출하는 문제에 대해 다음과 같이 언급하였다. "영국의 직할 식민지나 일본의 타이완은 국회에 대표자를 선출하지 않는데, 몽골과 티베트에서 대표를 선출하는 이유는 무엇인가?"라고 자문하며, 영국의 헌법과 국회는 대영왕국의 것이지 대

65 梁啓超, 「解放與改造發刊詞」(1919), 『文集』35, 20쪽.

영제국의 것이 아니라고 주장하였다. 영국 헌법이 식민지에 적용되지 않기 때문에 식민지에서 대표자를 선출하지 않는 것은 당연하다는 것이다. 이에 반해 중국의 헌법과 국회는 전제국(全帝國)을 대표하기 때문에 각 지역의 대표자를 선출하는 것이 지극히 당연하다고 보았다. 량치차오는 이어서 "국가의 요소는 국민에 있으며, 이는 이른바 민족과는 다르다. 몽골과 티베트에 특별히 대표를 두는 것은 해당 지역을 대표하는 것이지, 몽골인종이나 퉁구스인종을 대표하는 것이 아니다"[66]라고 언급하며 문화적·인종적 차이에 따른 구별을 없애고 균질화된 국민을 기반으로 한 근대국가 건설을 지향하였다.

이와 같이, 량치차오가 지향한 근대국가상은 문화적·인종적 차이에 따른 구별을 초월한다는 점에서, 전통적 천하 사상에 입각한 대일통 관념을 강력하게 실천한 것으로 평가할 수 있다. 즉, 하늘 아래 모든 존재는 중화(中華)와 사이(四夷)를 불문하고 일률적으로 동등하다는 천하 사상은 량치차오의 신중국 체제 질서에 온전히 융화되어 있음을 보여준다.

이러한 관점에서, 연방제의 비판적 수용에 기초한 의회내각제를 통해 신중국을 건설하고자 한 그의 비전은 전통적 덕치와 교화의 원리를 전례 없이 강하게 확장한 국민국가를 지향한 것으로 해석할 수 있다. 량치차오의 이러한 실천운동은 그가 처한 시대적 제약 속에서 성공적으로 실현되지는 못하였으나, 여전히 현재 진행형의 과제로 남아 있다. 이는 곧 '역사적 함의의 현재적 과제'로서, 현대적 관점에서 재해석될 가치가 있는 사상적 유산이라 할 수 있을 것이다.

원재: 『中國近現代史研究』72, 中國近現代史學會, 2016. 12.

66 梁啓超, 「中國國會制度私議」(1910), 『文集』24, 38쪽.

6장

량치차오의 '국성(國性)'론과 중화민족의 신질서 모색

머리말

신해혁명은 전통적인 왕조 체제에서 근대적 공화국 체제로의 획기적인 변화를 가져온 일대 사건이었다. 그러나 불안정하면서도 중국의 대일통을 유지해 온 청조가 붕괴한 이후 새롭게 등장한 중화민국 체제는 안정된 기반을 확립하지 못하였다. 중화민국은 민주적 통일국가로서 국가권력을 공고히 하고 국민적 일체성을 형성해야 하는 과제에 직면하였으나, 국민적 통합에 실패함으로써 혼란과 무질서라는 아노미적 상태에 빠지게 되었다. 이와 관련하여 프라센지트 두아라는 20세기 초 중국의 상황을 "취약한 국가와 강력한 국가주의 담론이 지배한 시대"라고 평가하며 다음과 같이 지적한다. "국가주의 담론은 국가가 사회에 대해 자신의 역할과 지배력을 확장하는 것을 정당화하였다. 그러나 국가 건설 프로젝트는 효율적이지도 성공적이지도 않았다. 질서 유지는 실패하였고, 국가 건설 프로젝트는 시민사회를 불구로 만들거나 해체시키는 결과를 초래하였다."[1] 두아라의 지적대로, 20세기 초 중국의 근대국가 건설 프로젝트는 결국 효율적으로 진행되지 못한 것으로 평가된다.

무술변법운동의 실패 이후 오랜 망명 생활을 청산하고 귀국한 량치차오는, 귀국 후 1년여의 소감을 술회하는 글에서 다음과 같이 언급하였다. 그는 "지난 1년간 중국의 변화는 불가사의라고 할 수 있다"라고 평가하면서도, "나라 전체가 혼돈 속에 빠져 누구도 편안한 자리를 차지하지 못한 채, 사회의 불안정한 양상은 종식되지 않고 있다"[2]라고 지적하였다. 이와 같은 혼란의 배경에는 취약한 국가 기반 위에서 과잉된 '국가주의' 담론이 오히려 중국의 혼란스러운 상황을 심화시켰다는 점을 들 수 있다. 량치차오의 '국성(國性)'론은 이러한 불안정한 정국을 수습하기 위한 방안으로 제기된 것이다. 이는 민국 초기의 사회적 혼란을 안정시키고, 나아가 새로운 국가 건설을 위한 사상적 통합을 도모하기 위해 등장한 담론이었다.

그렇다면 국성이란 무엇인가? 량치차오는 이 국성 담론을 통해 무엇을 추구하고자 한 것인가? 량치차오가 제기한 국성론은 민국 초기의 새로운 담론으로, 당시로서는 매우 생소한 개념이었다.[3] 량치차오의 정치사상에 대한 연구가 많이 진행된 가운데에서도 이 분야에 대한 연구가 미지한 것도 바로 그러한 이유일 것이다.

종래의 국성론에 대한 연구는 대체로 이 개념을 애국주의적 관점에서 해석하는 데 머무르고 있다.[4] 량치차오의 정치사상이 근대 국민국가 건설과 밀접한 관련 속에서 논

1 프라센지트 두아라(문명기, 손승회 옮김), 『민족으로부터 역사를 구출하기—근대 중국의 새로운 해석』, 삼인, 2004, 243쪽.

2 梁啓超, 「述歸國後一年來所感」(1913), 『文集』31, 24쪽.

3 '국성'에 대해서 1913년 옌푸(嚴復)는 「독경당적극제창(讀經當積極提倡)」에서 "무릇 한 국가가 존립하려면 반드시 그 국성을 기초로 삼아야 한다. 국성은 국가마다 각기 다르며, 모두 특별한 교화를 통해 형성되는데, 이는 수천 년간 점진적으로 감화된 이후에야 비로소 두드러지게 나타난다.(大凡一國存立, 必以其國性爲之基. 國性國各不同, 而皆成於特別之教化, 往往經數千年之漸摩浸漬, 而後大著)"라고 언급한 바 있다(『中國現代學術經典 嚴復卷』, 河北教育出版社, 1996). 1924년 장빙린(章炳麟)은 「구학폐론」(救學弊論)에서 "무릇 국가의 문명 여부와 관계없이, 그 국성을 지킬 수 있다면 국가의 위태로움은 피할 수 있다"(『中國近代思想家文庫 張太炎卷』, 中國人民出版社, 2015)라고 언급한 바 있는데, 당시로서는 그다지 대중적인 개념은 아니었다.

4 량치차오의 '국성' 문제에 대한 선행연구로는 高柳信夫, 「梁啓超の『孔子』像とその意味」, 『中國における「近代知」の生成』, 東方書店, 2007; 賈旭東, 『梁啓超文化思想研究』(安徽大學碩士學位論文, 2011); 張冠夫, 「作爲嗣續光大'國民性'與'國性'的文學—梁啓超1915年前後文學觀的轉變」, 『河南大學學報(社會科學版)』52-6, 2012;

의된다는 점은 대체로 동의되는 바이다. 그러나 국성론은 공자에 대한 재해석과 밀접하게 연동되어, 그의 정치사상이 단순한 국가주의에 그치지 않고 세계주의로 나아가려는 사상적 모색을 포함하고 있다는 점에서 추가적인 논의의 여지가 크다.

이에 본 장에서는 민국 초기에 량치차오가 제기한 국성론을 분석하고, 이를 통해 그가 추구하고자 했던 목표가 무엇인지 규명하고자 한다. 특히, 국성의 상징으로서 공자를 어떻게 재해석하였는지 그리고 이를 기반으로 량치차오가 구상한 중화민족의 새로운 질서는 어떠하였는지를 고찰할 것이다. 이러한 연구를 통해 오늘날 경제대국에서 문명대국으로 도약하고자 하는 중국의 현대적 과제를 이해하는 데 다소나마 유익함을 제공할 수 있기를 기대한다.

★ ★ ★

국성의 제기와 중국불망론(中國不亡論)

1912년 오랜 망명생활을 뒤로하고 귀국한 량치차오는 당시 국가 정세가 혼란한 이유에 대해 "국외로부터 물질적·정신적 충격으로 인한 자극을 받았기 때문"이며, 또한 "전통적으로 전해져 온 규범이 점차 사회를 지탱해 갈 힘을 상실하면서 사람들이 방황하고 귀의할 곳을 잃었기 때문"[5]이라고 지적하고 있다. 이러한 혼란스러운 정국을 수습하고 사회를 안정화하기 위해 량치차오는 잡지 『용언(庸言)』의 창간호에 「국성편」을 발표하며 국성론을 처음으로 제기하였다.[6] 이 글에서 그는 "세상에는 반드시 국가가

陳澤環, 「"中國文明實可謂以孔子爲之代表"—梁啓超國性論中的儒學觀」, 『船山學刊』, 2015-6; 於海英, 「梁啓超の晩年の民權思想について-民本への自覚」, 『山口大學文學會志』68, 2018 등이 있으나 '국성' 문제에 대한 진론은 아직 없으며, 또한 '국성' 문제를 국가주의 내에서 제한된 해석을 하고 있다는 점에서 논의의 여지가 많다.

5 梁啓超, 「五年來之教訓」(1916), 『專集』33, 148쪽.

6 梁啓超, 「國性篇」(1912), 『文集』29. 참고로 『용언(庸言)』은 천진(天津)에서 출판된 잡지로 1912년 12월에 창간되어 1914년 6월까지 간행되었으며, 량치차오가 주판을 담당했다. 량치차오는 발간사에서 '민지(民智)'를 교화하고 '민덕(民德)'을 함양하며 '민력(民力)'을 발휘해서 공화 법치국가의 자격을 양성하기 위해 이 잡지를 발간하게 되었다고 언급하고 있다.

존재하는데, 국가가 존재하는 이유는 무엇인가?"라는 질문을 던진 뒤, 그 이유를 국성이라고 규정하고 있다. 그는 국성을 "사람에게 인성이 있듯이, 국가에도 고유한 본성이 있다"라고 정의하며, "사람이 인성을 상실하면 사람이 아니듯, 국성이 상실된 국가는 국가라 할 수 없다. 국성이 서로 다르기 때문에 세상에 다양한 국가가 존재할 수 있다"[7]라고 설명하였다.

량치차오의 국성론은 그의 초기 사상과도 연관되어 있다. 그는 이미 1902년에 발표한 「중국 학술사상 변천의 대세를 논함(論中國學術思想變遷之大勢)」에서 "무릇 한 나라가 천지에 바로 서기 위해서는 반드시 자립할 수 있는 특질을 지녀야 하며, 그 나라를 부강하게 만들기 위해서는 이 특질을 갈고 닦아 성장시켜야 한다"[8]라고 언급한 바 있다. 그는 같은 해 발표하기 시작한 「신민설(新民說)」에서도 국가의 정체성과 독립정신에 대해 다음과 같이 언급하였다.

> 무릇 한 국가가 세계에서 자립하기 위해서는 반드시 독립적인 정신을 구비해야 한다. 이는 위로는 도덕과 법률에서부터 아래로는 풍속, 습관, 문학, 예술에 이르기까지 모든 영역에서 일종의 독립정신을 지니는 것을 의미한다. …… 이것이야말로 민족주의의 원천이다. 우리 동포는 수천 년에 걸쳐 아시아 대륙에 국가를 세워왔기 때문에 그 특질에는 반드시 다른 민족과 명확히 구별되는 광대하고 고상하며 완미한 요소가 존재할 것이다. 우리는 이를 보존해야 하며, 결코 상실해서는 안 될 것이다.[9]

량치차오의 이 서술은 독립정신과 민족적 특질이 국가의 정체성을 형성하고 자립을 가능하게 하는 근본 요소임을 강조하며, 이러한 특질을 보존하고 강화해야 한다는 그의 신념을 잘 보여준다. 여기에서 언급된 한 국가가 자립할 수 있는 특질과 독립적인 정신은 이 글의 핵심 키워드인 국성에 대한 초보적 규정으로 볼 수 있다. 특히, 독립

7 梁啓超, 위의 책, 82~83쪽.

8 梁啓超, 「論中國學術思想變遷之大勢」(1902), 『文集』7, 3쪽.

9 梁啓超, 「新民說」제3절 釋新民之義(1902), 『專集』4, 5~6쪽.

적인 정신을 민족주의의 원천으로 규정한 점에서, 국성은 다른 민족과의 차별성을 드러낼 수 있는 민족성과도 깊이 연결되어 있다. 이러한 맥락에서 국성은 국가의 고유한 특질을 형성하고 이를 좌우하는 본질적 요소로 작용한다고 할 수 있다.

량치차오는 세계사적 시야에서 각국의 흥망성쇠를 결정짓는 핵심 요인을 국성에서 찾고 있다. 그는 "진실로 국성이 없는 국가는 스스로 국가를 세울 능력이 없는 것이다. 국성이 성숙되지 않은 국가는 비록 국가를 세웠더라도 견고하지 못하다. 국가를 세운 이후 국성을 상실하면 곧 그 국가는 망하게 된다"[10]라고 언급하며, 국성의 존재 여부와 성숙도가 국가의 운명을 좌우한다고 주장하였다.

> 국성이 서로 비슷한 여러 나라를 통합하여 하나의 용광로에 넣어 주조함으로써 하나의 큰 국성을 형성하게 되면, 여러 소국을 합쳐 대국을 이룰 수 있다. 또한, 자기 나라의 국성을 타국에 부가하여 타국을 동화시킴으로써 타국을 흡수하고 자기 나라의 이익을 증대시킬 수 있다. 반대로, 국성이 분열되면 국가는 이에 따라 분열된다. 하나의 지역이나 일부 사람들이 그들의 국성을 상실하면, 국가는 그 지역이나 일부 사람들을 잃게 되어 약화된다.[11]

즉, 한 국가의 흥망성쇠는 그 나라 국성의 유무 또는 국성의 건전성 여부에 따라 결정된다고 할 수 있다. 특히, 국가를 구성하는 일부 지역이나 국민이 국성을 상실하면, 해당 지역이나 국민을 잃게 되어 국가는 약화된다는 량치차오의 논의는 매우 의미심장하다. 그는 무창기의 이후 신중국의 국체를 연방제로 할 것인지 공화제로 할 것인지에 대해 모색하는 과정에서 "몽골(蒙), 회족(回), 티베트(藏), 신강(疆)은 모두 연방을 구성할 이유가 없기 때문에 연방제를 채택하면 사실상 이들 지역을 방기하게 될 것이다"[12]라고 언급하였다. 이는 몽골, 회족, 티베트, 신강 등 변경 지역이 내륙 중심부와는

10 梁啓超, 「國性篇」(1912), 『文集』29, 83쪽.

11 梁啓超, 위의 책, 83쪽.

12 梁啓超, 「新中國建設問題」(1911), 『文集』27, 29쪽. 량치차오의 연방제론에 대해서는 鄭址鎬, 「淸末民初 梁啓超

다른 국성을 지니고 있음을 암시하는 것으로 역으로 생각하면, 이러한 지역을 통합하기 위해서는 이들을 포괄할 수 있는 새로운 국성이 필요하다는 점을 시사한다.

그렇다면 국성이란 구체적으로 무엇을 가리키는가? 그것은 어떻게 형성되고, 또 어떻게 파괴되는가? 또한, 국성은 어떻게 흥성하고 쇠퇴하는가? 사실, 량치차오는 국성이 구체적으로 무엇을 지칭하는지 명확히 규정하기 어렵다고 보았다. 그는 국성이 어디에서 시작되며 어떻게 형성되는지조차 명확히 알 수 없다고 언급하였다.

> 인류는 한 지역에 모여 거주하면서 혈연이 화합하고, 무리들 간의 교류가 점차 빈번해진다. 이 과정에서 공동의 이해가 밀접해지고, 언어와 사상이 서로 공유되면서 시간이 흐름에 따라 부지불식간에 각종 무형의 신조가 형성되어 인심에 깊이 자리 잡는다. 이 무형의 신조는 커다란 위력을 발휘하며, 물리적 작용처럼 전 국민을 널리 결속시켜 이탈하지 못하게 하고, 화학적 작용처럼 전 국민을 용광로에 녹여 일체가 되게 하여 타자와 구별되게 한다. 이러한 신조는 시간이 오래 축적될수록 더욱 깊어지고, 무리의 결속과 확장을 촉진한다. …… 이와 같은 과정이 바로 국성이 발휘하는 효용이라고 할 수 있다.[13]

즉, 국성이란 한 민족이 오랜 역사 속에서 공동의 사회생활을 통해 점차 형성된 무형의 신조를 가리킨다. 이 무형의 신조는 해당 민족이 자립할 수 있는 근본적 특질로서, 전 국민을 일체화시키는 작용을 한다. 량치차오는 국성의 구체적 표상으로 국어(國語), 국교(國教), 국속(國俗)을 제시하며, 이 세 요소가 결합될 때 비로소 국성이 체현될 수 있다고 보았다.[14]

량치차오의 국성에 대한 논의는 1915년 중화서국에서 발간한 잡지 『대중화(大中

의 聯邦制論과 '新中國' 建設」, 『中國近現代史研究』72, 2016(본서 5장 수록) 참조.

13 梁啓超, 「國性篇」(1912), 『文集』29, 83~84쪽.

14 梁啓超, 위의 책, 84쪽.

華)』[15] 창간호에 집필한 「발간사」에서 보다 구체화된다.

이 글에서 그는 당시 국민의 의지와 기상이 극도로 쇠퇴한 현실을 한탄하며 "국가가 성립하려면 국성이 있어야 한다. 국성이 소실되면 저절로 망하게 된다. 타국의 국성을 삭탈하면 그 국가는 망하게 된다"[16]라고 한다. 또한 그는 국성을 "귀로 들을 수 있는 것도 아니고, 눈으로 볼 수 있는 것도 아니지만, 구체적인 형상으로 대략 가리킬 수 있는 것은 언어, 문자, 사상, 종교, 습속이며, 그다음이 예문과 법률"이라고 설명한다. 그는 이를 통해 "전 국민의 덕과 지혜, 재주와 지모를 교류하여 서로 깨우치고 계발하며 상호 친밀하게 협력하도록 한다"[17]라는 점을 강조하였다.

이처럼 국성이란 언어, 종교, 풍속 등을 공유하는 집단이 오랜 세월 함께 생활하는 가운데 부지불식간에 형성된 것이므로, 누군가에 의해 창조되거나 폐기될 수 있는 성질의 것이 아니다. 그러나 량치차오는 국성을 단순히 묵수해야 할 대상으로 보지 않았다. 그는 "국성에 부패한 요소와 시세에 적합하지 않은 요소가 있다면 그것을 바로잡고 개량하는 것이 마땅하다"[18]라고 주장하며, 국성이 오랜 역사 속에서 무의식적으로 형성된 것이지만, 그것을 현재의 인간이 능동적으로 개량할 수 있어야 한다고 보았다.

이러한 점에서 량치차오가 말하는 국성은 단순히 과거의 전통에 매몰되는 것이 아니라, 현실적 변화에 대응하며 현재적 의의를 지닌 개념이라 할 수 있다. 그는 국성이 쇠락할 경우에 대해 다음과 같이 경고하였다.

> 국성이 쇠락하면 그 나라 사람들이 자기 나라의 전장, 문물, 기강, 법도 등 역사적으로 전수받은 유산에 대해 모두 의심하고 경멸하며, 심지어 심한 경우에는 이를 멸시하여 방기하게 된다. 공공의 신조가 추락하면 개인과 개인, 개인과 사회의 행위에서

15 량치차오는 『大中華』 잡지와 3년 계약을 체결해서 주필을 맡았다. 『年譜』4, 3쪽.

16 梁啓超, 「『大中華』發刊辭」, 『文集』33, 83쪽.

17 梁啓超, 위의 책, 83쪽.

18 梁啓超, 「國性篇」(1912), 『文集』29, 84쪽.

표준이 없어져…… 공동생활의 기초는 점점 박약해져 결국 소멸하게 된다.[19]

이로 인해 가족에서 국가에 이르기까지 모든 조직은 중심점을 상실하게 되고, 내부적으로 단결하려 해도 구심점을 잃어 외부의 작은 충격에도 쉽게 무너질 수 있다는 것이다. 량치차오의 이러한 주장은 국성의 보존과 개량이 단순히 전통의 유지가 아니라, 국가와 사회의 존립과 번영을 위한 필수적 과제임을 강조한다.

여기에서 언급된 공공의 신조는 앞서 설명된 무형의 신조를 가리킨다. 량치차오는 공공의 신조가 무너지면 국가의 기강이 무너진다고 경고하였는데, 이는 공공의 신조가 이미 존재한다는 전제를 내포하고 있다는 점에서 주목할 필요가 있다. 이러한 논의는 마치 청말에 열강의 중국 분할에 대한 과분(瓜分)의 공포를 통해 중국이라는 영역이 불가분의 일체라는 관념을 선전한 것과 맥락을 같이한다.[20] 량치차오는 민국 초기에 다양한 정치적 입장을 초월해 공공의 신조가 존재한다고 암묵적으로 전제하였다. 이러한 점에서 국성은 국민성과 직결되는 개념으로 이해할 수 있다. 그는 다음과 같이 국민성의 중요성을 강조하였다.

> 무릇 한 나라의 존망은 종묘와 사직의 흥성과 몰락을 의미하는 것이 아니며, 정삭과 복색의 보존과 교체를 의미하는 것도 아니다. 대체로 국민성을 말하는 것이다. 국민성을 상실하면, 비록 종묘와 사직, 정삭과 복색이 엄연히 존재하더라도 군자는 나라를 유지하지 못했다고 여긴다.[21]

량치차오의 이와 같은 논의는 국가의 존속과 번영이 국민성의 유지와 발전에 달려 있다는 점을 설파하며, 국성이 단순히 전통적 관념에 머물지 않고 국민의 자질과 국가

19 梁啓超, 「國性篇」(1912), 『文集』29, 84쪽.

20 청말 과분의 공포에 대해서는 요시자와 세이치로(정지호 옮김), 『애국주의의 형성—내셔널리즘으로 본 근대 중국』, 논형, 2006, 118~123쪽 참조.

21 梁啓超, 「『麗韓十家文抄』序」, 『文集』32, 35쪽.

의 정체성을 결속시키는 근대적 개념임을 보여준다. 량치차오에 따르면, 위 글은 구한말 조선의 유민 김택영(金澤榮, 1850~1927)이 덕행과 학문이 뛰어난 선조들의 글에서 모범적인 것을 모아 『여한구가문(麗韓九家文)』이라 명명하고 지인 왕성순(王性淳)에게 주었는데, 왕성순이 다시 김택영의 글을 추가하여 『여한십가문(麗韓十家文)』으로 완성한 것이다. 이후 왕성순은 이를 장젠(張謇)의 소개로 량치차오에게 서문을 부탁하였다. 김택영은 구한말 조선에서 문장과 학문으로 저명한 인물로, 을사늑약 체결 이후 나라의 운명을 개탄하며 1908년 중국으로 망명한 인물이다.

량치차오는 『여한십가문』의 서문에서 국민성을 "한 나라의 사람들이 천 수백 년간 내려오면서 조상으로부터 전수받아 그 탁월함을 자각하여 하나로 합치를 이루고 집단으로 동화되어 다른 국민과 차이를 보이는 것"[22]이라고 정의하면서, 조선이 비록 망했지만, 조상의 문학을 받들고 숭상하는 정신을 높이 평가하며, 이러한 정신을 통해 조선의 운명이 다시 일어설 가능성을 암시하였다. 이는 마치 오래전에 멸망했다가 부활한 세르비아의 사례를 상기시키며, 국성을 상실하지 않는다면 나라를 다시 세울 수 있다는 점을 강조하는 것이기도 하다.

량치차오의 이 논의는 국성이 국가의 존속과 재건을 위한 핵심적 동력으로 작용함을 설파하고 있다. 그는 세계 역사상 다양한 국가의 흥망성쇠를 국성의 존재 여부에 따라 다음과 같이 네 가지 부류로 분류하여 설명하고 있다.[23]

우선, 본래 국성이 없었기 때문에 멸망한 경우로 량치차오는 인도를 대표적 사례로 들고 있다. 그는 "인도는 광활한 대륙 위에서 일찍이 하나의 통일국가를 이룬 적이 없으며, 오늘날에도 언어와 문자는 80여 종에 달하고, 부락의 군장은 수십 명에 이른다"[24]라고 설명하며, 유사 이래 통일된 국가를 구축하지 못하고 언어와 문화가 지나치게 분산된 인도를 국성이 부재한 전형적 사례로 제시하였다.

두 번째로, 국성이 아직 성숙되지 않은 상태에서 갑작스럽게 강적을 만나 멸망한 사

22 梁啓超, 위의 책, 35쪽.

23 梁啓超, 「『大中華』發刊辭」(1915), 『文集』33, 83쪽.

24 梁啓超, 위의 책, 84쪽.

례로 량치차오는 베트남과 조선을 들고 있다. 그는 "베트남과 조선은 천여 년 동안 중국의 속국으로 존재하며 완전히 독립된 언어와 문자, 예교와 풍속을 형성하지 못했다. 이들은 중국에서 벗어나 독립하고자 했으나, 국성이 성숙되지 않은 상태에서 갑작스럽게 무도한 세력의 먹이가 되어 멸망했다"[25]라고 설명하였다. 다만 량치차오는 프랑스와 일본이 비록 미완성이기는 하지만 베트남과 조선의 국성을 완전히 제거하는 데 어려움을 겪고 있음을 지적하며, 이를 통해 국성이 매우 강한 생명력을 지닌 개념임을 강조하였다.

세 번째로, 국성이 성숙되어 있었으나 스스로 이를 훼손하여 멸망한 사례로 량치차오는 로마, 신성로마제국, 투르크제국 등을 들고 있다. 특히 로마에 대해서는 "본래 매우 뛰어난 국성을 갖추고 전성기에는 전 유럽을 로마인들이 지배했지만, 자신들보다 훨씬 많은 피지배자를 동화시키는 데 실패하여, 오히려 소수의 로마인들이 현지에 동화됨으로써 로마 고유의 국성 또한 점차 상실하게 되어 멸망에 이르렀다"[26]라고 설명하였다. 량치차오는 이와 같은 국성 훼손으로 인한 멸망 사례로 몽골과 만주(청조)를 추가로 언급하였다. 다만, 로마의 경우 이탈리아가 국성을 계승하여 세계 강국의 지위를 유지하고 있는 반면, 몽골과 만주는 국성이 미성숙한 상태였기 때문에 다시 일어서지 못했다고 평가하였다. 그러나 만주는 차치하더라도 외몽골은 현재 중국으로부터 독립하여 하나의 국가를 이루고 있다는 점에서, 량치차오의 분석대로라면 몽골은 국성을 잘 계승하고 있는 사례로 볼 수 있다.

마지막으로, 량치차오는 매우 특수한 사례로 국성이 이미 성숙되고 스스로 이를 훼손하지 않았음에도 갑작스럽게 멸망한 사례로 카르타고를 들고 있다. 그는 이러한 논의를 통해 국성을 상실하여 멸망한 나라들을 소개하면서도, 그리스와 같이 국성이 심후하고 전 국민이 이를 깊이 자각하고 있을 경우에는 타국에 의해 멸망하지 않음을 강조한다. 나아가 유대, 폴란드, 이집트와 같이 이미 멸망한 나라도 국성을 기반으로 다

25 梁啓超, 위의 책, 84쪽.

26 梁啓超, 위의 책, 84쪽.

시 부활할 수 있다고 언급하였다. 이러한 주장은 서구 열강의 압박 속에서 위기적 상황에 처한 중국에게 희망적인 메시지를 제공한다. 국성이 심후하고 국민이 이를 자각한다면, 중국 또한 위기를 극복하고 재도약할 수 있다는 가능성을 암시하는 것이다.

량치차오는 「국성편」과 같은 시기에 발표한 「중국도덕지대원(中國道德之大原)」에서, 인성에 각각 장단점이 있듯이 국성에도 장단점이 있으며, 국성은 단기간에 소수인의 노력으로 이루어지지도 않으며 파괴하는 것도 불가능하다고 언급하였다.[27] 이러한 시각은 국성의 자각을 통해 당시 중국 사회에 만연해 있던 망국 심리를 극복하고자 하는 의도에서 비롯된 것이었다. 량치차오는 일본의 21개조 요구와 위안스카이의 제제 복벽 운동 등으로 인해 "오늘날 중국인들이 중국의 전도를 논할 때 십중팔구는 아, 나라가 거의 망했구나, 나라가 거의 망했구나 한다"[28]라고 개탄하며, 당시 중국 사회 전반에 팽배해 있던 망국 심리를 비판하였다. 그는 이러한 망국 심리를 여섯 가지 유형으로 분류하며 이를 다음과 같이 설명하였다.

첫째, 혈기가 있는 자는 나라가 망할 바에야 차라리 자신의 손으로 망하게 하겠다고 생각하며, 날로 반란을 도모하고 재난을 선동하여 질서를 파괴한다. 이는 혈성을 지니고 있으나 지나치게 치우쳐 있는 경우에 해당한다.

둘째, 자신의 이익을 위해 물불을 가리지 않으며, 적을 끌어들여 국가의 종사를 무너뜨리는 경우이다. 이는 극도로 탐욕스럽고 간교한 유형에 속한다.

셋째, 겉으로는 선하고 부드러워 보이지만 실제로는 간교한 자로, 나라의 존망이 위태로운 상황에서도 이를 이용해 이득을 취하고, 이득을 취한 후에는 바람처럼 사라지려는 경우이다.

넷째, 의지와 행동이 순결한 인사로서 평소에는 포부를 가지고 세상을 위해 노력하지만, 한 번 좌절을 겪고 나면 스스로를 질책하며 다시는 국가를 위해 진력하려 하지 않는 경우이다.

27 梁啓超, 「中國道德之大原」(1912), 『文集』28, 13쪽.

28 梁啓超, 「國民淺訓」(1916), 『專集』32, 20쪽.

다섯째, 근면하고 신중한 자로 직무를 수행하지만, 윗사람의 뜻을 따르기만 하며 공을 추구하지 않고 오로지 허물이 없기를 바라는 경우이다. 이러한 태도는 평소에는 훌륭한 시민으로 보일 수 있으나, 무기력을 사회에 전파하여 부정적 영향을 끼친다.

여섯째, 언동이 지나치게 궤변적이고 격한 자로, 중국인은 이미 이 나라를 통치할 능력이 없으니 차라리 빨리 망하는 것이 낫고, 통치할 수 있는 새로운 지도자를 기다리자는 태도를 보이는 경우이다.[29]

량치차오는 당시 중국인의 망국적 심리에 대항하기 위해 우선 망국의 정의를 다시 내릴 필요가 있다고 주장하였다. 그는 "진(秦), 한(漢), 위(魏), 진(晉), 수(隋), 당(唐), 송(宋), 명(明), 청(淸)이 일찍이 망했어도 중국(中國)은 지금까지 한 번도 망한 적이 없다"[30] 라고 언급하며 편협한 민족주의적 시각에서 벗어나야 한다고 강조하였다. 즉, 개별 왕조의 흥망을 초월하여 중국 전체의 역사를 포괄적으로 이해하는 국가관을 가져야 한다는 것이다.

량치차오는 전통적 왕조 중심의 사고에서 벗어나 국민국가로서 중국은 "선조가 물려준 뛰어난 기량과 위대한 유산이라는 국성을 지니고 있기 때문에 어느 누구도 중국을 멸망시킬 수 없다"[31]라는 신념을 드러냈다. 그는 이러한 국성을 바탕으로 중국은 절대로 멸망할 수 없다고 단언하며, 나아가 객관적 근거를 통해 다음과 같이 중국불망론(中國不亡論)을 주창하였다.

첫째, 지금 세계열강은 중국을 멸망시킬 능력을 보유하고 있으나, 새로운 영토를 취해 경영하는 데에는 막대한 비용과 어려움이 뒤따르므로 중국을 멸망시킬 이유가 없다.

둘째, 지금 세계는 경제를 중심으로 움직이고 있기 때문에, 중국에서 경제적 특권을 추구하려면 중국의 주권을 유지하는 것이 열강에게 더 유리하다.

셋째, 열강이 중국을 멸망시키기 위해서는 과분을 해야 하지만, 이는 실질적으로 불

29 梁启超, 「『大中華』發刊辭」(1915), 『文集』33, 81~82쪽.

30 梁启超, 위의 책, 『文集』33, 82쪽.

31 梁启超, 위의 책, 85쪽.

가능하다는 것이 이미 판명되었다.

넷째, 열강이 중국을 멸망시키기 위한 두 가지 전략이 존재한다. 하나는 중국과 특수한 협약을 체결하여 통치권의 일부를 장악하는 것이고, 다른 하나는 중국 각 지방의 반란을 조장해 전국을 혼란에 빠트린 후 이를 평정하는 것이다. 그러나 량치차오는 충성스런 중국 국민 중에는 청나라에 투항한 오삼계(吳三桂)나, 한국의 친일파로 알려진 이완용(李完用)과 같은 인물이 존재하지 않기 때문에, 중국이 내부적으로 단결만 한다면 외국 열강의 의도는 결코 성공할 수 없을 것이라고 주장하였다.[32]

량치차오의 이러한 주장은 국성을 바탕으로 한 중국의 내적 강건성과 외적 위기의 극복 가능성을 동시에 설파하며, 당시의 비관적인 망국론을 반박하는 근거를 제공하였다. 그러나 이러한 주장이 객관성을 담보하는 것은 아니다. 오히려 중국불망론을 강하게 주장한 것은 당시 중국 사회의 분열과 쇠락의 위기가 심각하게 고조되었음을 반영한다고 볼 수 있다.

그는 「대중화 발간사」의 서두에서 "우리 국민의 의지와 기상의 쇠락함이 오늘에 이르러 지극해졌구나. 마치 온 나라가 장송곡을 부르는 황폐한 묘지가 되었으며, 우리 국민의 오랫동안 바라던 몽상은 이제 사라져 버렸다"[33]라고 한탄하며 시대적 위기의 절박함을 드러냈다. 량치차오는 중국 국민이 오랫동안 희망하고 몽상했던 것이 순식간에 사라져 버린 이유에 대해 "그것이 오로지 근거도 없고 의미도 없는 정치생활에 속해 있었기 때문"[34]이라고 분석하였다. 그는 당시 사회 전반에 팽배한 국민들의 실망감을 정치적 실망감으로 규정하며, 이러한 정치적 실망감을 극복하고 시대적 위기감을 해소하기 위해 국성을 바로 세우는 것이 필요하다고 믿었다.

그렇다면 국성을 바로 세우기 위해서는 무엇이 필요한가? 량치차오는 국성을 견고하게 진전시키기 위해 국가 구성원인 국민의 일체화가 필수적이라고 강조하였다. 그는 오늘날의 국가는 과거와 달리 "단일 민족이 단일 국가를 구성한다"라는 방침 아래,

32 梁啓超, 위의 책, 86~87쪽.

33 梁啓超, 위의 책, 79쪽.

34 『年譜』4, 6쪽.

국민을 일체화하는 것이 무엇보다도 절실하다고 보았다.[35] 이때, 국민을 일체화하는 데 필요한 것은 단순히 외형적 통합이 아니라, 정신적 기반의 확립이다. 그렇다면 국민을 일체화하기 위해 요구되는 정신적 요소는 무엇인가? 이는 국성의 강화와 국민적 자각을 통해 이루어지며, 이를 바탕으로 국민 개개인의 의식과 행동을 일치시키는 방향으로 나아가야 한다는 점에서, 구체적인 논의가 필요하다.

량치차오는 "중국에는 실로 견고하고 강하며 선하고 아름다운 국성이 존재하는데, 그것은 무엇으로도 파괴할 수 없는 것으로, 오늘날은 바로 그것을 갈고 닦아 발휘할 필요가 있다"[36]라고 언급하며 국성의 본질적 강인함과 그 활용의 필요성을 강조하였다. 나아가 그는 "한 사회에는 반드시 그곳에서 공인된 도덕적 신조가 있으며, 이는 선천적 유전과 후천적 감화를 통해 사람들의 뇌리에 깊숙이 자리 잡아 내면화된다. 이를 통해 개인과 개인 간의 관계가 강고해지고, 사회의 생명도 영속성을 가지게 된다"[37]라고 주장하였다. 즉, 국성은 한 사회 내 구성원 모두가 공유하는 도덕적 신조로서, 이는 선천적 요소와 후천적 영향을 통해 개인의 내면에 작용하여 사회의 생명력을 유지하게 하는 원천이 된다. 량치차오는 이러한 도덕적 신조가 구체적으로 세 가지 관념으로 체현된다고 하였다. 그는 대다수 중국인의 심리 속에는 "수천 년의 유전과 감화에 의해 구성된 세 가지 관념이 존재하며, 모든 도덕은 거기에서 나왔고, 사회는 그것에 의지하여 무너지지 않고 유지되어 왔다"[38]라고 설명하였다.

량치차오에 따르면, 이 세 가지 관념은 보은(報恩), 명분(明分), 려후(慮後)이며 이는 국성의 구체적 내용을 이루는 핵심 요소이다. 그러면 각각의 관념이 어떻게 작용하며 구체화되는지 살펴보자.

35 근대 중국의 정치적·사회적 사고 속에서 중국의 단결과 일체성을 추구하는 문제는 매우 중요하게 부각되었다. 중국의 일체성 문제는 크게 (1) 국토의 일체성, (2) 국민의 일체성, (3) 통시적인 역사의 일체성으로 구분되는데, 이 '국성'론에서는 (2) 국민의 일체성을 주요 대상으로 하고 있는 것이지만, 그렇다고 해서 (1), (3)의 문제를 배제하고 있는 것은 아니다. 근대 중국의 일체성 문제에 대해서는 요시자와 세이치로(정지호 옮김), 앞의 책 참조.

36 梁啓超, 「中國道德之大原」(1912), 『文集』28, 13쪽.

37 梁啓超, 위의 책, 14쪽.

38 梁啓超, 위의 책, 14쪽.

량치차오는 세 가지 관념 중 첫 번째로 보은에 대해 다음과 같이 설명하였다. "중국의 모든 도덕은 보은을 동기로 하지 않음이 없다. 이른바 윤리 강상과 명교는 모두 이를 근본으로 삼는다. 무릇 사람은 태어나서 총명의 여하를 막론하고 외부에 의지하지 않고는 자립할 수 없다." 그는 이어 "예전 사람과 지금 사람은 모두 나에게 은혜를 베푼 것이며, 국가와 사회는 무형의 깊은 은혜를 제공한다"[39]라고 강조하였다. 따라서 보은은 개인과 사회의 관계를 지탱하는 도덕적 원리로 작용하며, 사회 구성원 간의 상호 의존과 연대를 가능하게 하는 것이다.

둘째, 명분에 대해서는 "중국 윤리 강상의 가르침은 무릇 명분을 정하고 규범을 바르게 하는 데 있다. 사회 조직이 강고하고 치밀하게 결속되어 흩어지지 않는 것은 바로 이 명분의 덕택"[40]이라고 설명하였다. 이는 개인이 자신의 역할과 책임을 인식하고 이를 준수함으로써 사회의 질서와 조화를 유지할 수 있음을 의미한다. 명분은 사회적 안정과 지속성을 보장하는 기초적 틀로 작용한다.

셋째, 려후에 대해 량치차오는 다음과 같이 지적하였다. "구미의 이른바 문명국은 현재의 쾌락주의에 함몰되어 후사를 원하지 않는 자가 10명 중 8~9명에 이른다. 이로 인해 인구 출산율이 급격히 감소하여 정치적·경제적 문제를 초래하고 있다."[41] 이러한 문제를 해결하기 위해 그는 가족주의를 주창하며, "중국에는 수천 년간 가족주의가 전 국민의 심중에 자리하고 있다"라고 평가하였다. 려후는 미래 세대를 염두에 둔 사고방식으로, 사회의 지속 가능성을 보장하는 중요한 요소로 작용하는 것이다.

이처럼 세 가지 관념은 중국 사회를 유지하고 발전시키는 중요한 동력으로 작용한다. 량치차오는 세 가지 관념 각각의 역할에 대해 다음과 같이 설명하였다. 보은은 현재와 과거를 연결시켜 주고, 려후는 현재와 미래를 연결시켜 주며, 명분은 현재를 심오하게 하여 사회적 혼란을 방지하는 역할을 한다. 그는 이를 맹자의 "배우지 않아도 알고, 고려하지 않아도 할 수 있는 것(不學而知, 不慮而能)"에 비유하며, "중국이 수천 년

39 梁啓超, 위의 책, 16쪽.
40 梁啓超, 위의 책, 19쪽.
41 梁啓超, 위의 책, 19쪽.

간 헤아릴 수 없는 혼란 속에서도 국성을 상실하지 않았던 것은 바로 이 세 가지 관념 덕분이다"[42]라고 강조하였다. 이 세 가지 관념을 통해 중국 국민의 일체성을 추구하려 한 량치차오의 시도는 서양의 학술, 사상, 정치 제도를 대대적으로 수용하며 중국의 문제를 해결하려 했던 그의 이전 입장과 비교할 때 상당히 파격적인 변화라 할 수 있다. 이는 전통적 도덕과 국성의 가치를 재조명함으로써 중국 사회의 정체성을 회복하고, 국민적 단결과 일체성을 이루고자 한 그의 의도를 명확히 보여준다.

량치차오는 1915년 슝시링(熊希齡) 내각의 폐제국(幣制局) 총재직을 사임한 이후 그동안 자신의 생애는 곧 정치 생애였으나, 현재 중국의 정치사회는 정치단체 활동을 포용할 여지가 없기 때문에 앞으로는 정치단체 활동을 중지하겠다"라고 선언하며, 정치 활동에서 물러날 뜻을 밝혔다. 동시에 그는 "정치의 기초는 항상 사회에 있기" 때문에 앞으로의 활동 방향에 대해 다음과 같이 언급하였다.

> 나는 진실로 사람으로서 장차 사람이 사람다워지는 법을 강구해서 나와 더불어 논의하고자 한다. 나는 진실로 중국의 국민으로서 장차 국민이 국민다워지는 법을 강구해서 우리 국민과 더불어 논의하고자 한다.[43]

이 발언에서 량치차오는 향후 자신의 천직을 사람 교육과 국민 교육, 두 방면의 교육을 통해 중국 사회의 계몽을 실현하는 데 두겠다는 의지를 피력하였다.[44] 이는 그가 단순한 정치적 개혁을 넘어 사회적 계몽과 국민적 자각을 통해 중국 사회의 근본적인 변화를 추구하고자 했음을 보여준다. 이를 위해 량치차오는 중국의 국성을 상징하는 인물로 공자를 제시하였다. 그는 공자가 2천여 년 동안 중국의 일체성을 유지해 온 '무형의 중심축'이라고 강조하며, 공자의 가르침을 통해 중국 국민의 국성에 대한 자각을

42 梁啓超, 「中國道德之大原」(1912), 『文集』28, 20쪽.

43 梁啓超, 「吾今後所以報國者」(1915), 『文集』33, 54쪽.

44 張冠夫, 「作爲嗣續光大'國民性'與'國性'的文學—梁啓超1915年前後文學觀的轉變」, 『河南大學學報(社會科學版)』52-6, 2012, 88쪽.

환기하고자 했다. 국민을 일체화하는 과정에서 단순한 도덕적 신념보다 공자라는 역사적 인물을 상징으로 활용하는 것이 이론적으로 유용했을 것이라고 평가된다.

그런데 유교가 봉건적 유폐로 간주되어 타도의 대상으로 여겨졌던 오사 신문화운동 시기에 공자를 국성의 표상으로 삼은 이유는 무엇일까? 이는 단순히 유교의 복고적 부활을 주장한 것이 아니라, 공자의 가르침이 지닌 도덕적·문화적 연속성을 통해 중국 국민의 정체성을 재구성하고자 한 량치차오의 사상적 시도라 할 수 있다.

★ ★ ★

공자의 재해석과 중화민족의 신질서 모색

량치차오는 공자를 단순히 전통 유교의 상징적 인물로서만이 아니라, 중국 국성의 본질을 체현하고, 중화민족의 새로운 질서를 모색하는 데 있어 중심축으로 재해석하였다. 그는 공자가 중국 사회의 도덕적 기반과 공동체적 일체성을 형성해 온 핵심적 역할을 했다고 보며, 이를 통해 국민적 단결과 정체성 회복을 도모하고자 하였다. 그는 「중국의 무사도(中國之武士道)」 범례에서 "오직 공자만이 2천 년 동안 전국 사상의 중심점이었기 때문에 모두의 우두머리가 되었으며, 믿고 따르는 대상이 되었다"[45]라고 언급하며, 공자가 중국 사상과 도덕적 중심으로서 가지는 독보적 위치를 강조하였다. 그러나 량치차오는 공자를 단순히 무비판적으로 계승하려는 것은 아니었다. 그는 공자의 사상을 존중하면서도 그 시대적 한계를 인식하며 이를 현대적 맥락에서 재구성하려고 하였다. 이에 대해 그는 「지나의 종교개혁을 논함(論支那宗教改革)」에서 다음과 같이 언급하였다.

> 한 나라의 강약과 흥폐는 국민의 지식과 능력에 달려 있다. 지식과 능력의 진보와

45 梁啓超, 「中國之武士道」凡例(1904), 『專集』24, 2쪽.

퇴보, 증진과 감소는 오로지 국민사상에 달려 있다. 사상의 높고 낮음, 통함과 막힘은 모두 국민의 습관과 신앙에 달려 있다. 따라서 국가가 독립하기 위해서는 국민의 식력(識力)을 증진시켜야 하며, 국민의 식력을 증진시키기 위해서는 국민의 사상을 변화시켜야 한다. …… 대체로 종교는 국민의 정신을 주조하는 좋은 약재이다.[46]

량치차오는 주(周)나라와 진(秦)나라 시기 중국의 사상이 발흥하여 서양의 그리스에 뒤지지 않을 정도로 뛰어났다고 평가하였다. 그러나 그는 한대 이후 2천여 년간 중국사상이 점차 쇠퇴하였으며, 오늘날에 이르러 퇴락이 더욱 심화되었다고 진단하였다. 그는 이를 천박한 유자(儒者)들이 육경(六經)의 정수를 오해하고 공자의 가르침 본지를 상실했기 때문으로 보았다.

그는 한대 무제 이래 육예(六藝)를 현창하고 백가를 배척한 결과, 육예 과목은 진보적 역할을 상실하고 오히려 속박의 요소로 작용했다고 지적하였다. 이는 공자의 가르침 자체의 문제가 아니라, 공자의 가르침을 이용해 사리사욕을 채우려는 천박한 유자들 때문이라고 보았다.[47] 이리하여 한대 훈고학에서 청대 고증학에 이르기까지 공자의 무리를 자명하는 자들이 많아지면 많아질수록 공자의 도는 더욱 암울해졌다고 한다.[48] 이러한 문제는 종래의 학문이 공자의 가르침을 그 자체로 탐구하기보다는 입신출세의 수단으로 이용됨으로써 공자의 바른 모습을 파악하지 못한 데서 기인한다고 진단하였다.

공자를 공자로 인정하는 이유는 바로 그 사상의 자유로움 때문이다. 그런데 스스로 공자의 무리를 자처하는 자들은 오히려 그 정신에 반해 공자를 이용하니, 이것이 어찌 공자의 잘못이겠는가![49]

46 梁啓超, 「論支那宗教改革」(1899), 『文集』3, 55쪽.

47 梁啓超, 「新民說」, 제11절 論進步(1903), 『專集』4, 59쪽.

48 梁啓超, 「孔子教義實際裨益于今日國民者何在欲昌明之其道何由」(1915), 『文集』33, 61쪽.

49 梁啓超, 「保教非所以尊孔論」(1902), 『文集』5, 55~56쪽.

[사진 10] (좌)캉유웨이 동상, (우)캉유웨이가 설립한 학교 만목초당

흥미로운 점은 량치차오가 자신의 스승이었던 캉유웨이의 신학(新學) 역시 비판의 대상으로 삼고 있다는 점이다. 이 시점에서 량치차오와 캉유웨이 사이에는 확연한 균열이 드러났다.[50] 량치차오는 공자의 가르침을 현대적으로 재해석하고자 하였으나, 캉유웨이의 신학을 포함한 공자의 왜곡된 계승은 이러한 목표에 부합하지 않는다고 판단한 것이다.

량치차오는 공자의 교지(敎旨)를 다음과 같이 설명하였다.

50 량치차오는 일생 동안 캉유웨이를 존경했지만, 두 사람의 정치적 입장이 반드시 일치하지는 않았다. 특히 1902년 일본 망명 초기 량치차오는 혁명파와 어울리면서 '혁명배만공화(革命排滿共和)'의 논리를 제창하고, 캉유웨이에게 민족정신을 고취하고 민족주의를 제창하기 위해서는 만주를 타도해야 한다는 의견을 제출하기도 했다. 『年譜』2, 151쪽.

진화(進化)주의로서 보수(保守)주의가 아니다. 평등(平等)주의로서 전제(專制)주의가 아니다. 겸선(兼善)주의로서 독선(獨善)주의가 아니다. 강립(强立)주의로서 문약(文弱)주의가 아니다. 박포(博包)주의로서 단협(單狹)주의가 아니다. 중혼(重魂)주의로서 애신(愛身)주의가 아니다.[51]

여기에서 언급된 진화, 평등, 겸선, 강립, 박포, 중혼 등은 량치차오가 중국의 계몽을 설파할 때 자주 사용하는 개념으로, 이러한 개념들을 공자의 사상에서 찾고 있다는 점은 주목할 만하다. 그는 이러한 "공자의 교지를 발전시키기 위해 무엇보다도 공자에 충실해야 한다"[52]라고 주장하였다. 이 말은 공자의 사상을 해석하는 과정에서 다른 학설을 혼합하여 그 본질을 왜곡해서는 안 된다는 의미로 이해된다. 량치차오는 공자의 학설을 다음의 세 가지 범주로 구분하여 설명하였다.

첫째, 철학적 범주이다. 성(性), 천도(天道) 등에 관한 철학적 논의로, 이는 전문 연구자의 영역이므로 모든 국민이 이해할 필요는 없다고 보았다.

둘째, 정치학·사회학적 범주이다. 치국평천하의 대법(大法)에 관한 내용으로, 이는 공자가 살았던 시대를 위한 것이기에 오늘날에 적용할 필요가 없다고 주장하였다.

셋째, 윤리학·도덕학·교육학적 범주이다. 입신처세의 길에 관한 내용으로, 이는 공자를 가리켜 만세사표(萬世師表)라 부르게 한 근본적 이유라고 보았다.[53]

량치차오는 공자의 철학론이나 정치론이 탁월하기 때문이 아니라, 세 번째 범주인 입신처세의 길, 즉 인격을 양성하는 데 중점을 둔 점이야말로 오늘날 공자를 만세사표로 추앙하는 이유라고 강조하였다. 이는 공자의 가르침이 단순히 이론적 지식에 그치는 것이 아니라, 도덕적 실천과 개인의 인격 형성에 실질적 기여를 한다는 점에서 중요성을 갖는다는 그의 인식을 보여준다.

량치차오는 「보교는 공자를 받드는 것이 아님을 논함(保教非所以尊孔論)」에서 공자의

51 梁啓超, 「論支那宗教改革」(1899), 『文集』3, 55~56쪽.

52 梁啓超, 「孔子教義實際裨益於今日國民者何在欲昌明之其道何由」(1915), 『文集』33, 63쪽.

53 梁啓超, 위의 책, 63쪽.

교지가 "사람이 사람다운 법을, 사회가 사회다운 법을, 나라가 나라다운 법을 가르치는 데 있다"[54]라고 설명하며, 특히 인격 교육 측면에서 다음과 같이 언급하였다.

> 동서고금의 성철 중에서 인격에 대해 말한 사람은 하나가 아니지만, 가장 많이 언급한 사람으로 공자만 한 인물이 없다. 이 점에서 공자는 장래 세계 덕육(德育)의 숲에서 가장 중요한 위치를 차지할 것이라고 나는 감히 예언한다.[55]

량치차오는 공자의 가르침이 보편적 가치를 지니고 있으며, 동서양의 경계를 넘어 미래의 도덕 교육에 있어서도 중심적 역할을 할 것이라고 확신한다. 중국에서 공자를 대성(大聖), 지성(至聖)이라 칭송하는 것은 바로 이러한 연유에서라고 한다. 그러나 흥미로운 점은, 량치차오가 이전에는 공자의 가르침에 대해 비판적 시각을 드러낸 바 있다는 것이다. 그는 「신민설」에서 "공자의 가르침은 훌륭하지만, 한 나라 사람들의 사상이 하나의 길에서만 나오게 하는 것은 진화하는 데 매우 큰 해를 끼친다"[56]라고 언급한 바 있다. 이러한 비판적 입장을 견지하던 량치차오가 공자를 인격 양성의 최고의 스승이라고 하면서 국성의 상징으로 재평가한 이유는 무엇일까? 다양성에서 단일성으로의 회귀인 것인가?

당시 량치차오는 영국이 세계를 제패할 수 있었던 원인으로 영국의 교육이 인격 양성을 주요 정신으로 삼고 있었던 점을 주목하였다. 그는 영국의 젠틀맨(Gentleman)과 중국의 군자(君子)를 비교하면서 이상적 인격에 대한 관념을 설명하였다. 즉, 영국인이 이상적으로 생각하는 젠틀맨이 중국의 군자에 해당하며, 양자는 모두 인격 양성을 궁극적 목표로 삼았다는 점에서 교육 정신이 유사하다고 보았다. 다만, 영국의 경우 젠틀맨은 그 자체로 일종의 무형의 모범으로서 사람들의 의식 속에 깊게 자리하고 있었던 반면, 중국의 경우 군자에 대한 의식은 "몽롱하고 막연하며 그 힘이 매우 미약해서

54 梁啓超, 「保教非所以尊孔論」(1902), 『文集』5, 57쪽.

55 梁啓超, 위의 책, 57쪽.

56 梁啓超, 「新民說」, 제11절 論進步(1903), 『專集』4, 59쪽.

사회를 통제하지 못하기 때문에 사람들은 반드시 군자가 되려고 노력하지 않는다"[57]라는 상태가 되어 버렸다는 것이다. 량치차오는 중국의 이상적 인격인 군자라는 모범이 공자 혼자서 만든 것은 아니지만, 공자가 이를 집대성하여 자신의 언어로 가르쳤으며, 또한 몸소 행동으로 실천하였음을 강조하였다. 따라서 그는 공자가 제시한 무형의 모범을 명확히 하고 이를 현대 사회에서 실효성을 지니도록 단련할 필요가 있다고 한다. 현대에서도 공자를 만세사표로서 칭송하고 받드는 것은 바로 이러한 연유에서라고 역설하고 있다.[58]

그러나 인격 양성은 개인적 차원에서 심신을 수양하는 것으로, 국가적 측면이 결여되어 있다는 비판에 직면할 수 있다. 특히, 일생을 근대 국민국가 건설에 투신한 량치차오의 국가주의 사상과 비교할 때, 이러한 접근은 다소 모순적으로 보일 여지가 있다. 이에 대해 량치차오는 "세계 고금의 교조가 국가주의를 교육한 것이 있는가?"라고 자문하며, 국가주의의 등장은 100년 정도에 불과하고 또한 국가의 기초는 개인을 바탕으로 하며 서양의 국가주의 교육 또한 개인주의 교육의 기초 위에서 성립되었다는 점을 강조하였다.[59] 이는 국가주의와 개인의 인격 양성이 상호 배치되는 것이 아니라, 오히려 개인주의를 기초로 국가주의를 구축해야 한다는 그의 인식을 보여준다. 량치차오가 슝시링 내각에서 기초한 「정부대정방침선언서」에서 "우리나라 사회는 2천 년간 공자의 교의를 사회 통합의 중심으로 삼았다. 따라서 정부는 인민의 신교의 자유를 존중하면서도, 한편으로 공자의 가르침을 교화의 근본으로 삼는다"[60]라고 명시한 것 역시 같은 맥락에서 이해할 수 있다. 즉, 공자의 가르침은 종교가의 가르침이 아니라 인문 교화의 가르침인 것이다.

한편, 량치차오는 1920년 파리강화회의 중국대표단 고문으로 유럽을 방문하고 귀국한 후 "상층에서의 정치 활동을 완전히 방기하고 국민의 실질적 기초를 육성하는 교

57 梁啓超, 「孔子教義實際裨益于今日國民者何在欲昌明之其道何由」(1915), 『文集』33, 65~66쪽.

58 梁啓超, 위의 책, 66쪽.

59 梁啓超, 위의 책, 67쪽.

60 梁啓超, 「政府大政方針宣言書」(1913), 『文集』29, 122쪽.

육사업에 전력으로 종사하게 되었다"[61]라고 한 것처럼 말년에 교육과 저술 활동에 전념하여 중국학술사상사에 관한 다수의 저술을 집필하였다.

당시 중국 사상계는 민주와 과학을 슬로건으로 내세운 오사 신문화운동이 한창이었으며, 특히 "공가점을 타도하라(打倒孔家店)"는 구호 아래 유교에 대한 비판적 인식이 널리 퍼져 있었다. 량치차오는 1922년에 발표한 「신문화란 무엇인가(甚麼是新文化)」에서 "근래 이른바 신문화운동은 거국적으로 선각자들이 잇달아 제창하고 일반 청년들이 용맹하게 전진하고 있다. 이것은 매우 바람직한 현상이다"[62]라고 하며 신문화운동에 대해 기본적으로 긍정적으로 평가하였다.

그러나 그는 동시에 "신문화라는 것이 구두선(口頭禪)에 불과한 경우가 많다. 가령 그들에게 신문화란 무엇인가? 하고 물어보면 대부분이 답하지 못할 것이며, 답하더라도 각양각색일 것이다"[63]라고 해서 신문화운동이 중국 사회에 실제로 뿌리내렸다고 보기는 어렵다고 지적하였다. 이에 신문화를 논의하기 위해서는 두 가지 전제 조건이 필요한데, 하나는 지식의 측면에서 과학적 이해를 가져야 하며, 다른 하나는 품격의 측면에서 자율적 정조(情操)를 갖추어야 한다는 것이다.[64] 이러한 전제는 단순히 구호나 외적인 변화에 머무르지 않고, 신문화운동이 진정한 사회적 변화를 이끌어 낼 수 있는 내적 기반을 마련해야 한다는 그의 주장을 반영하고 있다.

여기에서 주목할 만한 점은 량치차오가 '자율적 정조'라는 측면에서 신문화운동의 정신이 유가의 정신과 일치하는 부분이 있다고 보았다는 것이다. 그는 유가의 자율주의를 신문화운동과 연결시키며, 법가의 엄격주의와 대조적으로 유가의 윤리가 신문화의 핵심적 정신과 합치된다고 주장하였다.

법령으로써 인도하고 형벌로써 가지런하게 하면 백성이 형벌을 면해도 부끄러움이

61 『年譜』4, 292쪽.

62 梁啓超, 「甚麼是新文化」(1922), 『飮氷室合集』集外文 上, 北京出版社, 2005, 906쪽.

63 梁啓超, 위의 책, 906쪽.

64 梁啓超, 위의 책, 906쪽.

없다.(道之以政, 齊之以刑, 民免而無恥)
덕으로써 인도하고 예로써 가지런하게 하면 부끄러움을 가져 역시 바르게 될 것이다.(道之以德, 齊之以禮, 有恥且格)[65]

그는 유가의 이러한 자율적 윤리가 신문화운동의 정신, 특히 자율적 정조의 측면과 부합한다고 보았다. 량치차오는 "신문화의 구성 요소 중, 특히 후자의 신인격(新人格)에 관한 부분에 대해서는 유교와 신문화에는 공통하는 부분이 있고, 따라서 유교주의는 바로 신문화와 합치된다"[66]라고 강조하였다. 이러한 맥락에서 그는 신문화운동을 추구하는 청년들에게 두 가지 요건을 제시하였다. 첫째, 지식적 측면에서 과학적 이해가 필수적이며, 둘째, 도덕과 품격적 측면에서 자율적 정조가 반드시 요구된다고 하였다. 이러한 입장은 서양 중심의 가치 체계에 편중되지 않고, 중국 전통문화의 가치를 재평가하며 현대와 전통의 조화를 모색한 것으로 평가할 수 있다. 부언하자면, 량치차오의 이러한 논의는 오사 신문화운동의 격렬함 속에서도 중국 전통문화의 역사적 가치를 긍정적으로 바라보고자 한 시도로서, 문화보수주의(文化保守主義)[67]의 흐름과도 연결된다. 이는 신문화운동이 중국 전통문화를 부정적으로만 보려는 경향을 넘어서, 전통문화와 현대적 가치를 통합하려는 시도였다는 점에서 중요한 의의를 지닌다.

량치차오는 말년에 동남대학(東南大學)에서의 고별 강연에서 공자의 인격적 이상에 대해 논하면서 두 가지 세계 인식을 제시하였다. 그는 먼저 "우주는 고정된 것이 아니라 영구히 인간의 노력 여하에 의한 창조의 과정"이며, "세계에는 참된 의미에서 '나'라는 것은 존재하지 않는다"[68]라고 하였다. 이러한 인식에 기반하여 그는 성패와 득실

65 이 글은 『論語』 「爲政」편에 보인다.

66 梁啓超, 「甚麼是新文化」(1922), 『飮氷室合集』集外文 上, 北京出版社, 2005, 907~908쪽.

67 문화보수주의는 전통문화의 가치를 재평가하고 이를 현대 사회와 조화롭게 통합하려는 사상적 흐름을 의미한다. 이 개념은 특히 근대 중국에서 신문화운동이나 서양 중심의 근대화 과정에서 중국 전통문화, 특히 유교적 가치가 격렬히 비판받는 가운데 등장한 사조로 주목받는데, 이에 대해서는 전인갑, 『현대중국의 제국몽—중화의 재보편화와 100년의 실험』, 학고방, 2016, 123~169쪽 참조.

68 梁啓超, 「東南大學課畢告別辭」(1923), 『文集』40, 13~14쪽.

을 고려하지 말고, 타자를 위해 적극적인 행동에 나설 것을 요구하였다. 이는 현실에 안주하지 말고 끊임없이 노력하라는 메시지로, 참된 나를 지향하는 자세를 강조한 것으로도 해석될 수 있다. 량치차오의 이와 같은 세계 인식과 행동 요구는 단순히 개인적 도덕의 완성을 넘어, 타자와의 관계 속에서 참된 자아를 추구하며, 인간과 사회를 발전시키는 방향으로 나아가야 한다는 그의 인격 양성의 지향점을 잘 보여준다. 이는 공자의 윤리적 가르침을 현대적 맥락에서 재해석하고, 이를 통해 개인과 사회의 조화를 추구하려는 그의 이상을 드러낸 것이라 할 수 있다.

앞서 언급한 바와 같이, 량치차오는 1915년 「내가 앞으로 보국하려는 길(吾今後所以報國者)」에서 정치의 기초는 사회에 있기 때문에 이후 다시는 정치담론가로서의 활동을 하지 않겠다고 선언하면서 "나는 진실로 사람으로서 장차 사람이 사람다워지는 법을 강구하며, 나는 중국의 국민으로서 장차 국민이 국민다워지는 법을 강구하려고 한다"[69]라고 자신의 목표를 밝히고 있다. 즉, 사람에 대한 교육과 국민 교육이라는 두 방면의 교육에 전념할 것을 다짐하며, 이를 통해 개인의 인격 형성과 국민적 정체성 확립을 목표로 삼았다. 그의 이러한 다짐은 국성의 개량과 조장을 통해 민족의 정체성을 확립하고자 한 그의 노선과 일맥상통한다.

량치차오는 세계 역사에서 국민은 매우 많지만, 그중에서도 중화국민은 인류 역사상 하나의 기적이라고 단정한다. 그 이유로 이 웅대한 민족은 광활한 국토 위에서 형성되었고, 수천 년 동안 문명이 중단되지 않고 나날이 정진해 왔다는 것을 제시하고 있다.[70] 그는 이렇게 형성된 중화민족에 대해 "수천 년에 걸쳐 연마되었기 때문에 마침내 전복되거나 부서지지 않는 일체가 되었다"[71]라고 강조하였다. 또한, 1922년 저술한 「중국 역사상 민족의 연구(中國歷史上民族之硏究)」에서 량치차오는 민족 성립의 조건으로 혈연, 언어, 신앙을 제시하면서도, 이것만으로 민족을 정의할 수 없으며 가장 중요

69 梁啓超, 「吾今後所以報國者」(1915), 『文集』33, 54쪽.

70 梁啓超, 「曆史上中華國民事業之成敗及今後革進之機運」(1921), 『文集』36, 25쪽.

71 梁啓超, 「太古及三代載記」(1926), 『專集』43, 4쪽.

한 요소로 민족의식의 발현과 확립을 들고 있다.[72]

그렇다면 량치차오가 말한 민족의식의 발현과 확립이란 무엇을 의미하는가? 그는 과거 청조 타도를 외쳤던 혁명파의 '멸만흥한' 운동을 편협한 소민족주의 및 민족복구주의로 비판하였다. 이에 반해, 그는 중국의 위기를 극복하고 서구와 같은 민족제국주의로 나아가기 위해서는 대민족주의로의 전환이 필요하다고 주장하였다.[73] 이 대민족주의는 혈통이나 언어, 풍속을 초월해서 "나는 중국인이다", "나는 중화민족의 일원이다"라는 자각을 바탕으로 형성된 민족의식에 의해 발현된다고 하였다. 그는 역사는 바로 중화민족의 관념, 즉 중화민족의 일원이라는 의식이 어떻게 형성되어 왔는가를 연구하는 과정이라고 보았다.[74]

> 만주인은 청을 건국할 당시 자신들을 기인(旗人)이라 부르고, 한족을 한인(漢人)이라 칭하며 구별하였으나, 현재는 이러한 의식이 사라져 만주인 역시 중화민족의 일원이 되었다. 반면, 몽골인은 나라가 멸망한 지 수백 년이 지났음에도 스스로를 몽골인이라 자각하며 한족을 여전히 한인이라 구별하고 있다. 따라서 몽골인은 여전히 중화민족의 일원이라고 할 수 없다.[75]

여기에서 량치차오가 생각하는 민족의식은 객관적 기준이 아니라 주관적인 가치판단에 기반한 것이다. 그는 민족의식을 다음과 같이 정의하였다.

> 몇몇 혈연관계의 사람들이 공통의 자연환경에서 일상생활을 서로 협력하며 공유하

72 梁啓超,「中國歷史上民族之硏究」(1922),『專集』42, 1쪽.

73 梁啓超,「政治學大家伯倫知理之學說」(1903),『文集』13, 75~76쪽.

74 梁啓超,「中國歷史上民族之硏究」(1922),『專集』42, 1~2쪽. 량치차오는 중국의 지리를 본부(18개 성)와 속부(만주, 몽골, 회부, 티베트)로 구분하고, "아시아는 전 세계의 종주이며, 중국은 아시아의 종주이고, 본부는 중국의 종주이다"(梁啓超,「中國地理之大勢」(1902),『文集』10, 78쪽)라고 주장한다. 김승욱은 량치차오가 '본부'와 '속부'를 하나의 중국으로 인지하고 이렇게 확정된 역사공간을 '대민족주의' 주장의 논리적 근거로 삼고 있다고 지적한다(김승욱,「중국 근대 역사학에서 國家개념의 재구성」,『역사와 담론』89, 178~179쪽).

75 梁啓超, 위의 책, 2쪽.

는 가운데 언어와 문자 및 기타 도구를 발명하고, 공통의 신앙, 학문, 기예 및 관습을 양성하게 된다. 이러한 과정에서 독특한 문화체계를 형성하게 되고, 이 체계가 다른 문화체계와 접촉하면서 타자에 대한 자아를 자각하게 된다. 이것이 바로 민족의식이 성립하는 중요한 요소이다.[76]

량치차오가 정의한 이 민족의식은 단순한 문화적 특성의 집합체가 아니라, 타자와의 접촉 속에서 자아를 자각하며 형성되는 과정으로 이해된다. 이러한 민족의식은 본장의 핵심 키워드인 국성과 맥락을 같이하며, 민족 정체성과 국가 정체성을 연결하는 중요한 개념으로 자리한다.

그렇다면 중화민족은 동일한 조상에서 나온 것인가, 아니면 다원적으로 결합되어 형성된 것인가? 량치차오는 이 질문에 대해, 역사서에서 황제의 자손이라고 주장하는 것은 후대에 만들어진 설화에 불과하다고 일축하며, 중화민족은 제하(諸夏)라는 표현처럼 여러 부락이 결합하여 형성된 것이라고 주장한다. 그는 이렇게 형성된 중화민족에 대해 다음과 같은 세 가지 특징을 제시하였다.

1. 중화민족은 매우 복잡하면서도 지극히 견고한 민족이다.
2. 이 복잡하고 견고한 민족은 형성 과정에서 매우 큰 대가를 치렀다.
3. 장래에 중화민족은 쇠락하지 않을 뿐만 아니라 더욱 확대될 가능성이 있다.[77]

량치차오의 이러한 중화민족론은 현재 중화인민공화국에서 강조하는 중화민족론의 이론적 근거를 제공하고 있다는 점에서 주목할 만하다. 예컨대, 1988년 중국의 저명한 사회학자 페이샤오퉁(費孝通)은 「중화민족의 다원일체 구조」에서 "중화민족의 구성은 매우 복잡하지만, 다원일체적 구조를 이루고 있으며, 자연발생적인 민족 실체로서 대일통의 구조를 형성하고 있다"라고 언급하였다. 한족을 중심으로 다원일체적 대일통 구조를 강조한 이 이론은 량치차오의 중화민족론과 맥락을 같이하는 것이다.[78]

76 梁啓超, 위의 책, 2쪽.

77 梁啓超, 위의 책, 2쪽.

78 정지호, 「근대중국 내셔널리즘의 형성과 국민국가」, 『인문학연구』12, 경희대학교 인문학연구원, 2007,

[사진 11] 광동성 신회현 량치차오 고거에서

요컨대 량치차오가 구상한 중화민족은 청조 영역 내 모든 민족이 한족을 중심으로 대동단결하여 민족주의 국가를 건설하자는 데에 초점이 맞춰져 있다. 이 중화민족을 기반으로 한 민족주의 국가는 량치차오가 국성의 개량과 조장을 통해 지향한 새로운 질서로 이해된다. 그의 새로운 질서는 문화적·인종적 차이를 초월하며, 전통적 천하 사상에 기반한 대일통 관념과 긴밀히 연결되어 있는 것이다. 량치차오가 지향한 중화민족을 기반으로 한 민족주의 국가는 단순한 민족적 통합을 넘어 전통적 천하 사상에 뿌리를 둔 대일통적 비전을 담고 있다. 천하 사상은 하늘 아래 중화와 이적을 불문하고 지상의 모든 만물을 일률적으로 포섭해 나가는 세계관으로, 이러한 관념은 량치차오가 구상한 중화민족의 신질서 속에서 온전히 융화되어 있다. 따라서, 량치차오가 모색한 중화민족의 신질서는 전통적 덕치와 교화가 전례 없이 강하게 확대된 형태로, 민족 통합과 국가 건설을 실현하려는 그의 이상을 반영한다. 비록 이러한 실천운동이 시대적 제약 속에서 성공적으로 완수되지는 못했지만, 이는 지금도 여전히 진행형으로 남아 있다. 그의 중화민족론은 오늘날에도 유효한 역사적 함의의 현재적 과제로 평가될 수 있을 것이다.

290~291쪽.

맺음말

이미 언급했듯이 량치차오는 중국인의 심리 속에는 세 가지 관념이 존재하는데, 그것은 "수천 년의 유전과 감화에 의해 구성된 것으로 모든 도덕의 원천이며, 사회는 그것에 의지해 무너지지 않고 유지된 것"[79]이라고 한다. 이 세 가지 관념이란 보은, 명분, 려후를 가리키는데 보은은 현재 사회와 과거 사회를 서로 연결시켜 주며, 려후는 현재 사회와 미래 사회를 서로 연결시켜 주며, 명분은 현재 사회를 심오하게 해서 혼란을 방지해 주는 것으로 중국 국성의 가장 기본적인 요소라고 보았다. 특히 보은은 중국이 수천 년에 걸쳐 국성을 깊이 내면화하고 굳건히 유지할 수 있었던 힘의 원천으로 평가된다. 그러나 그는 이 사상이 동요하고 영향력을 상실해 가는 상황에서, 이를 어떻게 계승하고 발휘할 것인가가 국가의 존망을 결정짓는 중요한 과제라고 역설하였다. 그는 일찍이 「민족 경쟁의 대세를 논함(論民族競爭之大勢)」이라는 글에서 다음과 같이 언급한 바 있다.

> 오늘날 중국을 구하고자 한다면 다른 방법은 없다. 우선 민족주의 국가를 건설해야 할 뿐이다. 지구상 최대의 민족으로서 천연(진화론)에 적합한 국가를 건설한다면, 천하제일 제국의 칭호를 누가 빼앗을 수 있겠는가![80]

즉, 량치차오는 "동방 대륙의 가장 큰 나라로서 가장 기름진 토양을 갖고 있지만, 가장 부패한 정부와 뿔뿔이 흩어져 가장 약한 국민이 있는"[81] 중국을 구하기 위해서는 무엇보다도 민족주의 국가를 건설해야 한다고 강조하였다. 그는 민족주의 국가의 건설이 가능하다면 진화론에 입각하여 중국이 명실상부한 천하제일의 제국으로 도약할 수

79 본 장 주38) 참조.

80 梁啓超, 「論民族競爭之大勢」(1902), 『新民叢報』5, 13~14쪽.

81 梁啓超, 「新民說」, 제2절 論新民爲今日中國第一急務(1902), 『專集』4, 4쪽.

있다는 희망을 제시하였다.[82]

량치차오가 구상한 천하제일의 제국은 민족주의를 기반으로 한 국가지상주의를 표방하고 있는 것으로 보인다. 그러나 동시에, 그 이면에는 이러한 국가지상주의로부터의 해방 가능성 또한 복선으로 깔려 있음을 알 수 있다. 이는 민족주의 국가 건설이 궁극적으로 민족 통합을 넘어 보다 보편적이고 자유로운 국가 질서를 지향하는 그의 이상을 반영한 것으로 평가할 수 있다.

이러한 관점은 그의 역사관에서도 명확히 드러난다. 량치차오는 종래의 왕조사 중심의 역사 서술을 초월하여 중국사의 변화·발전 양상을 크게 '중국의 중국'(고대-황제에서 진나라의 통일까지), '아시아의 중국'(중세-진나라의 통일에서 건륭 말년까지), '세계 속의 중국'(근세-건륭 말년에서 현재까지)으로 구분하고 있다.[83] 량치차오는 이러한 역사 인식을 통해 본원적인 중국적 질서가 세계 질서로 전환되어 가는 과정을 드러내고자 하였다.[84] 이는 중국이 내부적 통합에서 아시아로, 나아가 세계로 그 질서의 범위를 확장해 나가는 역사적 흐름을 계시하는 것이다. 나아가 그는 세계사의 변화를 가장주의 시대-추장주의 시대-제국주의 시대(과거), 민족주의 시대-민족제국주의 시대(현재), 만국대동주의 시대(미래)[85]라고 해서 국가주의에서 세계주의로의 전환을 예견하였다.

량치차오는 만년에 집필한 「선진정치사상사(先秦政治思想史)」의 서론에서 춘추·전국시대 이래 중국 정치사상의 특징으로 천하주의, 평민주의(민본주의), 사회주의를 들며, 중국의 정치사상이 항상 전 인류를 대상으로 삼아 왔음을 강조하였다.

> 중국은 문명이 시작된 이래 국가를 인류 최고의 조직으로 여기지 않았다. 정치사상은 항상 전 인류를 대상으로 삼았고, 평천하를 지향하며, 국가는 단지 가족과 같은

82 鄭址鎬, 「梁啓超의 '帝國'論과 '大淸帝國'의 國體」, 『東洋史學硏究』132, 279쪽(본서 4장 수록).

83 鄭址鎬, 「梁啓超의 近代的 歷史敍述과 國民國家」, 『梨花史學硏究』32, 梨花史學硏究所, 2005, 9~10쪽(본서 1장 수록).

84 이러한 측면에서 량치차오의 세계관을 국가주의에서 천하주의로 해석한 高力克의 연구는 유익함을 주고 있다. 高力克, 「世界國家與普世文明-梁啓超的新天下主義」, 『天津社會科學』, 2015-6.

85 梁啓超, 「國家思想變遷異同論」, 『文集』6, 18쪽.

조직에 불과했다. 국가는 천하의 한 단계일 뿐이며, 정치란 특정 지역이나 특정 부류의 사람들을 위한 것이 아니었다.[86]

량치차오는 이러한 천하주의적 정치관을 바탕으로 "중국인을 구성하는 사람들은 항상 증가해 왔고, 이른바 천하의 내용 역시 날이 갈수록 확대되었다. 서구에는 오늘날 크고 작은 수십 개국이 존재하지만, 우리나라는 이미 오래전부터 일체를 이루어 왔다"[87]라고 주장하였다.

량치차오는 중국 정치사상에 깊이 자리 잡고 있는 평천하주의(세계주의)를 바탕으로 배양된 중국의 국민의식이 전 인류 문화에 커다란 기여를 할 것이라고 전망하였다.[88] 량치차오가 국성론을 통해 중국 국민을 망국의식에서 벗어나게 하고 혼란스러운 정세를 극복하고자 한 시도는, 결과적으로 중국의 국가주의를 추구하면서도 그 저변에 세계주의로의 모색을 포함하고 있었다. 그는 일찍이 "중국은 절대 망하지 않을 것이라고 나는 감히 단언한다"라고 자신하면서도 "정치상의 국가는 비록 망하지 않더라도, 경제상의 국가는 실제로 서서히 망하고 있다"[89]라고 우려를 표명한 바 있다. 이러한 량치차오의 우려를 고려할 때, 개혁개방 이후 막강해진 경제력을 바탕으로 일대일로(一帶一路) 사업을 추진하고 있는 현재의 중국은 량치차오가 구상했던 국가주의를 기반으로 한 세계주의로의 길을 그대로 따라가고 있는 듯하다. 이는 경제적 부강과 세계주의적 비전을 결합한 그의 이상이 현대 중국의 발전 속에서도 일정 부분 반영되고 있음을 시사한다.

원재: 『東北亞歷史論叢』67, 東北亞歷史財團, 2020. 3.

86 梁啓超, 「先秦政治思想史」, 『全集』50, 2쪽.

87 梁啓超, 위의 책, 2쪽.

88 梁啓超, 위의 책, 5~6쪽. 근래 중국의 왕후이를 비롯한 신좌파학자나 서양의 마틴 자크(Martin Jacques) 등은 향후 새로운 국제 질서의 대안으로 왕도에 기반한 조공질서를 새롭게 해석하고 있는데(전인갑, 앞의 책, 6~7쪽), 이러한 주장은 량치차오의 논리와 맥을 같이하는 것이다.

89 梁啓超, 「國民淺訓」(1916), 『專集』32, 20쪽.

중국의 탄생

7장

청말 국적법 제정과 국민의 경계

머리말

한 국가의 정체성과 통합은 국민이라는 개념을 중심으로 형성된다. 국민의 범위를 규정하고, 구성원을 명확히 하는 것은 근대 국민국가의 형성과 직결되며, 이러한 요건은 법률로 구체화된다. 그중에서도 국적법은 국민국가의 경계를 확립하는 핵심적인 역할을 한다. 중국에서 최초로 국적법이 제정·시행된 것은 1909년(선통 원년)의 일이다. 이 법은 누구를 자국의 국민으로 인정할 것인지, 국적의 취득과 상실은 어떻게 규정할 것인지, 그 절차를 어떻게 운용할 것인지에 대한 최초의 법적 기준을 제시했다. 이 국적법은 중국이 전통적인 천하관의 세계 질서에서 벗어나 근대적 일국가 체제로 전환하는 중요한 계기로, 국민국가 형성을 향한 근대 중국의 전환점으로 평가할 수 있다.

이러한 맥락에서 청말 국적법에 대한 연구는 당시 중국이 지향한 근대 국민국가상을 분석하는 데 매우 중요한 작업이다. 그럼에도 불구하고 종래 국적법에 대해서는 그

다지 많은 관심을 기울이지는 못하였다. 국내의 유일한 연구로는 권영준[1]의 연구를 들 수 있다. 이 연구는 청말에서 국민정부 시기에 이르기까지 국적법의 내용을 소개하고 있다. 그러나 논의의 초점이 동북지역 조선인의 귀화 문제에 집중되어 국적법의 구조와 역사적 맥락, 국민국가 형성 과정에서 국적법이 지닌 본질적 의미를 충분히 조명하지 못하는 한계를 보인다.

한편 중국에서의 연구는 쉬샤오칭(許小青), 추젠장(邱建章) 등을 비롯한 연구자들에 의해 진행되어 왔다.[2] 이들 연구는 청말 국적법 제정의 배경과 동남아 화교 문제와의 연계를 중점적으로 다루고 있는데, 특히 네덜란드령 자바의 화교 사회가 청조 정부에 국적법 제정을 요청한 점을 주요 원인으로 분석하고 있어, 동남아 화교 사회와 청조 정부 간의 상호작용을 이해하는 데에 중요한 시사점을 제공한다. 그러나 동남아 화교의 요청을 단순히 애국주의의 발현으로 보는 해석은 내셔널리즘을 전제로 한 선택적 시각으로, 현대 중국의 애국주의적 관점을 의식적으로 반영하려는 경향으로 보인다. 동남아 화교와 중국 상인단체가 국적법 제정을 요청한 근본적인 이유를 규명하기 위해서는 보다 구체적인 사료와 실증적 분석에 기반한 심도 있는 논의가 필요하다. 또한 기존 연구는 국적법의 법률 조항 소개에 그치며, 법적·정치적 의미를 혈통주의나 화교 정책의 변천이라는 표면적 해석에 국한시켜 왔다. 이는 국적법 제정의 역사적 맥락과 본질적 의미를 충분히 조명하지 못하며, 이를 극복하기 위한 새로운 접근이 필요하다고 생각한다.

이에 본 장에서는 기존 연구의 한계를 염두에 두고, 청말 국적법의 제정 배경과 과정, 구체적 내용을 면밀히 분석하고자 한다. 더 나아가 국적법이 지닌 법적·정치적 의

1 권영준,「근대 중국의 국적법과 조선인 귀화정책」,『한일민족문제연구』5, 2003.

2 중국에서의 청말 국적법 제정에 관한 주요 연구 성과는 다음과 같다. 蔡仁龍,「印度尼西亞華僑國籍問題的產生及其演變試析」,『南洋問題研究』, 1982-2; 袁丁,「光緒初年中荷關于華僑國籍的交涉」,『華僑華人歷史研究』, 1980-3; 袁丁,「『大清國籍條例』: 中國第一部國籍法的產生」,『八桂橋史』, 1992-4; 張靜·尹朝暉,「晚清國籍法之由來及影響探析」,『柳州師專學報』17-3, 2002; 許小青,「清季國籍問題與民族國家身分認同」,『天津社會科學』, 2003-5; 邱建章,「論晚清政府國籍法的制定及其影響」,『河南大學學報』(社會科學版)44-3, 2004; 蔡曉榮,「晚清內地華民改籍問題探微」,『甘肅社會科學』, 2004-4.

의를 규명하며, 청조 중앙권력이 입헌파와 혁명파와 함께 국민국가 건설의 중요한 축을 형성하는 과정에서 지향했던 국가상을 밝히고자 한다. 이를 통해 청조가 당면했던 국가적 과제와 이에 대한 대응 방식을 이해하고자 한다.

★ ★ ★

화교 보호와 국적법 문제의 제기

청조는 원칙적으로 자국민의 해외 이민을 금지했지만, 정치적·경제적 요인으로 인해 국내 인구의 해외 이주는 끊이지 않았다. 특히 청말 아편전쟁 이후 홍콩이 영국에 할양되면서 광동성(廣東省)과 복건성(福建省)을 중심으로 해외로 이주하려는 흐름이 급격히 증가하였다. 그 결과, 해외에 거대한 화교[3] 집단 사회가 형성되었다. 화교 사회는 출신지, 즉 적관(籍貫)을 중심으로 강한 연대 의식을 형성하였다. 이러한 지역적 정체성을 '적관인동(籍貫認同)'[4]이라고 하며, 이는 화교들이 새로운 환경에서도 문화적·사회적 유대감을 유지할 수 있도록 하는 중요한 기반이 되었다. 화교 사회는 출신 지역별 협회를 조직하고, 이를 통해 상호 지원과 네트워킹을 강화하며 자신들의 집단 정체성을 유지한 것이다.

청조 정부는 초기에는 화교를 '천조기민(天朝棄民)', 즉 '천조(중국)의 버려진 백성'으로 간주하였다. 이는 화교를 본국에서 유출된 인구로 인식하며, 오히려 정권의 위협적 존재로 바라보는 태도를 반영한다. 이러한 인식으로 인해 청조 정부는 화교 보호를 위한 체계적인 노력을 기울이지 않았으며, 해외에 영사를 파견하여 이들을 자국민으로

3 화교는 본국을 떠나 해외 각처로 이주해 현지에 정착하여 생활하는 중국인을 말하며, 화인은 이주지에서 태어난 2세, 3세를 말한다. 따라서 화교와 화인은 엄밀한 의미에서 구분되어야 하지만, 청말 시기에는 특별히 구분하지 않으며, 그 외 화민, 교포, 동포라는 용어도 혼동해서 사용하고 있다. 본 장에서도 당시의 시대상을 반영하여 그 의미를 특별히 구분하지 않고 그때그때 등장하는 사료 용어를 그대로 사용하며, 통칭해서 화교라고 한다.

4 요시자와 세이치로(정지호 옮김), 『애국주의의 형성—내셔널리즘으로 본 근대 중국』, 논형, 2006, 77쪽.

보호해야 한다는 필요성도 느끼지 못했다.

청조가 해외 화교에 대한 인식 변화를 보이기 시작한 계기는 1868년(동치 7년) 미국과 체결한 「중미속증조약(中美續增條約)」[5]이다. 이 조약은 청조가 자국민의 해외 이주와 체류에 대해 점차 법적·정치적 책임을 인정하기 시작했음을 보여주는 중요한 사례이다. 조약의 제3조는 "대청국 황제는 미국의 통상 거점에 영사를 파견하여 주재시킨다"라고 명시하여, 화교 보호를 위한 외교적 기구를 설립할 가능성을 열어두었다. 제5조에서는 "대청국과 대미국의 인민이 서로 왕래하거나 상주 입적을 희망할 때 이를 금하지 않는다"라고 규정하여 양국 국민 간의 자유로운 왕래와 거주를 보장했다. 나아가 제6조는 "중국인이 미국에 체류하더라도 미국 국민으로 간주하지 않고, 반대로 미국인이 중국에 체류하더라도 중국 국민으로 간주하지 않는다"라고 명시함으로써, 해외 화교의 법적 지위에 대한 기본 원칙을 확립하였다.

이 조항들을 통해 청조가 해외에 거주하는 화교를 중국인으로 규정하고, 이들의 법적 보호 필요성을 인식하기 시작했음을 확인할 수 있다. 이는 청조가 전통적으로 화교를 '천조기민'으로 간주하던 태도에서 점진적 변화를 보인 첫 번째 사례로 평가된다. 그러나 이러한 조약 체결에도 불구하고 청조는 여전히 화교 보호에 소극적인 태도를 보였다. 예컨대, 미국과의 「중미속증조약」에서 영사 파견 조항을 명시했음에도 불구하고 실제로 미국에 영사를 파견하지 않았다. 이듬해 영국과 체결한 「중영통상항행조약(中英通商航行條約)」에서도 유사한 영사 파견 규정을 포함했지만, 청조는 이를 실행에 옮기지 않았다. 이러한 행동은 청조가 법적 규정을 통해 화교를 보호하겠다는 의지를 선언했으나, 그 실행에 있어서는 여전히 소극적이었음을 보여준다.

청조가 해외에 영사를 파견하는 것을 주저한 이유는 무엇일까? 청조는 오랜 기간 조공(朝貢)과 책봉(冊封)을 통해 중화제국의 국제 질서를 유지해 왔다. 이 체제는 중국을 중심으로 한 위계적 국제 질서를 기반으로 하며, 주변국들은 이를 인정하고 조공을 통해 복종의 의미를 표명해야 했다. 이에 따라 청조 입장에서 해외에 사신이나 영사를

5　王鐵崖編, 『中外舊約章匯編』1, 三聯書店, 1957, 261~262쪽.

파견하는 행위는 그 나라에 복종하거나 적어도 평등한 관계를 인정하는 행위로 해석될 여지가 있었다. 이러한 이유로 청조는 자국민 보호를 위해 외국에 영사를 파견하는 것을 외교적으로 꺼려했던 것이다.[6]

반면, 해외 열강들은 「남경조약(南京條約)」(1842) 이후 자국민 보호를 명목으로 상해와 같은 주요 항구 도시에 영사관을 설치하였다. 청조는 이 과정에서 외국 영사관이 자국에 대한 침략의 도구로 작용할 가능성을 충분히 인지하지 못했다. 오히려 외국인의 문제는 외국인이 관리하는 것이 더 효율적이라는 판단 아래, 외국 영사관 설치에 대해 특별한 저항감을 보이지 않았다.[7] 이는 언어와 문화적 차이를 이유로 외국인을 자국의 관리체계 밖에서 처리하는 것이 유리하다고 여긴 청조의 관점에서 비롯된 것이다.

청조는 1877년(광서 3년) 처음으로 궈쑹타오(郭嵩燾)를 주영공사(駐英公使)로 파견하며 본격적인 해외 공사 파견을 시작하였다. 이는 청조가 중화제국의 전통적 질서에서 벗어나 형식적으로는 근대 국민국가로 전환하고 있음을 상징적으로 보여주는 사건이었다.

청조가 해외에 영사관을 설치하게 된 배경에는 조공무역 체제가 붕괴하면서 화교의 신분을 보장하기 위한 제도적 장치가 요구되었고, 동남아시아 지역에서 서구 열강의 식민지화가 진행됨에 따라 화교들이 현지 사회에 포섭되거나 차별받는 상황이 심화된 점이 있었다. 이러한 상황에서 발생한 이른바 화교 박해에 대한 대응책으로 화교 보호의 필요성이 대두되었다.[8] 그러나 청조가 가장 염려한 부분은 화교 보호 정책을 마련하지 않을 경우, 상업 활동을 통해 자금력을 축적한 화교 사회가 청조로부터 이탈하거나 나아가 청조에 대항하는 세력으로 부상할 가능성이 있다는 점이었다. 당시 입헌파와 혁명파가 해외 화교를 대상으로 민족주의를 고취하고, 이들의 자금 지원을 바탕으로 정치 활동을 전개하였던 만큼, 청조는 이러한 상황을 방관할 수 없는 입장이었

6 陳體强, 『中國外交行政』, 商務印書館, 1945, 143쪽.

7 川島真, 『中國近代外交の形成』, 名古屋大學出版社, 2004, 100~101쪽.

8 川島真, 위의 책, 101쪽.

다. 따라서 해외 영사관의 설치는 단순히 화교 보호를 목적으로 한 것이 아니라, 화교 감시라는 측면 또한 내포하고 있었음을 간과해서는 안 된다.

해외 영사관 설치는 단지 화교에게 중국인이라는 의식을 심어주는 데 그치지 않고, 청조가 근대 국민국가로서 보호해야 할 통치 대상으로서의 국민의 경계를 확정하는 과제와도 밀접히 연관되었다. 이는 영토, 주권, 국민을 삼위일체로 구성하는 국민국가의 건설 과정에서 우선적으로 해결해야 할 핵심 과제였던 것이다.

청조의 국적법 제정은 1908년(광서 34년), 출사법국대신(出使法國大臣) 류스쉰(劉式訓)이 국적법 제정을 요청하는 상주를 올린 것을 계기로 시작되었다. 황제의 승인하에 수정법률관과 외무부 주도로 작업이 진행되었다.[9] 국적법 제정을 위해 우선 각국의 국적법을 번역하는 작업이 시작되었다.[10] 그러나 국적법 제정 작업은 순조롭게 진행되지 않았다. 청조가 국적법 제정을 서두르게 된 결정적 원인은 다수의 화교가 거주하던 남양 네덜란드령 동인도 지역에서 발생한 화교의 신분 및 법적 지위 문제였다. 이 지역에서 화교들은 차별적 대우를 받으며 신분 보장이 어려운 상황에 놓였고, 이는 청조가 화교 보호를 위한 법적 체계를 마련해야 할 필요성을 절감하게 만드는 계기가 되었다.

★ ★ ★

화교 국적 문제를 둘러싼 네덜란드 정부와의 교섭

청조 정부가 네덜란드 정부와 화교의 국적 문제를 둘러싸고 교섭을 시작하게 된 계기는 1882년(광서 8년), 갈라파(噶羅巴, 지금의 자카르타로 당시에는 자바섬 전체를 포괄적으로 지칭하기도 함) 지역의 한 화상(華商)이 광서후보지부(廣西候補知府) 이전청(李甸淸)에게 보낸 서

9 川島真, 위의 책, 103쪽.

10 당시의 번역작업을 토대로 해서 『中外國籍法』(民國圖書公司, 民國 2년)이 출판되었다. 이 책에서는 중국을 비롯해 영국, 미국, 독일, 프랑스, 러시아, 일본, 포르투갈, 스페인, 이탈리아, 헝가리, 이집트, 벨기에, 네덜란드 등 다수의 해외 국적법을 소개하고 있다.

신에서 비롯되었다. 서신에 따르면, 남양 지역과 싱가포르, 태국 등지는 "땅은 넓고 사람이 적으며 물산이 풍부한 지역"으로 "이곳에 거주하는 화인(화교)의 숫자가 수십만에 이른다"[11]라는 것이다. 이전청은 이 서신을 받고 즉시 남양대신 좌종당(左宗棠)에게 다음과 같이 보고를 올렸다.

> 남양 지역에 거주하며 상업 활동에 종사하는 화인의 수는 일본, 금산(金山, 샌프란시스코), 페루, 스페인 등에 비해 열 배 이상 많습니다. 그들은 4~5대에 걸쳐 거주하며 토지를 소유하고 자손을 번성시켜 이미 토착화된 상태에서 상업 활동을 이어가고 있습니다. 그러나 장차 이곳에서 태어나 성장한 화인이 서양 국적으로 편입되면, 이들이 훗날 중국으로 돌아오더라도 서양 관리의 관할 아래 놓여 중국 관원이 관여할 수 없게 됩니다. …… 남양에 거주하는 수백만(혹은 수십만으로 추정되는) 화교들이 중화의 통치에서 벗어날 가능성이 우려됩니다.[12]

이전청은 남양에 거주하는 다수의 화교가 서양 국적을 취득할 경우, 이들이 중국의 관할권 밖에 놓이게 되어, 이후 중국에 귀환하더라도 중국 법률로 이들을 규제하거나 문제를 처리하는 데 어려움이 발생할 것을 우려하였다.

1886년(광서 12년) 2월, 양광총독(兩廣總督) 장지동(張之洞)은 상주를 올려 청조 관원을 남양군도에 파견하여 화교의 상황을 조사하고, 동시에 영사관을 설치할 것을 건의하였다. 이에 대해 총리아문(總理衙門)은 남양군도에 식민지를 보유하고 있던 영국, 프랑스, 네덜란드 등 각국의 의견을 요청하였다. 영국과 프랑스는 이에 동의하였으나, 네덜란드는 강하게 반대하였다.[13]

같은 해 4월 1일, 주덕하공사(駐德荷公使) 허경징(許景澄)은 네덜란드 외무대신 앞으로 서신을 보내 남양군도의 화교 상황을 조사할 계획임을 통지하였다. 이에 대해 네덜

11 劉錫鴻外撰, 「噶羅巴設領事」, 『駐德使官檔案鈔(一)』 臺灣學生書局, 1966, 265쪽.

12 劉錫鴻外撰, 위의 책, 267, 269쪽.

13 袁丁, 「光緒初年中荷關係華僑國籍的交涉」, 『華僑華人歷史研究』, 1988, 21쪽.

란드 정부는 4월 29일 공식적으로 이를 거절하는 답신을 보냈다. 네덜란드가 제시한 거절 사유는 다음과 같았다. 첫째, 네덜란드령 남양 속지에 거주하는 화인은 대부분 현지 본토인과 결혼하여 태어난 사람들로, 이들을 더 이상 중국인으로 간주할 수 없다. 둘째, 네덜란드의 법률[14]에 따르면, 이들 화인은 모두 네덜란드인에 귀속한다는 것이다. 따라서 중국에서 특파원을 파견해 화교를 조사하려는 계획은 네덜란드의 고유권한을 침해하는 행위로 간주되어 승인을 내줄 수 없다는 입장을 명확히 밝혔다.[15]

이에 총리아문은 1886년 5월 25일 허경징에게 보내는 답신을 통해 "섬을 조사하는 것과 관련하여 영국과 프랑스는 이를 승인하였으나, 네덜란드가 거부한 사실에 대해 영국과 프랑스 역시 이의를 제기하고 있다. 일단 이를 유력(遊歷, 여행)으로 가장하며 천천히 협상을 진행하는 것이 좋을 듯하다. 다만, 화인을 네덜란드인으로 규정하는 문제에 대해 아무런 조치를 취하지 않는다면, 이는 결국 이를 묵인하는 결과가 될 것이다"[16]라며, 화교 상황 조사 문제는 일단 보류하면서도 화교의 국적 문제에 대해 소극적인 태도를 취하지 말 것을 지시하였다. 같은 날, 양광총독 장지동은 총리아문에 서신을 보내, 네덜란드가 남양군도의 각 섬을 조사하기 위해 관원을 파견하는 것을 승인하지 않는 행위는 국제법(萬國公法)을 위반하는 것이므로 허경징에게 이를 근거로 네덜란드와의 협상을 진행하도록 지시할 것을 건의하였다.[17]

1886년 6월 1일, 허경징은 네덜란드 외무대신과 회담을 갖고, 네덜란드 측의 "네덜란드 속지에 거주하는 화인은 본래 본토 여성과의 사이에서 출생했으므로 네덜란드인으로 간주되어야 한다"라는 주장에 대해 중국의 입장은 다르다는 점을 명확히 밝혔다. 다만, 그는 이 문제를 즉각적으로 논의하지 않고, 잠시 보류하기로 하였음을 언급하며,

14 1830년에 제정된 네덜란드 『민법법전』 제5조 규정에 의하면, "모든 네덜란드 소속 식민지에 거류하는 사람에게서 출생한 자녀는 모두 네덜란드인이다"라고 명시하고 있다. 蔡仁龍,「印度尼西亞華僑國籍問題的産生及其演變試析」,『南洋問題硏究』, 1982-2, 75쪽.

15 劉錫鴻外撰,「南洋各島査看華民情形照錄旼和外部函」,『駐德使官檔案鈔(二)』, 655~657쪽.

16 光緖 12년 5월 25일,「總署致許景澄事島事英法已允和蘭不應阻電」,『淸季外交史料』67, 臺北, 文海出版社, 1963 영인, 12쪽.

17 光緖 12년 5월 25일,「粤督張之洞致總署和蘭反對査島請電許使商洽電」, 위의 책, 12~13쪽. 만국공법에 대해서는 佐藤愼一,『近代中國の知識人と文明』 제1장「文明と萬國公法」, 東京大學出版會, 1996 참조.

청조가 관원을 파견하려는 목적이 단순히 남양군도와 중국 간의 무역 상황을 조사하기 위한 것임을 강조하였다.[18] 이후 6월 16일, 네덜란드 정부는 거절할 수 없는 상황에서 마침내 청조 관원이 유람 목적이라는 명목으로 네덜란드 속지 남양군도에 들어가는 것을 승인하였다.[19] 이는 청조가 처음 계획했던 남양 화교의 상황을 체계적으로 조사하려는 본래 의도와는 다소 어긋났으나, 관원의 파견이 실현되었다는 점에서 일정 부분 소기의 목적을 달성한 것으로 평가할 수 있다. 이는 남양 화교 문제에 대한 청조의 외교적 접근에서 중요한 진전이었다.

1886년(광서 12년), 양광총독 장지동은 왕영화(王榮和)와 여찬선(余瓚先)을 파견하여 남양 지역의 화교 상황을 조사하고, 그 결과를 바탕으로 다음과 같이 상주를 올려 건의하였다.

> 델리(日里, 수마트라 북동부지역)에는 화공이 만여 명이 있으며, 갈라파에는 화민이 약 7만 명 거주하고 있습니다. 또한, 그 부근의 파가내부(波哥內埠), 문정내부(文丁內埠), 세마랑(三寶壟), 수라카르타(疏羅), 마겔랑(麥里芬), 욕야카르타(惹可) 등 지역은 모두 네덜란드의 속지로, 이들 지역에 거주하는 화인은 총 20여만 명에 이릅니다. 이에 마땅히 총부영사(總副領事)를 설치하여 이들을 보호해야 합니다.[20]

또한 1898년(광서 27년), 주네덜란드 공사(駐荷公使)로 임명된 여해환(呂海寰)은 네덜란드령 남양 속지의 화교 상황을 조사한 후 보고에서 다음과 같이 언급하였다.

> 네덜란드 남양군도는 매우 이른 시기에 개항하였고, 이곳으로 이주하여 생계를 도모하는 화민이 매우 많습니다. 특히 갈라파 일대는 화민이 가장 많은 지역으로, 60만 명 이상이 거주하고 있습니다. 네덜란드 식민정부는 처음에는 화민들을 우대

18 劉錫鴻外撰, 「南洋各島查看華民情形照錄攷和外部函」, 『駐德使官檔案鈔(二)』, 658쪽.

19 劉錫鴻外撰, 위의 책, 660~661쪽.

20 『清史稿』159, 志134 邦交 7, 中華書局, 1977, 4652~4653쪽.

하였으나, 이후 이들에게 입적(入籍)을 강요하였고, 결국에는 학대를 일삼고 있습니다. 이는 중국이 영사를 설치하여 이들을 보호하지 않았기 때문입니다.[21]

이와 같이 여해환은 화교들이 처한 가혹한 상황을 강조하며, "화교가 처한 가혹한 상황은 차마 다 들을 수가 없을 정도"이니 "영사설치를 윤허하여 우리 교민의 생계를 보호"해야 하며 이는 "절대로 늦추어서는 안 됩니다"[22]라고 요청하였다.

즉, 여해환은 화교 박해 사례를 통해 화교 보호를 위한 영사관 설치의 필요성을 주장하였다. 그러나 한편으로는 화교가 보유한 경제력을 확보하기 위해 영사관을 설치해야 한다는 논의도 있었다. 1893년(광서 19년), 출사영국대신(出使英國大臣) 설복성(薛福成)은 싱가포르 총영사 황준헌(黃遵憲)의 보고를 바탕으로, 남양군도에 거주하는 100만여 명에 이르는 화민이 연해 무역을 통해 해당 지역 산업의 이권을 장악하고 있다고 설명하며, 이들은 광동과 복건 출신이 대부분을 차지하고 있고, 상당한 부를 축적한 자도 많다고 보고하였다. 또한, 이들이 오랜 시간 고향을 떠나 있었지만 여전히 중국 화민의 풍속을 잊지 않고 있으며, 최근에는 중국 해군 건설 소식을 듣고 경쟁하듯 막대한 금액을 기부했다[23]고 언급하였다.

설복성의 이 보고는 화교 보호의 당위성을 강조하며, 화교가 중국과의 긴밀한 유대감을 유지하고 있다는 점을 부각시켰다. 이러한 논의는 해외 출사대신들과 화교 문제에 관심을 가졌던 장지동 등 고위 관료들의 요청과 맞물려, 청조가 화교 보호를 위한 영사 설치에 나서는 계기가 되었다. 결국, 청조는 1899년(광서 28년) 네덜란드 속지 남양군도에 영사관 설치를 승인하고 네덜란드와 협상을 시작하였다. 그러나 속지에서 출생한 화교의 국적 문제를 둘러싼 양국 간 입장 차이로 인해 협상은 난관에 부딪히게 되었다. 이는 화교의 법적 지위를 명확히 하기 위한 국제적 협상의 어려움을 보여주는 사례로, 청조의 외교적 과제 중 하나로 남게 되었다.

21 위의 책, 4655쪽.

22 위의 책, 4655쪽.

23 光緒 19년 7월 10일, 「使英薛福成奏請申明新章豁除舊禁以護商民摺」, 『清季外交史料』87, 14쪽.

★ ★ ★

네덜란드의 국적법 반포와 청조의 대응

청조는 네덜란드와 영사관 설치를 위한 협상을 진행하는 동시에, 해외 화교의 이탈을 방지하고 화교들에게 중국인이라는 정체성을 부여하기 위해 국적법 제정을 추진하였다. 그러나 초기에는 제정 작업이 지연되었으며, 실질적인 심의에 이르지 못하는 상황이 지속되었다. 이러한 상황에서, 네덜란드 속지 화교들의 요청이 계기가 되어 청조는 국적법 제정을 서두르게 되었다. 그 구체적인 진행 과정은 다음과 같다.

1892년, 네덜란드 정부는 「네덜란드 국적 및 거주 조례(荷蘭國國籍及居住條例)」를 반포하였다. 이 조례는 네덜란드 본국 및 식민지 영토에 거주하는 모든 주민의 법적 지위를 명확히 하기 위한 규정으로, 주요 내용은 다음과 같다.

> 제2조: 제국의 거주민 자녀는 모두 네덜란드인이다.
>
> 제13조: 제국의 거주민이란 네덜란드 본국과 식민지 영토에서 18개월 이상 연속 거주한 자로, 현재 해당 지역에 거주하고 있는 자를 포함한다.[24]

이 조례는 화교를 포함한 네덜란드 속지의 거주민들에게 네덜란드 국적을 부여하는 강제성을 가지고 있었다. 이후 이 조례는 더욱 강화되어 1907년 「네덜란드 신정 자바 식민적 신율(荷蘭新訂爪哇植民籍新律)」(이하 '신율'로 약칭)로 반포되었다. '신율'은 총 3장 10조로 구성되었으며, 특히 제1장 '정적(定籍)'에 해당하는 5조가 화교들에게 직접적인 영향을 미쳤다. 주요 조항은 다음과 같다.

제1조: 네덜란드 속지의 부모에게서 태어난 자, 혹은 아버지는 알 수 없으나 어머니가 분명할 경우 네덜란드 식민지적을 인정한다.

제2조: 부모를 모두 알 수 없으나 네덜란드 속지에서 태어나 자란 자 역시 네덜란드

24 蔡仁龍, 「印度尼西亞華僑國籍問題的產生及其演變試析」, 76쪽 재인용.

식민지적을 인정한다.

제3조: 제1조 및 제2조에 해당하는 자의 배우자와 사망한 배우자의 과부 또한 네덜란드 식민지적을 인정한다.

제4조: 네덜란드 속지에서 태어나지 않았더라도, 부모가 네덜란드 식민지적일 경우 만 18세 미만이거나 미혼인 자녀는 네덜란드 식민지적을 인정한다.

제5조: 네덜란드 속지 외에서 태어난 자녀가 만 18세 이상이거나 결혼하였더라도 네덜란드 지역에 거주하거나 네덜란드 왕국을 왕래할 경우 네덜란드 식민지적을 인정하며, 그 배우자와 자녀도 동일한 지위를 가진다.

또한, 제3장에서는 "이 법은 네덜란드 속지의 모든 지역에서 일률적으로 시행된다"[25]라고 명시함으로써 법의 적용 범위를 확장하였다.

이 '신율'은 출생지주의를 원칙으로 삼아, 반포 이후 네덜란드 속지에서 출생한 사람들은 본인의 의사와 무관하게 네덜란드 식민적으로 귀속되도록 규정하였다. 출생지주의에 입각한 네덜란드의 '신율' 반포와 관련하여, 당시 출사화국대신(出使和國大臣) 루정샹(陸徵祥)은 수라바야(泗水) 중화상회에 보낸 서신에서 다음과 같이 언급하였다.

> 일국의 국민은 반드시 그 국가의 국적을 가져야 하며, 국적의 취득과 상실은 반드시 법률로 규정되어야 한다. 그러므로 각국의 국민은 비록 자유롭게 이주하더라도 쉽게 고향이나 국적을 버리기를 원하지 않는다. …… 현재 영사 설치 문제는 협상이 진행 중이며 여러 차례 담판이 이어지고 있으나, 성과 여부는 아직 확실치 않다. 최근 네덜란드 의회에서 '신율'을 제정하였는데, 이는 남양군도에 거주하는 화교 중 본국으로 귀환하지 않는 자를 분별하여 네덜란드 식민적으로 귀속시키는 내용이다. 비록 이 법이 화교만을 대상으로 한 것은 아니지만, 우리 교포들이 대부분을 차지하고 있기 때문에 중국과 밀접한 문제라 할 수 있다. 현재 중국의 헌정편사관(憲政編査

25 「荷蘭新訂爪哇植民籍新律」, 『外交報』276; 許小青, 「淸季國籍問題與民族國家身分認同」, 『天津社會科學』 2003-5, 121~122쪽.

館)과 수정법률대신(修正法律大臣)이 국적법을 논의하고 있으므로, 머지않아 반드시 반포하고 시행할 것으로 생각된다.[26]

루정샹은 "하루 외교관으로서 임하면, 그 하루는 화교의 일만을 생각한다. 또 하루가 있다면 여러 화교 상인들과 안부를 물으며 연락한다(一日爲外交官, 卽一日關懷橋事, 亦幷一日有與諸商等通問之雅)"[27]라고 할 정도로, 화교문제에 대해 깊은 관심을 가진 인물이었다.

한편, 네덜란드 속지 화교들은 네덜란드 국회에서 화교 입적안이 비준되고, 이어 '신율'이 제정·반포되어 오랫동안 속지에 거주하던 화교들이 모두 식민지적으로 귀속된다는 소식을 접하자, 즉각 대응하기 위해 움직이기 시작하였다. 이들은 서로 편지와 전보로 연락을 취하며 각 상회의 대표들이 수라바야에 모여 공동으로 대처할 것을 논의하였다.

수라바야 회의(泗水會議)에는 관원으로 주화참찬(駐和參贊) 왕광기(王廣圻)와 자바전도시학원(爪哇全島視學員) 왕봉상(汪鳳翔)이 참가하였으며, 바타비아(巴達維亞) 화상총회 대표 옹수장(翁秀章)과 호선청(胡先情)을 비롯한 중화상무총회 대표, 자바 전도 학무총회 대표 양면창(楊綿昌) 그리고 일부 학당 대표들도 참석하였다. 이들은 향후 활동 방침에 대해 논의하고 '판법십조(判法十條)'를 의결하였다.

판법십조의 주요 내용은 다음과 같다. 회의에서 결정한 내용을 신문 등 인쇄 매체를 통해 널리 알리고, 국적 문제와 관련된 자료를 긴급히 작성하며, 회의 상황을 전보로 북경의 농공상부, 루정샹 공사, 외무부, 복건 및 광동 총독에게 보고하여 "신속히 국적법을 제정하고 혈통주의를 채택하여 화교가 네덜란드인으로 귀속되는 것을 막아줄 것"을 요청하는 것이다. 또한, 상회, 학당, 언론사 등 각계에도 도움을 요청하였다. 아울러 국내외 각지에 이 사실을 알리고 대처 방안을 모색하는 한편, 규칙을 어기는 자

26 宣統 원년 2월 4일, 「上海商會據南洋中華商會函爲和地華僑受虐及速訂國籍法事稟文」, 陳翰笙主編, 『華工出國史料匯編』1, 中華書局, 1985, 471~472쪽.

27 위와 같음.

가 있으면 형제나 친척이라도 영원히 관계를 끊으며, 잠시 사업을 중단하고 은행에 예금이 있는 자는 즉시 인출하고, 태환 지폐를 가진 자는 현금으로 교환하기로 하였다. 이와 더불어, 이 일로 무고한 피해자가 발생할 경우 서로 힘을 합쳐 구호하며, 돌발사태가 발생할 경우 각 단체가 상호 협력해 원조하기로 하였다. 마지막으로, 본 회의의 결의 사항은 개인의 사적인 것이 아니라 전체의 의견임을 명확히 밝혔다.[28]

수라바야 회의를 통해 청조의 주요 부서 및 각 지역에 발송된 호소문은 커다란 반향을 일으켰다. 이와 관련하여 1909년(선통 원년) 2월 8일, 농공상부(農工商部) 상서(尙書) 푸팅(溥頲) 등은 즉시 상서를 올렸다. 다소 길지만, 그 내용을 소개하면 다음과 같다.

> 네덜란드에서 '신율'을 제정하여 화교를 입적시키려 하고 있으니, 신속히 국적법을 제정하여 이를 저지해야 합니다. …… 남양군도에 거주하는 중국의 상민 교포는 수백만 명에 달하며, 네덜란드 속지인 자바 등지에 거주하는 이들이 가장 많고, 거주의 역사가 매우 오래되었습니다. …… 우리나라(중국) 인민은 대부분 조국을 연모하여, 비록 대대로 저 섬에 거주하며 자손을 이어왔으나, 여전히 고향을 그리워하며 복식이나 풍습은 예전과 다름이 없습니다. …… 이러한 상황에서 각 부두에 상회와 학당(학교기관)을 설립하였으나, 네덜란드인들은 이를 크게 우려하여 갑자기 강압적인 정책으로 전환하여 이를 견제하고 억누르려 하고 있습니다. 처음에는 네덜란드 국회에서 화교 입적 안건을 비준하고, 근래 다시 '신율'을 제정하여 오랫동안 속지에 거주하던 이들을 식민지적으로 귀속시키려 하고 있습니다. 이에 화교 사회는 이 소식을 접하고 서로 연락하며 각 부두의 상민이 집회를 열어 공동으로 대처할 방안을 논의하며, 신속히 국적법을 제정하여 저지해 줄 것을 요청해 왔습니다.
>
> 신(臣) 등이 생각건대, 일국의 국민은 반드시 일국의 국적을 가지며, 국적의 취득과 상실은 반드시 법률로 정해야 합니다. 중국의 호적법은 역대에 걸쳐 잘 성문화되어

28 「中國國籍法草案」, 『東方雜誌』6-2, 東方雜誌社, 宣統 원년 2월, 31~33쪽; 宣統 원년 2월 4일, 「上海商會據南洋中華商會函爲和地華僑受虐及速訂國籍法事稟文」, 陳翰笙主編, 『華工出國史料匯編』1, 471~472쪽; 川島真, 앞의 책, 104~105쪽.

> 있으나, 국경 조문이 완비되지 못하여, 성 간 경계는 잘 구비되었으나 중국과 타국을 명확히 구분하는 조문은 미비한 상태입니다. …… 만일 네덜란드가 '신율'을 시행하게 된다면, 이를 계기로 화교들은 비록 단체가 힘을 합해 투쟁하더라도 중국의 국력이 후원하지 않는다면 감정적으로 동요하게 될 것입니다. 신 등은 출사대신이 여러 방면에서 교섭에 나서더라도 법률적 근거가 없이는 승산이 없다고 판단합니다. …… 이에 외무부 출사대신에게 협상을 계속 진행하게 하는 한편, 농공상부에서 유력(遊歷) 인원을 파견하여 각 부두 상회의 총리(總理), 협리(協理) 등과 함께 교민을 위로하고 그들의 의지를 굳건히 해야 합니다. 또한, 수정법률대신에게 신속히 국적법을 제정하고 반포하도록 하여, 외교적 실리를 거두고 국세를 유지해야 합니다.[29]

상해총상회(上海總商會) 역시 농공상부와 외무부에 서신을 보내, 네덜란드 속지 화교들이 처한 급박한 상황을 보고하였다. 이 서신에서 상해총상회는 네덜란드 속지에 신속히 영사를 설치하고 국적법을 제정하여 해외에 거주하는 동포(화교)를 보호할 것을 요청하였다. 또한, 북경 주재 네덜란드 대사에게 '신율'의 철회를 요구하는 조치를 취해 줄 것을 건의하였다.[30]

하문(厦門)의 신사(紳商)와 학계 대표들도 1909년 2월 15일, 임시상무총회 특별회의를 개최하여 네덜란드 속지 화교를 지원할 방안을 논의하였다. 회의 결과, 대표 수 명을 선출하여 네덜란드 속지 각 부두에 파견하여 현지 상황을 조사하기로 결정하였다. 또한, 외무부, 농공상부, 복건 및 절강(浙江) 총독에게 신속히 영사를 파견하여 네덜란드 속지 화교를 보호해 줄 것을 요청하였다.[31]

이러한 일련의 요청에 따라, 청조의 섭정왕 짜이펑(載豊, 선통제의 아버지)은 1909년 2월 18일, 외무부에 수정법률대신과 협력하여 국적법을 신속히 제정할 것을 명하면서 "종전 법령을 편찬하는 데에는 시일을 지나치게 지체하는 경향이 있으므로 이번에

29 宣統 원년 2월 8일, 「商部奏和蘭將訂新律令華僑入籍請飭速定國籍法摺」, 『淸宣統朝外交史料』1, 49~50쪽.

30 「中國國籍法草案」, 『東方雜誌』6-2, 宣統 원년, 33쪽.

31 「國籍問題之三」, 『華商聯合報』2, 宣統 원년, 上海, 蔚文公司, 7쪽.

는 열흘을 넘기지 말라"[32]라고 강조하며, 신속한 작업을 재촉하였다. 섭정왕의 이 명령은 즉각적인 효과를 가져왔다. 불과 일주일도 지나지 않은 2월 24일, 국적법 초안이 마련되었으며, 헌정편사관에 의해 상주되었다. 초안은 그대로 승인을 받아 윤2월 7일 최종적으로 확정되었다.[33] 이후 3월 28일, 중국 최초의 국적법인 「대청국적조례(大清國籍條例)」와 그 시행 세칙인 「대청국적조례 시행 세칙(大清國籍條例施行細則)」이 최종적으로 제정·반포되었다. 이 조례는 화교를 포함한 중국 국민의 법적 지위를 규정하는 첫 번째 법률로, 중국이 국민국가로 전환하는 중요한 전환점을 마련한 법적 근거가 되었다.

한편, 국적법의 신속한 제정이 진행되는 가운데, 네덜란드 속지의 화교들로부터 화교 박해가 여전히 지속되고 있으니 신속히 영사를 설치하여 보호해 줄 것을 요청하는 목소리가 이어졌다. 이에 농공상부는 복건 출신의 농무사원외랑(農務司員外郎) 왕대정(王大貞)을 파견하여 남양 화교를 위로하고 실태를 조사할 것을 상주하였다. 윤2월 5일, 왕대정은 해기(海圻), 비응(飛鷹), 해용(海容) 등 3척의 함선을 이끌고 자바에 도착하였다.[34] 농공상부는 이 조사를 바탕으로 화교 보호 대책을 마련하여, 외무부에 대해 다음과 같이 요청하였다.

첫째, 화상학당(華商學堂)을 유지하여 화교의 교육 기반을 강화할 것.

둘째, 화공을 보호하여 노동자의 안전과 권익을 보장할 것.

셋째, 귀국하는 화상을 우대하여 본국과 화교 간의 연결을 강화할 것.[35]

이와 함께, 네덜란드 속지 남양 화교 대표 전동(田桐)은 1910년(선통 2년) 11월 29일, 외무부에 보낸 서신에서 청조 정부의 일련의 조치가 남양 화교들에게 큰 위안이 되었음을 밝히면서도, 네덜란드의 화교 학대는 여전히 변함없다는 점을 호소하였다. 그는 이 서신에서 화교 학대의 실상을 매우 상세히 기술하며, 화교들의 처우 개선을 위한

32 「國籍問題之一」, 『華商聯合報』2, 宣統 원년, 6쪽.

33 沈雲龍主編, 『宣統己酉大政記』(近代中國史料叢刊續編 제25집, 文海出版社, 1976), 1264쪽; 川島真, 앞의 책, 106쪽.

34 「國籍問題之四」, 『華商聯合報』2, 宣統 원년, 8쪽.

35 宣統 3년 윤6월 24일, 「農工商部爲前派員察看南洋各埠情形并籌擬辦法咨折外務部文」, 陳翰笙主編, 『華工出國史料匯編』1, 482~484쪽.

추가 조치를 강력히 요청하였다.[36]

전동의 진술에 따라, 네덜란드 속지에서 화교들이 겪고 있는 차별과 학대의 실태를 정리하면 다음과 같다.

첫째, 민형사 소송 사건에서 구미 및 일본인의 경우 법에 따라 유무죄를 재판받지만, 화교는 법적 절차 없이 행정관의 독단에 의해 처리되고 있다. 이는 화교들이 법적 보호를 충분히 받지 못하고 있음을 보여준다.

둘째, 이동의 자유에 대한 차별도 존재한다. 구미 및 일본인은 네덜란드 속지 내를 자유롭게 왕래할 수 있는 반면, 화교는 반드시 통행증(路字)을 소지해야 하며, 이를 발급받기 위해서는 복잡한 절차를 거쳐야 하는데, 시간이 오래 걸릴 뿐 아니라 상당한 금전적 부담이 따른다. 또한, 거주, 출국 등에도 번거로운 절차가 요구되며, 심지어 가옥을 수리하는 경우에도 별도의 증명서를 발급받아야 하는 상황이다.

셋째, 세금 면에서도 과도한 부담이 부과되고 있다. 화교는 인두세 명목으로 매월 임금 50길더(Guilder, 盾)를 받는 경우 연간 26길더 1각(角) 6분(分)의 세금을 납부해야 하며, 임금이 높을수록 세금 부담도 증가한다. 무직자인 경우에도 연간 9길더의 세금을 기준으로 징수된다. 이 외에도 각종 잡세가 추가로 부과되며, 기차를 이용할 때에는 구미 및 일본인과 동일한 등급의 좌석을 사용할 수 없다는 차별을 받고 있다.

전동은 이러한 차별적 대우를 구체적으로 진술한 뒤, 화교들이 비록 조국으로부터 멀리 떨어져 있음에도 불구하고 여전히 투철한 애국심을 가지고 있음을 강조하였다. 그는 국가의 성립에 필요한 3대 요소인 토지, 인민, 주권 중에서, 화교는 비록 토지와는 직접적인 관련이 없으나, 인민과 주권의 요소에 깊이 관여하고 있음을 언급하였다. 이를 토대로 전동은 청조 정부에 신속히 영사를 설치하여 화교가 겪고 있는 행정적·법적 차별로부터 보호받을 수 있게 해주고, 네덜란드의 방해로 인해 파산 위기에 처한 중화학당(中華學堂)을 진흥시켜, 화교들의 교육과 문화를 보존할 수 있게 해주며, 화

36 宣統 2년 11월 29일, 「學部爲咨送南洋荷屬華僑代表田桐詳陳僑民情況致外務部咨文」, 陳翰笙主編, 『華工出國史料匯編』1, 474~480쪽.

교가 중국 국민으로서의 권리를 보장받는 동시에, 조국에 대한 의무를 다할 수 있도록 체계를 마련해 줄 것을 요청하였다.[37]

청조 정부는 국적법 제정 이후 네덜란드 속지에 영사 설치를 추진하기 위해 주화대신 루정샹에게 협상을 명하였다. 루정샹은 네덜란드 측과 협상 끝에 전부 17조로 구성된 영사조약 체결에 합의하였으나, 네덜란드 측이 부칙 1조를 추가하며 "네덜란드 속지의 인민을 중국인으로 간주할 수 없다"라는 조건을 요구하였다. 이에 루정샹도 "중국인을 네덜란드인으로 간주할 수 없다"라는 문구를 추가하였다. 그러나 이 내용에 불만을 품은 네덜란드 측이 최종 동의를 거부하면서 협상은 교착상태에 빠졌다. 이에 외무부는 루정샹에게 북경으로 돌아올 것을 명하였고, 협상은 중단되었다.[38]

이 난관을 해결하기 위해 당시 주화대판(駐和代辦) 탕짜이푸(唐在復)은 외무부에 다음과 같은 절충안을 제시하였다. 즉, 네덜란드 정부는 여전히 "네덜란드 속지의 인민을 중국인으로 간주할 수 없다"라는 입장을 고수하며 영사 설치를 거부하고 있는데, 영사를 설치하지 않는다면 영원히 교포를 방기하는 결과가 되기 때문에 "국적 문제는 일단 양보하고 영사 설치를 최우선으로 추진해야 한다"라는 것이다. 탕짜이푸는 이 문제를 설득하기 위해 혈통주의와 출생지주의를 병행 채택하고 있는 프랑스와 순전히 혈통주의만을 채택하고 있는 스위스 간에 발생한 국적 분쟁 사례를 언급하였다. 당시 양국은 국적 문제로 충돌하였으나, 스위스가 양보하여 분쟁을 해결한 사례를 통해, 국적 문제에서 일시적으로 양보하더라도 화교가 귀국하면 다시 중국 국적으로 귀속될 수 있으므로, 이러한 양보로 인한 피해는 크지 않을 것임을 강조하였다.[39]

네덜란드와의 화교 국적 분쟁에 대해 "화교가 네덜란드 속지에 거주할 때에는 네덜란드 국민으로 간주하되, 중국에 돌아오게 되면 중국 국민으로 간주한다"라는 탕짜이푸의 절충안은 청조 입장에서 환영할 만한 방안이었다. 이는 당시 해외 화교나 중국 내지에 거주하는 인민 중 일부가 해외 국적으로 귀화하여, 영사재판권을 악용함으로

37 위와 같음.

38 『淸史稿』159, 志134 邦交 7, 4656쪽.

39 宣統 원년 7월 20일, 「駐和代辦唐在復呈外部設領不可緩國籍須讓步文」, 『淸宣統朝外交史料』8, 31~33쪽.

써 중국의 법망을 벗어나는 사례가 빈번히 발생했기 때문이다.[40]

외무부는 이러한 배경을 고려해서 탕짜이푸의 요청을 받아들여 다시 네덜란드와 협상에 나섰다. 협상 결과, 조약에 다음과 같은 문구를 포함하기로 하였다.

첫째, 네덜란드 속지에서 태어나 자란 인민이 국적 분쟁을 만났을 때에는 네덜란드 속지에서는 네덜란드의 법률로 처리한다.

둘째, 해당 인민이 중국에 귀환하였을 경우, 중국적으로 귀속하는 것을 허용한다.

이 합의에 따라, 청조와 네덜란드는 마침내 「화란영지 식민지 영사조약(和蘭領地植民地領事條約)」을 체결하였다.[41] 1911년(선통 3년) 4월 10일의 일이다. 조약을 체결한 후 외무부는 다음과 같이 상소를 올렸다.

> 네덜란드 속지에 영사를 설치하는 문제는 오랜 현안으로, 협상이 시작된 지 어언 20여 년이 지났으나, 이번에는 논의를 재개한 지 1년여 만에 마침내 협상이 매듭지어지게 되었습니다. …… 생각건대, 근래 각국의 국적법은 대부분 출생지주의를 채택하고 있어, 해당 지역에서 태어나 자란 사람들은 대부분 해당 국가의 국적에 귀속됩니다. 반면, 우리나라(중국)가 새롭게 제정한 국적법은 혈통주의를 채택하고 있어, 기본적인 원칙이 네덜란드 측과 근본적으로 일치하지 않았습니다. 이 과정에서 네덜란드 측은 영사조약에 부칙을 추가하려 했고, 우리는 이를 단호히 거부하고 부칙을 삭제하고자 하였습니다. 그러나 교민들이 귀국한 후 외국적을 의지하게 되면, 많은 폐단이 생길 수 있음을 우려하였습니다. 이에 따라, "네덜란드 속지에서 태어난 인민이 중국으로 귀국하면 중국 국적으로 귀속될 수 있다"라는 내용을 보완하여 협상을 타결하였습니다. 또한, 네덜란드 속지에서 출생하지 않은 교민에 대해서는 당

40 「外籍華民此後犯禁判法」, 『華商聯合報』2, 宣統 원년, 10~11쪽. 실제로 이러한 폐해는 빈번하게 발생하였다. 당시 언론에서는 그 폐해 상황을 몇 가지 유형으로 분류하여 탈세 및 사업에 실패하여 부채를 짊어진 자가 채무를 이행하지 않기 위해, 살인죄 및 기타 범죄 행위를 저지른 자가 법망을 피하기 위해 해외 국적으로 귀화하는 등등의 사례를 들고 있다. 楊毓輝, 「論改籍協約爲國際重要之問題」, 『東方雜誌』5-7, 1908, 9~10쪽.

41 『淸史稿』159, 志134 邦交 7, 4656쪽. 조약 내용에 대해서는 王鐵崖編, 『中外舊約章匯編』1, 715~720쪽에 수록된 원문을 참조.

연히 중국 국적을 인정하도록 하여, 이는 우리나라 국적법의 원칙에도 위배되지 않습니다. 따라서 이제는 신속히 영사를 파견하여, 오랜 기간 어려움 속에 놓여 있던 교민들의 간절한 소망에 응답하고, 이들의 권익을 보호하며 위로해 주시길 간곡히 바랍니다.[42]

여기에서 알 수 있듯이, 중국은 네덜란드 속지에서 출생한 화교를 중국 국적으로 귀속시키는 문제에서 일보 양보하였으나, 그들이 중국으로 귀국할 경우에는 중국 국적으로 귀속될 수 있도록 협상의 여지를 남겼다. 또한, 네덜란드 속지에서 출생하지 않은 화교에 대해서는 중국 국적을 승인하도록 하여, 외교적으로 나름의 성과를 거두었다고 평가할 수 있다.

청조가 제정한 국적법은 해외 화교들에게 중국인이라는 정체성을 부여하는 한편, 내지 중국인의 이탈을 방지하는 역할을 함으로써 근대 국민국가로 출발하는 데 중요한 기반을 조성하였다. 이는 단순히 법률적 조치에 그치지 않고, 화교를 포괄적으로 보호하며 국민의 통합을 꾀하는 전략적 조치로서 중요한 의미를 가진다.

★ ★ ★

국적법의 내용 및 그 의의

이미 언급하였듯이, 1909년에 제정된 국적법은 「대청국적조례」[43]와 그 시행 세칙인 「대청국적조례 시행 세칙」[44]을 골격으로 하고 있다.

「대청국적조례」는 총 5장 24개 조항으로 구성되어 있으며, 주요 내용은 다음과 같다.

제1장 '국유적(國有籍)'(제1조~제2조)에서는 중국인의 범위를 정의하며, 중국 국적의

42 『清史稿』159, 志134 邦交 7, 4656쪽.

43 「大清國籍條例二十四條」, 『華商聯合報』4, 宣統 원년, 3~8쪽.

44 「大清國籍條例施行細則」, 『華商聯合報』4, 宣統 원년, 8~10쪽.

기본 요건을 규정하고 있다.

제2장 '입적(入籍)'(제3조~제10조)에서는 외국인이 중국 국적으로 귀화하기 위한 절차와 요건을 명시하고 있다.

제3장 '출적(出籍)'(제11조~제18조)에서는 중국 국적을 이탈하는 경우의 조건과 절차를 규정하고 있다.

제4장 '복적(復籍)'(제19조~제23조)에서는 이전에 중국 국적을 이탈했던 사람이 다시 중국 국적을 취득하기 위한 조건과 절차를 설명하고 있다.

제5장 '부칙(附則)'(제24조)에서는 이 조례의 규정을 즉시 시행한다는 점을 명시하고 있다.

이 국적법은 표면적으로 네덜란드의 출생지주의에 대항하여 혈통주의를 표방하는 것으로 이해되고 있으나, 실제로는 반드시 그렇다고 단정할 수 없다. 헌정편사관이 국적법 초안과 함께 올린 상주문에서는 다음과 같이 명시하고 있다.

> 각국의 국적법은 출생지주의와 혈통주의로 나뉘며, 이는 곧 속지주의와 속인주의를 의미합니다. 이 양자는 반드시 서로 저촉될 수밖에 없기 때문에, 각국은 어느 한 쪽에 치중하더라도 대부분 절충주의를 채택하고 있습니다. …… 현재 논의하여 제정된 국적조례 4장은 고유적, 입적, 출적, 복적을 골격으로 하고 있으며, 절충주의를 채택하되 혈통주의 판법에 비중을 두고 있습니다.[45]

여기에서 알 수 있듯이, 이 국적법은 혈통주의에 비중을 두고 있으나, 전체적으로는 출생지주의를 일정 부분 수용하여 절충주의를 채택하고 있음을 보여준다. 이는 국적 문제에서 현실적 상황과 다양한 사례를 반영하려는 법적 접근이라 할 수 있다.

「대청국적조례」는 제1장 제1조에서 혈통주의에 기초하여, 다음과 같은 요건을 충족

45 「憲政編查館旨議覆大淸國籍條例摺」, 『華商聯合報』4, 宣統 원년, 2쪽.

하는 사람을 중국인[46]으로 규정하고 있다.

출생 시 아버지가 중국인인 자.

출생 시 아버지가 이미 사망하였으나 사망 당시 아버지가 중국인인 자.

어머니가 중국인이고 아버지가 알려지지 않았거나 무국적인 자.

위 조항은 출생지가 중국 지역인지 여부와 상관없이 적용되며, 혈통주의를 기반으로 한다. 그러나 제2조에서는 다음과 같은 속지주의 규정을 통해 혈통주의의 미비점을 보완하고 있다.

부모를 알 수 없거나 무국적인 자로서 중국 지역에서 출생한 자는 중국 국적에 속한다.

출생지를 알 수 없으나 중국 지역에서 발견된 버려진 아동은 중국인으로 간주한다.

이를 통해 중국 대륙에 거주하는 주민뿐만 아니라, 해외에 거주하는 화교 역시 중국인으로서의 자격을 취득할 수 있게 되었다. 이로써 청조의 국적법은 근대국가의 구성원을 특정하는 근대법의 하나로 자리 잡았다고 할 수 있다. 그러나 이 국적법에는 몇 가지 근본적인 문제점이 내포되어 있다. 일반적으로 법률의 효력은 제정된 날로부터 발생하므로, 법률이 제정되기 이전에는 중국인이라는 개념이 존재하지 않았으며, 국적법이 시행된 날부터 비로소 중국인이라는 신분이 부여된다고 볼 수 있다. 그런데 제1조에서 "출생 시 아버지 혹은 어머니가 중국인인 자"를 중국인으로 규정한 경우, 해

46 국적법의 정식 명칭이 「대청국적조례」 즉, 청조라고 하는 국가를 표방하면서도 그 세부 내용에서 '청조인' 또는 '청인'이 아니라 '중국인'이라는 명칭을 사용하고 있는 점은 주목할 만하다. 이는 청조가 국적법을 통해 왕조국가를 초월한 새로운 국가 체제로서 '중국'을 구상하고 있음을 의미하는 것이라고 할 수 있다. 중국 정부의 공식 문서(특히 외교 문서)상에서 자국민을 '중국인'이라고 하는 명칭으로 부르고 있는 것은 물론 처음은 아니지만(여기에 대해서는 川島真, 「天朝から中國へ—清末外交文書における『天朝』, 『中國』の使用例」, 『中國—社會と文化』12, 中國社會文化學會, 1997 참조), 법률로써 처음으로 자국민을 중국인으로 규정하였다는 점에서 국적법의 의미가 있다고 하겠다.

당 부모가 중국인인지 아닌지를 증명할 수 있는 근거 규정이 마련되어 있지 않다. 이는 중국인의 최초 요건을 "부모가 중국인인 자"로 혈통에 근거하고 있음에도, 이를 논리적으로 증명할 수 없게 만든다. 따라서 청조 국적법은 근대 국민국가로 나아가는 법적 전환점이자 중요한 법률로 평가받을 수 있지만, 정의와 체계의 측면에서 내재된 논리적 모순과 한계를 동시에 지니고 있음을 알 수 있다.

한편, 국적법은 부모를 모두 알 수 없거나 무국적자인 경우, 중국 지역에서 출생하였거나 발견된 아동을 중국인으로 간주한다고 규정하고 있다. 그러나 여기에서 말하는 '중국'이 구체적으로 어디를 가리키는지에 대해서는 명확한 설명이 없다. 일찍이 량치차오는 중국을 인종, 언어, 문학, 교의, 풍속이 하나로 통일된 국가로 상정하며,[47] 이를 중심부와 주변부로 구분하고 있다. 그는 중국 지역을 행정구역상 18개 성(省)으로 구성된 중심부와 만주, 몽골, 티베트, 신강 등의 주변부로 나누어 설명하였다.[48] 주지하듯이, 이들 지역은 청조가 강희제에서 건륭제 시기에 걸쳐 지속적인 외정의 결과로 확장된 영역이었다. 그러나 이러한 영역은 근대국가의 영토처럼 명확한 경계선으로 구분된 것이 아니었다. 또한, 각 지역에 대한 통치 역시 근대국가처럼 균질적으로 이루어진 것은 아니었다. 특히 중심부에 해당하는 18개 성을 제외한 주변 지역(만주, 몽골, 티베트, 신강 등)은 황제의 명을 받은 관리가 직접 통치하는 체제가 아니었다. 대신, 황제의 지배 질서를 문란시키지 않는 한 '인지제의(因地制宜)', 즉 해당 지역의 실정에 맞게 다스리는 방식으로 방임하는 태도를 취했다. 이는 청조가 주변 지역에 대해 자율적인 통치를 용인하는 방식을 통해 비교적 느슨한 통치 체제를 유지했음을 보여준다.

청조 정부가 국적법에서 상정하고 있는 중국 지역은 아마도 량치차오가 주장한 바와 같이 건륭제 시기에 확장된 영역에 의거한 것으로 보인다. 이는 전통적인 판도를 근대 국민국가의 영토 개념으로 전환하려는 시도로 이해할 수 있다. 그러나 이러한 전환 과정에서, 역사적으로 중국에 대한 귀속 의식 없이 독자적인 문화를 유지해 온 신

47 梁啓超, 「中國地理大勢論」, 『文集』10, 77쪽.

48 梁啓超, 위의 책, 78쪽; 梁啓超, 「中國史敍論」 제4절 地勢, 『文集』6, 4~5쪽.

강이나 티베트와 같은 지역의 존재는 무시되었다. 이러한 지역들은 청조의 통치 아래 있었지만, 독자적인 정체성과 문화를 고수해 왔으며, 이들의 통합은 근대 국민국가의 균질적 통치 체제와는 거리가 있었다. 이는 청조 국적법이 설정한 중국 지역이라는 개념이 근대적 영토 개념을 도입하면서도, 지역적 다양성과 역사적 현실을 충분히 반영하지 못한 한계를 드러내는 부분이라 할 수 있다.

청조의 국적법은 외국인이 일정한 조건을 충족할 경우 중국 국적을 취득할 수 있는 입적(入籍) 제도를 허용하고 있다. 이를 위해 국적법은 중국에서 10년 이상 거주한 자, 품행이 방정한 자, 상당한 재력과 능력을 갖춘 자 등의 조건을 명시하였다. 이와 함께, 중국인의 국적 이탈(出籍) 역시 제3장 제11조에서 "중국인으로서 외국 국적을 취득하기를 희망하는 자는 국적 이탈을 허용한다"라고 규정하여 가능성을 열어두고 있다.

이러한 입적과 출적 규정은 기본적으로 가부장적 가족주의 원칙에 기반을 두고 있다. 예를 들어 외국인 여성이 중국인 남성과 결혼하면 자동적으로 중국 국적을 취득하도록 규정하고 있다(제5조 제1항). 반대로 중국인 여성이 외국인 남성과 결혼하게 되면 자동적으로 중국인의 국적을 상실한다(제13조 제1항). 그리고 외국인 남성이 중국 국적을 취득할 경우, 그의 아내와 미성년 자녀도 자동적으로 중국 국적을 취득하도록 하고 있다(제6조). 중국인 남성이 국적을 이탈할 경우에는 그의 아내와 미성년 자녀도 자동적으로 국적을 이탈하게 된다(제14조).[49] 이와 함께 외국인 여성이 남편이 있는 경우 단독으로 중국 국적을 취득할 수 없으며(제7조), 중국인 여성 또한 남편이 있는 상태에서는 단독으로 국적을 이탈할 수 없도록 규정되어 있다(제15조).

이러한 조항들은 남성 우위에 기반한 부부 및 가족의 동일국적 원칙을 명확히 하고 있으며, 가족 구성원의 국적은 남성(가장)의 국적에 따라 결정되도록 하고 있다. 이는 가족 단위에서 국적의 일관성을 유지하려는 가부장적 체제를 반영하는 것이다. 이는 당시의 사회적 관습과 법적 규범의 한계를 반영하면서도, 근대적 법률 체계를 도입하

49 다만, 아내가 중국인 국적 잔류를 희망하거나 출적인이 미성년의 자녀가 중국인 국적 잔류를 희망할 경우에는 중국 국적을 인정한다(제14조)고 덧붙이고 있다.

려는 초기 단계에서 전통적 요소와의 혼재가 나타났음을 보여준다.

「대청국적조례」 제12조는 병역 의무 및 조세 의무를 다하지 않은 경우 중국 국적을 이탈할 수 없다고 규정하고 있다. 이는 국민개병제 원칙하에서 징병 기피를 허용하지 않는다는 의미로 이해될 수 있다. 그러나 당시에는 징병제와 관련된 법률적 근거가 마련되지 않은 상태였기 때문에, 이러한 규정은 실질적으로 현실과 부합하지 않는 것이었다.

여하튼 「대청국적조례」에 의거해서 외국인의 경우 일정한 조건을 갖추게 되면 중국 국적을 취득할 수 있는 근거가 마련되었으며, 중국인의 경우에도 중국 국적을 이탈하여 외국 국적을 취득할 수 있게 되었다. 그러나 국적법 시행 이전부터 문제가 되었던 사안으로 중국인으로서 국적 이탈 승인을 받지 않은 상태에서 외국 국적을 취득한 사람들의 국적 문제를 어떻게 처리할 것인가였다. 이에 대해 「대청국적조례 시행 세칙」은 다음과 같은 조항을 명시하고 있다.

> 국적법 시행 이전에 외국 국적을 취득한 사람이 중국으로 귀환한 경우, 해당국의 영사를 통해 모년 모월에 해당국의 국적을 취득했다는 증명을 중국 지방 관청에 제출해야 비로소 국적 이탈(출적)을 인정받을 수 있다(제1조).
>
> 반대로, 국적법 시행 이전에 외국 국적을 취득한 사람이 귀화했다는 증명을 제출하지 않는 경우, 여전히 중국 국적을 보유하는 것으로 간주한다(제3조).
>
> 국적법 시행 이전에 외국 국적으로 귀화한 사람이 중국 국적을 유지하기를 원하는 경우, 이를 승인한다(제7조).

이와 같이 청조의 국적법과 시행 세칙은 근대적인 국적 체계를 도입하고, 국적 취득과 이탈의 법적 근거를 마련한 점에서 중요한 의의를 지닌다. 그러나 국적법 시행 이전의 귀화자를 처리하는 방식과 중국 국적 유지 허용 조항은 국민국가의 일원으로서의 일관된 국적 관리를 저해하였으며, 해외 화교의 이중국적 문제를 심화시키는 결과를 초래하였다. 이는 국적법이 근대 국민국가의 법적 기반을 구축하려는 초기 시도임과 동시에, 전통적 요소와 현실적 한계가 혼재된 과도기적 성격을 보여주는 것이라 할 수 있다.

맺음말

이상으로 청말 국적법의 제정 과정과 그 내용을 살펴보았다. 청조의 국적법 제정은 근대 주권국가로의 전환을 목표로 민법과 상법을 포함한 근대적 법률 체계를 정비하는 과정에서 이루어졌다. 그러나 그 직접적인 배경에는 네덜란드 속지를 비롯한 해외에서 발생한 화교 학대라는 현실적 문제가 있었다. 이는 화교를 보호하고 이들을 '천조(중국)의 버려진 백성(天朝棄民)'에서 '중국인'이라는 국민으로 재정의하려는 목적에서 비롯된 것이었다.

국적법 제정을 통해, 해외 화교는 보호의 대상인 중국인으로 귀속되었으나, 동시에 청조의 통치 아래 놓이게 되었다. 특히 현지에서 태어나 네덜란드 언어와 풍속에 익숙한 화교 2, 3세, 이른바 왜왜(哇哇)는 본인의 의지와 무관하게 중국인으로 규정되었다. 이와 대조적으로 중국에서 이주한 화교, 즉 신객(新客)은 중국어와 중국 문화를 유지하며 네덜란드 속지 내에서도 상대적으로 다른 정체성을 유지하였다.[50] 네덜란드 정부는 왜왜를 대상으로 '마요르(Majoor, 소령에 해당)', '카피탄(Kapitan, 대위에 해당)', '루이테난트(Luitenant, 중위에 해당)'와 같은 군사적 직책을 부여하여 그들로 하여금 화교 공동체를 관리하고 행정적 역할을 수행하는 지도자로 삼았다.[51] 이러한 체제는 네덜란드 식민정

50 「學部爲咨送南洋荷屬華僑代表田桐詳陳僑民情況致外務部咨文」, 翰笙主編, 『華工出國史料匯編』1, 476쪽.

51 마요르, 카피탄, 루이테난트는 네덜란드 식민정부가 속지의 화인을 분리통치하기 위해 설치한 관리제도이다. 네덜란드 식민정부는 '왜왜' 중에서 영향력이 있는 거상이나 대지주를 카피탄으로 임명하여 화인의 민형사 사무를 관리하고, 세금을 징수하는 등의 직무를 담당하였다. 카피탄의 수장을 마요르라 하였으며, 루이테난트는 카피탄의 직무를 보조하는 역할을 담당하였다. Geoff Wade, "Chinese Economic Activities in Java in the Late Eighteenth Century as Reflected in the Batavian Kong Koan(公館) Records", *Chinese Southern Diaspora Studies*, Volume 1, 2007, 117쪽.

부가 화교 사회를 분리 통치하기 위한 의도로 설계된 것이며, 이는 왜왜와 신객 간의 정체성 갈등을 심화시키는 결과를 낳았다.[52] 혈통주의에 입각한 청조의 국적법은 화교를 중국인으로 귀속시키고 이를 국민국가의 통치 대상으로 삼았다. 이는 앤더슨(Benedict Anderson)이 제시한 '상상의 공동체'[53] 개념을 중국에 적용한 사례로 이해할 수 있다. 다만, 화교 사회가 국적법 제정을 요청하는 과정에서 보였던 조직적인 행위는 단순한 상상의 공동체를 넘어서는 민족의식의 존재를 시사한다.

해외 화교 사회의 민족의식은 전통적 에스닉 공동체에서 비롯된 것인지, 아니면 입헌파나 혁명파와 같은 근대 엘리트 계층의 선전과 선동의 결과인지는 여전히 연구가 필요한 주제이다. 그러나 화교들이 화교 학대의 실상을 근거로 자신들을 중국인으로서 보호해 줄 것을 요청한 점, 특히 인두세와 같은 차별적 세금 문제와 다른 외국인들과의 불평등한 대우를 강조하며 영사 설치와 국적법 제정을 요구했던 사실은 주목할 필요가 있다.

청조 정부는 이러한 요구에 부응하여 화교를 통치 대상으로 삼고, 중국인이라는 정체성을 부여함으로써 화교 사회의 이탈을 방지하려 했다. 이는 화교 사회가 입헌파나 혁명파에 동조하여 청조 체제를 위협할 가능성을 사전에 차단하려는 의도이기도 했다. 한편, 화교 사회의 이탈은 단순히 외교 문제가 아니라 내외적으로 큰 사회적 논란이 되었다. 예컨대, 일본으로 귀화한 화교 40여 명의 사례는 당시 여론에서 "우리 민족이 망했다"라는 비판을 받았고, 이는 민족적 위기감과 함께 신중국 독립에 대한 열망을 촉발시켰다.[54]

청조는 국적법을 제정한 지 1년도 채 되지 않아 멸망했기 때문에, 이 법은 사실상 유

52 「出使德和國呂海寰奏報荷屬南洋各地華人受虐情形極宜添派領事保護折」, 陳翰笙主編, 『華工出國史料匯編』 1, 279쪽.

53 Benedict Anderson(윤형숙 옮김), 『상상의 공동체: 민족주의의 기원과 전파에 대한 성찰』, 나남출판, 2002. 이 책에서 앤더슨은 동남아시아 연구를 통해 국민과 내셔널리즘을 '상상의 공동체'라고 지적하고 있다. 다만 '상상의 공동체'는 국민국가 자체의 허구성을 지적하고 있는 것이 아니라 '인위성' 즉, 인간이 만들어 낸 역사적 산물이라는 주장에 유의할 필요가 있다.

54 「橫濱華商入日本籍子四十餘人」, 『江蘇』7, 江蘇同鄉會, 1903, 8~9쪽.

명무실하게 끝났다. 그러나 국적법은 중국 역사상 처음으로 국민이라는 경계를 법적으로 확정한 근대적 법률이었다. 더 나아가, 중화민국에서 제정된 국적법 역시 청조 국적법의 골격을 기본적으로 계승하고 있다는 점에서 그 역사적 의미는 결코 작지 않다. 이는 중국이 근대 국민국가로 전환하는 초기 단계에서 이룩한 중요한 법적·제도적 유산이라고 할 수 있을 것이다.

원재: 『中國史研究』52, 中國史學會, 2008. 1.

8장

청말 개적 화인(改籍華人)의 귀속과 국민의 경계

머리말

본 장의 과제는 청말 시기 중국인의 개적(改籍, 국적 변경) 문제와 이에 대한 청조 정부의 대응을 분석함으로써, 청조가 지향한 국민국가의 한 단면을 조망하는 데 의의를 두고 있다. 청말 국민국가 건설의 과제는 주로 입헌파와 혁명파의 대결구도를 중심으로 논의되어 왔다. 입헌파가 입헌군주제를 통해 국민국가 건설을 지향한 반면, 혁명파는 공화혁명을 목표로 했다는 점에서 양측의 접근은 상이하였다. 그러나 양측은 서로 격렬하게 대립하면서도, 강력한 국가주의 담론에 기반하여 국민국가의 건설을 지향했다는 공통점을 공유하고 있다. 더 나아가, 입헌파와 혁명파 모두 청조 국가권력의 외부에 위치하고 있었다는 점도 중요한 특징으로 간과할 수 없다. 따라서 청조의 관점에서 국민국가 건설을 위해 어떠한 대응을 시도했는지를 살펴보는 것은 당시의 정치적·사회적 맥락을 이해하는 데 매우 의미 있는 작업이라 할 수 있다. 이러한 관점에서 전장에서는 청조가 최초로 국민국가로서의 기초적 작업인 국적법을 제정하여 국민의 경계를 확정한 문제를 살펴본 바 있다.

그런데 청조가 국적법을 제정하기 이전부터, 중국 국내외에서는 중국 국적을 이탈하여 타국(주로 서구 열강 및 일본)의 국적을 취득하는 이른바 개적 현상이 사회적 문제로 부각되었다. 개적은 국적을 변경하는 것을 의미하며, 오늘날의 귀화와 유사한 개념으로 이해될 수 있으나, 당시에는 합법적인 절차를 거쳐 이루어진 국적 변경이 아니었다. 개적한 중국인(이하 개적 화인)은 외국 국적을 보유하면서도 중국 내에 거주하며 일반 중국인과 동일한 생활을 지속하였다. 그러나 이 과정에서 개적 화인은 중국의 관민과 각종 분쟁을 일으켰으며, 이는 당시 중국 사회에서 중요한 갈등 요인으로 작용하였다. 특히, 개적 화인은 영사재판권과 자구반세(子口半稅) 등 외국 국적을 이용한 특권을 누리며 중국 법의 적용을 받지 않는 지위를 확보하였다. 이로 인해 개적 화인은 중국 내에서 자국민(중국인)과 다를 바 없는 경제적·사회적 활동을 이어가면서도, 문제가 발생하면 외국 국적을 내세워 중국 법적 관할권을 회피하였다. 이는 중국의 법적 질서를 훼손하고, 나아가 국권을 침해하는 존재로까지 인식되었다.

청말 개적 화인 문제는 국민국가 형성과 관련된 청조의 대응을 이해하는 데 중요한 과제임에도 불구하고, 기존 연구에서는 그다지 많은 관심을 기울이지 않았다.[1] 이들 연구는 공통적으로 개적 문제를 청말 사회의 병리현상으로 간주하는 관점에서 접근하고 있다. 이는 동시대의 민족주의적 색채가 강한 저널리즘이 개적 화인을 간민 또는 간상으로 묘사했던 인식을 반영한 것으로 보인다. 그러나 개적 화인을 단순히 사회 병리현상으로 인식하는 것은 개적 화인 자체의 실태에서 기인했다기보다는, 개적 화인과의 분쟁 관계에 있던 상계나 지방관, 이를 민족주의적 의제를 고양시키는 계기로 활용하려 했던 청조 중앙정부에 의해 형성된 과장된 이미지일 가능성이 크다. 따라서 이를 보다 체계적으로 이해하기 위해서는 개적자의 실태, 개적자를 둘러싼 분쟁 관

1 개적 화인에 대한 주요 연구 성과는 다음과 같다. 許小青, 「晚清改籍問題的社會史考察」, 『浙江學刊』, 2003-6; 蔡曉榮, 「晚清內地華民改籍問題探微」, 『中國社會科學』, 2004-4; 蔡曉榮·孫寶根, 「晚清華商『洋化』現象述論」, 『中國石油大學學報』(社會科學版)23-2, 2007; 白京蘭, 「清末民初新疆中俄'民籍問題'」, 『新疆大學學報』(社會科學版)31-3, 2003.

계, 청조 정부의 인식 등을 구체적인 사례를 통해 심층적으로 분석할 필요가 있다. 당시 개적 화인 문제는 단순히 국적 변경에 그치는 것이 아니라, 중국 사회와 국제적 맥락 속에서 다양한 갈등과 상호작용을 포함하고 있었기 때문이다.

한편, 불평등 조약 체제 아래에서 외국인에게만 부여되는 다양한 특권을 활용하려 한 중국인들이 중국 사회와 경제에 미친 충격에 대해서는 모토노 에이치(本野英一)[2]의 상세한 연구가 있으며, 하문(厦門)을 중심으로 한 영국적 화교와 중국 관민 간의 다양한 분쟁에 대해서는 무라카미 에이(村上衛)[3]의 흥미로운 연구가 있다. 이들 연구는 청말 중국인의 개적 문제를 연구하는 데 있어 유의미한 시사점을 제공하지만, 개적 자체를 연구의 중심 주제로 삼고 있지는 않다. 또한, 연구의 초점이 귀국 화교에 국한되어 있어, 중국 내지의 개적자를 포함한 폭넓은 범위에서 검토할 필요가 있다.

★ ★ ★

개적 화인의 실태 및 여론 동향

1861년, 미국 상선 아그네스호(Agnes, 중국명 安格尼斯)와 영국 상선 블랙번호(Blackburn, 중국명 布萊克本)가 영파(寧波)에서 조약 규정을 위반한 화물을 운반하다가 영파해관에 적발되었다. 영파해관은 해당 조약 규정에 근거하여 위반 화물을 압수하고 벌금을 부과하였다. 이 사건과 관련하여, 당시 미국 공사였던 벌링겜(A. Burlingame, 중국명 蒲安臣)은 화물이 조약 규정을 위반했다는 점과, 영파해관이 이를 몰수할 권한이 있다는 사실을 인정하였다. 그러나 그는 벌금을 부과하는 것은 화물의 문제가 아니라 사람에 대한

2 本野英一, 『傳統中國商業秩序の崩壊ー不平等條約體制と「英語を話す中國人」』, 名古屋大學出版會, 2004. 참고로 본서는 읽기도 난해한 영국의 외교 문서를 적극적으로 활용해서 '불평등 조약 체제'와 '서구의 충격'론을 재검토한 연구로 일본 학계에 높은 관심을 받았지만, 전통 중국의 상업 질서란 무엇인가를 비롯해서 많은 문제를 내포하고 있다.

3 村上衛, 「五港開港期厦門における歸國華僑」, 『東アジア近代史』3, 2000; 同氏, 「清末厦門における英籍華人問題」, 森時彦編, 『20世紀中國のシステム』, 京都大學人文科學研究所, 2009.

행위이므로, 이는 미국 영사의 재판권 범위에 속한다고 주장하며, 영파해관의 벌금 부과가 미국의 영사재판권을 침해한 행위로 간주될 수 있다고 반박하였다.[4]

이 사례는 청말 불평등 조약 체제 아래에서 외국인에게 부여된 영사재판권 특권의 대표적인 사례에 해당한다. 1842년 체결된 「남경조약」을 기점으로 형성된 조약 체제가 중국의 사회경제에 미친 영향은 현재까지도 논란의 대상이 되고 있다. 그러나 위 사례에서 볼 수 있듯이, 이러한 조약 체제는 본질적으로 중국에 구조적으로 불리한 조항들을 포함하고 있었다. 특히 영사재판권은 외국인이 중국 내에서 중국 법의 관할을 회피할 수 있도록 허용함으로써, 중국의 법적 주권을 침해하는 결과를 초래했다. 이러한 조항들은 청조의 국가 주권 약화와 사회적 혼란을 가중시키며, 당시 국제 질서에서 중국의 열악한 위상을 여실히 드러내는 사례로 평가된다.

그런데 중국을 더욱 곤란하게 하였던 것은 외국인에게만 부여되는 특권을 이용하고자 외국인과 결탁하는 중국인의 등장이었다. 이들 중국인은 외국 상인의 매판 역할을 하거나, 스스로 외국인을 고용하여 특권을 이용하는 방식으로 활동하였다. 심지어는 대가를 지불하고 외국 회사의 깃발을 달아 외국 상인인 척하는 경우도 있었다. 예를 들어, 한구(漢口)의 염상(鹽商) 호갱당(胡賡黨)은 자신의 자산을 보호하기 위해 일본의 한 칠기회사(漆行)에 10일간 일본 국기를 사용하는 조건으로 200원(元)을 지불하였다고 한다.[5] 또한 무한(武漢)의 유명한 선궁반점(璇宮飯店)과 유화사창(裕華紗廠) 등은 매

4 嚴中平主編, 『中國近代經濟史』上(1840~1894), 人民出版社, 1987, 12~13쪽. 흥미로운 일로 벌링겜은 미국 공사의 임기를 마치고 귀국할 때 청조로부터 흠차대신(전권대신)으로 임명되어 구미 각국에 청조의 입장을 대변하게 되었다는 것이다. 그는 1868년 7월 28일 워싱턴에서 미국과 「중미천진조약속증조약(中美天津條約續曾條約)」[일명 벌링겜의 중국명을 따서 '포안신조약(蒲安臣條約)'이라고 함]을 체결하였다. 이 조약은 청조가 해외 화교에 대한 인식의 변화를 보여준 조약으로서 "대청국 황제는 미국의 통상 각 구안에 영사를 파견하여 주재시킨다"(제3조)라고 하고 "대청국과 대미국의 인민이 서로 왕래하거나 상주 입적을 희망할 때에는 이를 금하지 않는다"(제5조)라고 하여 양국 인민의 자유로운 왕래나 입적을 허용하고 있다. 또한 "미국인이 중국에 체류하더라도 중국인으로 간주해서는 안 되며, 마찬가지로 중국인이 미국에 체류하더라도 미국인민으로 간주해서는 안 된다"(제6조)라고 규정하였다. 물론 이 조약을 체결한 이후에도 청조는 미국에 영사를 파견하지는 않았지만, 화교를 자국민으로서 인정한 최초의 조약이라는 점에서 의미가 크다. 王鐵崖編, 『中外舊約章匯編』1, 三聯書店, 1957, 261~262쪽; 요시자와 세이치로(정지호 옮김), 『애국주의의 형성』, 논형, 2006, 77쪽.

5 嚴昌洪, 『在商業革命的大潮中—中國近代商事習慣的變遷』, 武漢, 華中理工大學出版社, 1997, 185쪽.

년 25량에서 150량을 지불하고 외국 깃발을 내걸었다.[6] 한구에서는 "일단 서양 깃발을 달면 만사형통이므로 화상의 대부분이 양상(洋商)으로 변했다(一掛洋旗百事强, 華商多已變洋商)"[7]라는 말이 나돌 정도였다고 한다. 또한 진강(鎭江)에서는 외국 상인이 자구반세(子口半稅) 증명서를 신청한 뒤 이를 중국 상인에게 판매하여 이익을 취하는 사례도 있었으며, 이 외에도 자산을 외국적으로 등기하여 외국인의 보호를 받으려는 행태가 빈번히 발생했다.[8]

금전을 지불하고 외국 상호를 사용하는 사례는 복건성(福建省)에서도 확인된다. 1904년(광서 30년) 10월, 복청현(福清縣) 현령 홍규(鴻逵)의 보고에 따르면, 성내의 복익춘(福益春)과 성기(誠記)라는 두 채소 상점이 서양 상호(洋牌)를 내걸고 사적으로 경작용 소를 도살한 사례가 있었다. 조사 결과, 복익춘 점원의 진술에 따르면, 이 점포의 주인 임용주(林容住)는 민현(閩縣) 출신으로, 미국 선교사에게 상호를 사용하는 대가로 매년 30원을 지불하기로 하고, 그해 5월에 개장한 것으로 나타났다. 한편 성기의 점원에 의하면, 이 점포의 주인 진성(陳誠)은 오장락현(五長樂縣) 출신으로, 마찬가지로 미국 선교사의 상호를 사용하여 이전 해 12월에 개장한 것으로 드러났다.[9]

외국적을 이용하여 중국인의 화물을 대신 운송하는 사례도 있었다. 1899년(광서 25년) 5월, 복건성 세리국(稅厘局)의 보고에 따르면, 간상 왕습(王習)은 영녕강(永寧江) 강변 마을에서 비공식적으로 가사행 분잔(嘉士行分棧)을 설립하고, 영국 상인의 깃발을 내걸어 각 선박을 보호하는 명목으로 보호비를 받고 통과세 납부를 거부하였다고 한다.[10] 심지어 외국적을 사칭하는 경우도 빈번히 발생했다. 예를 들어, 같은 해 1월, 영국 영사 패복래(佩福來)의 서신에, "오문진(吳文進)은 실제로 영국 국적자가 아니기 때문에

6 嚴昌洪, 『在商業革命的大潮中—中國近代商事習慣的變遷』, 武漢, 華中理工大學出版社, 1997, 185~186쪽.

7 嚴昌洪, 『在商業革命的大潮中—中國近代商事習慣的變遷』, 武漢, 華中理工大學出版社, 1997, 184쪽.

8 郝延平著(李榮昌等譯), 『19世紀的中國買辦—東西間橋梁』, 上海社會科學院出版社, 1988, 120~121쪽.

9 孫學雷, 劉家平主編, 「福厦二口外務未決各案清册」, 『國家圖書館藏 清代孤本外交檔案』34, 北京, 全國圖書館文獻縮微複製中心, 2003, 14505~14506쪽.

10 孫學雷, 劉家平主編, 「福厦二口外務未決各案清册」, 『國家圖書館藏 清代孤本外交檔案』29, 北京, 全國圖書館文獻縮微複製中心, 2003, 12130~12131쪽.

영국 영사는 그를 보호할 책임이 없으며, 화민과 동일하게 처리해 달라"라는 요청이 있었다. 조사 결과, 오문진은 외국적을 사칭하여 이금세를 내지 않고 세금을 탈루한 사례가 다수 확인되었다. 영국 영사에게 조회한 결과 그는 실제로 영국 국민이 아니었으며, 이에 법에 따라 징벌하지 않으면 또 다른 간계 행위가 발생할 우려가 있다고 판단되었다. 결국, 오문진은 민현으로 호송되어 수감된 뒤 현지에서 상세한 심문을 받게 되었다.[11]

이와 같이 자구반세 특권을 악용하기 위해 외국 양행에 금전을 지불하고 상호를 빌리거나 외국인을 고용하는 등의 불법 행위가 빈번히 발생하였다. 그러나 청조의 입장에서 더 심각한 문제는 개적 화인을 둘러싼 여러 사안이었다.

1878년, 총리아문(總理衙門)은 싱가포르에서 귀국한 영국적 화인을 사례로 들며, "그들은 이미 영국인이 되어 영국의 법률만을 존중하고 중국의 법률을 따르지 않는다. 따라서 이들은 모든 무역에서 양상(洋商)에 준하여 세금을 납부하고 있다"[12]라고 문제를 제기했다. 그뿐만 아니라, 외국 상인의 명의를 빌려 무역을 수행하는 사례는 더욱 심각한 문제로 대두되었다. 이러한 상황에 대해 1878년 2월 23일자 『신보(申報)』는 "앞으로는 단지 양상만 존재할 뿐 화상은 전무할 것이다"[13]라고 우려를 표명했다. 또한 복건성에서도 "내지의 화민이 양적에 가입한 뒤 화물운반 증명서를 통해 통과세(이금 및 내지의 여러 세금)를 납부하지 않는 사례가 종종 발생하고 있다"[14]라고 보고되었다.

개적 화인은 외국적의 특권을 이용해 타인의 송사에 개입하기도 하였다. 예를 들어, 1900년(광서 26년) 4월, 하문에 주재한 일본 영사관의 도요시마 스테마츠(豊嶋捨松)가 복

11 孫學雷, 劉家平主編, 「福厦二口外務未決各案清册」, 『國家圖書館藏 清代孤本外交檔案』第29册, 北京, 全國圖書館文獻縮微複製中心, 2003, 12164~12166쪽.

12 여기서 세금이란 자구반세를 의미하며, 이는 천진조약 제28조와 부속 관세 규칙 제7조에 따라, 영국인을 포함한 외국인에게만 부여된 특권이었다. 이 특권은 해외 시장으로 수출하기 위해 중국산 물품을 내지에서 조약항으로 운반하거나, 조약항에서 내지로 수입 물품(아편 제외)을 운반할 경우, 물품 가격의 5% 절반에 해당하는 세금을 부과하는 것이었다. 元野英一, 『傳統中國商業秩序の崩壊—不平等條約體制と「英語を話す中國人」』, 名古屋大學出版會, 2004, 127쪽.

13 「論總理衙門新禁華人冒充洋商」, 『申報』, 1878년 2월 23일.

14 「限制入籍」, 『外交報』99, 日字不明, (『外交報彙編』21, 臺北, 廣文書局, 1964 영인), 323쪽.

방청(福防廳)에 보낸 서신에서 "일본 국적 상인 왕상단(王翔端)이 보순세행(寶順稅行)으로부터 어음 결제를 지연당하고 있다"라고 항의하였다. 그러나 내막을 조사한 결과, 이 사건은 사실상 보순세행과 화상 진공삼(陳供三) 사이의 채무 분쟁이었고, 진공삼이 일본 상인 왕상단을 끌어들인 것이었다.[15] 이와 같은 사례는 개적 화인이 외국적 특권을 악용하여 자국의 법적 책임을 회피하거나 타인의 분쟁에 개입함으로써 중국의 법률 체계를 훼손하는 사례를 잘 보여준다.

개적 화인에 대한 사례를 살펴보면, 다양한 배경과 동기에서 외국 국적을 취득한 사례가 나타난다. 『성경시보(盛京時報)』에 따르면, 1907년 전후로 흑룡강성(黑龍江省) 치치하르의 거상 약 십여 명이 러시아 국적에 입적하였으며, 이들은 흑룡강성 상권을 장악하고 있었다고 한다.[16] 『신보』 1910년 5월 21일자 기사에는, 천여 만량에 달하는 자산을 보유한 입흥양행(立興洋行)의 매판인 유인상(劉人祥)이 토지 분쟁을 계기로 프랑스 국적에 입적하여 보호를 요청했다는 내용이 게재되어 있다.[17] 이와 같이 개적 화인은 대체로 부유한 상인이 종종 등장하지만, 그중에는 염상에 대한 기사도 보인다.

『신보』 1906년 9월 8일자 기사에 따르면, 항주(杭州)의 염상 조순년(趙舜年)과 주모(朱某)가 은밀히 스페인 국적을 취득한 사실이 드러났다. 이에 항주총상회(杭州總商會)의 요청으로 절강순무(浙江巡撫)는 이들에게 스페인 국적을 말소하고 벌금을 통해 속죄할 것을 명령하였다. 항주총상회는 염상이 외국적으로 개적할 경우, 외국 상인들이 염상에 뛰어들어 결국 절강염국(浙江鹽局)의 붕괴로 이어질 것을 경고하였다. 절강순무의 압박으로 조순년은 결국 스페인 국적을 포기했다.[18]

이상의 언론 보도를 종합해 보면, 기사 내용은 개적자가 외국 국적을 취득하게 된 구체적인 맥락보다는, 부유한 상인이 분쟁이나 경제적 이유로 외국 국적을 취득한 사

15 孫學雷, 劉家平主編, 「福厦二口外務未決各案清册」, 『國家圖書館藏 清代孤本外交檔案』29, 北京, 全國圖書館文獻縮微複製中心, 2003, 14042~14043쪽.

16 蔡曉榮, 「晚清內地華民改籍問題探微」, 『中國社會科學』, 2004-4, 145쪽 재인용.

17 「富商劉人祥將入法籍」, 『申報』, 1910년 5월 21일.

18 「儆戒鹽商潛入洋籍」, 『申報』, 1906년 9월 8일.

례, 혹은 염상과 같은 직종에서 외국 국적을 취득한 사례 등 자극적인 내용에 초점이 맞춰져 있음을 알 수 있다. 이는 당시 개적 화인 문제가 중국 내에서 민족주의적 경각심과 경제적 위기를 동시에 자극하는 주요 이슈로 작용했음을 시사한다.

개적 화인의 국적을 살펴보면, 영국, 스페인, 포르투갈, 프랑스 국적이 주요한 순서를 이루고 있었으나, 청일전쟁 이후 일본으로 개적하는 사례가 증가하는 경향을 보였다.[19] 예를 들어, 1879년 홋카이도 개척사(北海道 開拓使) 구로다 기요타카(黒田清隆)는 태정대신 산조 사네토미(三條実美)에게 질의서를 보내, 홋카이도에 용공(傭工)으로 온 중국인 10명 중 8명이 고향으로 돌아갔으나, 범영길(范永吉)과 허사모(許士慕) 두 사람이 홋카이도에 영주하며 일본 국적을 취득하기를 요청했다고 보고하였다. 이에 대해 산조 사네토미는 답신에서 "종래 외국인의 귀화에 대해 명확한 법규는 없으나, 1874년 가나가와현(神奈川縣)에서도 유사한 사례가 있었기에 거부할 필요는 없다"[20]라고 답하며, 중국인의 귀화를 승인하였다. 이미 중국인의 귀화는 그 이전부터 있었던 것이다. 1905년 일본 내무대신 요시카와 아키마사(芳川顯正)는 총리대신 가츠라 타로(桂太郎)에게 중국인 섭자형(葉子衡)의 귀화를 승인해 줄 것을 요청하였다. 요시카와에 따르면, 섭자형은 강소성(江蘇省) 출신으로 1904년 일본에 건너와 고베(神戸)에 거주하였다. 그는 중국에서 광업 및 기타 사업을 경영하며 일본인 사업가들과 친분을 유지했으며, 일본에 거주하면서 고베시에서 여러 사업에 투자하였고, 거액의 국고채권 구입과 적십자기금 출연, 5만 엔에 이르는 군자금 헌납 등의 공로를 세웠다. 이러한 공로를 인정받아 그는 특별공로자로 일본 국적을 요청하였고, 이듬해 승인받았다.[21] 1909년에는 그의 동생 섭철향(葉鐵鄉)도 일본으로의 귀화를 요청하였으며, 1910년 2월 19일자로 귀화가

19 閻立, 「『大清國籍條例』の制定·施行と日本」, 『大阪經大論集』63-4, 2012, 285~286쪽. 무라카미 에이(村上衛)에 의하면 하문에서는 19세기 말 영국적 화인에 대한 영국 영사관의 보호 기능이 원활히 이루어지지 않는 가운데, 타이완 적민을 비롯한 영국적 이외의 외국적에 가입하는 화인의 수가 확대된다고 한다. 村上衛, 「清末廈門における英籍華人問題」, 森時彥編, 『20世紀中國のシステム』, 京都大學人文科學研究所, 2009, 178쪽.

20 「傭清國人範永吉外二名歸化願ノ件」, 『公文録·明治十二年·第百五十六巻』, 國立公文書館, JACAR: A01100190800.

21 「清國人葉子衡ノ歸化願ヲ許可ス」, 『公文類聚·第二十九編·明治三十八年·第二十一巻』, 國立公文書館, JACAR: A01200242800.

승인되었다.[22]

일본으로의 귀화를 희망하는 중국인 중에는 청일전쟁에서 공로를 세운 점을 인정받아 귀화가 승인된 경우도 있었다. 1904년 내무대신 히라타 토스케(平田東助)는 산동성 출신의 장예재(張豫斎) 외 11명의 귀화를 승인해 줄 것을 총리대신 가츠라 다로에게 요청하였다. 히라타에 따르면, 장예재 등은 청일전쟁 당시 일본군의 밀정으로 활동하며 적군의 정찰 활동에 크게 기여하였다. 이들은 일본 귀화를 희망하며, 만주의 장춘(長春)에서 활동한 일본 육군 보병 중좌 모리타 리엔(守田梨遠)의 공로 확인서를 첨부하여 귀화 신청서를 제출하였다.[23] 흥미로운 점은 일본 정부가 외국인의 귀화를 장려하면서 금전적 지원까지 제공했다는 것이다. 예를 들어, 위에서 언급된 범영길과 허사모에게는 각각 48엔 25전 4리(厘)의 취업 준비금을 지급하였다.[24] 특히, 청일전쟁에서 공로를 세운 뒤 일본으로 귀화한 중국인들에게는 상당한 포상금이 제공되었다. 이는 일본 정부가 귀화 정책을 통해 중국인들에게 경제적·정치적 유인을 제공하며 일본 사회로의 동화를 유도한 사례로 평가될 수 있다.

이상으로 청말 조약체제 이후 외국인에게 부여된 특권을 누리고자 외국인과 결탁하거나 외국적으로 국적을 변경한 화인의 사례를 검토하였다. 그렇다면 당시 언론은 이러한 개적 화인에 대해 어떻게 인식하고 있었을까?

1903년, 재일본 유학생이 발행한 잡지 『강소(江蘇)』는 요코하마(橫濱)에서 화상(華商) 40여 명이 일본으로 귀화한 사실을 다루며 다음과 같이 논평하였다. "아아! 우리 민족이 망했다." 이어서, "우리의 국가가 사라진 지 이미 오래되었으나, 이제는 우리 민족도 망했다. 그 이유는 무엇인가? 요코하마의 화상 40여 명이 일본 국적으로 개적했기 때문이다"라고 개탄하였다. 이와 더불어, "우리 중국은 지금 만국의 어육과 같은 처지

22 「清國人葉鉄郷ノ歸化願ヲ許可ス」, 『公文類聚·第三十四編·明治四十三年·第二十一巻』, 國立公文書館, JACAR: A01200063700.

23 「清國人張豫斎外十一名ノ歸化願ヲ許可ス」, 위의 책, JACAR: A01200063600.

24 「元傭清國人范永吉外一名へ産業資本金給與ノ件」, 『公文録·明治十二年·第百五十六巻』, 國立公文書館, JACAR: A01100190900.

로 전락했으나, 권토중래하여 신중국 독립의 깃발을 세우고, 외국적으로 개적한 화상들이 자신의 경솔함을 뼈저리게 깨닫게 해야 한다"[25]라며 비장한 각오를 다지고 있었다. 이처럼, 일본에 거주하는 화상의 개적 문제를 민족의 멸망과 직결된 사안으로까지 확대하여 논의하고 있음을 확인할 수 있다. 이는 개적 화인을 단순히 개인적 선택의 문제로 바라보지 않고, 민족의 존망과 관련된 중대한 사회적·정치적 문제로 인식했음을 보여준다.

1908년에 발간된 『동방잡지(東方雜誌)』에 실린 한 투고문에서는 화인의 개적 현상에 대해 "이 현상은 밖으로는 국제적인 교섭을 유발하고, 안으로는 국가의 주권을 침해하는 중대한 문제를 초래한다"라고 심각한 문제로 인식하며, 그 양상을 다음과 같이 분석하고 있다.

① 상업 분야에서 파산하거나 재물을 부정 취득할 목적으로, 혹은 채무를 회피하기 위해 개적을 수단으로 삼는 경우가 있다.

② 평소 본분을 지키지 않고 사회를 어지럽히며 양민을 유린하던 시정 간민이 국법의 처벌을 피할 수 없음을 알고 개적을 통해 도피처를 마련하는 경우도 존재한다.

③ 타인과의 소송에서 자신의 잘못을 깨닫고 처벌받을 것이 두려워, 개적을 해서 처벌을 면하려는 사례가 있다.

④ 계획적 혹은 우발적으로 살인죄를 저지르거나 기타 국법을 위반하여 처벌을 피할 수 없다고 판단한 자가 서양으로 도피해 개적을 통해 법망을 피하려는 경우도 있다.

⑤ 개적과 회적(回籍, 원 국적을 회복)에 관한 규정이 명확히 협정되지 않은 상태에서, 장차 고국으로 돌아와 권리를 주장할 때는 화민을 자칭하고, 송사가 있을 때는 서양 국적을 표방하여 이중적인 태도를 보이는 사례가 있다.

⑥ 개적한 자가 중국으로 돌아와도 외국인의 권위를 의지하여 자신을 보호받고, 이

25 「橫濱華商入日本籍子四十餘人」, 『江蘇』7, 江蘇同鄕會, 1903, 8~9쪽.

를 통해 고국을 협박하는 등 행위를 하니, 이는 국가 체제를 모욕하고 주권을 심각하게 손상시키는 것이다.[26]

이 글의 저자인 양욱휘(楊毓輝)는 개적의 원인이 개인적인 문제에서 비롯된 것으로 보일 수 있으나, 그 결과는 국가 전체에 심각한 영향을 미치기 때문에 국가가 이에 대해 만전을 기해야 한다고 강하게 지적하고 있다. 이는 개적이 단순히 개인의 이탈 행위가 아니라, 국가 주권과 체제를 훼손하는 중요한 문제로 간주되었음을 보여준다. 양욱휘는 특히 범법자들이 법적 처벌을 피하거나 불법 행위를 은폐하기 위해 무분별하게 개적하는 상황을 경고하며, 이를 방지하기 위해 개적에 관한 법률을 명확히 할 것을 주문하고 있다.[27]

위의 글에서 개적의 원인은 주로 범죄자가 처벌을 피하기 위한 도피 수단으로 묘사되고 있다(①~④). 또한 글에서는 주로 외국 국적을 취득한 후 귀국한 화교를 문제 삼으며, 이들이 외국 국적에 의존해 중국의 사법권을 약화시키고, 나아가 주권을 훼손하는 위협적인 존재로 부각되고 있음을 알 수 있다(⑤, ⑥). 그러나 ①~④에서 지적된 개적의 원인들이 실제 사례에 기반한 것인지, 아니면 개적자를 사회적으로 부정적이고 악한 존재로 강조하기 위해 의도적으로 만들어진 것인지에 대해서는 명확하지 않다. 현재까지의 선행연구에서도 이 문제를 구체적인 사례를 통해 입증하지 않은 채 그대로 사실로 받아들이고 있으며, 개적 원인에 대해 논의할 때 반복적으로 인용되는 경향이 있다. 물론, ①~④와 같은 이유로 개적하는 사례가 없다고 단정할 수는 없다. 하지만 이러한 사례가 실제로 개적의 주요 원인으로 얼마나 큰 비중을 차지하는지에 대해서는 보다 면밀한 실태조사가 필요하다. 또한, ⑤, ⑥에서 언급된 것처럼 외국 국적을 취득한 후 귀국한 화교가 외국적에 의지하여 중국의 국체와 주권을 위협한다는 지적 역시 과장되었을 가능성이 있다. 이는 개적자를 단순히 법적·사회적 갈등의 주요 원인으로

26　楊毓輝, 「論改籍協約爲國際最要之問題」, 『東方雜誌』, 5-7, 1908, 9~10쪽.

27　楊毓輝, 위의 책, 10쪽.

몰아가기 위한 의도적 서술일 수 있다. 따라서 개적 문제에 대한 보다 객관적이고 실증적인 연구가 필요하며, 이를 통해 당시 개적 화인에 대한 부정적 인식이 실제 사례에 근거한 것인지, 아니면 특정한 사회적·정치적 목적을 위한 담론적 구성물이었는지를 규명해야 할 것이다.

실제로 조약 특권을 이용한 경제 활동은 지역에 따라 큰 차이를 보였다. 예를 들어, 강남지역의 경우 유통 물량이 많고, 이금 등 내지 통과세가 높게 부과되었기 때문에, 자구반세 특권을 활용한 내지 무역이 활발하게 이루어졌다. 반면, 화북지역에서는 이금국(釐金局)의 설치가 드물었고 세액 또한 높지 않았기 때문에, 자구반세 특권을 활용한 내지 무역은 상대적으로 드문 현상이었다.[28] 또한 19세기 하문에서의 사례를 보면, 동남아시아에서 귀국한 화교들은 자신들이 축적한 재산과 신변 안전을 영국 영사에게 보호받기를 기대했으나, 영국 영사는 이들에 대해 적극적으로 보호하거나 유효한 조치를 취하지 않았다. 결과적으로 귀국 화교들 대부분은 영사관에서 영국 국적을 취득하지 않았다. 따라서 귀국 화교가 외국 국적을 취득하여 조약 특권을 이용하고, 이를 통해 청조 정부(특히 지방 관료들)에 도전하는 사례는 드물었다고 볼 수 있다.[29] 이처럼 조약 특권의 활용과 귀국 화교의 동향은 지역적·상황적 요인에 따라 크게 달라졌으며, 조약 체제 아래의 화교 문제를 단일한 관점으로 일반화하기 어렵다는 점을 보여준다.

그러나 양욱휘의 언설은 개적 화인이 중국 국적을 이탈하거나 위장하여 중국의 주권을 침해한다는 위기감을 부각함으로써, 독자들에게 중국과 중국인이라는 집단 정체성을 자연스럽게 부각시키고 있다는 점에 주목할 필요가 있다. 이는 단순히 개적 화인의 문제를 지적하는 데 그치지 않고, 중국의 주권과 중국인의 경계를 재확립하려는 의도가 내포되어 있었던 것으로 해석할 수 있다.

이러한 의도는 당시 국적법 제정 요구와 맞물려 더욱 분명하게 나타난다. 예를 들어, 1907년 『동방잡지』에서는 국적법 제정을 촉구하면서 다음과 같은 논지를 전개하

28 佐々波智子, 「一九世紀末, 中國における開港場·內地市場間関係-漢口を事例として」, 『社會經濟史學』57-5, 1991, 89~90쪽.

29 村上衛, 「五港開港期廈門における歸國華僑」, 『東アジア近代史』3, 2000, 122~123쪽.

고 있다.

> 무릇 국적법의 제정 여부는 국가의 통치권을 보호할 수 있는가 없는가를 결정짓는 중요한 기준이 된다. 국적법은 원리적으로 혈통주의와 출생지주의로 구분되며, 국적의 취득과 상실에 있어 엄격한 경계를 규정하고 있다. 그러나 국적법이 존재한다면, 국적을 취득한 국민은 국내뿐만 아니라 유럽, 미국, 오스트레일리아 등의 원거리 지역에서도 국가의 통치권 범위 안에 있게 된다. 반면, 국적을 상실한다면 단지 외국에서만이 아니라, 국내에서도 국민으로서의 권리를 박탈당하게 된다. 이는 국내 어디서든 국민으로서 누릴 수 있는 기본적인 권리가 제한된다는 것을 의미한다. 한편, 현재 우리나라(중국) 상황을 살펴보면, 분명히 내국적인(內國籍人)으로 인정받을 수 있음에도 우리의 통치권이 미치지 못하는 사례가 존재한다. 또한 내국적인임에도 외국 국적을 취득하여, 유사시에는 국적 문제를 악용해 우리에게 혼란과 어려움을 초래하면서도, 여전히 우리의 통치권이 닿지 않는 경우도 있다. 전자는 기독교로 개종한 교민(敎民)이 이에 해당하며, 후자는 외국적에 가입한 이들이 이에 해당한다. 아아! 이 광활한 대륙에서 외국인의 영사재판권을 거부하거나 이를 회수하여 그들을 우리의 통치 범위 안으로 들이는 것도 불가능하며, 명확히 제정된 국적법을 통해 국민으로 하여금 우리의 통치권에 귀속시키는 일 또한 이루어지지 않고 있다. 국가학자들은 국가란 반드시 토지, 인민, 통치권이라는 세 가지 요소를 갖춰야 비로소 독립적이고 자주적인 국가라 할 수 있다고 정의한다. 그러나 지금 우리의 통치권은 이미 불완전하다. 이런 상황에서 어찌 독립자주 국가라고 말할 수 있겠는가?[30]

내국적인임에도 불구하고 국가의 통치권이 미치지 못하는 상황에서, 과연 독립자주국이라 자처할 수 있겠는가라는 논점은 당시 언론이 개적 화인의 문제를 단순한 개인적 사안이 아닌, 국가 주권을 뒤흔드는 심각한 사회적 문제로 인식하고 있었음을 보

30 「論今日宜定國籍法」, 『東方雜誌』4-2, 1907, 36쪽.

여준다. 이는 개적 화인이 외국적에 의지해 자국의 사법권을 무력화시키고, 더 나아가 국가의 통치 질서를 흔드는 요인으로 간주되었음을 시사한다. 따라서 다음 절에서는 개적 화인을 둘러싼 구체적인 분쟁 사례를 통해 문제의 본질을 파악하고자 한다. 개적 화인과 해당국 영사관 그리고 청조의 지방관 사이에서 벌어진 갈등과 교섭 과정의 실상을 다루며, 이 문제가 당시 사회와 국가에 어떤 영향을 미쳤는지 심도 있게 살펴볼 것이다.

★ ★ ★

개적 화인을 둘러싼 분쟁과 처리

여기에서는 하문에서 발생한 마감보(嗎甘保, 본명 黃瑞曲) 사건을 사례로 살펴보고자 한다. 마감보 사건은『동방잡지』에서 상세히 보도된 바 있으며, 출적 화인을 둘러싼 소송의 대표적 사례로 꼽힌다. 이 사건은『화상연합보(華商聯合報)』[31]와『화양소송례안휘편(華洋訴訟例案彙編)』[32]에서도 일부 내용이 다뤄질 만큼 당시 중요한 사건으로 평가되었다. 이 글에서는『동방잡지』의 보도 내용을 중심으로 사건의 전모를 정리하고자 한다.

분쟁의 발단은 1908년경 하문에서 스페인적으로 개적한 서기양행(瑞記洋行)의 주인 마감보 부자가 천선희원(天仙戲園)을 열어 연극 공연과 음주가무를 즐기던 중 발생했다. 당시 청나라 조정은 광서제와 서태후의 국상 기간이었기 때문에, 국상 중에는 연극 공연을 금지하는 금령이 내려져 있었다. 이를 위반한 공연에 대해 경찰이 단속에 나서자, 마감보 측과 경찰 간에 격렬한 대립이 벌어지며 갈등이 심화되었다.

마감보는 스페인적으로 개적한 외국인 신분을 주장하며 자신의 행동에 정당성을 부여하려 했고, 이 과정에서 프랑스 영사가 개입하면서 사건은 외교적 문제로 확대되

31 「廈門籍民鬧事補記」,『華商聯合報』3, 宣統 원년 윤2월 15일, 23~28쪽.

32 「出籍華人訴訟例案」, 姚之鶴編,『華洋訴訟例案彙編』下, 上海商務印書館出版, 1915, 536~546쪽.

었다. 프랑스 영사의 개입에 대해 하문도 관찰사(厦門道 觀察使) 유자정(劉子貞)은 "귀 영사(프랑스 영사)는 작년 8월 스페인 영사를 대신한다고 본도(하문도)에 통보하였으나, 본도는 아직 우리 정부로부터 이에 관한 명확한 지시를 받지 못했기 때문에, 귀 영사가 스페인 영사를 대신하는 것을 승인할 수 없다"[33]라고 밝혔다. 이 발언에서 알 수 있듯이, 하문에서는 프랑스 영사가 스페인 영사직을 겸임하고 있었지만, 중국 지방관은 중앙정부로부터 공식적인 통보를 받지 못했기 때문에 이를 승인하지 않았다. 그럼에도 불구하고, 이후에도 프랑스 영사는 마감보 사건과 관련해 외교적 대응을 이어갔다. 마감보 사건을 담당했던 하문도 관찰사 유자정과 하문 프랑스 영사, 상해에 주재한 스페인 총영사 페르난도 아이리스(Fernando Iris)의 주장을 검토해 보면, 이 사건은 표면적으로는 국상 중 금령을 어기고 연극을 공연한 행위에 대한 단속에서 비롯된 것으로 보인다. 그러나 그 이면에는 개적 화인 문제와 관련된 복잡한 외교적·사회적 갈등이 얽혀 있음을 알 수 있다.

우선, 사건의 원인에 대해 살펴보자. 하문도 유자정 관찰사의 설명에 따르면, 마감보 부자는 스페인 정부에 소액의 기부금을 낸 후 스페인 국적을 취득했으며, 이를 통해 외국인에게 부여되는 각종 특권을 활용하여 화물과 부동산에 대한 세금을 회피해 왔다. 이러한 행위로 인해 하문 지방정부와 신상 학계로부터 지속적으로 비난을 받아온 것으로 보인다.[34] 이는 사건을 해결하는 과정에서 프랑스 영사가 유자정 관찰사에게 하문 신상 학계가 더 이상 마감보 부자를 비난하거나 투서를 하지 않으며, 그의 무역 활동을 방해하지 않겠다는 다짐을 요구한 것에서도 확인할 수 있다.[35] 결국, 이 사건의 표면적인 원인은 국상 중 연극 공연 금지 규정을 어긴 데서 비롯되었지만, 그 이면에는 외국인에게 부여된 특권을 둘러싼 개적 화인과 지방정부, 신상 학계 간의 평소 갈등이 자리 잡고 있었던 것으로 보인다. 이러한 갈등이 연극 공연 단속을 계기로 폭발했으며, 단속 과정에서 폭행, 구금, 기물 파괴 등 격렬한 충돌로 이어진 배경에는 이

33 「厦門籍民細故啓衅始末」, 『東方雜誌』6-4, 1908, 69쪽.

34 위의 책, 69쪽.

35 위의 책, 71쪽.

러한 복잡한 내막이 존재했음을 유추할 수 있다.

둘째, 마감보 부자의 국적 문제이다. 화인의 개적 문제에 대한 실태를 파악하기 위해, 1906년 상해도(上海道) 서징(瑞瀓)은 상해 주재 스페인 총영사에게 귀국 영사관에서 보호하고 있는 화인의 수, 성명, 원적지, 입적 연월일 등에 대해 알려줄 것을 문의하였다.[36] 스페인 총영사는 처음에는 입적한 화인에 대한 정보를 공개하는 것이 자신의 권한이 아니라며 거부하였다.[37] 그러나 중국 측에서 중국과 스페인이 체결한 조약을 언급하며 거듭 요청하자[38] 다음과 같은 내용을 답변하였다.

> 이전에 상해와 하문에서 입적한 화인은 모두 40여 명으로, 이미 명부를 조사해 이들의 입적을 말소하였다. 따라서 앞으로 소송 등에서 스페인 국적을 주장하는 자는 원고·피고를 막론하고 모두 사칭자로 간주하니, 중국 법률에 따라 처벌하기 바란다.[39]

유자정 관찰사는 이를 근거로 마감보 부자는 이미 등록이 말소되었으므로 스페인 국적이 아니라고 주장하였다. 또한, 천선회원은 중국 영토 내에 위치하므로 중국 지방관료의 명령을 따르는 것이 당연하다고 보았다.[40] 그러나 이 주장은 사실과 다소 거리가 있어 보인다. 당시 외무부는 민절총독(閩浙總督) 송수(松壽)에게 전보를 보내 다음과 같은 내용을 통지하였다. "북경 주재 스페인 공사에 따르면 마감보는 필리핀에서 태어나 성장한 스페인 국민이며, 상인 가문 출신이다. 또한 천선회원을 설립한 곳은 영국 조계지인데, 어찌하여 순사들이 무기를 소지한 채 이를 탄압할 수 있는가?" 그리고 "상해 주재 스페인 영사가 등록된 자를 모두 말소하였다고 하지만, 마감보는 필리핀에

36 「滬道瑞瀓致西班牙領事請查示改籍華人姓名函」, 『淸季外交史料(光緖朝)』197, 臺北, 文海出版社, 1963 영인, 1쪽.

37 「駐滬西班牙領事覆滬道華人改籍須歸西官管轄函」, 『淸季外交史料(光緖朝)』197, 1쪽.

38 「滬道西瀓致西班牙領事華人入西籍仍居本國自須遵守本國法律函」, 『淸季外交史料(光緖朝)』197, 18쪽.

39 「日斯巴尼亞領事顧全邦交」, 『申報』, 1908년 9월 14일.

40 「厦門籍民細故啓衅始末」, 『東方雜誌』6-4, 1908, 67~70쪽.

서 태어났으므로 이 명단에 포함되지 않는다."[41]

이를 통해 몇 가지 중요한 사실을 확인할 수 있다. 마감보는 중국 내에서 개적한 화인이 아니라 필리핀 출신의 스페인 국적 화교라는 점이다. 당시 외무부가 이 사실을 민절총독 송수에게 전달하였으므로, 유자정 관찰사 역시 이를 알고 있었을 가능성이 높다. 오히려 무시했다고 보는 것이 타당할 것이다. 또 하나 중요한 점은, 연극 공연 장소가 영국 조계지였다는 사실이다. 만약 이 주장이 사실이라면, 조계지 내에서도 중국 법률이 작동하고 있었음을 의미한다. 그러나 외무부는 천선희원이 어디에 위치해 있으며 관할권이 누구에게 있는지에 대해 별도로 조사를 요구했으나,[42] 이에 대한 사실 규명은 쉽지 않았던 것으로 보인다.

셋째, 사건의 진상 문제이다. 유자정 관찰사에 따르면, 이 연극단(天仙戲園)은 스페인으로부터 자금을 빌려 조직된 것으로, 마감보는 국상을 무시하고 이익을 탐하여 공연 팸플릿을 대량으로 발송, 각국의 적민(籍民)을 초청하여 술을 마시며 이를 단속하려는 순사에게 격렬히 저항했다고 한다. 그는 금령을 어겼을 뿐만 아니라 지방 관료에게도 적대적인 태도를 보였다는 것이다.[43] 그러나 마감보가 국상 기간 중 연극 공연을 개최하고 음주가무를 즐긴 이유는 무엇이었을까? 마감보의 진술에 따르면, 공연이 열린 날은 스페인 국왕의 생일이었으며, 복건성 내 스페인 국적 화교들이 이를 축하하기 위해 리원(梨園)의 자제를 소집해 노래를 부르고 연극을 하며 즐겼다고 한다. 이때 경찰 순사가 이유 없이 나타나 국상 중에는 음주가무를 허용할 수 없다며 저지했으며, 금전을 요구했으나 이를 거부하자 연극 무대를 훼손하고 이들을 구타했다는 것이다.[44] 양측의 주장은 이처럼 상당한 차이를 보이고 있다.

또한, 유자정 관찰사는 프랑스 영사에게 보낸 질의서에서 다음과 같은 내용을 언급하였다.

41 위의 책, 73쪽.
42 위의 책, 73쪽.
43 위의 책, 70쪽.
44 위의 책, 73쪽.

이 입적한 간상은 스페인 정부에 대해 재산이 없다고 주장하며 약간의 푼돈만 납부하는 반면, 중국 정부에 대해서는 오히려 막대한 이익을 누리고 있다. 그는 화물에 대한 세금을 납부하지 않고, 부동산에 대해서도 세금을 내지 않으며, 가연(賈捐)과 상연(商捐)조차도 회피하고 있다. 단지 200～300원을 주고 입적 증명서를 구입한 뒤, 이를 통해 무한한 혜택을 누림으로써 중국에 심각한 피해를 끼치고 있는 것이다. 스페인 정부는 어찌하여 중국도 아니고 스페인 국적도 아닌 이 민(民)을 귀히 여기며, 중국과 스페인 간의 우의를 손상시키고자 하는가?[45]

유자정 관찰사는 마감보가 스페인 속지인 필리핀에서 출생한 귀국 화교라는 사실을 이미 알고 있었음에도 불구하고, 그가 단지 200~300원의 기부금을 내고 스페인 국적을 취득한 뒤, 세금(이금 및 내지 통과세 등)을 납부하지 않아 중국에 막대한 손실을 초래했다고 비난하고 있다. 이는 마감보가 사건 발생 이전부터 지방정부와의 세금 문제 등을 둘러싸고 갈등을 빚어왔음을 짐작하게 한다.

마감보 사건과 관련하여 민절총독 송수는 "이 사건은 마감보 한 사람에 의해 일어난 일이다. 국상을 당해 100일 동안에는 연극을 할 수 없으며, 지방 관리는 이를 단속할 권한이 있다. 그런데 마감보는 우리나라 영토에 거주하면서 연극을 금지하는 금령을 어기고, 이를 저지하려는 순경에게 불복하여 폭행하였다. 그런데도 해당 영사는 그를 옹호하니, 이는 조약을 저버리고 우리를 능멸하는 것이며, 그 책임은 우리에게 있지 않다"[46]라고 매우 강경한 입장을 밝혔다. 송수는 이후에도 개적 화인의 문제와 그 심각성에 대해 여러 차례 황제에게 상주를 올렸다.[47] 한편, 프랑스 영사도 중국 경찰의 구타와 기물 파손에 대해 손해배상을 요구하고, 구속된 사람의 석방을 촉구하는 등 양측의 입장은 팽팽히 맞섰다. 그러나 외교적 관계를 고려해 다음과 같은 내용으로 합의하며 사건을 종결지었다.

45 위의 책, 69쪽.

46 위의 책, 72쪽.

47 본 장 주 62), 63) 참조.

① 향후 신상 학계(紳商學界)는 마감보를 모함하거나 그의 명예를 훼손하는 행위를 하지 않는다.

② 마감보는 경찰을 구타하였으며, 경찰은 마감보의 아들 뢰사(雷士)를 구타하여 상호 피해를 입혔으므로 상호 손해배상을 하지 않는다.

③ 마감보는 경찰의 기물을 파손한 대가로 벌금 2천 원을 납부한다.

④ 경찰에 대해서는 별도의 책임을 묻지 않는다.

⑤ 이미 구속된 서기양행(瑞記洋行)의 주방장 황수경(黃水鏡)은 석방한다.

⑥ 마감보가 연극을 재개할 경우 반드시 하문도(厦門道)의 승인을 받는다.

⑦ 프랑스 영사가 요구한 하문도 유자정의 파면 건에 대해서는 이미 유자정이 하문을 떠났으므로 처리된 것으로 한다.

마감보 사건은 앞서 언급했듯이 국상 기간 중의 연극 공연 문제로 촉발되었으나, 그 이면에는 외국인에게 부여된 특권(영사재판권, 자구반세 특권)을 둘러싸고 귀국 화교와 지방 정부(신상계 포함) 간의 마찰이 존재했음을 알 수 있다. 외국 국적을 취득한 개적 화인도 이러한 특권을 누릴 자격이 부여되었지만, 이 특권을 행사하는 과정에서 중국 지방정부와 개적 화인 그리고 그 배후에 있는 해당국 영사관 간의 갈등은 끊임없이 이어졌다.

청조 정부는 이러한 개적 화인의 귀속 문제를 명확히 하고 외교적 마찰을 해결하기 위해 다양한 방안을 모색하게 되었으며, 이에 대한 구체적인 내용은 다음 절에서 살펴보기로 한다.

★ ★ ★

개적 화인에 대한 청조 정부의 대책

청말 시기의 개적 화인 문제는 법률적 차원에서 근본적인 문제를 내포하고 있었다. 중국 최초의 국적법인 「대청국적조례」가 제정 · 반포되기 이전, 외국 국적을 취득한 개적 화인의 경우 국적법상의 귀화 규정에 따른 국적 변경이 이루어진 것이 아니었기 때문에, 여전히 화인으로서의 민적(民籍)을 유지하면서도 외국 국적을 보유하게 되었다. 특히 「대청국적조례」의 제정·반포에 결정적인 계기를 제공한 사례로, 네덜란드 속지에 거주하던 화인과 관련한 조약이 있다. 이 조약에서는 "네덜란드 속지에서 태어나 자란 인민이 국적 분쟁에 직면했을 때 네덜란드 속지에서는 네덜란드 법률로 처리한다"라는 원칙을 세우면서도, "인민이 중국으로 돌아왔을 때에는 중국적에 귀속하는 것도 불가능하지 않다"[48]고 명시하였다. 이 조약은 주화대신 루정샹이 네덜란드 측과의 오랜 협상 끝에 체결한 「화란영지 식민지 영사조약(和蘭領地植民地領事條約)」[49]으로, 애매한 조항을 포함함으로써 귀국 화인은 자연스럽게 이중국적 문제를 안게 되었다.[50] 이로 인해 청조 정부는 이중국적 문제를 포함한 개적 화인의 귀속 문제를 해결하고자 다양한 노력을 기울였으며, 이러한 노력은 국적법 제정에도 큰 영향을 미쳤다. 이와 같은 개적 화인 문제에 대해 청조 정부가 어떻게 대응했는지를 구체적인 사례를 통해 살펴보도록 하자.

1851년 1월 2일, 하문 흥천영도(興天永道)로 부임한 장희우(張熙宇)는 진경진(陳慶眞)을 소도회(小刀會)[51]의 수령으로 지목하고 체포하였다. 진경진의 체포와 관련해 영국 영사 설리번(蘇里文)은 즉시 장희우에게 "진경진 등은 영국 속지 출신으로, 영국 국민이므로 영국의 관할에 속한다"라며 석방을 요구하였다. 이에 장희우는 "주덕(朱德) 등 3명은 석방할 수 있으나, 진경진은 죄가 중대하므로 석방할 수 없다"라고 답변하였다. 설리번의 거듭된 요청에 따라 진경진은 석방되었으나, 이미 고문으로 인해 사망한 뒤였다. 이에 설리번은 "중국 관헌이 영국인을 때려 죽였다"라고 항의하며 다음과 같이 주장했다.

48 『淸史稿』159-134 邦交 7, 4656쪽.

49 조약 내용에 대해서는 王鐵崖編, 『中外舊約章匯編』1, 715~720쪽에 수록된 원문을 참조.

50 鄭址鎬, 「淸末 國籍法 制定과 '國民'의 境界」, 『中國史研究』52, 中國史學會, 2008, 172~173쪽(본서 7장에 수록).

51 소도회는 청말 귀국 화교가 주축이 되어 일어난 대규모 반란 세력이다. 이에 대해서는 佐々木正哉, 「咸豊3年廈門小刀會の反亂」, 『東洋學報』45-4, 1963; 黃嘉謨, 「英人與廈門小刀會事件」, 『中央研究院近代史研究所集刊』7, 1978; 村上衛, 「五港開港期廈門における貴國華僑」, 『東アジア近代史』3, 東アジア近代史學會, 2000 참조.

영국에서 하문으로 온 사람들의 조적(祖籍), 원적은 대부분 내지(중국)지만, 영국 속지에서 태어나 자랐으므로 이들은 영국 국민에 속한다. 영국 영사관에 등록된 화인은 범죄를 저질렀을 경우 반드시 영국 영사관의 관할 아래 정상적으로 처리되어야 한다.[52]

설리번은 이와 함께 영국 영사관에 등록된 채고유(蔡古猷) 등 60명의 명단을 장희우에게 전달하였다. 그러나 장희우는 "중국 인민이 영국 속지에서 태어나 자랐다 해도, 중국에 돌아오면 영국 국민으로 간주한다는 규정은 없다"라고 반박하며, "중국인의 의관(衣冠) 제도는 영국과 매우 다르므로, 단순히 영국 속지에서 태어났다는 이유만으로 영국 국민으로 간주할 수 없다"[53]라고 주장했다. 장희우는 영국적에 등록되었더라도 의관복식이 중국식이라면 여전히 중국인으로 간주하겠다는 입장을 고수하였다. 이와 같은 영국적 화인에 대한 탄압은 장희우의 후임 홍천영도들에 의해서도 지속되었다.[54] 이 사례는 개적 화인에 대한 청조 지방 관원의 단호한 태도를 보여준다. 그러나 진경진은 단순한 개적 화인이 아니라 반란 세력인 소도회의 주모자로 지목되었기 때문에 지방 관원이 단호히 대처한 것으로 보인다. 이는 영국 영사관의 항의에도 불구하고 같이 체포되었던 주덕 등 3명을 석방한 사실에서도 확인할 수 있다.

실제로, 중국의 지방 관원들은 개적 화인 문제를 처리함에 있어 참고할 만한 명확한 법률 조항이 없었다. 이는 다음의 사례에서 잘 드러난다.

1906년(광서 32년) 7월 9일, 북경 주재 미국 공사 윌리엄 우드빌 록힐(William Woodville Rockhill, 중국명 柔克義)은 외무부에 국적과 관련된 다음과 같은 여섯 가지 사항을 조회하였다.

① 중국 법률에 국적의 출입(획득 및 상실)에 관한 조항이 존재하는가?

52 上海師範大學歷史系中國近代史硏究室·中國第一歷史檔案館編輯部編, 「閩浙總督裕泰奏就所謂生長英國之中國民人回至中國應歸英領事管理事同英使交涉編」(咸豊 원년 3월 22일), 『福建·上海小刀會檔案史料匯編』, 福建人民出版社, 1993, 116쪽,

53 위의 책, 117쪽.

54 村上衛, 「五港開港期廈門における歸國華僑」, 『東アジア近代史』3, 東アジア近代史學會, 2000, 118쪽.

② 중국인은 어떤 이유로 본국의 적관을 상실할 수 있는가?

③ 중국 법률은 인민이 스스로 본국의 적관을 포기하는 것을 승인하는가? 만약 승인한다면, 이후 본 국적을 회복할 수 있는가?

④ 화인이 단지 외국에 거주하는 경우, 적관의 권리에 어떤 장애가 생기는가?

⑤ 중국 중앙정부는 어떠한 법적 근거에 따라 외국에 거주하는 화인을 보호하고 있는가?

⑥ 서양인이 중국에 왔을 때, 그 입적을 승인할 수 있는 법률이 존재하는가?[55]

이 문제에 대한 외무부의 요청에 대해, 당시 수정법률대신 심가본(沈家本)은 다음과 같이 답변하였다.

> 중국은 수천 년 동안 문호를 닫고 외국과 소통하지 않았기 때문에, 국적에 관한 규정은 존재하지 않습니다. 따라서 근래 문호가 개방된 이후 외국으로 이주한 민호(民戶)를 어떻게 관리할 것인가에 대해 민법상 특별한 조항이 없으며, 이를 근거로 삼을 법적 기준 또한 존재하지 않습니다.[56]

비슷한 시기인 1906년(광서 32년) 7월 18일, 주일공사(駐日公使) 양추(楊樞)는 외무부에 보낸 보고서에서 다음과 같이 언급하였다.

> 중국에는 본래 국적과 관련된 전문 조항이 없기 때문에, 화상이 외국 국적에 입적을 원할 경우 이를 처리할 방법이 없다. 이 문제와 관련하여 외국인이 문의해 오면 종종 의거할 법률이 없어 곤란하며, 이에 대한 조치 또한 지역마다 달라 앞뒤가 서로

55 「咨法律大臣美使詢出入國籍律例六事查照核復由」, 光緒 32년 7월 9일, 中央研究院近代史研究所檔案館, 檔案番號 02-21-015-01-001.

56 「國籍出入俟考查明晰詳慎訂定再行咨呈以憑轉復美使由」, 光緒 32년 9월 27일, 中央研究院近代史研究所檔案館, 檔案番號 02-21-015-01-006.

모순되는 문제가 발생하고 있다.[57]

양추는 이러한 문제를 해결하기 위해, 수정법률대신의 심의를 거쳐 중국인이 외국 국적에 들어가는 방법에 대한 법률을 제정할 필요가 있다고 제안하였다.[58] 양추가 개적 화인 문제에 대한 법적 근거가 없어 곤란하다고 한 배경에는 다음과 같은 사례가 있었다.

1906년(광서 32년) 윤4월, 일본 나가사키현(長崎縣) 지사 아라카와 미타로(荒川美太郎)는 주일 나가사키 영사에게 보낸 조회에서, 1899년(광서 25년) 10월 중국인 곽공진(郭拱宸)과 장유평(張維平) 등이 일본 국적 입적을 신청했을 때 중국 정부는 외국 국적 입적은 본인의 의지에 따르며, 특별한 법적 규정이 없다고 답변했다고 언급하였다. 그러나 이번에 진세망(陳世望) 등 8명이 일본 국적에 입적을 신청하자, 중국 정부는 국적 이탈의 절차를 거친 후에야 외국 국적 입적을 승인한다고 답변하였다. 이에 아라카와는 "기존 규정이 변경된 것인가?"라며 의문을 제기했다.

아라카와의 조회에 대해 나가사키 영사는 다음과 같이 답변하였다.

> 폐국인(敝國人, 중국인)이 외국 국적에 들어가기를 원할 때, 본국에서 신청하지 않으면 결코 외국인으로 인정하지 않는다. 입적과 출적에 관해 특별한 조항은 없다. 진세망 등 8명이 귀 관청에 입적을 신청한 것에 대해, 이전 귀 지사가 문의한바, 중국 법률에 일본 국적을 취득하면 본적을 상실하는지 여부에 대해 중국 정부는 별다른 규정이 없다고 답변했었다. 따라서 외국 국적에 입적한 이후 본국의 국적을 상실하는지는 본인의 의사에 따르는 것으로 한다.[59]

57 「華商願入日籍辦法一案抄送往來文可否咨商修訂法律大臣著為定律由」, 光緒 32년 7월 18일, 中央研究院近代史研究所檔案館, 檔案番號 02-21-015-01-002.

58 「華商願入日籍辦法一案抄送往來文可否咨商修訂法律大臣著為定律由」, 光緒 32년 7월 18일, 中央研究院近代史研究所檔案館, 檔案番號 02-21-015-01-002.

59 「華商願入日籍辦法一案抄送往來文可否咨商修訂法律大臣著為定律由」, 光緒 32년 7월 18일, 中央研究院近代史研究所檔案館, 檔案番號 02-21-015-01-002.

이 답변에 따르면, 진세망 등 8명이 일본 국적에 입적한 후 중국 국적을 벗어나길 원한다면, 중국 내 부동산 등 재산을 처분한 후에야 승인이 가능하다. 그러나 중국 국적을 유지하려 한다면, 중국 지방 관리는 소송 사건 등에서 이들을 중국 인민과 동일하게 처리한다고 명확히 했다.[60] 이 사례에서 드러나듯이, 중국인의 개적은 중국 정부에 신청해야 하지만, 출적(국적 이탈)과 입적(국적 취득)에 관한 결정은 본인의 의사에 맡기고 있어 명확한 법적 조항이 없었다. 이 문제와 관련해 나가사키 영사는 아라카와 지사의 조회를 주일공사 양추에게 보고했을 가능성이 높다. 결국, 양추의 제안을 받은 외무부는 같은 해 7월 26일 수정법률대신에게 이 사실을 통보하였다.[61]

한편, 민절총독 송수는 1907년(광서 33년) 10월 17일 상주문에서 개적 화인 문제의 심각성에 대해 다음과 같이 언급하였다.

> 조사해 보건대, 구미 제국의 국적법은 무엇보다도 엄격하며, 인민의 이적(移籍)에 관한 규정은 더욱 엄중하여 정부의 승인을 거치지 않으면 타국 국적에 마음대로 들어갈 수 없다. 중국은 조약 체결 이후 문호를 개방하였으나, 화민 중 외국 국적에 들어간 자들은 대부분 타국에 거주하며 입적하여 특권을 추구했으므로 그 폐해는 상대적으로 크지 않았다. 그러나 타이완이 외국에 속한 이후 복건성 거주민들은 앞다투어 일본 타이완 국적에 입적하고 있으며, 게다가 내지에서 잡거함에 따라 많은 문제가 발생하고 있다.[62]

송수는 이어서 일본 타이완 국적의 개적 화인이 복주, 하문뿐만 아니라 장주(彰州), 천주(泉州) 등 각 지역으로 확산되고 있다고 지적하였다. 또한, 영국, 프랑스, 스페인 국

60 「華商願入日籍辦法一案抄送往來文可否咨商修訂法律大臣著為定律由」, 光緒 32년 7월 18일, 中央研究院近代史研究所檔案館, 檔案番號 02-21-015-01-002.

61 「咨法律大臣華人改入外國籍辦法准楊使來函酌復由」, 光緒 32년 7월 26일, 中央研究院近代史研究所檔案館, 檔案番號 02-21-015-01-003.

62 「松壽奏嚴定人民移籍限制一片奉硃批該部議奏欽此」, 光緒 33년 10월 17일, 中央研究院近代史研究所檔案館, 檔案番號 02-21-015-02-010.

적의 화민도 적지 않은데, 이들은 평소 내지에 잡거하면서 화민과 경제적 이권을 경쟁하고, 유사시에는 조약을 근거로 외국인의 보호를 받아 지방 관원에 저항하고 있다고 하였다. 송수는 이러한 상황이 시급히 통제되지 않으면 국권을 크게 손상시킬 우려가 있다고 경고하면서, 법률 개정 시기를 맞아 외무부와 민정부가 칙령을 내려 중국과 서양의 법률을 참고로 한 국적조례를 신속히 제정·반포해야 한다고 상주하였다.[63]

이 상주문에서 송수가 문제로 삼은 핵심은 개적 화인이 일반 중국인과 함께 내지에 잡거하면서, 외국인의 보호를 의지해 지방 관원에게 저항하는 행태였다. 송수는 이러한 개적 화인의 귀속 문제를 법적으로 명확히 대처하지 않으면, 결국 국권에 심각한 위협이 될 것이라고 우려하였다.

1908년(광서 34년) 2월 20일, 주불공사(駐佛公事) 류스쉰은 상주문을 통해 개적 화인에 관한 문제를 상세히 보고하였다. 그는 다음과 같은 세 가지 주요 문제를 제기하였다.

첫째, 주권에 관한 문제이다.

> 각 개항장에는 조계가 즐비하고, 거주민 중에는 양민과 악인이 뒤섞여 있다. 특히 간교한 무리들은 영사관에 등록한 뒤 그 보호를 받는다. 이들이 범죄를 저지르고 조사·심문을 받게 되면, 영사가 억지로 간여하여 영사재판권의 특권을 누리게 한다. 이러한 사태는 이미 여러 차례 반복되고 있으며, 영사가 있는 곳마다 이러한 나쁜 선례를 따르게 되면 주권이 침해될 것이다.

둘째, 조약에 관한 문제이다.

> 개적 화인은 국적을 변경한 후에도 복장과 풍속이 일반 중국인과 다를 바 없다. 이들이 내지에서 부동산을 구매하거나 상점을 개설할 경우, 지방 관리는 이를 어떻게

63 「松壽奏嚴定人民移籍限制一片奉硃批該部議奏欽此」, 光緖 33년 10월 17일, 中央研究院近代史研究所檔案館, 檔案番號 02-21-015-02-010.

구별하고 방지할 수 있겠는가? 이러한 상황은 외국인이 내지에서 부동산을 구매하거나 상점을 개설하는 것을 금지하는 조약을 암암리에 파괴하는 결과를 초래한다. 만약 이를 시급히 방지하지 않는다면, 그 피해는 교민(教民) 문제보다 더 심각해질 것이다.

셋째, 국적에 관한 문제이다.

위에서 언급한 개적 화인의 내지 잡거 문제는 영사재판권을 회수하면 어느 정도 해결될 수 있다. 그러나 국적 문제에서 가장 중요한 것은 해외에 거주하는 화교의 입적 문제이다. 현재 화교는 홍콩, 싱가포르, 사이공(현 호치민) 및 남양 각지에 분포하고 있으며, 그 수는 백만을 넘는다. 대부분 토지와 재산을 보유하며 자손 대대로 가족과 함께 거주하고 있다. 만약 서양 국가들이 중국에 국적법이 없는 점을 악용하여 조례를 만들어 이들을 모두 입적시킨다면, 우리는 장차 무엇을 근거로 이들과 다툴 수 있겠는가?[64]

류스쉰은 이와 같은 상황에서 국적과 관련된 문제를 해결하기 위해, 수정법률대신이 외무부, 민정부, 법부와 협력하여 출적과 입적에 관한 조례를 신속히 제정·반포해야 한다고 제안하였다.[65]

개적 화인 문제를 해결하기 위해 법률적 조항을 신속히 제정·반포할 필요가 있다는 재외공관 및 지방 관원들의 잇단 제안에 대해, 앞서 언급한 바와 같이 외무부로부터 국적법 문제에 대한 문의를 받은 수정법률대신 심가본은 "수정법률 관원들에게 동서

64 「劉式訓奏請飭修律大臣會同外務部民政部法部妥定出入國籍條例摺奉硃批該衙門議奏欽此」, 光緒 34년 2월 20일, 中央研究院近代史研究所檔案館, 檔案番號 02-21-015-03-001.

65 「劉式訓奏請飭修律大臣會同外務部民政部法部妥定出入國籍條例摺奉硃批該衙門議奏欽此」, 光緒 34년 2월 20일, 中央研究院近代史研究所檔案館, 檔案番號 02-21-015-03-001.

양 각국의 국적법을 조사·검토하여 심의·제정할 필요가 있지만,[66] 이 문제는 매우 중요하여 하루아침에 완성할 수는 없다"[67]라고 매우 신중한 태도를 보이고 있었다. 그러나 류스쉰의 상주문을 계기로 청조 정부는 수정법률 관원과 외무부의 주도 아래 국적법 제정에 박차를 가하게 되었다.[68] 결국, 1909년(선통 원년) 중국 최초의 국적법인 「대청국적조례」가 제정·반포되었다. 국적법 제정 이후 외무부는 전국 각 성의 총독과 순무에게 공문을 보내 다음과 같이 지시하였다.

> 향후, 사사로이 외국 국적에 가입하는 화인은 일절 내지(內地) 및 조적지(祖籍地, 원적지)에서 공사(公事)에 관여하여 문제를 일으키는 것을 금지한다. 이를 어길 시에는 중국 법률에 따라 엄히 처벌할 것이다. 만약 외국인이 출두하여 간섭하더라도 반드시 이치에 근거해 반박하며 조금도 위축되지 말라.[69]

청조 정부는 이 지시를 통해 개적 화인에 대한 단속을 엄격히 시행할 것을 요구하였다. 그러나 국적법 제정 이후에도 중국적을 유지한 채 외국 국적을 취득한 이중국적자 문제는 여전히 해결되지 않았으며, 이를 위해 구체적인 방침이 추가로 논의되었다.

> 천진, 한구, 상해, 복건, 광동 및 남양 일대에는 중국적을 유지한 채 외국 국적에 가입한 중국인이 많다. 이들은 평상시에는 중국적 사람과 동일하게 권리를 누리면서도, 유사시에는 외국인이 나타나 간섭하도록 하여 중국 지방 관원이 중국 법률을 제대로 시행하지 못하게 만든다. 또한, 외국인의 이름을 빌려 내지에서 산업을 구매하

66 『中外國籍法』(中華圖書館, 1913)을 보면, 영국, 미국, 독일, 프랑스, 이탈리아, 러시아, 일본, 포르투갈, 네덜란드, 스페인의 국적법을 번역 소개하고 있으며, 세계 각국의 입적법과 귀화법을 상세하게 비교하여 논하고 있다. 이러한 작업은 이미 수정법률관의 번역작업이 있었기 때문에 가능한 것으로 볼 수 있다.

67 「國籍出入俟考查明晰詳慎訂定再行咨呈以憑轉復美使由」, 光緒 32년 9월 27일, 中央硏究院近代史硏究所檔案館, 檔案番號 02-21-015-01-006.

68 川島眞, 『中國近代外交の形成』, 名古屋大學出版社, 2004, 103쪽.

69 「處置外籍華人違警犯禁辦法」, 『外交報』242, 己酉(1909년) 4월 5일, 『外交報彙編』21, 380쪽; 「外籍華民此後犯法判法」, 『華商聯合報』2, 上海, 蔚文公司, 宣統 元年 2월 30일, 48~49쪽.

> 거나 점포를 개설하는 등 그 폐해가 매우 심각하다. 따라서, 국적법에 따라 중국적을 유지한 채 외국 국적에 가입한 자는 3년 이내에 반드시 하나의 국적을 선택하도록 하고, 이중국적은 절대로 승인하지 않는다. 만약 3년 이내에 국적을 선택하지 않을 경우, 해당자는 중국인으로 간주하며, 유사시에는 중국 법률에 따라 처리한다.[70]

즉, 청조 정부는 이중국적을 원칙적으로 인정하지 않는 방침하에, 중국 국적을 이탈하지 않은 채 외국 국적에 들어간 자에게 3년의 유예기간을 주어 어느 한쪽의 국적을 선택하도록 명시하였다. 기한 내에 선택하지 않을 경우, 해당자는 중국적으로 간주된다. 그러나 네덜란드 속지에서 귀국한 화교에 대해서는 더욱 엄격한 규정을 적용하였다. 1911년(선통 3년) 정월 15일, 네덜란드 영사가 "네덜란드 속지에서 귀국한 화교가 네덜란드 국적을 유지하고자 할 경우 청조 정부는 이를 승인하는가?"라는 조회를 보내자, 청조 정부는 다음과 같이 답변하였다.

> 네덜란드 속지에서 귀국한 화교가 네덜란드 국적을 유지하고자 한다면, 중국에 돌아온 후 3개월 내에 반드시 네덜란드 영사관에 보고해야 한다. 만약 중국에 장기 거주하게 될 경우, 매년 정월 2~3월 내에 재차 네덜란드 영사관에 보고해야 한다.[71]

청조 정부는 이어서 네덜란드 적민이 중국 적민을 가장하거나, 중국 적민이 네덜란드 적민을 사칭하는 행위를 엄격히 금지한다고 명시하였다. 앞서 언급한 바와 같이, 청조는 네덜란드와의 오랜 협상 끝에 네덜란드 속지에 거주하는 화인의 네덜란드 국적을 인정하되, 이들이 귀국할 경우 중국적으로 인정할 수 있다는 조약을 체결하였다.[72] 여기서 청조 정부는 이 규정을 더욱 엄밀하게 적용하고자 했음을 알 수 있다.

70 「華人入外籍之限制」, 『外交報』267, 庚戌(1910) 정월 15일, 『外交報彙編』21, 463~464쪽.

71 「和屬華僑回國後國籍事相應抄送與和使來往照會請查照由」, 宣統 3년 6월 20일, 中央研究院近代史研究所檔案館, 檔案番號 02-23-004-09-002.

72 본 장 주 48), 49) 참조.

결론적으로, 청조 정부는 개적 화인의 귀속 문제를 해결함과 동시에 국민의 경계를 명확히 확정하기 위한 작업으로 「대청국적조례」를 제정·반포하였다. 다음 절에서는 이 조례에서 중국인의 개적 문제를 어떻게 규정하고 있는지에 대해 살펴보겠다.

★ ★ ★

「대청국적조례」의 개적 관련 규정

청조 정부는 해외에 거주하는 화인들을 보호하는 동시에, 개적 화인의 귀속 문제를 명확히 하기 위해 1908년, 중국 최초의 국적법인 「대청국적조례」를 제정·반포하였다. 이 조례는 모두 5장 24개조로 구성되어 있는데,[73] 이 중 제3장에서는 개적 문제에 대한 제반 규정을 명시하고 있다.

우선, 「대청국적조례」 제11조는 중국인이 외국 국적으로 변경하려면 반드시 출적 수속을 밟아야 한다고 규정하고 있다. 출적 수속에 대한 구체적인 절차는 제18조에 다음과 같이 명시하고 있다.[74]

- 출적 신청자는 본적지 지방관에게 신고해야 하며, 해당 지방 장관은 민정부(民政部)에 비준을 신청한다.
- 외국에 거주하는 경우, 신청자는 영사관에 신고하며, 영사는 이를 출사대신(出使大臣)에 보고하거나 출사대신이 직접 민정부에 신청한다.
- 출적은 비준된 날부터 효력이 발생한다.
- 출적을 정식으로 신청하지 않았을 경우, 어떠한 상황에서도 중국 국적을 유지한다.

73 「대청국적조례」의 전체적인 내용에 대해서는 본서 7장을 참조.

74 「憲政編査館奏爲遵旨議覆大清國籍條例摺」, 沈雲龍主編, 『宣統己酉大政記』13, 臺北, 文海出版社, 1976 영인, 1268~1270쪽.

「대청국적조례」는 국내외를 막론하고 사사로운 출적을 엄격히 금지하며, 출적 시 반드시 정해진 절차를 따르도록 규정하고 있다. 출적 규정의 시행 문제는 국적법 중에서도 국민으로서의 경계를 명확히 규정하는 매우 중요한 사항이었기 때문에, 청조는 별도로 「국적조례 시행 세칙(國籍條例施行細則)」(이하 '시행 세칙')을 통해 출적 수속에 관한 상세한 규정을 마련하였다. 시행 세칙은 모두 10개 조항으로 구성되어 있으며, 출적 절차를 세부적으로 규정하고 있다. 이를 통해, 청조는 국적 변경 과정에서 명확한 기준을 제시하고, 국민의 귀속 문제를 체계적으로 관리하고자 했다.

시행 세칙은 국적조례 시행 이전 외국 국적에 입적한 자와 국적조례에 따라 출적한 자 모두에 대한 상세한 규정을 포함하고 있다.

국적조례 시행 이전 외국 국적에 입적한 자에 대한 규정은 다음과 같다.

제1조에 따르면, 본 조례 시행 이전에 출적 비준 없이 외국 국적에 입적한 자가 외국에서 거주하다 중국으로 귀국할 경우, 최초 도착 항구에서 거주국 영사에게 신고해야 한다. 이후 영사가 중국 지방관에 조회하여 입적 날짜를 확인하고 이를 성명한 경우, 이를 출적 증명서로 인정한다.

제2조에서는 조례 시행 이전에 출적 비준 없이 외국 국적에 입적한 자가 중국 통상구항 조계에 거주할 경우, 1년 이내에 중국 지방관에 신고해야 하며, 해당국 영사가 입적 날짜를 확인하고 성명한 경우 이를 출적 증명서로 인정한다고 명시하고 있다.

제3조는 제1조와 제2조에 따른 출적 증명을 하지 않은 자는 모두 중국 국적에 속한다고 규정하고 있다.

제4조는 조례 시행 이전 출적 비준 없이 외국 국적에 입적한 자가 중국에 거주하며 상업에 종사하거나 부동산을 구매 또는 상속받고, 중국인으로서의 특유한 이익을 누리는 경우, 이를 중국 국적에 속한 것으로 간주한다고 명시한다.

제5조에 따르면, 조례 시행 이전 출적 비준 없이 외국 국적에 입적한 자가 중국 관직에 종사할 경우, 이 역시 중국 국적에 속한 것으로 간주한다.

마지막으로 제6조는 조례 시행 이전 외국 국적에 입적한 자라도 정해진 절차를 통

해 언제든 중국 국적을 회복할 수 있다고 규정하고 있다.[75]

국적조례에 따라 출적한 자에 대한 규정은 다음과 같다.

제8조는 본 조례에 근거하여 출적한 자가 중국 내지에서 거주할 수 없으며, 이를 위반할 경우 국경 밖으로 추방된다고 명시한다. 또한, 출적 이전 소유한 부동산 및 특유의 이익은 출적일로부터 1년 이내에 처분해야 하며, 기한 내에 처분하지 않을 경우 해당 재산은 공공 자산으로 처리된다.

제9조는 출적한 자가 출적 이전 범죄 등 특별한 사정이 있는 경우, 출적 비준을 취소하고 중국 법률에 따라 처벌한다고 규정한다.

제10조에 따르면, 출적한 자가 해당국 국적에 입적하지 않았거나 제출 서류에 허위 사실이 밝혀질 경우, 출적 비준을 취소하고, 6개월 이상 1년 이내의 감찰에 처한다고 명시하고 있다.[76]

이와 같이, 시행 세칙은 국적 변경 절차와 그에 따른 권리 및 의무를 명확히 규정하고 있으며, 특히 출적자의 권리 제한과 책임 부여를 통해 국적 관리와 국가 주권을 강화하려는 의도를 담고 있다.

이미 언급한 바와 같이, 「대청국적조례」는 남양 네덜란드 속지에 거주하는 화교의 귀속 문제가 직접적인 계기가 되어 제정·반포되었다. 그러나 동시에, 중국 내 거주하는 개적 화인(외국 국적을 취득한 후 귀국한 화인을 포함)의 귀속 문제를 명확히 하고자 하는 목적도 내포하고 있었다. 이러한 점은 국적조례에서 중국 국적의 이탈 문제를 매우 상세히 규정하고 있으며, 시행 세칙 또한 온전히 이와 관련된 제반 규정을 마련하고 있는 데서 확인할 수 있다.

비록 청조의 국적법은 수많은 어려움과 갈등을 겪은 끝에 제정·반포되었으나, 청조의 멸망과 함께 사실상 유명무실한 존재로 전락하고 말았다. 그러나 중요한 점은, 청조가 개적 화인의 귀속 문제를 통해 국민의 경계를 어떻게 규정하려고 했는지를 법적

75 「大清國籍條例施行細則」, 沈雲龍主編, 『宣統己酉大政記』13, 1272쪽.

76 위의 책, 1272쪽.

으로 관철시키고자 했다는 점이다. 이는 근대 중국의 국민국가 건설 과정에서 첫 단추를 꿰는 작업이었다고 평가할 수 있다.

맺음말

청말 「남경조약」으로 시작된 불평등 조약 체제가 중국 사회경제에 미친 영향에 대해서는 여전히 논란의 여지가 있지만, 이 조약 체제가 외국인에게 부여한 특권이 중국의 입장에서 볼 때 불리했다는 점은 부정할 수 없다. 특히, 외국인에게 부여된 특권을 이용하고자 외국인과 결탁하는 중국인의 등장은 중국 정부를 더욱 곤란하게 했다. 이들 중국인은 금전적 대가를 지불하고 외국인의 명의를 빌려 외국 상인으로 행세하거나, 외국 국적을 취득하여 외국인에게 부여된 특권을 누리고자 하는 개적 화인의 형태로 나타났다.

개적 화인은 크게 두 가지로 구분할 수 있다. 첫째는 중국 내지에서 외국 국적을 취득한 경우이며, 둘째는 외국 열강의 속지에서 태어나고 자라 해당국의 국적을 취득한 경우이다. 특히, 외국인에게 부여된 특권을 이용한 개적 화인의 경제 활동은 이금 등 내지 통과세를 주요 재원으로 삼던 지방정부와 정당하게 내지 통과세를 납부하는 순수 지역 상인의 이권 구조에 심각한 타격을 주었다. 따라서 개적 화인과 지방관, 지역 상인 간의 갈등은 마감보 사건에서 확인할 수 있듯이 언제든지 외교적 분쟁으로 비화될 가능성을 내포하고 있었다. 당대 여론은 개적 화인을 중국 법률 질서를 무너뜨리고, 나아가 중국의 주권까지 위협하는 중대한 문제로 간주했다. 이러한 상황에서 청조는 중국인이면서도 중국 법률로 통제할 수 없는 개적 화인의 문제를 해결하기 위해 기본적으로 개적 화인은 누구든지 중국의 의관복식을 하고 중국에 거주하는 한 중국인으로 간주하며, 중국 법률의 관할을 받는다는 방침을 제시하였다. 그러나 개적 화인의 문제는 종종 외교 문제로 비화되었으며, 간단히 해결될 성질의 것이 아니었다. 개적 화인을 둘러싼 문제가 빈번할수록 해당국 영사관 역시 대응에 어려움을 겪었을 가능성이 크다.

청조는 개적 화인의 문제를 엄격히 통제하는 동시에, 중국인의 개적 원인을 근본적으로 해결하기 위한 방안을 고려하였다. 예를 들어, 1905년(광서 31년) 주일공사 양추는 "외양 각 지역에서 화상이 외국 국적으로 변경하는 일이 점차 증가하고 있으며, 이는 재산을 본적의 신민(紳民)으로부터 강탈당하거나, 화물을 운반하는 과정에서 각지 관소에서 곤란을 겪는 일이 많아 외국인의 보호를 받고자 외국 국적을 선택하고 있다"라고 보고하였다. 이에 따라 상부(商部)는 각지 지방 관원에게 "상민을 절실히 보호"하라는 명령을 내리고, "중국 정부가 상민을 보호하고자 하는 의지가 깊고 간절하여 화상이 각자 본업에 안주할 수 있다면, 어찌 조국을 저버릴 수 있겠는가?"[77]라고 강조하였다. 이는 개적 화인을 단순히 배척의 대상으로 삼기보다, 이들을 보호함으로써 개적 화인의 발생을 사전에 방지하고자 했던 의도를 보여준다.

이러한 노력의 일환으로 청조는 개적 화인의 귀속 문제를 해결하기 위해 「대청국적조례」를 제정·반포하였다. 이 조례는 중국 최초의 국적법으로서 중요한 의미를 가지며, 특히 개적 화인 문제에 많은 비중을 두고 있다는 점이 주목된다. 이는 조례의 시행세칙 전체가 개적 화인 문제를 다루고 있다는 점에서도 확인할 수 있다. 본 국적법은 정식으로 출적 수속을 밟은 경우에만 국적 이탈을 승인하며, 반대로 정식 절차를 따르지 않은 경우에는 중국 국적을 이탈할 수 없음을 명확히 규정함으로써 개적 화인의 귀속 문제를 법적으로 명시하였다.

「대청국적조례」는 청조의 멸망과 함께 유명무실해졌지만, 최초로 국민의 경계를 법적으로 확정하려는 의지를 관철시켰다는 점에서 중요한 의미를 가진다. 이는 근대 중국이 국민국가 건설의 기틀을 마련하는 과정에서 중요한 출발점이 되었다고 평가할 수 있다.

원재: 『中國史硏究』86, 中國史學會, 2013. 1.

77 「商部咨南洋示禁華人改入洋籍文」, 『北洋公牘類纂續編』14, 臺北, 文海出版社, 1987 영인, 987쪽.

중국의 탄생

9장

민국 시기 동북지역 조선인의 법적 지위

머리말

본 장은 민국 시기 중국 동북지역에 거주하던 조선인 이민자와 그 자손(이하 조선인)의 국가와의 관계에서 법적 지위의 변동 과정을 고찰하고, 그 다원성과 중층성을 부각시키며, 이러한 변동에 영향을 미친 제 요인을 역사적으로 분석한다.

근대 국민국가 체제에서 국민의 법적 지위를 결정하는 가장 기본적인 요소는 국적(Nationality)이다. 국적은 개인이 특정 국가에 귀속됨을 나타내는 기준으로, 국민을 통합하는 폐쇄적 도구이자 장치로 기능해 왔으며, 동시에 국가에 귀속되지 않는 모든 사람을 비국민으로 규정하고 배타적으로 취급하는 중요한 척도로 작용하였다. 국민과 비국민의 경계를 규정하는 방식은 일반적으로 혈통주의와 출생지주의를 기준으로 하지만, 그 적용 방식은 국가마다 상이할 뿐만 아니라, 동일한 국가 내에서도 상황에 따라 달라질 수 있다. 특히, 이민이나 난민과 같은 국경을 초월한 이동의 경우, 혈통주의와 출생지주의의 경계에서 무국적 또는 이중국적과 같은 문제가 발생한다.

이러한 국적 문제의 전형적인 사례로는 중국에서 해외(특히 동남아시아)로 진출한 화교를 들 수 있다. 특히, 「한일병합조약」(1910) 전후로 새로운 삶의 터전을 찾아 중국 동북지역으로 대량 이주한 조선인의 경우, 국적 문제는 더욱 복잡한 양상을 띠었다. 동북지역에 이주한 조선인은 삶의 기반인 토지 소유권 등을 확보하기 위해 중국으로 귀화하여 중국 국민 자격을 취득할 수 있었다. 그러나 일본은 본토 국민과는 달리, 외지(식민지) '제국신민'의 국적 이탈을 허용하지 않는 이중적인 법률 체계를 적용하였다. 이로 인해 조선인은 중국 국적과 일본 국적을 동시에 보유하게 되었으며, 중국과 일본 양국의 이해관계 속에서 애매모호한 법적 지위에 처하게 되었다.

종래 민국 시기 중국 동북지역 조선인의 국적 문제는 주로 중국 조선인의 국적 문제,[1] 중국 조선인의 귀화 정책에 대한 문제,[2] 조선인의 이중국적 문제,[3] 조선인의 국적 문제를 둘러싼 중일간의 갈등 및 해결방안 문제[4] 등이 다양한 측면에서 연구되어 왔다. 그러나 이러한 대부분의 연구가 중국 정부의 입장에서 조선인의 국적 문제를 파악한 것이라 할 수 있다. 조선인의 국적 문제를 보다 정합적으로 이해하기 위해서는 중국과 일본 정부의 입장뿐만 아니라, 당사자인 조선인 스스로가 자신의 법적 지위를 어떻게 인식하고 대응했는지를 중층적으로 살펴볼 필요가 있다. 이러한 관점에서 본 장은 다음과 같은 분석을 진행하고자 한다.

우선, 「중화민국 국적법」의 변화 과정을 살펴보고, 이를 바탕으로 동북지역 조선인의 법적 지위를 둘러싼 중일 양국의 입장을 분석한다. 이어서, 조선인 귀화자에 대한 일본의 대응과 함께, 조선인의 신분 지향과 법적 지위의 인식을 고찰한다. 이를 통해 망국의 유민으로서 중국과 일본의 경계에서 표류한 조선인의 법적 지위가 실질적으로

1 姜龍范·崔永哲, 「"日韓合幷"與間島朝鮮人的國籍問題」, 『東疆學刊』16-4, 1999; 劉秉虎, 「在滿韓人의 國籍問題 硏究」, 中央大學校 博士學位論文, 2001; 孫春日·朴興鎭, 「僞滿洲國『國籍法』的難産與在滿朝鮮人的國籍問題」, 『東疆學刊』18-2, 2001; 趙剛, 「解放前東北朝鮮族國籍問題探究」, 『延邊大學學報』(社會科學版)34-1, 2001; 呂秀一, 「簡論"九·一八"事變前日本對東北朝鮮人的國籍政策」, 『東疆學刊』23-3, 2006.

2 權寧俊, 「近代 中國의 國籍法과 朝鮮人 歸化政策」, 『韓日民族問題研究』5, 2003.

3 孫春日·朴興鎭, 「民國時期東北朝鮮族"二重國籍"問題的始末」, 『東疆學刊』17-4, 2000.

4 孫安石, 「東アジアの國籍と近代—1920年代における『國民』をめぐる言說」, 『複數の近代』, 北海道大學圖書刊行會, 2000; 孫承會, 「滿洲事變 前夜 滿洲韓人의 國籍問題와 中國·日本의 對應」, 『中國史研究』31, 2004.

어떠한 형태로 나타났는지를 가능한 한 구체적으로 규명하고자 한다.

★ ★ ★

「중화민국 국적법」의 변용

1. 북경정부 시기 「중화민국 국적법」의 내용

근대 중국의 국적법은 청말 선통 연간에 제정·반포된 「대청국적조례(大淸國籍條例)」(1909년 3월 28일)를 효시로 한다. 이후 북경정부 시기의 「중화민국 국적법(中華民國國籍法)」(1912년 11월 18일 제정·반포)과 이를 수정·재반포한 「수정 중화민국 국적법(修訂中華民國國籍法)」(1914년 12월 30일 제정·반포), 그리고 남경정부 시기의 「중화민국 국적법(中華民國國籍法)」(1929년 2월 5일 제정·반포)으로 이어졌다. 「대청국적조례」의 제정 과정과 그 내용에 대해서는 본서 7장에서 다룬 바 있기 때문에 여기에서는 중화민국 시기의 국적법에 주목하여 그 내용과 변화를 중심으로 고찰하고자 한다.

북경정부 시기에 제정·반포된 「중화민국 국적법」[5]은 총 5장 22조로 구성되어 있다. 제1장은 '국유국적'(제1조)으로, 중국인의 범위를 규정하고 있다. 제2장은 '국적의 취득'(제2조~제11조)으로, 외국인이 중국 국적을 취득하기 위해 필요한 조건과 절차를 명시하고 있다. 제3장은 '국적의 상실'(제12조~제16조)로, 중국인이 국적을 이탈하는 경우에 관한 규정과 요건을 담고 있다. 제4장은 '국적의 회복'(제17조~제20조)으로, 중국인이 국적을 이탈한 후 다시 국적을 회복할 경우의 절차와 조건을 다루고 있다. 마지막으로 제5장은 '부칙'(제21조~제22조)으로, 이상의 규정이 공포된 날로부터 시행됨을 명시하고 있다.

이 「중화민국 국적법」은 「대청국적조례」의 내용을 기본 골격으로 하여 제정되었다. 우선, 제1장 제1조는 중국인의 국적에 속하는 범주를 규정하고 있다. 이 규정에 따르면, "출생 시에 아버지가 중국인인 자"(제1관), "아버지가 사망한 후에 태어났으나 그 아

5 黃霖編, 『中國國籍法』, 國民圖書出版社, 1943, 72~80쪽.

버지가 사망 당시 중국인인 자”(제2관), “중국에서 출생하였으나 아버지를 알 수 없거나 무국적자인 자로서 그 어머니가 중국인인 자”(제3관)는 모두 중국인의 국적을 보유한다고 명시하고 있다. 비록 「대청국적조례」의 “중국인의 혈통을 가지고 태어난 자는 중국에서 출생 여부를 막론하고 모두 중국 국적을 지닌다”[6]라는 내용이 삭제되었지만, 여전히 혈통주의의 원칙을 고수하고 있는 점에서는 변함이 없다. 이에 따라, 중국 혈통을 가진 자는 출생지가 어디든 관계없이 중국 국적을 소지하게 된다. 또한 「대청국적조례」와 마찬가지로, “부모를 알 수 없거나 부모가 무국적자라도 중국에서 태어난 자는 중국 국적을 보유한다”(제4관)라고 규정하여, 혈통주의의 미비점을 출생지주의를 통해 보완하고 있다.

「대청국적조례」에서는 외국인이 중국 국적을 취득하기 위한 조건으로 10년 이상 중국에 거주한 자, 품행이 방정한 자, 상당한 재력과 능력을 갖춘 자 등 일정한 요건을 충족할 것을 규정하고 있다.[7] 이에 반해, 「중화민국 국적법」은 외국인의 귀화 요건을 완화하여 5년 이상 중국에 거주한 자(제4조 제4관)로 그 기간을 단축하였다. 또한, 외국인이 중국 국적을 취득할 경우 본국의 국적을 상실한다(제4조 제5관)는 내용을 추가함으로써 중요한 변화를 도모하였다. 특히, 제5관의 규정은 「대청국적조례」에 없던 내용으로, 외국인의 이중국적을 차단하고자 하는 의도를 반영한 것이다. 이 조항은 청말 이후 동북지역으로 대거 이주한 조선인의 이중국적 문제를 사전에 방지하고자 하는 목적도 내포하고 있는 것으로 볼 수 있다. 이와 관련된 조선인의 이중국적 문제에 대해서는 후술에서 상세히 다루도록 하겠다.

「중화민국 국적법」은 「대청국적조례」와 마찬가지로 가부장적 가족주의 원칙을 따르고 있다. 예를 들어, 남편이 있는 외국인 여성은 단독으로 중국 국적을 취득할 수 없으며(제5조), 귀화인의 아내와 자녀는 자동으로 중국 국적을 취득하도록 규정하고 있다(제10조). 반면, 외국인과 결혼하여 남편의 국적을 취득한 여성은 자동으로 중국 국적을

6 「대청국적조례」 제1장 제1조. 鄭址鎬, 「清末 國籍法 制定과 ‘國民’의 境界」, 『中國史研究』52, 174쪽(본서 7장 수록).

7 「대청국적조례」 제2장 제3조. 鄭址鎬, 위의 논문, 176쪽.

상실한다(제12조 제1관). 이러한 규정은 남성 우위의 부부 및 가족 동일 원칙에 기초하고 있음을 잘 보여준다.

한편, 1913년 1월 3일 제정·반포된 「중화민국 국적법 시행 세칙(中華民國國籍法施行細則)」[8]에 따르면, 중국인이 국적을 이탈하기 위해서는 반드시 거주 지역의 해당 관청 승인을 받아야 한다고 규정하고 있다(제9조). 국적법 시행 이전에 외국 국적을 취득한 자에 대해서도 동일하게 이 규정을 적용할 것을 명시하고 있다(제11조). 이러한 조항은 「대청국적조례 시행 세칙」의 내용과 동일한 것으로, 외국 국적을 취득한 사람이라도 국적 이탈 신청 및 허가 절차를 완료하지 않은 경우에는 여전히 중국 국적으로 간주한다는 것이다. 이로 인해 해외 화교 중 국적 이탈을 신고하지 않은 경우에는 현지의 국적과 중국 국적을 동시에 보유하게 되어 이중국적 문제가 발생하였다.[9]

2. 남경정부 시기 「중화민국 국적법」의 내용

남경정부 시기 1929년 2월 5일 제정 반포된 「중화민국 국적법」[10]은 전부 제5장 20조로 구성되었다. 제1장은 '국유국적'(제1조)으로, 중국인의 범위를 규정한다. 제2장은 '국적의 취득'(제2조~제9조)으로, 외국인이 중국 국적을 취득하기 위해 필요한 조건과 절차를 명시한다. 제3장은 '국적의 상실'(제10조~제15조)로, 중국인이 국적을 이탈하는 경우에 관한 규정과 요건을 담았다. 제4장은 '국적의 회복'(제16조~제18조)으로, 중국인이 국적을 이탈한 후 다시 국적을 회복할 경우의 절차와 조건을 다룬다. 마지막으로, 제5장은 '부칙'(제19조~제20조)으로, 이상의 규정이 공포된 날로부터 시행됨을 명시하고 있다.

남경정부 시기의 「중화민국 국적법」은 구성과 내용 면에서 북경정부 시기의 「중화민국 국적법」과 거의 유사한 특징을 보이고 있다. 우선 제1장 제1조의 중국인의 국적에 속하는 범주로서 "출생 시에 아버지가 중국인인 자"(제1관), "아버지가 사망한 후에

8 黃霖編, 앞의 책, 80~82쪽.

9 해외 화교의 이중국적 문제에 대해서는 貞好康志, 「蘭領期インドネシア華人の多重『國籍』と法的地位の實相」, 『近代』96, 神戸大學近代發行會, 2006 참조.

10 黃霖編, 앞의 책, 24~32쪽.

태어났으나 그 아버지가 사망 시에 중국인인 자"(제2관), "아버지를 알 수 없거나 무국적자인 자로서 그 어머니가 중국인인 자"(제3관), "중국에서 출생하였으나 부모를 모두 알 수 없거나 혹은 모두 무국적인자"(제4관)로 규정하고 있어 혈통주의를 우선으로 하지만 제4관에서와 같이 출생지주의를 아울러 채택하고 있다.

그러나 외국인이 중국 국적을 취득하는 경우에 관한 규정은 남경정부의 국적법이 북경정부의 국적법과 차이를 보인다. 북경정부의 국적법에서는 외국인이 중국 국적을 취득할 경우, 본국의 국적을 자동으로 상실한다고 규정한다(제2장 제4조 제5관). 반면, 남경정부의 국적법에서는 해당 조항을 삭제함으로써 이중국적 문제를 발생시킬 소지를 남겼다.

또한, 중국인이 국적을 상실하는 경우에 대한 규정에서 북경정부의 국적법과 남경정부의 국적법은 차이를 보인다. 북경정부의 국적법에서는 중국 여성이 외국 남성과 결혼하여 남편의 국적을 취득할 경우, 자동으로 중국 국적을 상실한다고 규정한다(제3장 제12조 제1관). 반면, 남경정부의 국적법에서는 중국 여성이 외국 남성과 결혼하더라도 반드시 국적 이탈을 신청하여 승인을 받아야만 중국 국적을 상실한다고 규정한다(제3장 제10조 제1관). 이에 따라, 중국 여성이 외국 남성과 결혼하여 남편의 국적을 취득했더라도, 본인이 중국 국적 이탈을 신청하지 않거나 해당 절차에서 허가를 받지 못한 경우에는 중국 국적을 그대로 유지하게 된다. 이로 인해, 이중국적자가 될 가능성이 더욱 열리게 되는 결과를 초래하였다.

이러한 문제는 여러 사례에서 확인할 수 있다. 예를 들어, 북경정부의 국적법에서는 중국 정부의 허가 없이 외국의 관리 또는 군인이 된 자가 중국 정부의 사직 명령을 따르지 않을 경우, 중국 국적을 상실한다고 규정한다(제12조 제5관). 반면, 남경정부의 국적법에서는 이러한 규정을 두고 있지 않다. 또한, 북경정부의 국적법에서는 중국 국적을 상실한 자의 아내와 미성년 자녀가 남편이나 아버지의 국적을 취득한 경우, 자동으로 중국 국적을 상실한다고 명시한다(제16조). 그러나 남경정부의 국적법에서는 이에 대한 언급이 없어, 결과적으로 중국 국적을 상실한 자의 아내와 미성년 자녀가 중국 국적을 유지할 수 있는 가능성을 열어 두었다. 더 나아가, 국적을 회복하는 조건에 있어서도 두 국적법은 차이를 보인다. 북경정부의 국적법에서는 국적을 상실한 자가 중국 국적을 회복하기 위해 중국 내 거주지가 있어야 하며, 중국 정부의 허가를 받아야 한다고 규정한다(제18조). 반면, 남경정부의 국적법에서는 중국 내 거주지가 없어도 중국 정부의 허가만 받으면 국적을 회복할 수 있다고 하여 규정을 완화하고 있다(제15조).

이와 같이, 남경정부의 국적법은 북경정부의 국적법에 비해 남성 우위의 부부·가족 동일원칙을 다소 완화하였으며, 중국인의 국적 이탈을 제한함으로써 중국 인구를 양적으로 확대하려는 의도를 담고 있다. 그러나 한편으로는 귀화인이 본국의 국적을 이탈해야 한다는 규정을 두지 않음으로써 이중국적 문제를 초래하게 되었다. 이러한 문제에 대해서는 다음 절에서 자세히 살펴보도록 하겠다.

★ ★ ★

동북지역 조선인의 법적 지위 문제

중국의 동북지역은 청조를 건국한 만주족의 발상지로, 1677년 이래 이민족의 유입을 금지하는 봉금정책이 실시되었다. 그러나 1877년 청조는 이 봉금을 해제하고 한족의 이주를 장려하기 시작하였다. 이는 강희제 이래 지속적으로 추진되어 온 '개토귀류(改土歸流)' 정책의 일환으로 볼 수 있다. 하지만, 보다 현실적인 측면에서는 조선인의 유입이 지속적으로 증가하자 이에 대한 대책으로 봉금 해제가 이루어진 것이라고 해석할 수 있다.

동북지역, 특히 이른바 만주 지역은 광활한 토지와 희박한 인구로 인해 조선시대 중엽 이후부터 조선인들이 이주하여 개간을 시작한 지역이다. 19세기 말 봉금정책이 점차 이완되는 과정에서 삼정의 문란 등으로 생활이 어려워진 조선인 이주민이 점차 증가하였다.[11] 예를 들어, 1885년(광서 11년), 길림성(吉林省) 장군 희문원(希元文)이 청조에

11 玄圭煥, 『韓國流移民史』, 語文閣, 1967, 134~136쪽.

올린 상주문에 따르면, 조선의 빈민 유운근(柳雲根) 등 146명이 본국(조선)의 계속된 흉년으로 인해 월경하여 개간 허가를 요청하였다고 한다.[12] 조선인의 이주는 의화단의 난 이후 러시아제국이 대군을 파견하여 만주를 점령하면서 청조의 이주민 통제가 약화된 상황에서 더욱 가속화되었다. 특히, 한일합방(1910) 전후로 생활이 곤궁한 농민뿐만 아니라 일본의 식민지 지배에 저항하던 많은 조선인들이 만주로 이주하여 새로운 삶의 터전을 모색하게 되었다.[13]

청조 정부는 조선인의 이주가 급증하게 되자 이주 금지정책을 완화하는 대신 이주 조선인에게 치발 역복(緇髮易服, 변발을 하고 만주족 의복을 착용하는 것)을 강요하고 중국 국적으로 귀화하는 정책을 추진하였다.[14] 그러나 1905년 을사늑약으로 조선의 외교권을 박탈한 일본은, 1907년 동북지역, 특히 조선인[15]이 많이 거주하는 간도(間島) 지역에 통감부 산하 파출소를 설립하고 군경을 파견하였다. 당시 통감부 파출소 소장 사이토 스에지로(齋藤季治郎)는 파출소 설립 취지를 알리는 고지(告知)에서, "간도의 조선인들이 중국 관헌의 탄압을 받고 있기 때문에 조선인의 생명과 재산을 보호하기 위해 파출소를 세운다"[16]라고 밝혔다. 그러나 이는 명목적인 이유에 불과하며, 실제로는 일본이 만주 진출의 교두보를 확보하려는 의도에서 비롯된 것이다. 1907년 8월 7일, 일본은 간도 파출소가 중국 내의 일본 영사관과 동일한 기능을 수행한다는 입장을 표명하였으며, 파출소의 시정 방침에서 "간도의 소속은 미정이지만, 장래에는 이를 한국(조선)의 영토로 편입하여 일본 제국 및 한국 신민의 복리를 증진한다"라고 표명하였다.[17] 더 나아가, 일본은 간도에 거주하는 조선인들에게 파출소 설립 취지가 조선인의 보호를 위

12 中央研究院近代史研究所編, 『淸季中日韓關係史料』4, 臺北, 中央研究院近代史研究所, 1972, 1765쪽.

13 玄圭煥, 앞의 책, 57~58쪽. 또한 조선인의 이주인구 상황에 대해서는 權寧俊, 「近代 中國의 國籍法과 朝鮮人 歸化政策」, 『韓日民族問題硏究』5, 2003, 40쪽의 표1을 참조.

14 趙剛, 「解放前東北朝鮮族國籍問題探究」, 『延邊大學學報』(社會科學版)34-1, 2001년 3월, 86쪽.

15 당시는 이미 조선이 국호를 대한제국으로 변경하였기 때문에 한국인이라고 해야 하나 오늘날의 한국과 혼동을 피하기 위해 편의상 조선인이라고 한다.

16 金正柱編, 『朝鮮統治史料』1, 間島問題, 韓國史料硏究所, 1970, 50~51쪽.

17 金正柱編, 위의 책, 92쪽.

한 것임을 강조하기 위해, 1908년 9월 18일 「간도 한국 신민 유의사항(間島韓國臣民心得)」[18]을 공시하였다. 그 내용은 다음과 같다.

> 제1조: 간도에 거주하는 한국 신민은 통감부 임시간도파출소의 보호를 받는다.
>
> 제2조: 간도에 거주하는 한국 신민은 평소 자신의 직업에 충실히 하며 일가의 평화를 유지하고 위생에 주의해서 공익에 힘쓰며, 자타의 안녕과 행복을 증진하는 데 힘쓴다.
>
> ……
>
> 제4조: 간도에 거주하는 한국 신민은 마을 내에 부랑자나 거동이 수상한 자가 배회할 때에는 직접 가까운 헌병분견소 혹은 촌장에게 신고한다.
>
> ……
>
> 제6조: 간도에 거주하는 한국 신민은 통감부 임시파출소 소장의 허가 없이 다수가 모여 집회를 개최하고 결사를 해서는 안 된다.
>
> ……
>
> 제8조: 간도에 거주하는 한국 신민은 어떠한 경우에도 국적을 상실할 수는 없다.

여기에서 알 수 있듯이, 파출소는 조선인의 보호를 명목으로 내세웠지만, 실제로는 일본의 조선 침략에 저항하는 조선인을 감시하는 기능을 중시하고 있었다. 특히 제8조에서 간도에 거주하는 조선인이 어떠한 경우에도 국적(당시 합방 이전이나 외교권을 박탈당한 상태에서 실질적으로 일본 국적)을 상실할 수 없다고 명시한 것은, 중국으로 귀화한 조선인들이 이중국적 문제에 직면하게 되는 원인을 제공하였다.

이러한 일본의 방침에 대해 간도의 영유권 문제를 둘러싼 중국의 저항이 거세게 일어나자 이듬해인 1908년 12월 간도 각지에 설치된 파출소 분견소장(分遣所長) 회의 석상에서 사이토 소장은 강경한 자세로 다음과 같이 훈시하였다.

18 金正柱編, 위의 책, 101쪽.

1. 간도는 한국의 영토임을 천명한다.
2. 한국인은 청국의 재판 관할권에 속하지 않음을 규정한다.
3. 청국 관헌이 징수하는 모든 조세는 파출소가 이를 공식적으로 인정하지 않으며, 이는 청국 관헌의 강압에 의해 한국인이 부득이하게 납부하는 것으로 간주한다.
4. 청국 관헌이 제정한 모든 법령에 대해 파출소는 이를 승인하지 않는다.[19]

일본은 1899년(광무 3년) 대한제국과 중국이 체결한 「한청수호통상조약(韓淸修好通商條約)」 제5관에서 규정된 양국 상호 치외법권 조항에 근거하여, 간도가 설령 중국의 영토라 하더라도 조선인은 을사늑약 이후 일본 영사의 관할권에 속하며, 따라서 중국 측에 재판권이 없다고 주장하였다. 이에 대해 중국 정부는 한청수호통상조약[20]에 근거하여, 해당 조약의 규정은 상부(商埠)에만 적용되며, 상부가 아닌 간도에 거주하는 조선인은 종래의 관습에 따라 중국 관헌이 재판권을 가진다고 반박하였다.[21]

중일 양측의 조선인의 법적 지위를 둘러싼 분쟁이 격화되는 가운데,[22] 중국 정부는 봉천에서 군대를 파견하여 간도 지역에 주둔시키는 한편, 조선인의 귀화를 적극 장려하였다. 1909년에 제정 반포된 「대청국적조례」에서는 외국인의 귀화 조건으로 ① 중국에 10년 이상 거주한 자, ② 만 20세 이상으로 본국(중국)의 법률에 비추어 능력이 있는 자, ③ 품행이 단정한 자, ④ 귀화 후 즉시 해당국의 국적을 이탈할 수 있는 자 등으로 규정하였으나, 동북지역 조선인을 대상으로 한 「입적 세칙(入籍細則)」[23]에서는 중국에 5년 이상 거주하고 품행이 단정한 자 중에서 해당국의 국적을 이탈하고자 하는 자

19 金正柱編, 앞의 책, 96~97쪽.

20 조약의 원문은 韓國學文獻硏究所編, 『法規類編』7, 韓國近代法制史史料叢書 韓末法令集7, 亞細亞文化社, 1982, 180~181쪽 참조.

21 청조는 1903년(광서 29년) 조선인 방성화(方成化) 등 6인의 강도 사건 및 1905년(광서 31년) 박정일(朴正日) 등 4인의 강도 사건이 발생하자 청조 관헌이 사형에 처한 사실을 관례로 들었다. 이 사건의 진상에 대해서는 金正柱編, 앞의 책, 384~385쪽 참조.

22 당시 조선인이 연루된 사건으로는 1906년에 일어난 '천보산(天寶山) 사건'을 비롯해 매우 빈번하게 발생하였는데, 이에 대해서는 金正柱編, 위의 책, 176~225쪽 참조.

23 楊昭全·李鐵環, 『東北地區朝鮮人革命鬪爭資料匯編』, 遼寧民族出版社, 1992, 60~61쪽.

에 한해, 「대청국적조례」의 일반 귀화 조건을 충족하지 않더라도 귀화를 허락한다고 규정함으로써, 귀화 조건을 대폭 완화하였다. 이와 더불어 공시된 「잡거 및 비잡거 조선인 갑을 두 유형에 대한 처리 방침에 대해(對待雜居非雜居韓民甲乙兩種判法)」[24]에서는 조선인 가운데 토지를 소유한 자에게 중국으로의 귀화를 권장하며, 만약 귀화를 선택하지 않을 경우 토지 소유권을 박탈하고 추방한다는 강경한 방침을 명시하였다.

중국 측이 강경한 입장을 취하자, 일본은 장차 만주 경영에 지장을 초래할 것을 우려하여 안동에서 봉천을 연결하는 안봉선(安奉線) 철도 부설권을 획득하는 조건으로 간도의 영유권을 중국에 이양하는 「간도에 관한 청일협약」(일명 '간도협약')을 1909년 9월 4일 체결하였다. 간도협약에 따라 간도의 영유권이 청조 정부에 있음을 명시적으로 인정하였으나(제1조), 일본은 조선인에 대한 지배권을 확고히 하기 위해 간도에 영사관을 설치[1909년 11월 2일, 간도의 용정(龍井)에 총영사관 설치]하고(제2조), 조선인의 토지 소유권, 차지권(借地權), 가옥 소유 등을 인정받았다(제3조, 제5조). 또한, 간도에 거주하는 조선인은 청조 지방관의 재판 관할권에 속하되, 청조는 청국인과 조선인을 동등하게 보호해야 하며, 조선인이 연루된 모든 민사·형사 재판에는 일본 영사관 또는 영사관이 위임한 관리가 입회할 권한을 가지는 것으로 규정되었다. 특히, 인명에 관한 중대한 사안이 발생할 경우, 우선적으로 일본 영사관에 연락하도록 명시하였다(제4조).[25]

일본은 1910년 조선을 합병한 후, 간도협약 제4조 조항을 확대 해석하여 조선인이 일본제국의 신민이 되었으므로 간도에 거주하는 조선인 또한 모두 일본의 통치권에 속한다고 주장하였다. 이러한 주장은 일본의 간도 정책에서 지속적으로 강조되었으며, 1930년대 조선총독부 경무과장을 역임한 가미오 하지하루(神尾弌春)는 1957년 2월 18일 '재만조선인문제'에 관한 연구 모임에서 당시의 입장을 다음과 같이 회고하였다.

24 楊昭全·李鐵環, 위의 책, 61~63쪽.

25 '간도협약'의 전문은 國會圖書館 立法調査局編, 『舊韓末條約彙纂』, 東亞出版社, 1965, 263~264쪽 참조.

> 일본의 국적법은 혈통주의를 채택하고 있었기 때문에, 귀화에 의한 이중국적을 매우 기피하였다. 그러나 일본의 국적법은 조선총독부에서는 제령(制令)으로 시행되지 않았으므로, 조선 지역 내에서는 일본의 본토법이 적용되지 않았다. 이 때문에 조선인에게는 외국 국적을 취득한 자는 당연히 일본 국적을 상실한다고 하는 일본 국적법이 적용되지 않았던 것이다. 이로 인해 귀화를 통해 이중국적 상태가 비합법적으로 유지되는 사례가 발생하였으며, 이에 따라 일본 영사관은 해당 인물을 일본인으로 간주하여 처리한 반면, 만주 측에서는 귀화한 인물을 만주인으로 간주하여 만주 측에서 관할하였다.[26]

가미오는 일본의 국적법을 조선에 시행하지 않은 이유에 대해 명확히 알지 못한다고 답변하였으나, 이는 조선에 국적법을 시행할 경우 국민의 권리로서 조선인에게도 참정권을 부여해야 한다는 점을 기피하였기 때문으로 해석된다.[27] 이는 곧 조선인에게 국민의 권리는 부여하지 않고 국민의 의무만을 부과하겠다는 일본 정부의 의도를 반영한 것이었다. 이러한 일본의 조선인에 대한 국적 정책으로 인해 간도에 거주하는 조선인은 원칙적으로 귀화가 부인되었으며, 결과적으로 중국과 일본 사이에서 이중국적 또는 무국적 상태라는 애매모호한 법적 지위에 놓이게 되었다.

한일합방 이후 간도에 거주하는 조선인을 일본 신민으로 규정하면서 조선인의 법적 지위가 애매모호해지자, 일본은 1915년 '21개조 요구'의 제2호 안건으로 「남만주 및 동부 내몽골에 관한 조약」[28](일명 '만몽조약')을 체결하도록 중국에 강요하였다.

만몽조약의 주요 내용을 살펴보면 다음과 같다. 일본 신민은 남만주에서 각종 상공업 시설의 건설 및 농업 경영을 위해 필요한 토지를 임대할 수 있다(제2조). 또한 일본 신민은 남만주에서 자유롭게 거주·왕래하며, 각종 상공업 및 기타 업무에 종사할 수

26 神尾弌春, 「日本統治下の在滿朝鮮人對策」, 『朝鮮近代史料 研究集成』2, 朝鮮史料研究會, 1959, 106쪽.

27 孫春日·朴興鎭, 「民國時期東北朝鮮族"二重國籍"問題的始末」, 『東疆學刊』17-4, 2000, 22쪽.

28 만몽조약 전문은 齋藤實, 「在滿鮮人ト間島協約及日支條約トノ關係」, 『齋藤實文書』10, 1923(서울: 高麗書林, 1990 영인), 727~733쪽 참조.

있다(제3조). 더 나아가, 일본 신민이 동부 내몽골에서 중국 국민과 합작하여 농업 및 부수 공업을 경영하고자 할 경우, 중국 정부는 이를 승인한다(제4조). 또한, 민사·형사 소송에서 일본 신민이 피고인인 경우에는 일본 영사관이, 중국 국민이 피고인인 경우에는 중국 관리가 이를 심판하도록 규정하고 있다(제5조). 이러한 내용은 일본이 간도 및 만주 지역에서 조선인과 일본 신민에 대한 지배권을 강화하려는 의도를 분명히 보여준다.

나아가 일본은 기존의 간도협약을 일방적으로 파기하고, 만몽조약의 내용을 간도 지역에도 적용한다고 명시하였다. 1915년 11월 12일, 일본 공사 고바타 유키치(小幡酉吉)는 중국 외교총장에게 보낸 각서[29]에서, "신조약(만몽조약) 체결에 따라 조선인은 일본국 신민인 이상, 간도협약의 규정과 관계없이 만몽조약의 규정에 따라 간도 지역에 거주·왕래할 권리를 가지며, 중국 정부는 해당 지역의 조선인에 대해 재판권을 행사할 수 없다"라는 입장을 명확히 밝혔다.

즉, 일본은 만몽조약을 간도 지역에도 적용함으로써, 조선인, 특히 중국 국적으로 귀화한 조선인은 본래 북경정부에서 제정·반포한 「중화민국 국적법」의 규정에 따라 본국의 국적을 상실하는 것이 당연하였으나, 일본 정부는 조선인의 국적 이탈을 인정하지 않았다.[30] 만몽조약 체결 후인 1915년 10월 8일, 일본 외무대신 오쿠마 시게노부(大隈重信)는, "조선인이 귀화 수속을 밟아 타국의 국적을 취득하였더라도 일본 제국의 국적을 상실할 수 없으므로, 간도 및 만몽에 거주하는 조선인은 중국에 귀화하였더라도 동일하게 만몽조약에 따라 일본 제국 정부의 관할에 속한다"라는 훈령을 각 지방관에 하달하였다. 이로 인해, 간도 및 만몽 지역에 거주하는 조선인은 중국과 일본 간의 모순된 국적 정책으로 인해 이중적인 통치를 받게 되는 상황에 처하였다.

29 秋憲樹編, 『資料 韓國獨立運動』4下, 延世大學校出版部, 1975, 1475쪽.

30 만몽조약 체결 후 1915년 10월 8일 일본의 외무대신 오쿠마 시게노부는 "조선인으로서 귀화 수속을 밟아 그 나라의 국적을 취득한 자라고 해도 제국 국적을 상실할 수 없기 때문에 간도 및 만몽에 거주하는 조선인은 중국에 귀화해도 해당 지역의 다른 조선인과 마찬가지로 만몽조약에 의해 제국 정부의 관할에 속한다"라는 훈령을 각 지방관에게 하달하였다. 齋藤實, 「在満鮮人ト間島協約及日支條約トノ關係」, 『齋藤實文書』10, 779쪽.

이러한 일본의 방침에 대응하여 중국은 조선인의 귀화를 더욱 적극적으로 권장하면서, 귀화한 조선인에게는 종전에 비해 상당한 권리를 인정하는 한편, 귀화하지 않은 조선인에 대해서는 강제 추방 등의 정책을 전개하였다. 예를 들어, 1917년 제정된「길림성 화룡현 공서 입적 간장(吉林省 和龍縣公署入籍簡章)」[31] 제7조에 따르면, 귀화한 조선인은 다음과 같은 권리를 보유하게 되었다. 첫째, 중국의 선거법에 따라 상·하급 자치 직원이 될 수 있는 권리와 피선거권을 가지며, 둘째, 교육부 교원 자격 규정에 의거해 해당 현립 학교의 교장 및 교원이 될 수 있는 권리를 부여받았다. 셋째, 행정기관 직원으로 임명될 자격을 가지며, 넷째, 본 현에서 토지 자산을 소유한 자는 그 소유권을 법적으로 확정받게 되었다. 이와 같은 조치는 조선인에게 선거권, 교원 및 공무원 자격, 토지 소유권을 명확히 인정한 것으로, 전례 없이 파격적인 조건이었다. 이는 조선인의 귀화를 적극적으로 유도하고자 하는 화룡현(和龍縣)의 정책적 의도를 명확히 보여주는 사례라 할 수 있다.

그러나 조선인의 귀화에 대한 중국 측의 호의적인 태도가 동북지역 전역에서 균질적으로 나타난 것은 아니었다. 실제로 화룡현은 간도 지역 내에서도 조선인 귀화자 수가 가장 적은 지역 중 하나로, 조선인이 집중적으로 거주하면서 중국으로의 귀화를 거부하는 경향이 강했던 것으로 보인다.[32] 이에 따라 화룡현에서는 특별히 유리한 조건을 제시하여 조선인의 귀화를 장려한 것으로 해석된다. 당시 중국 정부는 만몽조약을 통해 거주권을 획득한 일본이 조선인의 이중국적을 이용하여 동북지역에서 대규모로 토지를 점유하고 중국에 대한 침략 정책을 추진하는 것을 목격하였다. 이에 따라, 조선인을 일본이 대륙을 침략하는 선봉으로 인식하면서, 조선인 귀화인에 대해 차별하거나 강압적인 태도를 취하는 사례도 적지 않았다. 예를 들어, 길림성 농안현(農安縣)에서는 농업을 경영하던 여러 명의 귀화 조선인을 추방하였고, 이에 대응하여 조선인

31 楊昭全·李鐵環,『東北地區朝鮮人革命鬪爭資料匯編』, 73쪽.

32 화룡현은 조선인이 집중적으로 거주하는 지역으로 중국으로의 귀화를 거부하는 풍조가 강했던 것 같다. 權寧俊,「近代 中國의 國籍法과 朝鮮人 歸化政策」,『韓日民族問題硏究』5, 2003, 47~48쪽 참조.

유력자들이 집회를 열어 차별적 대우의 중지를 요청하는 성명을 발표하기도 하였다.[33] 한편, 훈춘현(琿春縣)의 지사 주(朱)는 귀화 조선인이 일본 측 기관인 '조선거류민회'에 소속되어 보호를 받으며 중국 내에서 세력을 확장하고 있는 점을 지적하며, 이를 순수한 귀화로 간주하지 않았다. 그는 귀화 조선인에게 일률적으로 가족에 이르기까지 중국 측 복장을 착용할 것을 명령하고, 이를 어길 경우 엄벌에 처하겠다는 지령을 내렸다.[34] 나아가, 귀화하지 않은 조선인이 귀화인의 명의를 빌려 토지를 구입한 경우, 해당 토지를 무조건 몰수하겠다는 방침을 세워 귀화를 강요하였다. 이러한 정책으로 인해 귀화 수속을 밟는 조선인이 증가하게 되었다.[35]

★ ★ ★

조선인 귀화자에 대한 일본의 대응

중국 정부의 조선인에 대한 귀화 강요 방침에 대해, 1916년 8월 3일 일본 공사 고바타 유키치(小幡酉吉)는 중국 외교총장에게 항의 서한[36]을 발송하였다. 이 서한에서 고바타 공사는 "일본 제국의 국적법은 조선에 적용되지 않기 때문에 조선인이 일본 제국의 국적을 이탈하는 것은 허용되지 않는다. 이는 중국에 거주하는 조선인뿐만 아니라 구미제국에 거주하는 조선인에게도 동일하게 적용된다"라고 명확히 하였다. 또한 그는 "「중화민국 국적법」에 따르면 귀화자는 본국의 국적을 상실해야 하는 것이 요건인데, 조선인이 일본 제국 국적을 이탈할 수 없음에도 불구하고 중국 정부가 조선인의 귀화를 허가하는 것은 명백히 위법이다"라고 지적하였다. 나아가, 그는 양국 간 우호적인 관계 유지를 위해 "해당 지방 관헌이 조선인에게 귀화를 강요하는 등의 문제를 일으키

33 朝鮮總督府警務局, 「差別的待遇」, 『在滿鮮人ト支那官憲』, 朝鮮總督府警務局, 1930, 204쪽.

34 朝鮮總督府警務局, 「支那服着用」, 위의 책, 206쪽.

35 朝鮮總督府警務局, 「歸化セザル者ノ土地ヲ没収ス」, 위의 책, 206쪽.

36 秋憲樹編, 『資料 韓國獨立運動』4下, 1481~1482쪽.

지 않도록 엄격히 단속해 줄 것"을 요청하였다. 일본 측은 이러한 외교적 항의에 그치지 않고, 귀화 조선인을 체포·구금하는 등 강경한 조치를 병행하였다.[37]

이후에도 일본 측은 여러 차례 중국 정부에 항의서를 제출하며 조선인의 귀화 문제에 대해 강력히 대응하였다. 예를 들어, 1917년 6월 6일 일본 제국 특명전권공사 하야시 곤스케(林權助)는 당시 중국 외교총장 우팅팡(伍廷芳)에게 항의 서한을 보냈다. 이 서한에서 하야시는 중국 정부가 조선인의 귀화를 인정하고, 정부 공보에 귀화 조선인의 성명을 게재하는 등 일본 정부의 의사를 무시하고 있는 점을 강하게 비판하였다. 그는 일본 정부가 "조선인의 귀화는 엄격히 무효임"을 다시 한 번 명확히 밝혔다.[38] 또한 일본은 조선인에 대한 통제를 강화하기 위해 다양한 조치를 취하였다. 1920년 12월 30일, 길림성 독군(督軍) 바오구이칭(鮑貴卿)이 국무원과 외교부에 보낸 보고서에 따르면, 일본군은 연변·훈춘·화룡·왕청현 등지에 귀순자 처리소를 설립하여 ① 조선인은 모두 일본국의 법률을 준수한다, ② 이후 비당(匪黨)을 조직하지 않는다, ③ 조선인은 관할 영사관의 지시에 따른다는 내용의 서약서를 작성하도록 요구하였다고 한다.[39]

이와 같은 강경한 대응에도 불구하고, 현실적으로 중국 측의 귀화 강요 정책으로 인해 귀화자가 속출하였으며, 귀화하지 않은 조선인에 대해서는 토지를 몰수하거나 추방하는 등의 강압적 조치가 이어졌다. 이러한 상황에서 일본은 동북지역 조선인의 국적 문제를 둘러싸고 종래와는 다른 보다 신중한 태도를 보이기 시작하였다.

1921년 5월, 봉천의 아카츠카 쇼스케(赤塚正助) 총영사는 '재만 조선인 문제'[40]에서 동북지역 조선인의 국적 문제에 대한 견해를 밝혔다. 그 주요 내용을 정리하면 다음과 같다.

37 秋憲樹編, 『資料 韓國獨立運動』4下, 1482~1483쪽.

38 秋憲樹編, 위의 책, 1487쪽.

39 1920년 12월 30일 길림성 독군 바오구이칭이 국무원과 외교부에 보낸 보고서에 의하면, 연변·훈춘·화룡·왕청현 등지에서 일본군이 귀순자 처리소를 설립하여 ① 조선인은 모두 일본국의 법률을 준수한다. ② 이후 비당(匪黨)을 조직하지 않는다. ③ 조선인은 관할 영사관의 지시를 따른다는 등의 서약서를 작성하게 하였다고 한다. 秋憲樹編, 위의 책, 1490쪽.

40 金正柱編, 「在滿朝鮮人問題」, 『朝鮮統治史料』10, 230~232쪽.

> 근래 만주로 이주하는 조선인은 매년 급격히 증가하고 있으나, 중국 관민의 압박과 경멸 속에서 매우 비참한 생활을 영위하고 있다. 그러나 일본 외무성과 조선총독부 그리고 관동청(關東廳)은 간도협약 이래 조선인에 대한 중국 정부의 관할을 인정한 채 아무런 적극적 조치를 취하지 않고 있다. 게다가 일본이 중국 정부에 '불령선인'[41]의 단속을 요구한 결과, 중국 관헌에 의한 조선인에 대한 핍박이 더욱 심화되고 있다. 일본이 만주에 많은 조선인을 이주시키고 이들의 발전을 도모하는 것은 일본 세력 확장의 중요한 전략적 이익과 직결된다. 그러나 중국 정부가 조선인의 이민을 제한하거나 귀화를 강요함에 따라 조선인들은 자신들을 보호해 줄 수 있는 쪽으로 기울어지는 경향을 보이고 있다.
>
> 한편, 조선 이주민이 매년 10만 명 이상의 증가율을 기록하고 있는 현 상황은 일본의 입장에서 볼 때 매우 긍정적으로 평가된다. 특히, 조선인이 토지 소유권 등을 확보하기 위해 중국 국적으로 귀화하는 상황이 발생하더라도, 일본은 이에 대해 굳이 반대할 필요가 없다는 입장을 드러내고 있다.

아카츠카 총영사는 이어서 "우리나라(일본)는 인구가 과잉 상태에 있기 때문에 해외로 이주하거나 혹은 귀화하는 것에 대해 편의를 주는 것이 현명한 정책이다"[42]라고 언급하며, 조선인의 중국 귀화를 사실상 인정해야 한다는 주장을 내놓았다. 아카츠카 총영사는 조선인의 귀화를 인정함으로써 그들의 토지 소유 및 경제적 활동에 대한 편의를 제공해야 한다는 입장을 표명하며, 겉으로는 마치 인도주의적 관점에서 발언하는 듯한 태도를 보였다. 그러나 이러한 발언의 실제 의도는 일본의 대륙 정책과 밀접하게 연결되어 있다.

41 당시 일본은 일제의 침략에 저항하여 해외 각지에서 독립운동을 전개하던 조선인을 멸시하여 '불령선인(不逞鮮人)'이라고 불렀다. 이 호칭은 최근에는 '불량외인(不良外人)'이란 의미로 이해하는 경우도 있으나 그 언어가 내포하는 의미는 근본적으로 다르다. 여기에서는 일본 측의 의도를 그대로 전달하는 의미에서 원문대로 '불령선인'을 사용한다. 참고로 일본은 해외 각지에서 활동하는 독립운동가의 상황을 면밀하게 조사하여 기록으로 남기고 있는데, 이에 대해서는 金正柱編, 『朝鮮統治史料』8, 1971, 「不逞鮮人」을 참조.

42 金正柱編, 앞의 책, 232쪽.

당시 일본은 1919년 3·1운동의 여파가 동북지역에도 영향을 미쳐, 무장한 조선인들이 독립을 외치며 일제의 침략에 거세게 저항하자 이에 대한 진압 방안을 고심하고 있었다. 이러한 맥락에서 아카츠카 총영사 "만주에서 귀화 조선인이 중국 관민의 보호 아래 독립운동 등의 불손한 행동을 할 경우, 귀화한 이상 중국인이므로 중국 측에 항의하여 단속을 하게 할 수 있다. 만일 귀화하지 않은 조선인이라면 중국 측에 그들을 인도하거나 처벌하도록 할 수 있다. 따라서 귀화 여부에 관계없이 단속하는 데는 아무런 지장이 없을 것이다"[43]라고 주장하였다. 이는 조선인이 귀화를 하든 하지 않든 간에 일본의 관점에서 불령선인으로 규정된 이들에 대한 단속에는 문제가 없으며, 오히려 귀화한 조선인이 토지 소유권과 같은 경제적 기반을 확보하여 만주에 정착하게 되면 일본이 실질적으로 얻는 이익이 증가할 것이라는 의도가 내포되어 있음을 보여준다.

한편, 하얼빈에 소재한 일본 총영사관에서도 「북만 거주 조선인의 상황(北滿在住朝鮮人ノ狀況)」이라는 보고서를 통해 귀화 조선인의 국적 문제에 관해 아카츠카 총영사와 동일한 입장을 표명하고 있다.

> 하얼빈에 이주한 조선인 이주민 중에서 조선에 본적을 두고 있으면서 중국 국적으로 귀화한 자는 약 400호, 1,500~1,600명 정도로 추산된다. 이는 당시 조선인의 국적 이탈 및 타국 귀화가 법적으로 불가능했던 점에서 비롯된 현상이었다. 이러한 상황은 이주민들이 처음부터 조선 본적을 유지하려는 의도가 있었던 것은 아니며, 중국 국적으로의 귀화 역시 토지 구입 등 경제적 편의를 위해 선택한 방편에 지나지 않는다는 것을 보여준다.[44]

또한 보고서에서 "이중국적자는 후일 중일 간의 분쟁이 될 소지가 있지만, 조선총독부가 북만주에서 경제적 기반을 획득하는 데에는 이 조선인(귀화자)을 잘 이용하는 것

43 金正柱編, 위의 책, 233쪽.

44 金正柱編, 「北滿在住朝鮮人ノ狀況」, 위의 책, 276~277쪽.

이 상책이라고 보아 당분간은 현상을 유지하는 것이 좋을 듯하다"라고 분석하였다. 나아가 "조선인이 귀화하든 하지 않든 조선민족이라는 사실에는 변함이 없기 때문에, 그들의 생활이 안정될 수 있도록 재정적 지원을 해주면 결국 일본제국이 북만주를 경영하는 데 유용할 것이다"[45]라고 의견을 제시하고 있다. 이러한 주장은 일본의 의도가 배제될 수 없는 발언이지만, 현실적으로 증가하고 있는 조선인의 중국 귀화를 인정하고자 하는 변화된 시각을 보여준다는 점에서 주목할 만하다. 이는 당시 일본이 북만주에서 조선인의 귀화를 전략적으로 활용하려는 방침을 암시하며, 이중국적 문제를 단순한 법적 갈등이 아닌, 일본제국의 경제적·정치적 도구로 삼으려는 의도를 드러낸 것이다.

조선인의 귀화를 인정하자는 의견은 조선총독부 내부에서도 신중하게 논의되고 있었다. 1922년, 조선총독부의 오츠카 츠네사부로는 만주에 거주하는 조선인 인구가 약 100만 명에 달하며, 이들 대부분이 농업에 종사하고 있으나 생활의 불안정으로 인해 곤궁한 상태를 벗어나지 못하고 있다고 보고하였다. 그는 이러한 상황이 만몽으로의 이주 감소와 조선으로 귀환하는 사례 증가로 이어지고 있으며, 이는 장차 만주를 경영하는 데 부정적인 영향을 미칠 수 있다고 평가하였다. 이에 조선인의 생활을 안정시키기 위한 대책으로 '조선인의 귀화를 인정'할 필요가 있다는 의견을 제시하였다.[46] 오츠카는 조선에 일본 국적법을 시행함으로써 조선인이 중국으로 귀화하여 중국인과 동등한 권리를 누릴 수 있도록 해야 한다고 주장하였다. 이에 대해 조선총독부 경무국은 조선인의 귀화 문제를 "매우 중대한 사안"으로 간주하며 신중한 검토가 필요하다는 입장을 밝혔다. 이로 인해 조선인의 귀화 문제는 조선총독부 내에서 본격적인 논의의 대상이 되었다. 이러한 논의는 일본 정부가 조선인의 법적 지위를 전략적으로 조정하여 만주 경영의 기반을 강화하려는 의도를 반영한 것이다.

1923년 1월 20일부터 3일간에 걸쳐 사이토 마코토(斎藤實) 조선총독부 총독은 서울

45 金正柱編, 위의 책, 277쪽.

46 朝鮮總督府, 「在滿鮮人移住二関スル問題点トソの対策」, 『齋藤實文書』(영인본), 서울: 고려서림, 1990, 604~610쪽.

정동의 중추원에서 총독부 관계자와 만주 각지 영사관의 영사를 초청하여 만주와 조선에 관한 당면문제를 논의하는 회의를 주재하였다.[47] 회의의 주요 논점은 크게 두 가지였다. 첫째, 귀화한 조선인의 일본 국적 상실을 인정할 것인지에 대한 문제, 둘째, 만주에 거주하는 조선인의 생활 안정 대책이었다. 이 회의에는 일본 영사관 측에서 봉천, 하얼빈, 간도의 총영사와 안동, 요양, 장춘, 정가둔(鄭家屯)의 영사 등 총 11명이 참석하였고, 이외에도 외무성, 관동청, 육군관헌, 만철(滿鐵) 대표들이 동석하였다.

조선총독부 측에서는 사이토 마코토 총독을 비롯해 정무총감, 법무국장, 고등법원장, 고등법원 검사장, 내무국장, 경무국장 등 주요 인사 23명이 참석하였다. 참석자 명단에서 알 수 있듯이, 이 회의는 단순한 행정 논의를 넘어 조선과 만주 지역의 통치 및 정책 방향을 논의하는 매우 중대한 자리였음을 알 수 있다. 특히, 조선인의 귀화 문제가 당시 일본과 만주 간의 정치적·법적·경제적 이해관계에서 얼마나 중요한 사안으로 다루어졌는지를 보여준다.

조선총독부 정무총감 아리요시 츄이치(有吉忠一)의 사회로 시작된 회의에서 내무국장 오츠카 츠네사부로는 조선인의 귀화 문제, 특히 국적 상실 여부와 관련하여 다음과 같은 의견을 제시하였다.

첫째, 현재 일본 국적법은 조선에 시행되지 않기 때문에, 조선인이 외국에 귀화하더라도 일본 국적을 상실하지 않는다. 이에 따라, 국적 상실 여부에 관계없이 귀화를 허용하는 러시아에서는 조선인이 이중국적자가 되는 반면, 중국에서는 국적법상 본래의 국적을 이탈하지 않으면 귀화가 불가능하다.[48] 이러한 상황은 조선인의 귀화를 법제상 곤란한 문제로 만든다. 현재 조선인이 만주나 동부 시베리아에 대거 진출하고 있는 상황에서, 외국에 귀화하더라도 본래 국적을 이탈할 수 없다는 점은 국제법적 관례에 비

47 金正柱編, 「在滿洲朝鮮關係領事官打合會議報告」, 『朝鮮統治史料』8, 568~917쪽. 이 중 조선인의 귀화 문제에 대해서는 583~632쪽 참조.

48 북경정부 시기 「중화민국 국적법」 제4조 제5관에 의하면, 중국 국적으로 귀화한 외국인은 본국 국적을 상실한다고 규정되어 있다. 따라서 오츠카 츠네사부로가 말하는 것과 같이 일본 국적을 상실하지 않으면 귀화할 수 없는 것이 아니라 중국으로 귀화한 조선인은 일본 국적을 자동으로 상실한다는 의미로 이해해야 할 것이다.

추어 법제상 유지하기 어렵다. 더욱이 서시베리아에 거주하는 조선인 중에는 그 지역에서 태어나 성장하며 일본 국민으로서의 정체성은 물론, 조선인이라는 의식조차 희박한 자들이 많다. 이들을 언제까지 일본 국민으로 간주할 수 있을지 의문이며, 상대국의 입장에서는 일본이 조선인의 국적을 보류하는 데 특정한 정치적 저의가 있다고 의심할 가능성이 크다. 특히 만주에서는 조선인의 발전이 일본의 발전과 밀접하게 연관되어 있음에도 불구하고, 조선인을 배척하려는 움직임이 강화되고 있는 상황은 일본의 입장에서도 바람직하지 않다. 중국 관습에 익숙해진 조선인이 귀화를 완전히 이루지 못해 토지 소유권을 확보하지 못하고 생활 안정이 저해되는 것은 매우 부적절하며, 이에 따라 조선인의 발전과 국제적 법례를 고려하여 귀화한 조선인의 국적 상실을 인정하는 것이 바람직하다는 의견이다.

둘째, 일본이 조선인의 국적 상실을 인정하지 않았던 이유는 당시 조선에서 외국인들이 치외법권의 특권을 누렸기 때문이다. 따라서 귀화한 조선인의 국적 상실을 인정할 경우, 이들이 조선에 돌아오더라도 조선의 법률을 적용받지 않을 수 있다는 우려가 있었다. 그러나 현대 국제관례에 따르면, 타국에 귀화하더라도 정치범이나 기타 범죄자를 단속하는 데에는 별다른 문제가 없으므로, 국적 상실을 인정한다고 해서 큰 지장이 발생하지 않을 것이다.

셋째, 러시아에 귀화한 조선인은 이미 러시아의 풍속에 동화되었으며, 러시아 정부는 이들을 본국인과 동일하게 대우하고 있다. 반면, 만주의 조선인은 본래의 풍속을 유지하며 생활하고 있는 경우가 많고, 일본제국의 통치에서 벗어나고자 하는 의식을 가진 이들도 적지 않다. 이러한 상황을 고려할 때, 만주의 조선인에게 국적 상실을 인정하는 것이 오히려 일본과 조선인의 관계에서 긍정적인 영향을 미칠 수 있을 것이라고 판단된다.[49]

결론적으로, 오츠카 츠네사부로는 조선인의 귀화 문제를 해결하기 위해, 국제적 관례와 일본의 이익을 고려하여 국적 상실을 인정하는 방향으로 정책이 전환될 필요가

49　金正柱編, 앞의 책, 586~589쪽.

있음을 강조하였다. 이와 같이 조선총독부 내무국장 오츠카 츠네사부로의 귀화 조선인에 대한 일본 국적 상실을 인정하자는 의견에 대해, 봉천총영사 후나츠 나가이치로(船津長一朗)도 이에 찬성하는 입장을 표명하였다. 후나츠 봉천총영사는 다음과 같은 이유를 들어 귀화 조선인의 국적 상실을 인정해야 한다고 주장하였다.

우선, 일본에 대해 극도로 불만을 품고 있는 일부 조선인을 제외하고, 대다수 조선인이 귀화를 희망하는 이유는 조선인으로서 토지 소유권이나 거주지 등 여러 방면에서 차별을 받고 있기 때문이라는 것이다. 이는 조선인이 중국을 선호해서라기보다는, 생활의 안정을 도모하기 위한 현실적 선택에 불과하다고 분석하였다. 따라서 귀화 조선인에 대해 일본 국적 상실을 인정하는 것이 바람직하다고 보았다. 나아가 후나츠는 만주에서 조선인의 생활 안정이 이루어질 경우, 일본에 반감을 품은 이른바 '불령선인'의 수를 줄일 수 있을 것이라고 주장하였다. 이를 위해 조선인에게도 일본인과 마찬가지로 상조(商租, 건물을 임대하여 영업할 수 있는 권리)나 토지 소유 등 실질적인 혜택을 받을 수 있도록 귀화를 허용해야 한다고 강조하였다. 그는 이러한 조치가 만주 지역의 안정과 일본의 이익 증대에 기여할 것이라고 판단하였다.[50]

조선총독부 내무국장과 봉천총영사의 귀화 조선인에 대한 국적 상실을 인정하자는 의견에 대해, 간도에서 조선인 이주민이 가장 많이 거주하는 간도총영사 스즈키 요타로(鈴木要太郎)는 보다 신중한 태도를 취하였다. 스즈키에 따르면, 간도에 거주하는 조선인 중 현재 중국 국적으로 귀화한 자는 약 2만 명으로 추정되며, 그들 중 70%는 일본 국적을 유지하고 싶어 하며, 중국 국적을 취득하는 것을 원하지 않는다고 분석하였다. 그러나 이들은 토지 소유권을 획득하여 생활을 안정시키기 위해 어쩔 수 없이 귀화를 선택하고 있다고 판단하였다. 또한 스즈키는 중국의 국적법에 따르면 본국의 국적을 상실하지 않는 한 귀화가 불가능하다는 점을 지적하였다. 그러나 현재 중국 측은 법규를 위반하여 일본 국적 상실 여부와 관계없이 조선인의 귀화를 허용하고 있어 이중국적 문제가 발생하고 있다고 언급하였다. 이는 일본과 중국 간의 국적 문제를 둘러

50 金正柱編, 앞의 책, 590~591쪽.

싼 복잡성을 보여주는 동시에, 간도 지역에서 조선인의 법적 지위가 여전히 불안정한 상태임을 시사하고 있다.[51]

스즈키는 이중국적 문제를 해결하기 위해 일본 국적 상실을 인정할 경우 초래될 문제들에 대해 우려를 표명하였다. 그는 일본 국적 상실을 인정하면, 조선의 독립운동을 전개하는 '불령선인'을 단속할 법적 근거가 사라질 수 있다고 지적하였다. 이는 일본이 조선인의 독립운동을 억제하기 위해 국적을 단속의 중요한 수단으로 활용하고 있었음을 보여준다. 또한, 그는 일본 국적 상실이 인정될 경우 수십만 명의 조선인이 대거 중국으로 귀화하는 사태가 벌어질 가능성을 언급하며, 이러한 상황이 국제적으로 일본의 식민지 통치에 대한 의구심과 비판을 불러일으킬 것을 우려하였다. 특히, 대규모 귀화 사태는 일본의 식민지 정책이 실패하고 있음을 시사할 수 있기 때문에 일본의 국제적 위신에도 부정적인 영향을 미칠 수 있다는 것이다.

스즈키는 이중국적 문제와 관련해서도, 미국에서 태어난 일본인이 미국 시민권을 취득하는 사례를 들어 이러한 상황이 반드시 문제가 되는 것은 아니라고 주장하였다.[52] 이는 이중국적 상태가 실질적으로 일본의 식민지 통치에 큰 영향을 미치지 않는다는 시각을 반영한 것으로, 국적 상실을 인정하지 않는 정책을 유지해야 한다는 결론을 지지하는 근거로 제시하였다.

스즈키 요타로 간도총영사의 반대 의견에 대해, 후나츠 나가이치로 봉천총영사는 "원칙적으로 조선인의 귀화 문제는 일본인과 마찬가지로 승인한다"라는 입장을 고수하면서도, 조선인이 일본 관헌에 국적 이탈을 신청하고 이를 승인받는 절차를 거치도록 해야 한다는 방식으로 자신의 입장을 조정하였다. 후나츠는 상해 근무 시절 겪었던 한 사건을 예로 들며 이와 같은 견해를 뒷받침하였다. 그는 당시 한 조선인이 화폐 위조 혐의로 프랑스 경찰에 체포된 후, 일본 측에 신병이 인도되자 중국 측이 해당 조선

51 본 장 주 43)에서 언급하였듯이 중국 국적으로 귀화한 조선인이 이중국적자가 된 직접적인 원인은 일본이 조선인의 국적 이탈을 승인하지 않은 데 있었다. 그런데 일본 측은 중국이 자신들의 국적법 규정을 어기면서 조선인의 귀화를 허용하여 이중국적 문제가 발생했다며 중국 측에 그 원인을 돌리고 있다.

52 金正柱編, 앞의 책, 592~594쪽.

인이 귀화한 조선인이라며 신병 인도를 요구했던 사례를 언급하였다. 이 사건은 귀화 조선인의 신병 처리를 둘러싸고 중국과 일본 사이에 끝없는 분쟁을 초래하였고, 결국 명확한 해결을 보지 못한 채 지속적으로 갈등이 발생하였다. 후나츠는 이러한 사례를 기반으로, 중국과의 마찰을 피하기 위해 원칙적으로 조선인의 귀화를 인정하는 것이 바람직하다고 주장하였다.[53] 이는 귀화 조선인의 법적 지위에 대한 분쟁을 최소화하고, 일본의 대외 관계에서 불필요한 충돌을 방지하려는 현실적인 고려에서 비롯된 것으로 보인다.

이에 대해 요양(遼陽)영사 야부노 요시미츠(薮野義光)는 요양 지역의 특수한 상황을 언급하며, 귀화 조선인 문제에 대해 부정적인 입장을 나타냈다. 그는 요양 지역에서는 조선인의 수가 많지 않으며, 귀화한 조선인이라고 해도 토지 소유와 관련된 권리를 포함한 여러 면에서 중국 측의 제약이 여전히 심각하다고 지적하였다. 이러한 상황에서 귀화가 조선인의 생활 안정을 보장하는 데 실효성이 크지 않다고 평가하였다. 또한, 그는 조선 독립을 희망하는 이른바 '불령선인'들이 일본 관헌의 단속을 피하고자 귀화를 선택하는 사례가 적지 않음을 강조하며, 이러한 이유로 국적 상실을 인정하는 것은 부적절하다는 의견을 제시하였다.[54]

이와 같이 귀화 조선인의 일본 국적 상실 여부를 둘러싼 논의는 크게 국적 상실을 인정하자는 입장과 국적 상실을 인정해서는 안 된다는 입장으로 나뉘어 공방이 전개되었다. 조선총독부 내무국장 오츠카 츠네사부로, 봉천총영사 후나츠 나가이치로, 만철주식회사 이사 아카바네 가츠미(赤羽克己), 하얼빈총영사 야마우치 시로(山内四郎), 길림총영사대리 후카자와 스스무(深澤暹) 등은 국적 상실을 찬성하는 입장을 표명하였다.

반면 간도총영사 스즈키 요타로, 요양영사 야부노 요시미츠를 비롯하여 안동영사 니시자와 기쵸(西澤義徵), 장춘영사 니시 하루히코(西春彦), 정가둔영사 요시하라 다이조(吉原大蔵), 블라디보스토크(浦潮) 총영사대리 부영사 군지 도모마(郡司知麿), 통화영사

53 金正柱編, 위의 책, 594~596쪽.

54 金正柱編, 위의 책, 613~615쪽.

분관주임 아베 마타주로(阿部又重郎), 화룡영사분관주임 다나카 시게조(田中繁三) 등은 국적 상실을 반대하는 입장을 표명하였다. 결국, 반대 의견이 다수를 차지함에 따라 귀화 조선인의 국적 상실 문제는 현 상태를 유지하는 방향으로 결론이 내려졌다. 이러한 결정은 본 회의의 내용을 신문에 발표한 자료에서 조선인의 국적 문제에 대해 언급이 없는 점에서도 확인할 수 있다.[55] 이로 인해 조선인 귀화자의 이중국적 문제는 여전히 중일 간의 분쟁 요소로 남아 만주국 성립 시점까지 이어지게 되었다.

★ ★ ★

동북지역 조선인의 신분지향

1919년 3·1운동이 발발하자, 간도를 비롯한 만주 지역에서도 독립운동의 불길이 거세게 타올랐다. 이에 따라 중국 정부는 조선인의 독립운동이 일본과의 외교적 마찰을 초래할 것을 우려하였다. 또한 귀화 조선인의 토지 소유 증가가 중국 내 민중의 불만을 불러일으키고, 일본이 귀화 조선인을 앞세워 토지 침탈을 감행하는 상황을 방지해야 한다는 필요성을 인식하였다. 이러한 배경에서 중국 정부는 조선인의 귀화를 제한하는 정책을 표명하기에 이르렀다.

1920년, 길림성 정부는 「조선인 귀화를 제한하는 훈령」[56]을 통해 조선인의 귀화 조건을 대폭 강화하였다. 해당 훈령에서는 「중화민국 국적법」의 귀화 조건을 준수할 것을 기본으로 하였으며, 귀화 신청자는 신청서에 사진을 첨부해야 하고, 귀화 심사 과정에서 위법 행위가 발견될 경우 즉시 귀화를 취소하고 중국에서 추방할 것을 명시하였다. 또한, 귀화 후 2년 내에 중국 방식에 따라 모든 관습을 변경할 것을 요구하였는데, 이는 당시 변발은 이미 금지된 상태였으므로 주로 의복과 생활습관의 변화를 뜻하

55 金正柱編, 위의 책, 732~733쪽.

56 楊昭全·李鐵環, 「吉林省政府關于限制朝鮮人歸化之訓令」, 『東北地區朝鮮人革命鬪爭資料匯編』, 74~75쪽.

는 것으로 보인다.

1926년, 봉천성 정부는 조선인의 귀화를 더욱 엄격히 제한하기 위해 "동변(東邊) 일대는 조선인이 지방 치안을 자주 문란하게 하며, 동변도(東邊道)는 조선과 인접해 있으므로 특히 조선인의 입국에 주의를 요한다"라는 내용을 담은 훈령을 발표하였다. 이에 따라, 각 관할 현지사에게 조선인의 중국 귀화를 금지하고, 불량분자로 인해 중일 간 외교 문제가 발생하지 않도록 조치할 것을 지시하였다.[57]

같은 해 8월, 화룡현(和龍縣)에서는 조선인의 귀화와 관련하여 다음과 같은 구체적인 지시를 내렸다.

① 친일조직인 조선인민회를 탈퇴할 것.
② 신속히 일본 국적을 탈퇴할 것.
③ 귀화하지 않은 자라도 조선인민회 회비를 납부하지 말 것.
④ 중국 국적 없이 토지를 소유한 자는 신속히 귀화 수속을 밟을 것. 귀화하지 않고 토지를 소유한 사실이 발견될 경우, 토지를 몰수함과 동시에 엄벌에 처할 것.[58]

1928년, 길림성 정부는 조선인에 대한 귀화를 강제하고 이를 거부하는 자는 즉시 추방하며, 귀화한 조선인에 대해서는 다음과 같은 의무를 부과하였다

① 조선인은 조선인거류민회 및 동류의 각 단체에서 신속히 탈퇴할 것.
② 일본 측에서 운영하는 금융기관을 이용하지 말 것.
③ 조선인의 자제는 중국 현립 각 학교에 입학시킬 것.
④ 중국의 의복을 착용할 것.[59]

57 朝鮮總督府警務局, 「歸化入籍ノ禁止」, 『在滿鮮人ト支那官憲』, 202쪽.
58 朝鮮總督府警務局, 「歸化ト土地問題」, 위의 책, 209~210쪽.
59 朝鮮總督府警務局, 「歸化制限」, 위의 책, 216쪽.

이어 1929년 3월, 길림성 정부는 조선인의 귀화를 더욱 제한하는 훈령을 발표하였다. 그 주요 내용은 다음과 같다.

① 귀화를 허용하는 조건은 3년 이상 지속적으로 중국 영내에 거주한 자로 제한한다.

② 조선 또는 러시아에 본적을 둔 자는 귀화가 불가능하다.

③ 현재 귀화증서를 소지한 자가 조선 또는 러시아로 이주하는 경우, 귀화증서를 반납해야 한다.

④ 현재 귀화증서를 소지한 자가 조선 또는 러시아의 국적을 보유하고 있음이 확인될 경우, 귀화증서를 회수한다.[60]

나아가 1929년 8월, 길림성 정부 주석 장쭤샹(張作相)은 각 현지사에 훈령을 내려 최근 귀화 조선인을 이용한 일본 제국주의의 침략이 거세지고 있으므로 조선인의 귀화를 허용하지 말고, 조선인에게 토지 소유권을 허락하지 말라[61]는 명령을 하달하고 있다.

1930년 5월, 연변, 훈춘, 화룡, 왕청현의 지방 당국은 귀화한 조선인이라 할지라도 ① 삼민주의에 반대하는 자, ② 친일 행동을 하는 자, ③ 공산주의 사상을 가진 자, ④ 일본의 간첩이거나 의심이 가는 자, ⑤ 직간접적으로 일본의 침략 정책에 편의를 제공한 자, ⑥ 국토를 도매(盜賣)하거나 그 시도를 하려는 자 등에 대해서는 귀화를 취소한다는 통지를 발표하였다.[62]

이러한 조치는 귀화 조선인의 정치적·이념적 행위를 철저히 통제하고, 중국의 주권과 안보를 강화하려는 중국 정부의 강경한 입장을 보여주는 사례라 할 수 있다. 중국 정부가 귀화를 제한하거나 금지하고 나아가 귀화자에 대해서도 엄격히 통제한다는 방침에 대해 1929년 4월, 오송파(吳松坡)와 이백규(李白奎) 등 동삼성(요녕성, 길림성, 흑룡

60 朝鮮總督府警務局, 위의 책, 217~218쪽.

61 朝鮮總督府警務局, 「日本ノ侵略防止ノ爲メ鮮人ノ歸化ヲ許可セズ」, 위의 책, 218~219쪽.

62 朝鮮總督府警務局, 「歸化ノ禁止及ビ取消」, 위의 책, 224~225쪽.

강성) 지역에 거주하는 귀화 조선인 대표단은 중국 국민정부에 진정서를 제출하였다.[63] 진정서에서 대표단은 동북지역의 조선인들이 귀화 여부와 관계없이 중국 법령을 충실히 준수하며 국민으로서의 의무를 다하고 있다는 점을 강조하였다. 또한 조선인들이 일본의 앞잡이가 아니라, 일본 제국주의의 동삼성 침략에 맞서 투쟁하고 있다는 사실을 부각시키며, 조선인에 대한 부당한 차별과 규제를 철폐할 것을 요청하였다.

대표단은 과거 수차례 각 성 당국 및 북경정부에 대표단을 파견하여 귀화 절차의 간소화와 귀화 허가를 요청했음에도 여전히 받아들여지지 않는 현실에 대해 강한 유감을 표명하였다. 더불어 조선인들은 "일본의 노예가 되길 원하지 않으며", "중국 국적을 취득하여 진정한 중국 국민이 되길 원한다"라고 강력히 호소하였다. 진정서에 첨부된 자료에 따르면, 당시 동북 삼성에 거주하는 조선 이주민의 총수는 약 130만 명(요녕성 50만, 길림성 70만, 흑룡강성 10만)으로 추산되었다. 이 중 중국에 귀화한 조선인은 약 12만 명으로, 지역별로는 요녕성 1만 명, 길림성 10만 명, 흑룡강성 1만 명이었다.[64] 이는 전체 이주민의 약 9%에 해당하는 수치로, 동북지역 조선 이주민 중 귀화자가 여전히 소수에 불과했음을 보여준다.

조선인 대표단은 길림성, 요녕성, 흑룡강성 당국에 대해 조선인 구축령을 철회하고, 아직 귀화하지 못한 조선인이 모두 귀화할 수 있도록 허용하며, '귀화한족동향회(歸化韓族同鄉會)'의 설립을 승인하여 행정사무를 보조할 수 있도록 해달라는 내용의 청원을 제출하였다. 이에 대해, 동향회의 설립은 불허되었으나, 조선인 구축령을 완화하고 아직 귀화하지 못한 조선인은 6개월 이내에 귀화 수속을 완료하도록 허용하였다. 또한 귀화 수수료는 기존의 12원에서 10원을 경감하여 2원으로 인하하였다. 이는 당시 동북지역 조선인의 1인당 평균 생활비(의복, 양식, 의약품, 기타 포함)가 연간 70원[65] 정도였던 점을 감안할 때, 10원은 상당히 큰 금액임을 보여준다. 그러나 귀화 수속 기간을 6개월로 한정한 결과, 대부분의 조선인이 기간 내에 수속을 완료하지 못하였다. 이와 더불

63 楊昭全·李鐵環, 「東三省歸化韓族代表團呈國民政府文」, 『東北地區朝鮮人革命鬪爭資料匯編』, 94~96쪽.

64 楊昭全·李鐵環, 위의 책, 98~99쪽.

65 楊昭全·李鐵環, 위의 책, 100쪽.

어 봉천성 당국은 귀화를 희망하는 조선인에게 일본 내무성이 발행하는 출적증명서(국적이탈증명서)를 귀화 원서와 함께 제출하도록 요구하였다. 대표단은 이에 대해 조선인의 특수한 상황, 즉 조선인은 대부분 일본의 지배를 피해 망명해 온 자로 본래 일본 국적을 취득하지 않았으며, 또한 이미 중국과 미국으로 귀화한 조선인이 다수 있으나 일본정부는 전혀 간섭하지 않았다는 이유를 들어 이 조항을 수정하여 귀화 수속을 간소화 해줄 것을 요청하였다.[66]

1929년 5월, 동삼성 대표단은 국민정부에 두 번째 진정서[67]를 제출하며 현재 동삼성에 거주하는 조선인은 크게 투철한 애국사상으로 중국 국적을 취득하고자 하는 사람이 90%에 해당하며, 극소수의 과격 공산혁명주의자와 국치를 망각하고 일본 제국주의를 추종하는 극소수의 친일분자로 구성되어 있다고 설명하였다. 또한 대표단은 귀화 조선인의 민중 지도 이념을 아래와 같이 제시하였다.

① 일본 제국주의를 배척하고 중국 국민당에 협력한다.
② 건전하고 튼튼한 민중단체를 조직하여 각 계급이 일치단결한다.
③ 중국의 국법을 준수하고 근면하게 일하며 간척사업에 종사하여 자급자족 사회를 만든다.
④ 당국의 주의와 정강에 따라 국민교육 및 군사훈련을 진흥한다.

이어, 혁명 공작의 방책으로 다음의 세 가지 목표를 밝혔다.

① 중국 국민혁명과 합작하여 동삼성 내 일본 제국주의를 타도한다.
② 한국 국내 혁명단체와 협력하여 한국 내 일본 제국주의를 타도하고 중국과 한국의 자유와 평등을 회복하며, 동아시아의 평화를 유지한다.

66 楊昭全·李鐵環, 위의 책, 105~107쪽.
67 楊昭全·李鐵環, 위의 책, 109~110쪽.

③ 세계의 압박받는 민중과 협력하여 제국주의 열강을 타도하고 세계 평화를 도모한다.

마지막으로, 대표단은 동삼성의 조선인들이 쑨원의 삼민주의 및 세계 대동주의를 절대적으로 신봉한다고 천명하였다.

여기에서 일본 제국주의의 침략에서 벗어나 '중국인' 신분을 지향하는 조선인의 강한 의지를 엿볼 수 있다. 앞서 논의한 바와 같이, 일본은 동북지역 조선인을 지배하기 위해 폭력을 동반한 단속을 강화하는 한편, 조선인의 생활 안정을 명분으로 토지 소유권과 상조권(商租權)의 획득을 장려하고 금융 및 교육시설에 대한 투자를 병행하는 회유책을 병행하였다. 그러나 조선인들은 이러한 회유책에 따르기보다는 일본 제국의 신민이 되는 것을 거부하고, 차라리 중국 국민으로 귀화하는 길을 선택하였다. 이는 일본 제국주의로부터의 독립과 생존을 모색하는 조선인의 단호한 결단을 보여주는 사례로 평가된다. 다만, 이와 관련하여 동삼성 대표단의 실체와 그들이 왜 중국 신분을 지향했는지에 대한 구체적인 실상은 아직 충분히 밝혀지지 않았다. 이들의 활동과 의사결정 과정 그리고 당시 중국 사회와의 관계를 보다 심층적으로 이해하기 위해서는 추가적인 사료 조사와 분석이 필요하다.

맺음말

이상으로 민국 시기 중국의 국적법 변용과 동북지역 조선인의 법적 지위를 둘러싼 문제를 검토하였다. 동아시아에서의 국적 문제는 근대 국민국가 구성원으로서의 지위를 확정 짓는 데 매우 중요한 의미를 갖는다. 국적은 국가와의 관계 속에서 개인의 법적 지위를 규정하는 가장 기본적인 요소이기 때문이다. 그런데 국적이란 제도는 모든 사람들이 한 국가에서 태어나 성장하며 일생을 마감한다는 전제조건하에서는 거주국과 국적이 일치한다는 점에서 그다지 문제가 없지만, 본 장에서 다룬 동북지역에 거주하는 조선인의 경우에는 거주국과 국적이 일치하지 않아 다양한 문제가 발생하게 되었다.

동북지역에 거주한 조선인은 한일합방 이후 일본제국의 신민으로서 규제의 대상이 되었으나, 이들의 활동 영역은 일본제국의 세력권을 벗어난 중국의 법적 영역에 속해 있었다. 이러한 상황에서 동북지역 조선인의 이탈은 일본제국의 식민지 지배 정책에 대한 도전이자 위협적인 존재로 간주되었다. 동시에, 이들은 대륙 진출의 교두보로서 전략적 가치를 지녔기 때문에, 일본제국은 자국 '국민'을 보호한다는 명목으로 이들을 통제하였다.

중국은 광활한 만주 지역을 개척하기 위해 봉금정책을 폐지하고 조선인을 대거 수용하였으나, 한일합방 전후 일본과의 영토 분쟁을 우려하며 조선인의 귀화를 적극 장려하는 정책을 추진하였다. 이로 인해 조선인의 국적 문제를 둘러싸고 일본과 중국 간에 갈등이 발생하였다. 일본은 기본적으로 일본의 국적법을 조선에 적용하지 않음으로써 조선인의 귀화를 인정하지 않는다는 방침을 견지하였다. 이는 조선인의 귀화를 인정할 경우 대규모 이탈이 발생하여 만주 경영에 차질을 초래하고, 독립운동을 전개하던 조선인을 단속하기 어려워질 것이라는 우려에서 비롯되었다. 이러한 정책에서 일본제국은 조선인을 자국의 국민으로 규정하면서도 일본인과는 달리 권리는 부여하지 않고 의무만을 부과하는 이중적 태도를 명확히 드러냈다.

1920년대에 이르러 귀화 조선인의 수가 증가하고 그에 따라 토지 소유가 확대되자, 중국은 조선인의 귀화를 제한하거나 심지어 추방하는 등 강경한 정책을 시행하였다. 이러한 정책의 배경에는 일본인이 귀화 조선인의 명의를 빌려 토지를 소유하는 등의 문제가 발생했으며, 이를 통해 조선인이 일본 제국주의 침략의 선봉대 역할을 한다는 우려가 주된 이유로 작용하였다. 특히 봉천성에서는 북경정부의 「중화민국 국적법」 제4조 제5항의 규정에 따라 귀화를 신청하려는 자는 본국의 국적을 이탈하였음을 증명하는 서류를 제출해야 했으나, 일본이 조선인의 국적 이탈을 증명하는 서류 발급을 거부함에 따라 조선인의 중국 귀화가 사실상 불가능하게 되는 상황이 초래되었다.

그러나 귀화자가 증가함에 따라 조선총독부를 주체로 하여 조선인의 귀화를 공식적으로 인정할 것인지에 대한 논의가 진행되었으나, 다수의 반대 의견에 의해 현 상태를 유지하는 방향으로 결론이 모아졌다. 당시 일본은 조선인의 귀화가 일본에 대한 반감이나 중국에 대한 호의에서 비롯된 것이 아니라, 토지 소유를 목적으로 한 현실적 이유에서 기인한 것으로 판단하였다. 이에 따라 조선인에게 토지 소유를 허용하는 조치를 취하는 것으로 문제를 해결할 수 있다는 결론에 이르렀다.

한편, 동북지역에 거주하는 귀화 조선인 대표단은 중국 정부의 귀화 제한 정책에 반대하며, 자신들은 일본의 식민지 지배를 근본적으로 거부하고, 일본의 동북지역 침략 의도를 저지하기 위해서라도 중국 국민의 일원이 될 필요가 있다는 의사를 명백히 밝혔다. 동북지역 조선인은 일본 국민의 지위를 거부하고 중국 국민으로서의 신분을 선택함으로써 자신의 정체성을 새롭게 정립하려는 의도를 드러낸 것이다. 다만, 이 대표단의 입장이 동북지역 전체 조선인의 의사를 대변하는지에 대해서는 추가적인 사료 검토가 필요하다. 그러나 일본이 단속과 보호라는 명목 아래 동북지역 조선인을 통제하려던 시도는 결과적으로 성공적이었다고 보기는 어렵다. 결국, 망국의 민족으로서 동북지역에 거주하던 조선인은 중국과 일본이라는 국민국가의 이해관계 속에서 법적 신분 지위를 보장받지 못한 채, 국민국가의 경계에서 표류하는 이질적 존재로 남게 되었다.

원재: 『中國學報』58, 韓國中國學會, 2008. 12.

이 책의 주석에 인용된 문헌만을 정리하였다. 사료 및 연구 논저는 별도의 구분 없이 저자(또는 편자)명의 가나다순으로 배열하였으며, 중국과 일본 인명도 모두 한글 독음을 기준으로 하였다. 단, 영문 문헌은 목록의 마지막에 따로 수록하였다.

★ 사료 ★

故宮博物院明清檔案部彙編, 『清末籌備立憲檔案史料』, 中華書局, 1979.

管夷吾(김필수 등 옮김), 『管子』, 소나무, 2006.

『國風報』

國會圖書館 立法調査局編, 『舊韓末條約彙纂』, 東亞出版社, 1965.

金正柱編, 『朝鮮統治史料』1, 間島問題, 韓國史料研究所, 1970.

『東方雜誌』

勒雲龍主編, 『宣統己酉大政記』, 文海出版社, 1976.

梁啓超, 『清代學術概論—中國のルネッサンス』, 平凡社, 1974.

———, 『梁啓超全集』, 北京出版社, 1999.

———, 『飲冰室合集』, 中華書局, 2003.

———, 『飲氷室合集』集外文, 北京出版社, 2005.

———(이혜경 옮김), 『新民說』, 서울대학교출판문화원, 2014.

———(강중기 · 양일모 외 옮김), 『음빙실자유서』, 푸른역사, 2017.

劉錫鴻外撰, 『駐德使官檔案鈔』, 臺灣學生書局, 1966.

李華興 · 吳嘉勛編, 『飲氷室選集』, 上海人民出版社, 1984.

密汝成編, 『中國近代鐵路史資料(1863~1911)』3, 中華書局, 1963.

四川省民族研究所, 『清末川滇邊務檔案史料』, 中華書局, 1989.

上海師範大學歷史系中國近代史研究室 · 中國第一歷史檔案館編輯部編, 『福建 · 上海小刀會檔案史料匯編』, 福建人民出版社, 1993.

『宣統政紀』

孫文, 『孫中山全集』, 中華書局, 1982.

孫學雷, 劉家平主編, 『國家圖書館藏 清代孤本外交檔案』34, 全國圖書館文獻縮微複製中心, 2003.

神尾弌春, 「日本統治下の在滿朝鮮人對策」, 『朝鮮近代史料 研究集成』2, 朝鮮史料硏究會, 1959.

『新民叢報』

『申報』

楊昭全 · 李鐵環, 『東北地區朝鮮人革命鬪爭資料匯編』, 遼寧民族出版社, 1992.

王亮, 『淸宣統朝外交史料』, 1932 영인.

王彦威, 『淸季外交史料』, 臺北, 文海出版社, 1963.

王鐵崖編, 『中外舊約章匯編』1, 三聯書店, 1957.

嚴中平主編, 『中國近代經濟史』上(1840～1894), 人民出版社, 1987.

『外交報』

姚之鶴編, 『華洋訴訟例案彙編』, 上海商務印書館出版, 1915.

『庸言』

張之洞, 『張之洞全集』63, 中國書店, 1990.

齋藤實, 『齋藤實文書』, 1923(서울: 高麗書林, 1990 영인).

『政治官報』

朱壽朋纂修, 『光緖朝東華錄』7, 光緖二四年八月乙未, 大東書局, 발행년 불명.

中外舊約章編纂委員會, 『中外舊約章大全』1 · 2, 中國海關出版社, 2004.

趙爾巽主編, 『淸史稿』, 中華書局, 1976.

秋憲樹編, 『資料 韓國獨立運動』, 延世大學校出版部, 1975.

『華商聯合報』

黃霖編, 『中國國籍法』, 國民圖書出版社, 1943.

★ 논저 ★

姜龍范 · 崔永哲, 「"日韓合幷"與間島朝鮮人的國籍問題」, 『東疆學刊』16-4, 1999.

高力克, 「世界國家與普世文明-梁启超的新天下主義」, 『天津社會科學』, 2015-6.

高柳信夫編著, 『中國における「近代知」の生成』, 東方書店, 2007.

邱建章, 「論晚淸政府國籍法的制定及其影響」, 『河南大學學報』(社會科學版)44-3, 2004.

구범진, 「젱크스(Jenks)의 幣制改革案(1904)과 淸末의 幣制 問題」, 『東洋史學硏究』64, 東洋史學會, 1998.

권영준, 「근대 중국의 국적법과 조선인 귀화정책」, 『한일민족문제연구』5, 2003.

吉田忠典, 「帝國という概念について」, 『史學雜誌』108-3, 1999.

김승욱, 「중국 근대 역사학에서 國家개념의 재구성」, 『역사와 담론』89, 2019.

김형종, 『淸末 新政期의 硏究』, 서울대학교출판문화원, 2002.

都相範, 『梁启超의 史論에 關한 硏究』, 忠南大學校大學院 博士學位論文, 1992.

島田虔次, 『中國革命の先驅者たち』, 筑摩書房, 1965.

羅興佐, 「梁启超論帝國主義思想初探」, 『吉安師專學報』, 1994-2.

賴建誠, 『梁启超的經濟面向』, 浙江大學出版社, 2010.

馬永山, 「20世紀初梁启超帝國主義觀二題」, 『內蒙古民族師院學報』, 1994-2.

文明基, 『淸末 臺灣 建省과 劉銘傳—재원확보 방안을 중심으로』, 서울대학교대학원 박사학위논문, 2007.

毛里和子編, 『現代中國の構造變動』, 東京大學出版會, 2001.

閔斗基, 「戊戌變法期에 있어서의 '改革'과 '革命'」, 『中國近代 改革運動의 硏究—康有爲中心의 1898년 改革運動』, 일조각, 1985.

朴宣泠, 「梁启超를 통해 본 중국 사회 문화의 이해」, 『中國近現代史硏究』20, 2004.

白永瑞, 「梁启超의 근대성 인식과 동아시아」, 『아시아문화』14, 2007.

本野英一, 『傳統中國商業秩序の崩壞—不平等條約體制と「英語を話す中國人」』, 名古屋大學出版會, 2004.

濱下武志,『中國近代經濟史研究―清末海關財政と開港場市場圈』, 汲古書院, 1989.

濱下武志,『近代中國の國際的契機―朝貢貿易システムと近代アジア』, 東京大學出版會, 1992.

常安,「近代中國聯邦制學說的傳播與實踐戰略」,『金陵法律評論』, 2010 春季.

森時彦編,『20世紀中國のシステム』, 京都大學人文科學研究所, 2009.

上野格,「東海散士の藏書」, 成城大學『經濟研究』55, 56, 1976.

서강(이주노 · 김은희 옮김),『양계초: 중화유신의 빛』, 이끌리오, 2008.

西順藏 · 島田虔次編,『清末民國初政治評論集』, 平凡社, 1971.

西順藏編,『原典中國近代思想史』, 岩波書店, 1977.

徐中煜,「梁啓超公債思想初探」,『北京大學學報』(哲學社會科學版), 2001.

小野寺史朗,『國旗 · 國歌 · 國慶―ナショナリズムとシンボルの中國近代史』, 東京大學出版會, 2011.

小野川秀美,『清末政治思想研究』, みすず書房, 1969.

孫春日 · 朴興鎭,「僞滿洲國『國籍法』的難產與在滿朝鮮人的國籍問題」,『東疆學刊』18-2, 2001.

岩井茂樹,『中國近世財政史の研究』, 京都大學出版會, 2004.

於海英,「梁啓超の晩年の民權思想について-民本への自覺」,『山口大學文學會志』68, 2018.

嚴昌洪,『在商業革命的大潮中―中國近代商事習慣的變遷』, 華中理工大學出版社, 1997.

王柯,『20世紀中國の國家建設と民族』, 東京大學出版會, 2006.

王廣學 · 許曉茵,「梁啓超利用外資思想及其啓示」,『河北經貿大學學報』4, 1997.

呂秀一,「簡論"九 · 一八"事變前日本對東北朝鮮人的國籍政策」,『東疆學刊』23-3, 2006.

外務省調查部編,『孫文全集』中,「三民主義ノ具體的辦法」, 東京, 1967.

劉景泉外,『宋敎仁與民國初年的議會政治』, 河北人民出版社, 1998.

劉秉虎,「在滿韓人의 國籍問題 硏究」, 中央大學校 博士學位論文, 2001.

劉新華,「梁啓超對帝國主義的認識」,『呼蘭師專學報』, 2000-3.

———,「論19世紀末20世紀初梁啓超對帝國主義的認識」,『錦州師範學院學報(哲學社會科學版)』, 2000-3.

劉裕淸,「論我國農業的社會主義改造」,『歷史硏究』, 1981-5.

劉迪,「中國の聯邦主義問題」,『早稻田法學會雜誌』51, 2001.

———,「梁啓超の聯邦主義思想について」,『比較法學』34-2, 2001.

姚琦,「論20世紀上半期中國聯邦制思潮及其影響」,『寧夏大學學報(人文社會科學版)』25, 2003-5.

요시자와 세이치로(정지호 옮김),『애국주의의 형성』, 논형, 2006.

—————(정지호 옮김),『중국근현대사1 청조와 근대 세계 19세기』, 삼천리, 2013.

龍長安,『近代中國聯邦制運動研究—以憲政爲視覺』, 浙江大學 博士學位論文, 2008.

韋慶遠等,『清末憲政史』, 中國人民大學出版社, 1993.

李劍農,『最近30年中國現代政治史』, 上海太平洋書店, 1930.

李敏鎬,「張居正(1525~1582) 財政政策의 性格:財政의 中央執權化와 江南地主層 牽制」,『東洋史學研究』50, 1995.

李潤和,「梁啓超와 申采浩史學의 比較試論」,『歷史教育論集』17, 1992.

이혜경,『량치차오(梁啓超): 문명과 유학에 얽힌 애증의 서사』, 태학사, 2007.

李喜所主編,『梁啓超與近代中國社會文化』, 天津古籍出版社, 2005.

佐藤慎一,『近代中國の知識人と文明』, 東京大學出版會, 1996.

佐々木正哉,「咸豊3年廈門小刀會の反亂」,『東洋學報』45-4, 1963.

佐々波智子,「一九世紀末, 中國における開港場・內地市場間関係-漢口を事例として」,『社會經濟史學』57-5, 1991.

張繼才,「論清末民初聯邦思想」,『武漢科技大學學報(社會科學版)』2-2, 2002년 6월.

張冠夫,「作爲嗣續光大'國民性'與'國性'的文學—梁啓超1915年前後文學觀的轉變」,『河南大學學報(社會科學版)』52-6, 2012.

張九洲,「論清末財政制度的改革及其作用」,『河南大學學報』(社會科學版)42-4, 2002.

張枬・王忍之編,『辛亥革命前十年間時論選集』, 生活・讀書・新知三聯書店, 1960.

張艷麗,『梁啓超的財政思想研究』, 鄭州大學碩士學位論文, 2007.

張玉法,『清季立憲團體』, 中央研究院近代史研究所, 1970.

錢振明・周子東,「近代中國聯邦制思想的歷史考察」,『政治學研究』, 1988-5.

전인갑,「帝國에서 帝國性 國民國家로-제국의 구조와 이념」(1),『中國學報』65, 2012.

———,「帝國에서 帝國性 國民國家로-제국의 지배전략과 근대적 재구성」(2),『中國學報』66, 2012.

———, 『현대중국의 제국몽—중화의 재보편화 100년의 실험』, 학고방, 2016.

占紹香 · 陳韶華, 「略論梁啓超的公債思想」, 『中南民族大學學報』(人文社會科學版), 2003.

鄭磊, 「中國曆史上最早的國歌《鞏金甌》」, 『文史月刊』, 2011-10.

丁文江 · 趙豐田編, 『梁啓超年譜長編』, 上海人民出版社, 2009.

정지호, 「清末 會社法의 形成에 관한 一考察—'公司律'의 分析을 중심으로」, 『中國學報』50, 2004.

———, 『합과—전통 중국 상공업의 기업 관행』, 세창출판사, 2022.

貞好康志, 「蘭領期インドネシア華人の多重『國籍』と法的地位の實相」, 『近代』96, 神戸大學近代發行會, 2006.

周育敏, 『晚清財政與社會變遷』, 上海人民出版社, 2000.

中央研究院近代史研究所編, 『清季中日韓關係史料』, 中央研究院近代史研究所, 1972.

趙剛, 「解放前東北朝鮮族國籍問題探究」, 『延邊大學學報』(社會科學版)34-1, 2001년 3월.

지관순, 「청말민초 梁啓超의 유교관 변천과 공민 양성」, 『중국근현대사연구』, 2024-3.

———, 「中華民國 初期 開明保守主義者의 政體 인식과 지향」, 『중국근현대사연구』, 2024-9.

陳體强, 『中國外交行政』, 商務印書館, 1945.

———, 「"中國文明實可謂以孔子爲之代表"—梁啓超國性論中的儒學觀」, 『船山學刊』, 2015-6.

蔡曉榮, 「晚清內地華民改籍問題探微」, 『甘肅社會科學』, 2004-4.

蔡仁龍, 「印度尼西亞華僑國籍問題的産生及其演變試析」, 『南洋問題研究』, 1982-2.

川尻文彦, 「梁啓超の政治學—明治日本の國家學とブルンチュリの受用を中心に」, 『中國哲學研究』24, 2009.

川島眞, 「『支那』『支那國』『支那共和國』—日本外務省の對中國呼稱政策」, 『中國研究月報』571, 1995.

———, 「天朝から中國へ—清末外交文書における『天朝』『中國』の使用例」, 『中國—文化と社會』12, 1997.

———, 『中國近代外交の形成』, 名古屋大學出版會, 2004.

天野元之助, 『中國の土地改革』, アジア經濟研究所, 1962.

千葉正史, 「天朝 '大清國'から 國民國家 '大清帝國'へ—清末政治體制再編と多民族ナショナルリズムの起源」, 『メトロポリタン史學』6, 2011.

村上衛,「五港開港期廈門における歸國華僑」,『東アジア近代史』3, 2000.

片岡一忠,『清朝新疆統治研究』, 雄山閣出版, 1991.

프라센지트 두아라(문명기 · 손승회 옮김),『민족으로부터 역사를 구출하기—근대 중국의 새로운 해석』, 삼인, 2004.

夏國祥,『中國近代稅制改革思想硏究』, 上海財經大學博士學位論文, 2003.

郝延平著(李榮昌等譯),『19世紀的中國買辦—東西間橋梁』, 上海社會科學院出版社, 1988.

許小青,「淸季國籍問題與民族國家身分認同」,『天津社會科學』, 2003-5.

狹間直樹編,『梁啓超—西洋近代思想と明治日本』, みすず書房, 1999.

黃嘉謨,「英人與廈門小刀會事件」,『中央硏究院近代史硏究所集刊』7, 1978.

黃鍾東,「梁啓超硏究」,『社會文化硏究』2, 大邱大學校社會科學硏究所, 1983.

候杰 · 林緖武,「梁啓超與近代中國社會文化國際學術硏討會綜述」,『中國近代史』6, 2004.

Levenson, Joseph R., *Liang Ch'i-ch'ao and the Mind of Modern China*, University of California Press, 1953.

Chang, Hao, *Liang Ch'i-ch'ao and Intellectual Transition in China, 1890–1907*, Harvard University Press, 1971.

량치차오(梁啓超, 1873~1929)

1873년 2월 13일: 광동성(廣東省) 신회현(新會縣)에서 아버지 량바오잉(梁寶瑛)과 어머니 자오(趙)씨 사이에서 출생.

1877년(5세): 조부 량웨이칭(梁維淸) 아래에서 사서오경 등을 수학하며 신동으로 불림.

1884년(12세): 수재(秀才)에 합격하여 박사제자원(博士弟子員)이 됨.

1888년(16세): 광주(廣州)의 학해당(學海堂)에 입학하여 경학, 훈고학, 사장학 등을 수학.

1889년(17세): 향시(鄕試)에 합격하여 거인(擧人) 자격을 취득. 당시 최연소 합격자로 주목을 받음.

1890년(18세): 북경에서 회시(會試)에 응시했으나 낙방하고, 캉유웨이(康有爲)를 찾아가 스승으로 모심. 캉유웨이로부터 육왕(陸王)의 심학과 경세치용(經世致用)의 공양학, 국제 정세, 구국 방안 등에 관한 학문을 배움. 서계여(徐繼畬)의 『영환지략(瀛寰志略)』을 읽고 세계정세에 눈을 뜸.

1891년(19세): 북경에서 리후이셴(李惠仙)과 결혼.

1895년(23세): 캉유웨이와 함께 북경에서 공거상서(公車上書)를 주도하여, 청일전쟁 패전 이후 체결된 시모노세키조약에 반대하는 청원 운동을 전개.

1896년(24세): 상해(上海)에서 『시무보(時務報)』의 주필로 활동하며 「변법통의(變法通議)」 등을 발표.

1897년(25세): 호남(湖南) 순무 천바오전(陳寶箴)의 초청으로 시무학당(時務學堂)에서 강의. 황준헌(黃遵憲), 담사동(譚嗣同) 등과 함께 보위국(保衛國)을 설립.

1898년(26세): 캉유웨이와 함께 무술변법운동(戊戌變法)을 추진했으나, 서태후를 중심으로 한 보수파의 쿠데타로 실패. 이후 일본으로 망명하여 『청의보(淸議報)』를 발간.

1902년(30세): 도쿄(東京)에서 『신민총보(新民叢報)』를 창간.

1903년(31세): 미국을 방문하여 화교 사회의 실태를 파악하고, 미국의 정치 제도, 교육 및 경제 시스템에 대한 견문을 넓힘. 귀국 후 도쿄에서 『신대륙유기(新大陸遊記)』를 발표.

1907년(35세): 장즈유(蔣智由), 쉬포쑤(徐佛蘇) 등과 함께 정치단체인 정문사(政聞社)를 조직하고, 기관지 『정론(政論)』을 상해에서 발간. 청조가 예비입헌을 선포한 이후 『신민총보』를 종간(終刊).

1908년(36세): 정문사 해산됨.

1910년(38세): 입헌파의 기관지인 『국풍보(國風報)』를 상하이에서 창간.

1911년(39세): 신해혁명(辛亥革命) 발발.

1912년(40세): 망명 14년 만에 귀국하여 공화당의 영수가 됨. 톈진(天津)에서 『용언(庸言)』을 창간.

1914년(42세): 공화당 · 통일당 · 민주당을 통합해 진보당을 조직하고 위안스카이(袁世凱)를 지지. 슝시링(熊希齡) 내각에서 사법총장(司法總長)에 취임.

1915년(43세): 위안스카이의 제제운동(帝制運動)에 반대하여 제자 차이어(蔡鍔)와 함께 토원군(討袁軍)을 조직. 호국군 군무원의 독군(督軍) 및 정무위원장이 되어 제3차 혁명을 추진.

1916년(44세): 위안스카이 사후 국회가 회복되자 헌법연구회(憲法研究會)를 조직.

1917년(45세): 돤치루이(段祺瑞) 내각에서 재정총장(財政總長)에 임명되었으나, 4개월 만에 사임.

1918년(46세): 파리강화회의(베르사유 조약) 전권대사의 고문으로 임명되어 유럽 시찰단을 인솔.

1919년(47세): 『구유심영록(歐遊心影錄)』을 출간.

1920년(48세): 남경(南京)의 동남대학(東南大學)과 북경의 칭화대학(淸華大學)에서 교육 활동에 전념. 상해에서 강학사(講學社)를 설립하고, 드리쉬(Hans Driesch), 타고르(Rabindranath Tagore) 등 저명한 지성인들을 중국에 초청.

1921년(49세): 청대(淸代) 학술 전반을 체계적으로 정리한 『청대학술개론(淸代學術概論)』을 저술.

1923년(51세): 칭화대학 국학연구원(國學研究院) 교수로 재직.

1926년(54세): 17세기부터 19세기까지 약 300년에 걸친 중국 학술의 전개 과정을 다룬 『중국근삼백년학술사(中國近三百年學術史)』를 출간.

1929년(57세): 북경에서 사망. 슬하에 아들 여섯, 딸 넷을 두었으며, 수십만 권에 달하는 장서는 유언에 따라 국립북평도서관(國立北平圖書館)에 기증됨.

출현 빈도가 다소 높은 량치차오, 중국, 중화민국, 국가, 국민, 국민국가, 민족, 민족주의, 연방제, 국성, 조선인 등은 제외했다.

1

ㄱ

ㄴ

ㄷ

ㄹ

ㅁ

ㅂ

ㅅ

ㅇ

ㅈ

중국의 탄생

량치차오의 국민국가 건설 분투기

초판 1쇄 인쇄 2026년 1월 15일
초판 1쇄 발행 2026년 1월 20일

지은이 정지호
펴낸이 김진상
책임 편집 최윤영
디자인 이수정

펴낸곳 경희대학교 출판문화원
주소 서울시 동대문구 경희대로 26
전화 02-961-0106~8
팩스 02-961-0291
설립 1960년 9월 16일 제5-8호
등록 1977년 11월 8일 제6-5호
홈페이지 www.khupress.com
전자우편 press@khu.ac.kr

ISBN 978-89-8222-816-2 (93910)